粤港澳大湾区世界级城市群建设

The Construction of World-class Urban Agglomeration in the Guangdong-Hong Kong-Macao Greater Bay Area

郭跃文 向晓梅 万 陆 等/著

社会科学文献出版社
SOCIAL SCIENCES ACADEMIC PRESS (CHINA)

目　录

绪　论 ……………………………………………………………… 1

第一章　粤港澳大湾区城市群建设实践与理论逻辑 …………… 9

第一节　粤港澳大湾区城市群建设的伟大实践 ………………… 10

第二节　城市群建设的理论基础 ………………………………… 24

第三节　粤港澳大湾区城市群建设的理论逻辑 ………………… 35

第二章　粤港澳大湾区城市群综合发展水平比较 …………… 46

第一节　粤港澳大湾区城市群的发展脉络 ……………………… 47

第二节　粤港澳大湾区城市群在国家发展大局中的功能定位 ……… 59

第三节　粤港澳大湾区城市群发展的基础 ……………………… 64

第四节　粤港澳大湾区城市群的开放优势 ……………………… 74

第五节　粤港澳大湾区城市群的现代产业体系 ………………… 80

第六节　粤港澳大湾区城市群发展存在的问题及政策建议 …… 86

第三章　粤港澳大湾区城市群空间结构特征与演化 ………… 95

第一节　研究进展与解释框架 …………………………………… 95

第二节　粤港澳大湾区城市群空间结构演变过程及特征 ……… 100

第三节　粤港澳大湾区城市群空间结构测度 …………………… 108

第四节　基于海量高新技术企业数据的广深创新分工与联系

　　　　网络测度 ……………………………………………… 120

第五节 粤港澳大湾区城市群空间优化路径……………………… 133

第四章 粤港澳大湾区中心城市辐射带动与都市圈发展……………… 136
　　第一节 粤港澳大湾区中心城市辐射带动机制与路径……………… 136
　　第二节 粤港澳大湾区中心城市辐射效应评价…………………… 144
　　第三节 粤港澳大湾区的都市圈发展模式………………………… 153
　　第四节 增强中心城市辐射带动能力：从空间邻近性走向
　　　　　　多维邻近性……………………………………………… 174

第五章 粤港澳大湾区城市群产业协同机制与路径………………… 179
　　第一节 粤港澳大湾区城市群产业协同集聚的机制与模式………… 180
　　第二节 粤港澳大湾区城市群产业协同现状特征………………… 189
　　第三节 粤港澳大湾区城市群产业协同实证研究………………… 204
　　第四节 粤港澳大湾区城市群产业协同的路径选择……………… 213

第六章 粤港澳大湾区城市群创新特征及演化路径………………… 220
　　第一节 开放式创新下城市群创新演化的动力机制……………… 221
　　第二节 粤港澳大湾区城市群创新的现状特征…………………… 227
　　第三节 粤港澳大湾区城市群区域协同创新机制………………… 257

第七章 粤港澳大湾区海洋经济高质量协同发展路径与策略………… 265
　　第一节 海洋经济与湾区城市群发展的理论机制………………… 265
　　第二节 粤港澳大湾区城市群海洋经济发展现状………………… 272
　　第三节 粤港澳大湾区城市群海洋经济高质量发展的路径与重点…… 283
　　第四节 推进粤港澳大湾区城市群海洋经济高质量发展的对策
　　　　　　建议……………………………………………………… 289

第八章 人文湾区和世界级文化中心建设…………………………… 292
　　第一节 人文湾区内涵与湾区软实力……………………………… 292
　　第二节 湾区型城市群的文化属性………………………………… 298

第三节　粤港澳大湾区建设的人文基础 …………………………… 302

第四节　粤港澳大湾区建设世界级文化中心 ……………………… 314

第九章　粤港澳大湾区城市群与广东"一核一带一区"区域发展格局
建设协同 ……………………………………………………… 321

第一节　粤港澳大湾区城市群与"一核一带一区"区域发展格局

建设协同的现实背景 ……………………………………… 322

第二节　粤港澳大湾区城市群与"一核一带一区"区域发展格局

建设协同的实施路径 ……………………………………… 328

第三节　粤港澳大湾区城市群与"一核一带一区"区域发展格局

建设协同的保障机制 ……………………………………… 340

第十章　粤港澳深度合作共建世界级城市群 ……………………… 344

第一节　粤港澳大湾区的制度特性与世界属性 …………………… 344

第二节　粤港澳经济合作的基础与条件 …………………………… 347

第三节　全面推进粤港澳深度合作 ………………………………… 354

第四节　着力推进粤港澳合作重大战略平台建设 ………………… 367

第十一章　粤港澳大湾区：从国际化大都市到世界级城市群 ……… 380

第一节　从国际化大都市到世界级城市群：粤港澳大湾区实现

历史性跨越 ………………………………………………… 380

第二节　从国际化大都市到世界级城市群：粤港澳大湾区

世界级城市群建设路径 …………………………………… 386

参考文献 ……………………………………………………………… 393

后　记 ………………………………………………………………… 418

绪　论

　　党的二十大擘画了以中国式现代化全面推进中华民族伟大复兴的宏伟蓝图。城市化是实现中国式现代化的重要标志和必由之路。城市群作为工业化和城市化进入成熟阶段的区域经济形态，是区域一体化进阶到较高层次的空间集聚体。城市群不仅深刻塑造一国经济发展的空间结构，还是一国参与全球竞争的重要空间平台，更是创造和实现人民美好生活的主战场。环顾全球城市演化和区域经济增长格局，世界级城市群是全球经济体系和区域经济版图中最具领导力、支配力和创新力的区域经济形态，是全球城市体系中网络密度最高、能级最大的超级枢纽，具有辐射全球的产业创新枢纽、信息枢纽、交通枢纽、人才和文化高地等综合功能，这些枢纽平台叠加融合与协同进化，创造出广阔无垠的发展潜力，必然成为支撑未来全球经济增长的核心引擎。

　　粤港澳大湾区城市群是当代我国经济版图中最具活力和创造力的区域之一，是彰显中国综合实力、竞逐世界级城市群的国家"种子选手"。《粤港澳大湾区发展规划纲要》颁布实施以来，粤港澳大湾区城市群建设成效显著，正加速迈向富有活力和国际竞争力的一流湾区和世界级城市群。全面梳理粤港澳大湾区城市群的建设历程，并从理论和实践两方面总结提炼粤港澳大湾区城市群建设的时代要求、阶段特征、重点领域、突出亮点与瓶颈制约，恰逢其时。在理论价值上，有利于深化对新发展格局下城市群建设规律的科学认识和研究；在现实意义上，有助于丰富习近平经济思想在新时代推进"一国两制"、加快构建全面对外开放新格局、推动共建"一带一路"倡议、促进区域协调发展等方面的伟大实践。党的二十大报告进一步明确了新时代建设粤港澳大湾区的历史意义和实施路径，为下一步高质量推进粤港澳大湾区城市群建设指明了前进方向、增添了新动力。具有"敢为天下先"精神基因的粤港澳大湾区将继续全面深化改革，不断开拓创新，勇毅前行，打造中国式现代化的"湾区样本"，为实现中华民族伟大复兴探索湾区新路径、奉献湾区新力量。

纵观全球城市群发展史，城市群演化一般遵循开放协同的自发演化路径。城市群是在现代城市基础上，借助区域一体化与同城化所构成的一种更大空间尺度的集聚形态，不仅容纳了不同规模、不同功能的城市，而且容纳了大量不同类型的产业集群，同时兼备了地方化经济与城市化经济的属性。集聚力、辐射力与网络联系是勾勒城市群多形态图景的三个核心要素，也是支撑城市群高水平协同的关键力量。首先，城市群的形成得益于中心城市强大的集聚效应，其产生的集聚外部性能有效提高资源的空间配置效率。城市群一旦形成，其内部往往伴随较强的虹吸效应，大城市单向吸附周边中小规模城市的资源要素，中心城市经济规模和集聚能力显著提升，形成"强中心"。其次，城市群中心城市产业、空间和人口规模进一步扩张，提高了本地生产和生活成本，在空间上形成"城市蔓延"。从城市群或都市圈的空间尺度来看，中心城市地理扩张客观推动了"区域城市化"乃至"城市群化"的延展。从产业维度来看，中心城市依托对外交通干线将一般制造业有梯度地转移至周边地区，中心城市保留和发展高端制造业、科创企业，并大力优化现代服务业等核心功能。中心城市与周边城市间日益频繁的人员流动和经贸往来使城市自然边界日益模糊，逐步形成了以一小时距离为通勤半径的都市圈。此时，中心城市的辐射扩散效应大于虹吸效应，依托中心城市的功能辐射、知识溢出和产业分工，城市群中的更多城市融入中心城市的生产与生活体系之中，与中心城市的经济循环融为一体。最后，网络联系是推动城市群走向成熟的关键动力。当创新成为区域经济增长新的驱动力并占据制高点时，城市群的产业和创新协同成为新的发展命题。中心城市需要与城市群外围城市在更广范围、更深层次、更高水平上进行人、财、物、数据、知识的密切交流，并以此为基础构建更加开放协同的区域生产网络与区域创新系统，从而全面提升城市群产业协同分工和创新资源配置力。城市群的内部分工合作越紧密，网络联系的密度与强度也就越大，城市群作为区域生产网络与区域创新系统的综合配置力也就越强大。

遵循城市群趋向协同发展的自发生成逻辑，城市群建设本身也存在多领域、多主体、多机制的协同要求。从多领域来看，城市群的协同包括构建合理的城市层级体系，实现空间布局协同；深化地区之间的产业联动与创新合作，实现产业协同和创新协同；多方合理开展区域治理，实现治理协同；如果城市群是跨边境的，还存在针对便利跨区域要素流动的体制机制衔接的制度协同，以及加强文化沟通、增强社会资本、促进民心相通的文化协同；等等。从多主体来看，协同的主体包括企业、政府与社会组织三类，在中国，企业和政府是开展协同行动最重要的两大主体。从多机制来看，城市群协同发展主要通过两种途径实现。一种是基于市场自发的分工合作，我们称为市场导向型协同。市场导向型协同是决定城市群协同效率的首要因素。企业是市场导向型协同的主体，企业之间的合作与分工是市场导向型协同的主要表现形式，提升市场一体化水平是推动市场导向型协同的关键举措。此时，交通基础设施一体化和体制机制的"软联通"是提升城市群市场一体化的基础保障。另一种是通过协商达成的集体行动，介于市场机制与行政命令推动的层级制之间，我们称为治理导向型协同。其核心内容是搭建城市群区域合作的制度框架，由多地行政机构、企业主体、第三方社会机构共同参与，围绕战略规划、产业分工、公共服务、生态环保、社会治理、协调机制等多领域，合理统筹协调各地区各方利益诉求，高效实施集体行动。

高水平开放、高效率协同是世界级城市群的重要标志。全球城市化发展实践充分证明，但凡发育充分成熟的城市群，几乎都以单体或几个中心城市为"内核"，继而发展形成都市圈，中心城市与周边城市产业分工合理、功能互补，协同合作效率高，这是城市和城市群演化逻辑的一种折射现象。美国东北部大西洋沿岸城市群是美国经济的核心地带，以纽约为中心，包括波士顿、费城、巴尔的摩、华盛顿等城市，每个城市都承担着各自独特的功能。例如，纽约作为世界经济和国际金融的神经中枢，占据了区域核心地位。其他核心城市也都根据自身的特点，寻找与纽约错位的发展之路。华盛顿是美国的政治中心。波士顿集中了高科技产业、金融、教育、医疗服务、建筑和运输服务业，其中，高科技产业和教育是波士顿最具特色和优势的产业。芝加哥通常被认为是北美五大湖城市群的中心城市，这个城市群还包括底特律、克利夫兰、匹兹堡，以及加拿大的多伦多和蒙特利尔等国际知名城市。该区域以传统制造业为主导，呈现高产业集中度、高专业化程度的区域经济特征，城市群合作性强，经济互补协作紧密，并形成综合性中心大都市与中小型城市、卫星城相互结合、配套同步发展的均衡城市体系。英伦城市群以伦敦为首位城市。伦敦作为现代文明发源地，是欧洲金融中心和全球三大金融中心之一，具有全球金融枢纽的地位，汇聚了大量金融企业的全球总部。英伦城市群包括利物浦、曼彻斯特、利兹、伯明翰、谢菲尔德等重要的港口城市和工业城市。欧洲西北部城市群实际上是由大巴黎地区城市群、莱茵－鲁尔城市群、荷兰－比利时城市群三个区域性城市群所构成。巴黎是法国最大的工商业中心，集发达的现代产业、欧洲重要的交通枢纽、深厚的人文历史于一体，是世界公认的文化之都、世界艺术之都，贡献了法国30%的GDP增长。由此可以看出，中心城市核心引擎引领带动，周边城市功能一体化互补、协同发展是世界级城市群的普遍特征。这一规律性同样体现在中国城市群发育成长的轨迹上。长三角城市群是中国经济发展水平最高、城市群发展形态最为成熟的地区之一，区域内城市密集，表现出明显的多中心结构特征。长三角城市群拥有以上海为龙头、周边八座城市"大合唱"的大都市圈。上海无疑是长三角城市群和上海大都市圈的经济、金融和研发创新中心，都市圈内的苏州则有很好的制造业基础和较为完善的产业生态系统，与上海充分衔接与融合。上海大都市圈与南京、杭州、苏锡常和宁波都市圈等，互为腹地、相互促进，共同打造高效协同联动的区域创新矩阵和世界级产业集群。国内外城市群的发展实践都充分表明，尽管发展阶段、禀赋条件、内部治理、外部环境各异，各类城市群形态多样、辐射能级不同，但是高水平的开放协同是世界级城市群得以成功的关键因素。世界级城市群具有强大的产业辐射力和创新引领力，除了源自内部的世界级城市发挥引擎功能外，还受益于内部大小城市之间深度融合与协同，受益于基于产业链、价值链分工体系下的全球产业和创新网络。

粤港澳大湾区城市群建设实践充分遵循开放协同的理论逻辑，在产业协同、科技创新协同、交通协同、开放协同，规则衔接与机制对接等五大领域全面发力，系统性优化人、财、物、技术、信息、数据等生产要素配置，整体提升城市群协同效率和全要素生产率，并结出累累硕果。在产业协同方面，城市群聚焦实体经济和战略性产业集群，在融合衔接、高效协同和错位互补中，推动实体经济集聚创新发展，加速打造跨区域产业生态圈，形成了一批电子信息、高端智能装备制造、新能源汽车、生物医药等世界级产业集群。在科技创新协同方面，城市群围绕产业链部署创新链、围绕创新链布局产业链，坚持以产业需求为导向进行创新、以创新成果升级产业，加大科技研发投入力度，快速集聚高新技术企业，不断增强科技成果转化能力；以建设大湾区综合性国家科学中心为重点，推动创新载体沿广深港、广珠澳"两廊"和深圳河套、珠海横琴"两点"布局。在交通协同方面，城市群交通网络体系日趋完善，快速推进建设一批跨区域跨境重大基础设施，加速形成"轨道上的大湾区"，逐步实现大湾区"1小时生活圈"。在开放协同方面，对内，城市群以产业园区为主抓手，加快推进产业有序转移和产业共建，协同推进"一核一带一区"建设实现更高水平的平衡；对外，围绕要素型开放和制度型开放双轮驱动，强化国际循环链接枢纽地位，发挥自贸试验区"试验田"作用，共同参与"一带一路"建设，共同开拓 RCEP 市场，推动更高水平的对外开放。在规则衔接与机制对接方面，城市群围绕数据跨境流动、信用服务跨境互通、资质资格跨境互认、政务服务跨境互通以及法律服务与纠纷化解等领域，破除制度障碍，不断深化规则衔接与机制对接，促使要素跨境流动更加便捷高效，不断提升市场一体化水平。

相较于党和国家赋予粤港澳大湾区的战略定位和历史担当，相较于建设国际一流湾区和世界级城市群的愿景与目标，粤港澳大湾区城市群建设任重道远，仍存在一些亟待突破的瓶颈与挑战，主要表现为：城市群内部梯度大，经济差异明显，承载城市之间功能互补的基础仍不牢固；产业协同融合有待进一步深化，创新产出效率有待进一步增进；交通一体化有待进一步提升，跨境要素协同有待进一步推进；城乡发展差距有待进一步缩小、基本公共服务均等化有待进一步提高；规则衔接、机制对接有待进一步优化；湾区文化软实力有待进一步增强。此外，区别于单一制度体系下的城市群建设，粤港澳大湾区面临更独特且复杂的协同瓶颈或制度结构特征。本书将其总结归纳为"'一国两制'、湾区经济、多中心"。首先，粤港澳大湾区是在"一个国家、两种制度、三种货币、三个关税区"制度框架下建立世界级城市群，其社会制度、交通运输、要素流通，协调管治、实施机制等对接衔接问题更为复杂，其结构复杂度甚至超过了欧洲西北部与北美五大湖这种跨越几个国家的城市群。如何充分地发挥"一国两制"的优势，就需要围绕"规则衔接、机制对接"进行发力。其次，粤港澳大湾区形成了一种典型的湾区经济，开放、创新是湾区经济的特点，这体现在产业结构上，具有较高比例的出口导向型产业部门，建立了开放的区域创新体系，同时拥有发达的海洋经济。最后，粤港澳大湾区具有广深港澳"四核"构成的多中心城市群结构，放眼全球，这种情况也不多见。多中心结构一方面赋予了大湾区更强大的集聚能力，另一方面使粤港澳大湾区不会像京津冀、长三角那样存在一个龙头城市，增加了内部协同的复杂程度。

综上所述，本书以城市群协同为理论视角，坚持问题意识和目标导向，基于全球化视野，围绕高水平开放协同的世界级城市群建设目标，结合粤港澳大湾区发展阶段、区域特色以及瓶颈挑战，兼顾全面性与重点性，兼顾纵向梳理与横向比较，聚焦空间、产业、创新、文化、体制机制等重点协同领域，系统梳理三年多来粤港澳大湾区城市群的建设历程，并对未来高质量推进粤港澳大湾区城市群建设协同的发展思路、重点领域、实施路径，提出前瞻性、战略性谋划与展望。

全书主体部分共分十一章，内容梗概如下。

第一章是粤港澳大湾区城市群建设实践与理论逻辑。本章简要梳理粤港澳大湾区打造国际一流湾区和世界级城市群的目标、路径与任务，从重大合作平台建设、都市圈建设、科技创新、产业集群协同发展、"软硬联通"、共塑"人文湾区"等领域充分展示了粤港澳大湾区城市群建设的成就。接着，系统回顾并评述了国内外城市群研究的前沿文献。基于多维协同的研究视角，深入探讨了粤港澳大湾区城市群建设的理论逻辑。

第二章是粤港澳大湾区城市群综合发展水平比较。本章基于比较研究视野，对比分析了粤港澳大湾区城市群和长三角城市群两个超大型城市群。在与长三角城市群以及国际一流湾区的对比中，进一步从总体上明确了粤港澳大湾区城市群的本质属性和功能定位，评估其综合发展水平，明确其未来发展方向和能级提升路径。

第三章是粤港澳大湾区城市群空间结构特征与演化。本章清晰揭示了城市化地区空间结构演化的一般规律和路径，并基于历史演化维度和全球化背景，深入阐释粤港澳大湾区城市群的形成和发育过程，以及空间结构演变过程。同时，基于大量数据，深入探讨了粤港澳大湾区城市"流网络"空间结构演化的阶段性特征，测度粤港澳核心城市之间的创新联系程度。

第四章是粤港澳大湾区中心城市辐射带动与都市圈发展。本章基于区域经济辐射基本理论，构建了"辐射源—辐射通道—辐射腹地"的理论分析框架，揭示了中心城市辐射带动的机制与路径，并通过实证研究对粤港澳大湾区中心城市辐射带动效应进行了评价，运用典型案例比较分析了粤港澳大湾区都市圈的发展模式，进而提出增强粤港澳大湾区中心城市辐射带动能力及强化都市圈协同共治的策略。

第五章是粤港澳大湾区城市群产业协同机制与路径。本章从区域产业协同集聚理论的视角出发，基于"产业—空间"二重属性，探讨了粤港澳大湾区城市群产业内及产业间协同集聚的机制与模式，并通过实证研究分析了粤港澳大湾区各城市间的产业互补性、协同关联度及制约因素，进而提出深化粤港澳大湾区城市群产业协同的路径选择。

第六章是粤港澳大湾区城市群创新特征及演化路径。本章从城市群创新视角切入，侧重研究了以粤港澳大湾区城市群为代表的中国城市群的创新特征及演化路径。首先，探讨了开放式创新下城市群持续推进创新演化的动力机制；其次，多维度分析了粤港澳大湾区城市群开放创新的现状，从中总结提炼出比较优势；最后，从构建粤港澳大湾区区域创新协同体的角度，探讨了区域协同创新体系的实现路径。

第七章是粤港澳大湾区海洋经济高质量协同发展路径与策略。本章聚焦粤港澳大湾区的一大优势产业和新增长点——海洋经济。首先，从理论视角探讨了海洋经济与湾区城市群发展的理论机制，并从内外生角度阐释了湾区城市群中海洋经济发展的动力机制；其次，全面探析了粤港澳大湾区城市群海洋经济发展现状、面临的问题及挑战；最后，对推动海洋经济高质量发展的路径与重点、策略与建议做了深入思考。

第八章是人文湾区和世界级文化中心建设。首先，多维度解读了人文湾区的深刻内涵，揭示了建成世界级文化中心是人文湾区建设的重要标志；其次，系统提炼了全球湾区型城市群的开放性、包容性、创新性等文化属性，并阐释了粤港澳大湾区建设的人文基础；最后，对粤港澳大湾区城市群如何建设成为具有全球影响力的国际文化中心和世界级文化交流枢纽进行了战略性谋划。

第九章是粤港澳大湾区城市群与广东"一核一带一区"区域发展格局建设协同。本章指出粤港澳大湾区世界级城市群建设与广东"一核一带一区"区域发展格局构建在时空上交汇、战略上相互衔接。为此，本章系统梳理了广东区域经济发展格局历史演化过程，提出了粤港澳大湾区城市群与"一核一带一区"发展格局建设协同的思路、重点领域、实施路径和保障机制。

第十章是粤港澳深度合作共建世界级城市群。本章阐明了粤港澳大湾区的制度特性与世界属性，并指出如何在"一国两制"制度框架下推进城市群协同发展，提升城市群整体竞争力是粤港澳大湾区建设的重要命题。基于此，本章较为全面地总结了粤港澳经济合作的基础与条件，针对全面推进粤港澳深度合作提出了系列战略路径，并对粤港澳大湾区重大战略平台建设进行了系统谋划。

第十一章是粤港澳大湾区：从国际化大都市到世界级城市群。本章围绕建设世界级城市群的宏伟愿景，从理论框架到实践路径，探索了粤港澳大湾区世界级城市群融合、创新、蝶变的发展历程和趋势，提出了若干提升措施和政策建议。

第一章
粤港澳大湾区城市群建设实践与理论逻辑

推进粤港澳大湾区建设，是中国在新时代推动形成全面开放新格局的新尝试，也是推动"一国两制"事业发展的新实践。2018 年 3 月，习近平总书记在参加十三届全国人大一次会议广东代表团审议时强调，要抓住建设粤港澳大湾区重大机遇，携手港澳加快推进相关工作，打造国际一流湾区和世界级城市群。2019 年 2 月 18 日，《粤港澳大湾区发展规划纲要》（简称《规划纲要》）正式发布。在国家的大力支持下，广东牢记嘱托，积极作为，举全省之力推进大湾区建设。自《规划纲要》发布以来，粤港澳大湾区建成一批高水平创新载体，吸引国内外高层次创新要素加速集聚。一批跨境重大基础设施快速推进，现代化交通体系加速完善，大湾区"1 小时生活圈"基本形成；粤港澳三地规则衔接、机制对接不断深化，市场一体化水平明显提升，要素跨境流动更加便捷高效。大湾区生态环境更加优美，三地社保政策有效衔接，宜居宜业宜游的优质生活圈加快形成。根据广东省大湾区办的数据，2021 年，大湾区经济总量为 12.6 万亿元，比 2017 年增长 2.4 万亿元；常住人口 8631 万人，比 2017 年增长 1630 万人。大湾区综合实力和集聚效应显著增强，国际一流湾区和世界级城市群框架基本形成，粤港澳大湾区建设取得阶段性显著成效。

城市群是现代经济中最具活力和创造力的区域，是中国新型城镇化的主体形态。世界级城市群是全球经济体系中最具领导力、支配力和创新力的区域经济形态。深度整合、协同发展是城市群建设的关键因素，也是统领粤港澳大湾区世界级城市群建设工作各方面的核心理念。本书以协同为理论视角，从空间、产业、创新、制度、文化等多个领域，对粤港澳大湾区城市群的建设进行实践和理论两方面的分析总结，旨在总结习近平经济思想在粤港澳大湾区的伟大实践，为进一步探索中国城市群高质量发展的客观规律提供实践和理论的参考与借鉴。

第一节　粤港澳大湾区城市群建设的伟大实践

一　粤港澳大湾区城市群建设背景

（一）　城市群是引领全球经济高质量发展的重要动力源

城市群是地区城市化发展到高级阶段的产物，是在特定地理范围内，以一个或几个超大或特大城市为地区经济的核心，由多个不同大小和等级的城市基于一体化和同城化形成的集合体（方创琳，2011；姚士谋等，2016）。作为一种更为高级的空间组织形态，城市群内部通过城市之间的合作协同，有效突破了单体城市集聚规模的效率上限，形成了"1＋1＞2"的总体效率优势，进而打造出更加综合、全面的区域功能（Meijers，2005）。

过去大半个世纪以来，全球涌现的世界级城市群不仅辐射带动了本国经济发展，也极大地影响乃至引领了全球经济发展，在科技、经济乃至社会文化发展等多个领域，扮演了重要的发展动力源角色。在北美，以纽约为中心的美国东北部大西洋沿岸城市群，以占全美1.50%的土地面积，集中了全国约20%的人口，贡献了全国30%以上的制造业产值。以芝加哥为中心的北美五大湖城市群，土地面积占全国的26.45%，同样聚集了美国30%以上的制造业，与美国东北部大西洋沿岸城市群共同组成北美产业带。在欧洲，巴黎、布鲁塞尔、鹿特丹、海牙等一批国际知名城市作为核心，形成了横跨法国、比利时和荷兰等多个国家的西北部城市群。以伦敦为中心的英伦城市群，以占全英国18.40%的土地面积，集中了全国64.20%的人口、80%的经济总量。在东亚，以东京为中心的东京都市圈，以占日本国土3.59%的面积，集中了日本几乎1/3的人口，贡献了近50%的GDP（姚士谋等，2016）。

作为世界级城市群，上述城市群强大的集聚能力与辐射带动能力不仅来自城市群所拥有的世界级城市，也得益于城市群内部大小城市之间的深度整合协同。依靠世界级的中心城市，世界级城市群得以集聚全球性的金融理财、研发设计、港口物流等高端生产服务业。依靠一大批与中心城市紧密联系的卫星城镇和中小型城市，世界级城市群还为现代制造业集群乃至现代农业集群发展提供了充裕空间，在城市群内部形成了布局有序、分工合作、三次产业紧密融合的现代产业体系。城市群内部大都市与中小城镇协同发展，有效降低了超级城市的过度拥堵指数，在满足经济活动效率要求的同时，提供了更加生态宜居的生活环境，为孕育更加多样、现代、文明的社会形态和人文精神提供了更优质的土壤环境。

（二） 城市群是中国构建高质量发展区域经济布局的战略举措

在《推动形成优势互补高质量发展的区域经济布局》重要文章中，习近平总书记做出"我国经济发展的空间结构正在发生深刻变化，中心城市和城市群正在成为承载发展要素的主要空间形式"的重要战略判断，进而提出要"发挥各地区比较优势，促进各类要素合理流动和高效集聚，增强创新发展动力，加快构建高质量发展的动力系统，增强中心城市和城市群等经济发展优势区域的经济和人口承载能力，增强其他地区在保障粮食安全、生态安全、边疆安全等方面的功能，形成优势互补、高质量发展的区域经济布局"。

中国城市群的萌芽始于 20 世纪 90 年代，随着产业集聚和人口集聚，长三角、珠三角和京津冀先后出现了城市群的雏形。到 21 世纪初，东部沿海其他地区和部分中西部地区的城市群也逐步开始发育（方创琳，2018）。应这种趋势，国家自 2006 年的"十一五"规划开始，在连续 20 年的 4 个国家五年规划中，均将城市群定位为中国城镇化的主体形态，提出以城市群为主导、构建大中小城市与小城镇协调发展的城镇化新格局。尤其是自党的十八大以来，中国城市群发展进入快车道。仅在"十二五"和"十三五"期间，中共中央、国务院就密集出台了 14 个城市群或经济区发展规划。党的十九大报告提出"以城市群为主体构建大中小城市和小城镇协调发展的城镇格局"。《中华人民共和国国民经济和社会发展第十四个五年规划和 2035 年远景目标纲要》多次提到城市群建设，规划建设"5＋5＋9"共 19 个城市群的全国城镇化布局。① 这 19 个城市群从东海之滨到天山脚下，从南海之畔到白山黑水，以 26% 的土地面积，承载了全国 83% 的人口，创造了 87% 的 GDP（李文静，2021），形成了以城市群引领全国人口与生产力空间布局的"两横三纵"架构，② 构筑起支撑质量变革、效率变革和动力变革的重要动力源。

由于全国 19 个城市群的综合发展水平不同、发育成熟度不同，国家"十四五"规划将其分为优化提升、发展壮大和培育发展三级梯队。位于第一梯队的共有五个城市群，分别为京津冀、长三角、珠三角、成渝、长江中游城市群。其中，京津冀、长三角和珠三角的发展水平最高，建设世界级城市群的条件最为充分，被国家赋予了建设世界级城市群的发展重任。

（三）粤港澳大湾区建设是国家战略

粤港澳大湾区从无到有，从蓝图到规划再到实现，无不凝聚着习近平总书记的深切关怀和殷切期望。2012 年 12 月，总书记在党的十八大后首次离京考察就来到广东，强调希望广东联手港澳打造更具综合竞争力的世界级城市群。2017 年 7 月 1 日，总书记在香港见证国家发展改革委与粤港澳三地政府共同签署《深化粤港澳合作 推进大湾区建设框架协议》。2018 年 5 月，总书记先后主持召开中央政治局常委会会议和中央政治局会议，审议《粤港澳大湾区发展规划纲要》。2019 年 2 月，中共中央、国务院公开发布《粤港澳大湾区发展规划纲要》，开启全面推进粤港澳大湾区建设的新阶段。

每到大湾区建设的关键时刻，习近平总书记都会发表一系列重要讲话并做出重要指示批示，为大湾区建设指明方向。2018 年 3 月，总书记在参加十三届全国人大一次会议广东代表团审议时指出，要抓住建设大湾区重大机遇，携手港澳加快推进相关工作，打造国际一流湾区和世界级城市群。2018 年 10 月，总书记在广东考察时强调，要把粤港澳大湾区建设作为广东

---

① 根据《中华人民共和国国民经济和社会发展第十四个五年规划和 2035 年远景目标纲要》，这 19 个城市群分别为京津冀、长三角、珠三角、成渝、长江中游、山东半岛、粤闽浙沿海、中原、关中平原、北部湾、哈长、辽中南、山西中部、黔中、滇中、呼包鄂榆、兰州－西宁、宁夏沿黄、天山北坡城市群。

② 基于东西走向的（欧亚）陆桥通道、沿长江通道的"两横"，基于南北走向的沿海、京哈京广、包昆通道的"三纵"。

改革开放的大机遇、大文章，抓紧抓实办好。2020 年 10 月，总书记在深圳经济特区建立 40 周年庆祝大会上强调，要积极作为深入推进粤港澳大湾区建设。

《粤港澳大湾区发展规划纲要》出台后，习近平总书记又推动一系列重大政策利好落地大湾区，务实推动大湾区建设。2019 年，中共中央、国务院出台《关于支持深圳建设中国特色社会主义先行示范区的意见》。2020 年，中共中央办公厅、国务院办公厅印发《深圳建设中国特色社会主义先行示范区综合改革试点实施方案（2020—2025 年）》。2021 年，中共中央、国务院出台《横琴粤澳深度合作区建设总体方案》（简称《横琴方案》）和《全面深化前海深港现代服务业合作区改革开放方案》（简称《前海方案》）。2022 年 6 月，国务院又出台了《广州南沙深化面向世界的粤港澳全面合作总体方案》（简称《南沙方案》）。这一系列国家层面的重大战略部署引领了粤港澳大湾区的发展方向，为粤港澳大湾区建设持续注入了强大动能。

二　粤港澳大湾区城市群的建设目标与路径

2019 年 2 月《粤港澳大湾区发展规划纲要》的出台成为大湾区建设进入全面实施、纵深推进新阶段的关键标志，该纲要也成为指导粤港澳大湾区建设当前和今后一个时期合作发展的纲领性文件。

《规划纲要》明确了近期和远期目标。近期到 2022 年，粤港澳大湾区综合实力显著增强，粤港澳合作更加深入广泛，区域内生发展动力进一步提升，发展活力充沛、创新能力突出、产业结构优化、要素流动顺畅、生态环境优美的国际一流湾区和世界级城市群框架基本形成；远期到 2035 年，形成以创新为主要支撑的经济体系和发展模式，大湾区内市场高水平互联互通基本实现，区域发展协调性显著增强，人民生活更加富裕，社会文明程度达到新高度，宜居宜业宜游的国际一流湾区全面建成。因此，"建设富有活力和国际竞争力的一流湾区和世界级城市群，打造高质量发展的典范"，是大湾区建设的长远战略目标。《规划纲要》还进一步明确了粤港澳大湾区五大战略定位，即充满活力的世界级城市群、具有全球影响力的国际科技创新中心、"一带一路"建设的重要支撑、内地与港澳深度合作示范区、宜居宜业宜游的优质生活圈。在这五个定位中，世界级城市群是一个综合性的定位，是粤港澳大湾区建设的首要愿景，是承载其余四个战略定位建设的战略平台。

围绕打造国际一流湾区和世界级城市群的建设目标，《规划纲要》提出七方面重点任务。一是建设国际科技创新中心。深入实施创新驱动发展战略，深化粤港澳创新合作，构建开放型融合发展的区域协同创新共同体，打造高水平科技创新载体和平台，集聚国际创新资源，优化创新制度和政策环境，建设全球科技创新高地和新兴产业重要策源地。二是加快基础设施互联互通。推动形成布局合理、功能完善、衔接顺畅、运作高效的基础设施网络。三是构建具有国际竞争力的现代产业体系。加快发展先进制造业，培育壮大战略性新兴产业，加快发展现代服务业，大力发展海洋经济。四是推进生态文明建设。打造生态防护屏障，加强环境保护和治理，创新绿色低碳发展模式。五是建设宜居宜业宜游的优质生活圈。打造教育和人才高地，共建人文湾区，构筑休闲湾区，拓展就业创业空间，塑造健康湾区，促进社会保障和社会治理合作。六是紧密合作共同参与"一带一路"建设。打造具有全球竞争力的营商环境，提升市场一体化水平，携手扩大对外开放。七是共建粤港澳合作发展平台。优化提升深圳前海深港现代服务业合作区功能，打造广州南沙粤港澳全面合作示范区，推进珠海横琴粤港澳深度合作示范，发展特色合作平台。

三 粤港澳大湾区城市群建设成就

自《规划纲要》颁布实施以来，粤港澳大湾区紧扣建设"国际一流湾区和世界级城市群"目标，以支持深圳中国特色社会主义先行示范区建设为牵引，加快释放"双区驱动效应"，牢牢把握中央出台《横琴方案》《前海方案》《南沙方案》的重大发展机遇，围绕集聚、创新与开放等领域全方位夯实大湾区综合实力，打造国际科技创新中心，构建具有活力和竞争力的现代产业体系，以制度型开放进一步强化对外开放合作门户枢纽地位，以规则衔接机制对接深化合作建设大湾区统一大市场，加大力度推进交通基础设施互联互通，以都市圈建设与都市圈融合发展为抓手，持续推进城市群体系建设，大力构筑宜居宜业宜游的优质生活圈，高质量建设粤港澳大湾区取得显著成效。2021 年，大湾区经济总量为 12.6 万亿元，比 2017

年增长 2.4 万亿元；常住人口为 8631 万人，比 2017 年增长 1630 万人；有 25 家企业进入世界 500 强。粤港澳大湾区 2021 年阶段性目标全面实现。

（一）把握重大国家战略机遇，强化核心引擎功能和示范带动作用，推进重大合作平台建设，系统提升大湾区建设世界级城市群的战略空间支撑能力

大湾区纵深推进系列重大国家战略部署，突出示范带动作用，强化核心引擎功能；纵深推进"双区"和两个合作区建设，全力推进南沙深化面向世界的粤港澳全面合作，稳稳撑起城市群的"四梁八柱"；加速推进广深"双城"联动，加快形成全方位多层次的协同联动格局。首先，全力支持深圳建设中国特色社会主义先行示范区，放宽市场准入特别措施、优化营商环境条例、营商环境改革 4.0 版等出台实施。深圳综合改革试点首批 40 项授权事项基本落地，广东省向深圳下放 1480 项经济社会管理权限，推动深圳在要素市场化配置、营商环境、城市空间治理等方面推出一系列重大改革举措（广东省大湾区办，2022）。深交所主板与中小板合并、创业板注册制改革试点等重点领域改革取得重要突破。其次，以支持深圳同等力度支持广州加快实现老城市新活力和"四个出新出彩"。国家人工智能与数字经济试验区等重大平台加快建设，中新（广州）知识城上升为国家级双边合作项目，广州期货交易所挂牌设立（广东省大湾区办，2022）。最后，广深两市全方位深化战略合作，有效发挥核心引擎作用，围绕科技协同创新、现代产业体系构建等重点领域展开深度对接协作。广深共同推进鹏城实验室广州基地——琶洲实验室建设，推进海洋实验室深圳分部、国家超算广州中心深圳前海分中心、大湾区国家技术创新中心深圳分中心建设。围绕新一代信息技术、数字经济、汽车产业、智慧城市等一批战略性新兴产业领域，两市联合打造世界级产业集群。加快推进基础设施互联互通，广深高速迎来改扩建，广深第二高铁、广深高速磁悬浮等多个项目规划建设，广州地铁 22 号线将延伸至深圳。

"两个合作区"重大平台建设全面提速，有效拓展港澳发展空间。2021年 9 月，《横琴粤澳深度合作区建设总体方案》和《全面深化前海深港现代服务业合作区改革开放方案》相继出台，为"以点带面"引领带动粤港澳全面深化合作提供了重大机遇和平台。横琴粤澳深度合作区紧紧围绕促进澳门经济适度多元发展这一主题主线，明确"四新"战略定位、琴澳一体

化发展要求和"四新"重大任务，大力发展科技研发和高端制造、中医药、文旅会展商贸、现代金融等在澳门有较好产业基础的四大领域。横琴合作区创新粤澳双方共商共建共管共享新体制，稳步构建"1＋1＋1＋N"政策框架体系，推出商事登记跨境通办服务举措，澳资企业足不出户即可落户横琴合作区。自横琴合作区揭牌以来，澳资企业新设立253家，实有4771家；港澳建筑工程和专业人士跨境备案系统正式启用，累计63家港澳企业和324名专业人士获得跨境执业资格（程远州，2022）。前海深港现代服务业合作区（简称"前海合作区"）在扩容提质后，明确提出"一平台一枢纽"战略定位，致力于打造"全面深化改革创新试验平台"和建设"高水平对外开放门户枢纽"。除了聚焦金融业、科技服务业和会展业等现代服务产业，前海合作区抓住"扩区"和"改革开放"两个重点，增添了高科技、高端制造、空港等多种元素。在这块"比特区还特"的"试验田"上，为支持港资企业拓展发展空间，前海合作区还出台了促进高端产业集聚等政策，对港资企业按一般扶持标准的1.2倍执行（程远州，2022）。

广州南沙重大合作平台方案落地。2022年6月，国务院颁发的《广州南沙深化面向世界的粤港澳全面合作总体方案》为粤港澳大湾区深度合作、港澳融入国家发展大局以及中国推进制度型开放提供了新的更大的空间载体以及经济产业支撑。《南沙方案》提出要加快推动广州南沙深化粤港澳全面合作，打造立足湾区、协同港澳、面向世界的重大战略性平台，为南沙新一轮的改革发展部署了五大任务，"建设科技创新产业合作基地"位列五大任务之首。《南沙方案》还从强化粤港澳科技联合创新、打造重大科技创新平台、培育发展高新技术产业、推动国际化高端人才集聚四个方面明确发展重点。地处大湾区几何中心的广州南沙将快速释放多重叠加的示范效应和强大的驱动效应。

（二）高标准推进大都市圈建设，跨区域产业协同进一步深化，显著提升大湾区建设世界级城市群的一体化发展动力

广州都市圈、深圳都市圈以及珠江口西岸都市圈建设全面推进，以珠江口东西两岸融合发展为突破口，着力打造环珠江口100公里"黄金内湾"，带动三大都市圈协同发展、聚势腾飞，为大湾区城市群的一体化融合建设提供源源不断的增长动力。首先，广州都市圈互联协同持续深化。广

州发挥国家中心城市对周边地区的辐射带动作用，高度聚焦战略性支柱产业、高新技术产业和高端服务业，疏解转移与广州国际大都市定位不匹配的产业或功能，比如传统商贸、低端制造业、物流业可以向都市圈内转移扩散，在转移中实现提质升级，带动都市圈其他城市的发展。其次，深圳都市圈产业联动加速。深圳致力于发挥核心引擎带动作用，深化深莞惠一体化，推进河源、汕尾主动承接深圳核心城市功能疏解、产业资源外溢、社会服务延伸。东莞、惠州常年接受深圳的产业和创新辐射，精准对接深港高端产学研资源，积极承接深圳优质外溢项目，迸发出蓬勃的产业活力。其中，光明－松山湖组团以及宝安北－滨海湾新区组团建设成效显著，是深莞乃至全国产业跨区融合发展的标杆。最后，珠江口西岸都市圈加快蓄力崛起。珠海是珠江口西岸核心城市，这一战略定位在2021年2月《中共广东省委 广东省人民政府关于支持珠海建设新时代中国特色社会主义现代化国际化经济特区的意见》中进一步明确。2022年，珠江口西岸大交通建设处于井喷阶段，集高铁、城际、城市轨道交通于一体的网络体系徐徐铺开。比如：深珠城际铁路（伶仃洋通道）规划加速进行，广州至珠海（澳门）高铁、珠海至肇庆高铁（珠海至江门段）已提上日程，连接珠海、江门的黄茅海跨海通道建设再提速。粤港澳大湾区（珠西）高端产业集聚发展区、珠海－江门大型产业集聚区等高端平台加快推进，为该都市圈在新一轮区域竞争中抢占先机、崛起腾飞提供了关键支撑。

广佛现代产业融合进一步提速。全面推进广佛一体化在基础设施、政策框架、人才流动等领域的发展，逐渐形成以广州高校、科研院所、企业总部为创新大脑，以广州现代服务业为强力支撑，以佛山为先进制造业技术成果转化承接地的产业协同模式。在推动科技成果跨市转化方面，2020年，23家广州市服务机构成为佛山备案的科技创新券服务机构。在制造业领域，广佛正在携手共建先进装备制造、汽车、新一代信息技术、生物医药与健康产业4个万亿级产业集群。穗港、深港科创合作走向深入。以穗港智造合作区、穗港科技合作园为代表的一批穗港澳协同创新平台建设正在快速推进。穗港智造合作区打造以"港澳合作"和"智能制造"为主线的穗、港、澳三方深度对接、机制共建的新园区；穗港科技合作园聚焦生物医药、人工智能、氢能源等领域，充分发挥穗港各自的优势，推动粤港澳大湾区金融与科技、产业的融合发展。河套深港科技创新合作区围绕"一河两岸""一区两园"统筹开发，实现 40 多个优质项目落地，5 所香港高校、8 家港澳知名仲裁机构在此布局。香港特区政府于 2021 年提出的《北部都会区发展策略》明确把与深圳相邻的新界北部地区完整地整合为北部都会区，使其成为香港未来 20 年的策略发展地区，这有助于为市民提供更多的居住空间，建立完善的创科产业生态系统。同时，第六任行政长官李家超的政纲将"开发北部都会，激活发展引擎"作为核心政策。深珠、深中产业合作驶入快车道。作为深珠通道珠海侧的落脚点，珠海高新区全力打造深珠合作主阵地，以更大的力度推动深圳和珠海两地基础设施联通、科技创新融通、营商环境畅通，初步形成"资源互补＋合作共赢""深圳总部（窗口）＋深珠合作研发、生产"的发展模式。截至 2021 年 11 月，43 个深圳产业项目落地珠海高新区，总投资额达 124 亿元（广东医谷，2021）。深圳加强与珠江口西岸先进装备制造业联动发展，扎实建设深圳－中山产业拓展走廊，促进深中产业园区共建、产业梯队转移、产业链协作。随着大湾区交通网络进一步完善，东环广深科技创新走廊的生产要素加速向珠江口西岸流动。

（三）科技创新资源加快协同集聚，高水平科技自立自强有力推进，打造大湾区建设世界级城市群的科技创新高地

粤港澳大湾区城市群科技与创新资源高度集聚，是中国科技创新能力最强、新兴产业发展最活跃的区域之一，具备打造世界级科技湾区的基础条件。以广深港、广珠澳科创走廊（两廊）和深圳河套、珠海横琴创新极点（两点）为主体的大湾区国际科技创新中心框架基本搭建完成。一批以深圳光明科学城、东莞松山湖科学城、南沙科学城等为主阵地的具有世界一流水平的重大科技基础设施正在布局建设。大湾区国家实验室体系逐步建立，鹏城国家实验室建设进展顺利，广州国家实验室挂牌成立。香港、澳门在生物科技、人工智能、金融科技、脑科学、中药质量研究、智慧城市物联网等领域的 20 家国家重点实验室与内地合作不断深化。"十三五"时期，在创新综合能力方面，珠三角 9 市累计获国家批复建设国家级创新中心 3 个、国家工程研究中心（工程实验室）22 个、国家地方联合工程研究中心 45 个。珠三角国家自主创新示范区范围涵盖深圳全市及广州等珠三角

其他 8 市的国家级高新区。2021 年 9 月，世界知识产权组织（WIPO）发布的《2021 年全球创新指数报告》显示，深圳－香港－广州科技创新集群在全球排第 2 位（仅次于东京－横滨）。广东区域创新综合能力连续五年排名全国第一。[①] 从科技创新投入看，2020 年，珠三角 9 市研发（研究与试验发展，R&D）经费支出总额为 3333.8 亿元，研发经费投入强度（R&D 经费占 GDP 的比重）达到 3.7%。[②] 根据《2020 年广东省科技经费投入公报》，截至 2020 年，珠三角 9 市高新技术企业数量达 50999 家，占全国的 18.6%。大湾区科创协同迈出实际步伐，科研要素跨境流动更加便利。国家开展生物材料过境试点工作，推动专业人才资质认可进程。国家重点研发计划 17 个基础前沿类专项、自然科学基金优秀青年科学基金项目等对港澳开放申报。港澳科研机构和人员可共享使用重大科技基础设施和大型科研仪器。开放创新方面取得新成效，粤港澳三地联合共建"一带一路"国家成立"一带一路"生命科技促进联盟、文化遗产保护科学实验室等平台。

（四）培育打造高质量产业集群，初步形成现代产业体系，为大湾区建设世界级城市群提供更具国际竞争力的产业支撑

粤港澳大湾区拥有全球工业种类最齐全、供应链条最完整的制造业体系，形成珠江口东岸以电子信息为主、西岸以机械及装备制造为主的产业集群优势，其电子计算机、通信设备、家用视听设备、电子元器件四大全球制造基地享誉全球。2020 年，珠三角 9 市全部工业增加值占全国的 10.4%，广东明确提出建设"双十"战略性产业集群，集成电路、生物医药、新能源、新材料等战略性新兴产业集群正在大湾区强势崛起。2020 年，在工信部遴选的 25 个先进制造业集群中，广东赢得 6 席，分别为深圳市新一代信息通信集群、深圳市先进电池材料集群、广佛惠超高清视频和智能家电集群、东莞市智能移动终端集群、广深佛莞智能装备集群、深广高端

[①] 中国科技发展战略研究小组、中国科学院大学中国创新创业管理研究中心联合发布的《中国区域创新能力评价报告 2021》显示，2021 年广东区域创新综合能力得分为 65.49 分，创造了广东区域创新能力评价的历史最高分。

[②] 研发经费支出超过百亿元的地市有 6 个，依次为深圳（1510.8 亿元）、广州（774.8 亿元）、东莞（342.1 亿元）、佛山（288.6 亿元）、惠州（126.5 亿元）、珠海（113.5 亿元）。研发经费投入强度在 3.0% 及以上的地市共有 5 个，较 2019 年增加 2 个，依次为深圳（5.5%）、东莞（3.5%）、珠海（3.3%）、广州（3.1%）、惠州（3.0%）。

医疗器械集群。不少产业集群涉及跨区域共建,这充分彰显了大湾区强大的产业外溢能力和产业协作能力。

大湾区现代服务业也在加快发展,港澳专业服务业国际美誉度提升,香港国际金融中心地位提升,澳门世界旅游休闲中心地位巩固,大湾区生产性服务业正向专业化和价值链高端延伸发展。大湾区海洋经济快速崛起,海洋运输业、海工装备制造业发展迅速,港澳传统的海事服务业、海洋科技产业优势明显,三地正在协同打造海洋经济科技平台,共同拓展蓝色经济空间。

(五)"软硬联通"建设提速,使要素流动和统一大市场构建更便捷,全面提升大湾区建设世界级城市群的市场协同水平

世界级城市群需要便捷的联通全球的互联互通网络体系。大湾区加快基础设施建设与规则对接,推动城市群内部"软硬联通",实现要素流通、经济融合,使支撑经济发展、促进内外循环的"骨骼"更强壮、"血脉"更畅通,为形成统一大市场提供了有力的硬件支撑和制度保障。

交通基础设施互联互通成效显著,世界级的机场群和港口群在加快形成。广深港高铁、港珠澳大桥、南沙大桥相继建成运营,深中通道进展顺利,黄茅海通道、沈海高速改扩建等项目建设有序推进,架起了大湾区横向"黄金走廊"。赣深高铁建成通车,广湛、深江等铁路建设如火如荼。广州、深圳两大机场已跻身全球最繁忙的大型机场行列,广州白云机场三期、香港国际机场第三跑道、珠海机场扩建进展顺利,世界级机场群协同效应初显。世界级港口群也在加速形成,粤港澳大湾区拥有深圳、广州、香港等国际性枢纽大港和珠海、佛山、东莞、江门、惠州等区域性港口,2020年全湾区港口集装箱吞吐量位居世界四大湾区第一。

加速建设"轨道上的大湾区",打造"1小时生活圈"。以连通内地与港澳以及珠江口东西两岸为重点,构建并完善以高速铁路、城际铁路和高等级公路为主体的城际快速交通体系,形成大湾区城市群连通全省,辐射华东、中南、西南地区的放射状路网格局。截至2021年底,粤港澳大湾区高速公路通车里程达4972公里,路网密度达9.1公里/百公里^2,是全国乃至全球高速公路网密度最高的城市群之一(程远州,2022)。

建设"湾区通"工程,要素跨境流动更加高效便捷。粤港澳三地规则

衔接工作不断取得实质性进展。广东持续推进公共交通、通信、信用信息、电子支付等领域标准互认、规则衔接、政策互通，促进粤港澳大湾区城市群居民交流交往。居民往来更加便利，2021 年广东为港澳居民提供身份认证服务达 1922 万人次。出入境证件便利化应用得到深入推广，"跨境一锁"在珠三角 9 市全面实施。"港车北上""澳车北上"加快落地。粤澳新通道青茂口岸实行"合作查验、一次放行"自助通关模式，"一地两检"成为深港口岸通关的"基本盘"。粤澳货物"单一窗口"综合服务平台上线，内地公路运输出口澳门货物实现"一单两报"。金融市场互联互通正有序推进。开展贸易投资便利化、本外币合一的跨境资金池业务试点工作，正式开通跨境理财通业务。"深港通"、债券"南向通"、"跨境理财通"等措施落地，人民币成为粤港澳跨境收支第一大结算货币。香港、澳门居民通过代理见证开立内地银行个人账户超 18 万户（程远州，2022）。

（六）深化民生领域交流合作，共同塑造"人文湾区"，推动大湾区宜居宜业宜游的优质生活圈加快构建

宜居宜业宜游的优质生活圈是大湾区建设世界级城市群和国际一流湾区的重要战略目标，也是大湾区吸引和留住全球人才的强大软实力。近些年，大湾区共同塑造"人文湾区"，民生交流合作向深层次拓展，优质生活圈利好不断。

职业资格认可、标准衔接范围持续拓展。粤港澳大湾区青年创新创业基地联盟成立，港澳创业者被纳入内地补贴支持范围。港澳居民在内地就业的许可审批流程被取消，在粤办理就业登记的港澳居民超过 8.51 万人。大湾区内地事业单位公开招聘港澳居民政策落地，累计超过 1000 人次的港澳居民报考。医师、教师、导游等 8 个领域以单边认可带动双向互认，广东已有 3000 余名港澳专业人士取得内地注册执业资格（广东省大湾区办，2022）。司法规则衔接进一步加强，跨境破产协助实现突破，三地调解、仲裁与诉讼衔接机制已经建立。标准对接取得重要突破，《金融自助设备运维服务规范》等大湾区标准正在实施；首批"湾区标准"清单推广实施，涵盖食品等 23 个领域 70 项标准。

教育医疗合作不断深化。合作办学进度加快，香港科技大学（广州）、香港中文大学（深圳）医学院正式成立并实现招生，香港理工大学（佛

山）、香港城市大学（东莞）、香港都会大学（肇庆）等落户粤港澳大湾区并将陆续建成。广东省高校继续面向港澳扩大招生规模，43 所高校具备招收港澳本科生资格，16 所高校具备招收港澳研究生资格。大中小学教育交流持续推进，港澳居民及随迁子女同等享受学前教育、义务教育、高中阶段教育以及参加中高考，广东省与港澳中小学校缔结姊妹学校突破 1100 对。港澳居民在内地就医更加便利，"港澳药械通"在香港大学深圳医院等 5 家机构落地，已审批临床急需进口药品 13 种、进口医疗器械 3 种。

民生领域的市民待遇全面落实。港澳居民可以在大湾区内地按规定通过港澳银行跨境按揭购房。出入境证件便利化应用深入推进，港澳居民来往内地通行证在交通运输、金融、通信、医疗等领域的应用变得更加高效便利。大湾区个人所得税优惠政策全面落地，港澳居民在珠三角 9 市同等享受购房、就业、就学、参加社会保险等政策，港澳居民可通过"粤省事"平台办理 177 项政务和公共服务事项。"1 + 12 + N"港澳青年创新创业孵化体系已建成，孵化港澳项目超过 2300 个、吸纳港澳青年就业达 3400 余人。"湾区社保通"政策落地，截至 2021 年底，港澳居民在粤参加养老、失业、工伤保险累计达 27.92 万人次（程远州，2022）。广东鼓励港澳服务提供者在粤兴办养老机构，截至 2020 年 11 月底，已兴办此类机构 7 家。横琴"澳门新街坊"综合民生项目有序推进，为澳门居民在横琴生活就业提供等同澳门的公共服务。

四　粤港澳大湾区城市群建设特征与规律

作为区域发展和集聚创新的空间载体和城市群发展的高级阶段，粤港澳大湾区是滨海经济、港口经济、都市经济、网络经济、创新经济高度融合而成的一种独特经济形态，粤港澳大湾区的建设发展在理论上契合了城市群发展的一般规律，粤港澳三地围绕规则衔接、空间对接、要素畅通、产业融合、科创协同等的多维度建设取得阶段性显著成效。"一国两制"、多中心是大湾区城市群最显著的制度特征和结构特征。一是大湾区地缘相邻、人文同源，但广东与港澳存在发展路径与制度上的区别，由此造就了它们在经济、社会、文化上既血肉相连，又存在明显的路径差异，这是全球其他湾区城市群所没有的，也是将"规则衔接、机制对接"摆在大湾区城市群协同发展重要位置的根本原因。二是大湾区内核心城市之间有序开展合作与竞争的问题要解决，核心城市与其他城市之间乃至大湾区与其经济腹地之间的协同发展问题也要着力解决。

从国际一流湾区和世界级城市群的经验来看，高度整合的协同发展是湾区的基本特征和关键因素。纵观粤港澳大湾区城市群的形成与演化进程，其本身就是以建设粤港澳大湾区统一大市场为导向，以制度协同、空间协同、市场协同、产业创新协同、文化协同为建设突破口的。这里的制度协同是指经济社会运行层次的制度，不仅包括规则、行业标准、惯例等，还包括区域层次的协调与治理机制，以及一切有利于促进区域融合发展的相关制度安排。推进大湾区制度协同、空间协同、市场协同、产业创新协同以及文化协同，是粤港澳大湾区城市群建设面临的重大理论问题，也是高质量建设国际一流湾区和世界级城市群的实施路径。其实质在于推动实现市场协同与政府协同的有机统一。首先，始终坚持以市场为主导，善于用市场机制、市场手段配置资源，激发经济活力。香港是高度开放的自由经济体，拥有高度国际化、法治化的营商环境以及遍布全球的商业网络。澳门是世界旅游休闲中心和中国与葡语国家商贸合作服务平台。珠三角9市是内地市场化程度和外向度最高的经济区域和对外开放的重要窗口。运用市场机制来解决粤港澳三地经贸融合发展中遇到的问题，有助于配置和汇聚全球优质资源，推动生产要素高效便捷流动，不断提升市场一体化水平。其次，更好地发挥政府的统筹、协调和引导功能。坚持民生优先，把增进民生福祉作为粤港澳大湾区发挥政府作用的根本出发点和落脚点。针对珠江口东西两岸发展不均衡、城市间协调联动不足、核心城市带动作用有待进一步增强、文化认同感有待进一步提升等问题，大湾区强化核心城市引领带动作用，推进广州、深圳"双城联动"，围绕广佛、深港和珠澳三个极点推动都市圈深度融合；以"双十"战略性产业集群为抓手，深化城市群中心城市与节点城市的产业功能分工，加快构建极点带动、轴带支撑、辐射周边的区域经济结构；积极探索推进大湾区港口群、机场群的协同联动发展机制创新，促进东西两岸城市的"硬联通"，加速形成大湾区"1小时生活圈"，合力打造环珠江口100公里"黄金内湾"；以制度创新为内核，加快规则机制"软联通"，支持人流、物流、资金流和信息流的便捷流动，提升大湾区的资源配置能力和效率。

第二节　城市群建设的理论基础

随着工业化、信息化和经济全球化蓬勃发展，城市群已成为世界城市化的主流趋势。中国传统的区域经济空间结构特征开始逐步向城市群经济特征转变。作为全球化和市场化的产物，城市群也是中国实施新型城镇化和区域发展战略的空间载体，其在未来城镇化进程中的"主体形态"地位逐渐明确，作用日益凸显。自《粤港澳大湾区发展规划纲要》颁布实施以来，粤港澳大湾区建设不断取得新进展、新成效，逐步进入融合发展新阶段，朝着建成富有活力和国际竞争力的一流湾区和世界级城市群加速迈进。遵循城市群发展的实践逻辑、历史脉络以及理论研究进路，本节首先从城市群概念、内涵及基本特征入手，进而探讨城市群空间结构及演化，回顾区域经济一体化背景下的城市群产业协同与创新，以及高质量发展阶段下的城市群宜居品质生活的研究议题，并专门评述粤港澳大湾区城市群相关研究的部分文献，最后提出研究展望及建议。

一　城市群概念、内涵及基本特征

（一）国外城市群相关概念成熟于戈特曼的"大都市带"

区域经济一体化背景下的城市群是区域空间在全球工业化、城市化进程中演变的高级形态，是国民经济生活和现代化水平不断提高的显著标志。从概念的起源看，现代意义上的城市群概念源于戈特曼（Gottmann，1957）的"大都市带"（Megalopolis）。戈特曼对美国东部沿海大都市带相关特征进行了精彩描述，认为美国大都市带的空间演变及模式将成为未来全球经济社会活动的主要空间载体。戈特曼于1976年划定了世界范围内的"6＋3"个大都市带[①]，并将大都市带的划定标准界定为人口规模有几千万、产业发

[①]　戈特曼划定的6个已形成的大都市带分别是美国东北部大西洋沿岸以纽约为中心的大都市带、日本东海道太平洋沿岸以东京为中心的大都市带、欧洲西北部以巴黎为中心的大都市带、美国五大湖沿岸以芝加哥为中心的大都市带、英国以伦敦为中心的大都市带、中国以上海为中心的长江三角洲大都市带；3个正在形成的大都市带分别为美国西部沿岸大都市带、巴西南部沿海大都市带、意大利北部波河平原大都市带。

展高度集聚、城乡界线日渐模糊、城市地域相互蔓延、城市间互相联系密切。有趣之处在于，世界"6＋3"个大都市带都将其拥有的大城市或国际港口群作为增长核心极。以纽约、旧金山和东京为中心的大都市带成为世界上著名的三大湾区，这印证了戈特曼的远见。总体来看，戈特曼的大都市带学说对传统的城市空间结构、城市体系理论研究产生了深远的影响，推动了城市群及其相关研究在世界范围内广泛兴起。

（二）国内"城市群"概念内涵逐步形成共识

从 20 世纪 80 年代开始，"Megalopolis"等概念和术语先后被引入国内。随着城镇化持续推进，理论界关于城市化、城市群的研究开始兴起。国内关于城市群概念的界定及内涵众说纷纭，相关概念包括但不限于：大都市连绵区（周一星，1986）、城市群（姚士谋，1992；崔大树，2003）、城镇密集区（孙一飞，1995）、都市圈（王建，1997）、城市经济区（顾朝林，1999）等。综合学者的观点，本书认为，城市群作为城市化进程进入高级阶段后城市间空间作用增强、联系机制紧密形成的重要区域空间形态，应具备以下基本共识或特征：城市群是一个地域性的连绵概念，它具有较高的人口密度和城镇密度，且拥有一个或几个核心城市；城市之间通过交通、人口、产业、贸易等联系机制，将各种资源要素流动构成相互联系、紧密互动的经济联系网络；城市群是不断发展的动态概念，随着城市产业和创新生态体系的不断演化，其等级体系、要素密度、空间关联度也逐渐趋于多元化和机制化。

二　城市群空间结构及演化

从世界发达国家城市化经验看，城市体系的空间分布结构对经济增长具有重要的影响（Henderson，2003）。随着中国城市化进程进入以城市群为主要形态和驱动力的新阶段，加快形成合理有序的城市群空间结构体系变得意义重大，这必将推动中国新型城镇化战略迈向新的高度。

（一）城市体系的理论与中国实践

在城市群全面进入城市化研究视野之前，学界一直高度关注城市体系这一研究议题。所谓城市体系，简而言之是指一国内不同城市规模共同构成的等级体系和空间分布。根据城市经济学原理，城市被视为集聚形态的空间组织，其集聚外部性是城市效率的来源（Duranton and Puga，2004；Henderson，1997），集聚规模过大或过小均不利于城市效率的发挥。Henderson（2003a，2003b）认为，城市规模分布不完备且无序会导致城市群整体资源配置效率低下，进而有损城市群经济增长。因为城市体系中规模过大的城市通常因高昂的拥挤成本而抑制知识生产、积累和传播，不利于提升技术创新效率和配置效率；而规模过小的城市因人口、资源集中度不高，无法充分释放城市外部集聚经济效应。此外，过于均匀的城市体系也会因经济集聚水平普遍不足，损失效率。因此，在理想状态下，城市群可能存在一个最优的规模分布结构，各个城市均能获得最优增长绩效，这一观点得到不少学者认同（Abdel-Rahman and Anas，2004）。但在城市体系下的不同城市的规模还与城市所承担的产业定位和功能定位有关（Duranton and Puga，2004）。

城镇化内嵌于国家经济社会发展体系的动态演进过程，城市体系的构建和演化超越不了国家所处的经济发展阶段特征和拥有的制度政策体系。中国在城镇化推进过程中，因涉及空间、经济、社会、体制等多维度转型，政府行为与制度因素不可忽视（Henderson and Wang，2007；王小鲁，2010）。比如，中国长期实施大城市偏向的政策使不少核心城市以及精英城市工作机会更多、公共服务更优，进而形成强大的人口拉力，导致超大城市过度拥挤和管理滞后（赵祥，2019）。过去一定时期，中国过度追求高速度发展，造成土地城镇化速度快于人口城镇化速度，大量农村劳动力并没有实质性成为体面的"城里人"，整个中国处于半城镇化状态（中国金融40人论坛课题组，2013）。此外，中国城市化高度本地化和分散化，很多城市的规模太小，难以充分享受集聚经济效应，导致中国的城市空间分布可能存在失衡（Henderson and Wang，2007；李兰冰等，2020）。

（二）单中心 VS 多中心城市结构演化

有效提高城市群经济效率是地方政府长期追求的决策目标，而合理有序的空间结构是提升城市群经济效率的重要动力来源。由于城市群空间结构反映了城市群内城市的等级结构、职能分工结构和联系形态，代表了城市群在一定时空范围内的扩张模式与发展特征，不少文献测度、分析和比较城市群的规模和功能结构及其动态演化过程（黄妍妮等，2016；刘湘平等，2021；朱政等，2021），但关于城市群空间结构经济效率的研究并不多见。

　　由于单中心（或"单核"）和多中心（或"多核"）是城市群发展实践中主流的空间结构形态，理论上关于城市体系的探讨也普遍采用单中心与多中心视角。国内外对哪一类城市群空间结构具有更优的经济绩效仍存在不少争议。具体而言，支持多中心城市空间结构的理由大概有以下几种。其一，多中心城市呈现更优的集聚效应。多中心结构是地区专业化分工细化、基础设施拓展和通信技术日趋完备推动的结果（王成、王茂军，2017），可以支撑更大的网络密度及网络连接强度。这意味着多中心结构拥有更大的网络外部性（Camagni et al.，2015），这种跨地理边界的网络外部性在相当大的程度上可以替代本地集聚经济，降低本地大城市的核心地位，推动城市群走向扁平化、多中心化（Meijers et al.，2016），进而深化城市分工，提高专业化水平（Meijers and Burger，2010）。其二，多中心结构具有更高水平的资源承载能力和创新能力。多中心城市群具有更高能级的综合性基础设施和公共服务体系，具有更广泛便捷的通达性和强大的生产、生活性服务配套能力，可以为高端产业、人才提供更广阔的承载空间，也更便于非中心城市共享更高水平的知识和服务，提升城市群整体创新绩效。其三，多中心城市可以在放大和共享集聚效应的同时，极大地缓解单中心城市的拥挤效应。有研究（李泽众、沈开艳，2020）指出，集聚外部性或集聚经济可以在邻近的城市之间共享，而拥挤效应通常局限在城市内部，单中心城市群使资源要素过度集中在一个中心城市，往往伴随集聚不经济因素，如出现土地稀缺导致的高租金和高房价、过高的通勤成本以及环境污染等拥挤效应。由此，从单中心结构向多中心结构的转化常常被学者视为降低集聚不经济的有效途径（Phelps and Ozawa，2003；Merjers and Burger，2010）。此外，多中心城市更容易激发城市群内部良性的市场竞争与区域竞争，有利于提高企业生产效率、改善地方营商环境（陈玉、孙斌栋，2017；姚常成、宋冬林，2019）；消除大城市周边的"集聚阴影"，更好地推动区域协调发展（姚常成、李迎成，2021；孙久文、苏玺鉴，2021）。但对多中心城市呈现更优的经济绩效这一结论，学界也提出不少质疑，集中体现在两个方面。其一，城市网络外部性并不能完全替代集聚外部性。因为在更加集聚的空间结构中的生产活动更有利于提升生产效率（Cervero，2001），即使在网络化的城市群中，中心城市的辐射带动效应对区域发展依然具有至关重要的作用（Duranton，2015），如果以削弱中心城市规模为代价发展多中心结构，有可能会削弱整个城市群的增长极效应（Bailey and Turok，2001）。其二，多中心的城市群发展往往需要支付更多的交易成本，比如较高的交通成本和较低的通勤效率，因而存在潜在的效率损失，这不利于知识和信息的传播（Parr，2004）。事实上，以上质疑对中国城市群有着非常强的现实意义。因为中国城市发展规模在快速扩张，伴生了较为突出的空间失衡现象（李兰冰等，2020）。东、中、西部城市群中心城市的集聚能力、知识溢出效应、资源环境承载力都处于不同的发展阶段，很难有一种"放之四海而皆准"的城市群空间结构。从国内实证研究看，支持城市群单中心空间结构的研究认为，单中心城市结构有助于提升全要素生产率，而且这种提升效应在小规模城市群中更明显（张浩然、衣保中，2012）。陈旭和邱斌（2020）甚至发现国内少数地市的经济效率由于多中心水平过高反而受到抑制。还有一种观点认为，城市群空间结构与经济增长或效率之间存在非线性关系。比如，城市群人口空间结构与经济增长呈现倒 U 形曲线特征（李佳洺等，2014），又比如李泽众和沈开艳（2020）发现城市群的单中心空间结构对经济发展质量的影响呈先抑制、后促进、再抑制的倒 N 形特征。这些研究表明，单中心或多中心可能适用于不同的经济发展阶段。对此，城市群的空间发展规划一定要结合各自的发展阶段，在尊重市场规律的前提下，制定合乎当地实际的发展目标和发展规划，出台有针对性的政策措施，引导城市群空间格局遵循效率原则在动态中优化发展（万陆、翟少轩，2021）。

三 城市群产业协同与创新

（一）城市群产业协同

城市群是中国承接全球产业转移、推动产业空间重构的核心区，实现城市群内不同城市的产业空间协同是城市群效率提升的重要动力源。与产业空间协同紧密关联的概念是产业分工，城市体系理论为我们提供了思考城市群产业分工的实现机制、路径及影响因素，并提供了科学的分析范式。如理论所揭示，劳动力和资本等要素自由流动、基础设施互联互通、统一市场建设、企业区位选址等，都是各地政府博弈以及自由市场竞争多重力量综合作用的结果。根据发达国家的发展经验，城市群内会逐渐形成城市功能分工的产业合作格局，中心城市高端要素集中，必须承担产业链附加值较高的环节，比如研发设计、金融服务、品牌营销、总部经济等生产性服务功能；外围城市土地资源相对丰沛，生产生活成本较低，主要承担低端、成熟的专业化生产制造功能，这种格局有利于城市群整体效率的提升（Bade et al.，2004；Duranton and Puga，2005）。

当前国内对城市群产业空间协同的研究相对较少（罗奎等，2020），更多国内学者对城市群产业功能分工的经济效应研究着墨较多，包括经济增长和效率、企业成长、经济发展差距等。尚永珍和陈耀（2019）证实了城市群内部形成的中心城市以生产性服务业为主、周边城市以生产制造业为主的分工协作模式能显著促进城市的经济增长。黎文勇和杨上广（2019）基于长三角城市群[①]的经验证据，发现城市群功能分工显著促进城市全要素生产率提升。赵勇和魏后凯（2015）发现城市群空间功能分工与地区发展差距之间存在钟状曲线式的倒 U 形关系，在空间功能分工受到抑制的情况下，政府干预反而有助于实现经济增长与地区差距的平衡。

在城市群产业协同机制方面，国内学者关注的焦点是探讨城市群内政府合作与城市竞合关系如何促进区域协调发展。众所周知，在影响城市和城市群全要素生产率的诸多因素中，地方政府竞争与合作是影响生产要素空间流动和配置的重要力量（张跃，2020），但地方政府的过度竞争会导致城市群内部贸易成本增加和重复建设，人为造成城市群整体效率损失等（陈钊、徐彤，2011；邓晓兰等，2019）。近些年，部分地方政府为加强地区间合作，加强经济、社会、环境等利益冲突和共享问题的跨区域协调，创新性地成立了"环渤海区域合作市长联席会""长三角城市经济协调会""泛珠三角 9 + 2"等协调组织机制（张跃，2020）。以此为背景，不少研究将城市群扩容视为政策实验，评估地方政府合作的经济效应。研究表明，长三角城市经济协调会在降低地区间市场分割（张学良等，2017）、提升全

---

① 长三角城市群包含 26 市，分别是上海，江苏省的南京、无锡、常州、苏州、南通、盐城、扬州、镇江、泰州，浙江省的杭州、宁波、嘉兴、湖州、绍兴、金华、舟山、台州，安徽省的合肥、芜湖、马鞍山、铜陵、安庆、滁州、池州、宣城。

要素生产率（张跃，2020），以及促进产业结构升级（杨建坤、曾龙，2020）方面确实发挥了重要作用。

（二）城市群下的协同创新生态

中国科技创新正蹚进改革"深水区"，创新发展正从单个创新型城市驱动向城市群协同创新生态网络构建转变。城市群创新发展是城市群内部创新网络体系逐渐完善、创新生态逐步健全、开放创新能力持续增强的动态演进过程。然而，创新是一种极具空间非均衡特征的经济活动，具有明显的空间集聚特征（Audretsch and Feldman，1996）。大城市在思想交流、外部学习互动方面具有便利性（Davis and Dingel，2019），始终是创新活动最为密集和活跃的地区。在城市群层面，京津冀、长三角、珠三角等城市群的创新格局也表现出显著的非均衡空间分布特征（刘树峰等，2018）。

涉及城市群创新研究的文献不胜枚举，比如城市群创新网络体系、城市群创新能力演化与对比研究等，而与本书关系较为紧密的研究主要涉及两个领域。

1. 区域经济一体化的创新效应

产业集聚和知识经济溢出背景下的创新活动和创新竞争已经在高度一体化的城市群尺度上展开。由此可见，城市群的协同创新是推动区域一体化高质量发展的关键驱动力。有研究显示，长三角区域经济一体化有助于改善区域资源配置效率和研发效率（刘瑞翔，2019；袁茜等，2019）。董春风和何骏（2021）根据长三角城市群扩容这一经验事实，系统考察区域一体化发展对城市创新能力的提升效应。结果表明，长三角城市群推进区域一体化有助于提升整体城市、原位城市和新进城市的创新能力，且对原位城市创新能力提升更明显。陈丛波和叶阿忠（2021）发现在信息通信技术的网络效应下，长三角城市群区域创新空间分布趋向均衡发展。盛彦文等（2020）探讨2001～2015年京津冀、长三角、珠三角三大城市群的创新联系网络结构对创新效率的影响，研究发现：京津冀城市群[①]呈极核式发展，

---

① 京津冀城市群包含北京、天津两大直辖市，河北省的张家口、承德、秦皇岛、唐山、沧州、衡水、廊坊、保定、石家庄、邢台、邯郸11个地级市和定州、辛集2个省直管市，以及河南省的安阳市。

群内创新联系高度依赖核心城市，长三角城市群和珠三角城市群由单中心驱动转变为多中心驱动，呈均衡发展特征；京津冀城市群和珠三角城市群创新联系网络具有"小世界"网络特征。

2. 数字技术重塑区域新型创新生态

以新一代信息技术为代表的数字经济成为中国最具创新力和引领力的新战场。由于数字化与区域创新具有高度耦合性，数字技术为提升区域创新能力提供了广阔的空间。其一，数字经济的崛起为城市群互联互通提供了基础技术支撑，数字经济的规模性、网络性和强渗透性使城市群内部多元创新主体间流动、协同与合作更加频繁，创新成本大大降低，有助于推动创新成果的广泛应用和共享。其二，数字技术的变革式发展加速了传统产业的升级换代。数字化、网络化、智能化的生产和管理运营实现了对传统产业的颠覆性改造。无论是基于行业层面还是地区层面，数字经济或数字技术都难以具体量化（蔡跃洲，2018），现有的少数定量研究也存在指标不够全面或不够深入等问题（熊励、蔡雪莲，2020），因此数字经济对城市群的创新效应以及机制研究等仍有待深入探讨。

四　城市群宜居品质生活

过去快速粗放的土地城镇化加剧了城乡建设用地规模的无序扩张，极大地改变了陆地表层覆盖与生态系统结构。由于城市热岛效应、水污染、大气污染、城市内涝等生态环境问题日益严重，城市群生态承载压力陡然加剧，严重威胁可持续健康发展和居民生活质量（陆大道、陈明星，2015；任宇飞、方创琳，2017）。在新型城镇化和生态文明建设背景下，城市宜居宜业水平日益成为居民关注的热点。尤其是发展较为成熟的超级城市群，其既是经济高质量发展和新型城镇化战略实施的主战场，也是生态问题高度集中的敏感区。王世豪等（2022）研究发现，京津冀、长三角、粤港澳大湾区、成渝、长江中游这五个城市群"生态—生产—生活"空间结构分别有78.6%、73.1%、54.5%、56.3%和25.8%的市域呈现严重超载的综合生态承载状态。

基于以上背景，关于城市人居环境的研究引起了经济学、社会学、城市规划、生态学等多领域学者的兴趣，且大多数侧重城市人居环境指标评价的"宜居城市"研究，如关于京津冀城市群生态宜居宜业协同发展水平的测度（李昊等，2021）、关于长三角城市群生态宜居宜业水平的测度（张欢等，2018；郭政等，2020）、关于长江中游城市群的人居环境竞争力的评价（杨晴青等，2017；张欢等，2018），以及关于成渝城市群人居环境时空格局分异特征的分析（吴朋等，2018）等。

五 粤港澳大湾区城市群相关研究

粤港澳大湾区作为中国最具活力和竞争力的城市群，是代表国家参与世界城市群竞争的标杆。其上升为国家战略后，针对粤港澳大湾区城市群的系列研究也逐渐增多。本节重点围绕大湾区产业创新协同、协同治理以及文化融合三个维度对现有研究进行了梳理。

（一）大湾区产业创新协同

粤港澳大湾区在中国推进工业化、市场化和扩大对外开放等发展战略下，培育形成了强大的区域创新能力，但依然有亟待突破的空间。由于粤港澳三地产业合作仍未达到理想状态，产业链还未能有效整合和延伸，未形成上下游完整配套的产业链条，多层面、跨区域的产业合作协调机制仍有缺失（向晓梅、杨娟，2018），粤港澳大湾区科技创新仍处于低度协同发展状态，协同度上升速率不稳定，协同化进程较慢（塞令香等，2020）。李艺铭（2020）的研究发现：与东京湾电子信息产业集群相比，粤港澳大湾区电子信息产业协同发展存在"东高西低、自我强化"的空间集聚特征、"未有协同、方向各异"的协同发展特征、"成效初显、联动不足"的要素集聚形态等三大特征。钟韵和陈娟（2021）依托国家知识产权局专利检索及分析平台数据，探讨粤港澳大湾区城市群的创新行为。其研究结论发现：穗港深创新行为的市场化程度均较强，企业作用突出；广深与国内城市创新联系的范围与强度都高于香港；广深的科创企业和机构更青睐与行政级别高的城市开展合作；广州专注于省内创新联系，深圳倾向于省外合作；创新邻近、产业邻近、地理邻近对广深的对外创新联系均有显著影响，创新邻近与制度邻近对香港的创新联系也产生影响。

（二）大湾区协同治理

协同治理是实现区域一体化的重要手段和目标。粤港澳大湾区存在

"一国两制"、"三个关税区"、"三种法律体系"以及"三种货币"等制度差异,这是其与国际三大湾区和国内主要城市群基于制度层面的重大差异。董成惠(2021)将粤港澳大湾区"9+2"地区共享协同的困境概括为三个层面:一是法律、行政制度、司法体系等制度差异性壁垒;二是在经济、教育、产业和社会发展及资源配置上存在严重不平衡,制约了协同合作效率;三是缺乏综合性资源共享平台和产学研共享平台。因此,促进粤港澳大湾区协同发展,政府和社会必须加强在发展规划、财政税收、教育科技、医疗卫生、养老健康等公共品供给层面的协作能力(张树剑、黄卫平,2020)。有学者还提出完善区域间协同机制的建议。首先,通过合作协调机制发挥大湾区城市群的集聚经济效应,确保生产和创新要素在大湾区跨境自由、安全流动和集聚,实现大湾区产业优势互补和资源高效配置的经济协作效应(毛艳华、杨思维,2019)。其次,通过大湾区区域内产业结构调整与分工协作提升整体竞争力,促进区域内的良性竞争。最后,健全大湾区内政府间以及政府与市场间的协调机制,保障大湾区经济协同发展(梁宏中、王廷惠,2019)。

（三）大湾区文化融合

2019年,《粤港澳大湾区发展规划纲要》明确提出"共建人文湾区""塑造湾区人文精神"等目标,这为大湾区建设注入澎湃的人文动力。粤港澳大湾区地处环珠江口海洋与内河交汇处,珠江口北部为山地丘陵、中部为冲积平原水网、南部为河口海湾滩涂,独特的自然地理条件对大湾区文化的形成起到重要的影响。大湾区在地域上逐渐形成独具特色的岭南文化,即以广府文化为主导,融合客家文化、潮汕文化,构成珠江口内地9市的基本文化格局。广府文化以重商、开拓、务实等商业文化和古越族文化为主要特质,吸收了北部山区文化中团结、闯荡的精神,以及南部海洋文化中重商、开拓、包容的特质,尤其是吸取了西方文化、港澳文化、华侨文化等多样性文化的精华。总体而言,商贸、宗族、闯荡精神是大湾区传统文化的核心基因,这些基因在激荡的近现代历史语境下相互浸润和滋养,经过文化交融和沉淀,演化成为以商业精神为魂的现代岭南文化。由于制度差异,推动粤港澳三地文化交流与合作是促进城市群融合发展的前提,李磊等(2020a)以文化交流合作为主题,深入挖掘粤港澳大湾区城市群文化交流合作关系。其研究发现：地区政府机构等强组织间的合作可显著推动大湾区文化融合；协会、高校、社会团体等弱组织依托政府机构组织开展区域文化间的群际互动；广东是积极推动大湾区文化融合的主角，港澳两地广泛参与大湾区文化交流合作的群际互动。

六　简要评述

城市群建设既是全球城市发展的高级形态，也是中国新型工业化和新型城镇化在空间层面最突出和集中的反映，更是中国参与全球竞争与国际分工的新载体。以城市群为研究主题，国内学界在经济学、城市学、地理学、社会学、人口学等诸多领域涌现一批高质量的研究成果，但仍存在一些可拓展的领域。

（一）"双碳"目标背景下城市群高品质生活的研究

进入高质量发展阶段后，面临"双碳"目标的硬约束，中国城市群必将是碳达峰和碳中和的核心区和责任区。城市群如何提升居民生活宜居度和幸福感，如何在生态环境高水平保护中实现城市群高质量发展，并逐步建成碳达峰与碳中和型城市群，是我国亟待突破的新的重大理论课题和现实问题。

（二）数字化战略下的智慧城市群研究

基于大数据平台下的智慧城市群建设，势必成为中国未来区域一体化和智慧城市发展的方向。尽管中国智慧城市群的建设仍处于起步阶段，缺乏清晰的形态认知和有效的顶层设计、体系架构与保障机制，发展路径也不很明确（胡广伟等，2021），但不少成熟城市群或都市圈在政务服务、环境治理、公共交通、医疗保障等领域中的数字治理一体化发展见行见效，为城市群治理体系构建提供了新的尝试。在理论上，数字化新现象并没有被现有的城市群治理研究者充分关注，尤其是缺乏将城市群结构性环境纳入数字城市建设分析框架的研究。下一步，如何理解城市群跨域治理中的数字化过程，如何重新审视地方政府在数字化行动与区域治理行为的内在联系机制，等等，将成为城市群治理研究新的突破方向。

（三）跨制度城市群联动治理研究

总体来看，相关理论和实践虽然已经关注到城市群跨域治理的主体结构、竞合状态以及协作机制等，但大多数局限于某一核心城市行政辖区内的规划。针对粤港澳大湾区"两种制度、三个关税区、三种法律体系"的异质城市群，在遵循湾区经济和城市群联动治理一般规律的基础上，如何创造性地突破跨境行政壁垒和体制束缚，实现要素有序畅通地跨境流动、产业融合创新发展以及区域联动协同治理；如何建立统筹协调机制推动城市群协同有序发展，探讨减弱经济、文化和制度差异对多元主体经济社会活动的异质性影响，对于推动跨区域有效治理来说是极具挑战性且建设性非常强的课题，这恰恰为中国成功探索城市群跨区域联动治理方案提供了"试验田"。

第三节　粤港澳大湾区城市群建设的理论逻辑

一　发展协同的研究视角

（一）城市群的发展动力

城市群是工业化和城市化发展到高级阶段后出现的区域经济形态，其发展与演化是由集聚力、辐射力与网络联系共同推动的。

集聚力是推动城市群形成与壮大的第一动力。集聚是现代经济的基本形态，集聚产生的外部性能有效提高资源的空间配置效率。在城市群出现之前，产业集群与现代城市是两种主要的集聚形态，前者主要表现为行业内的专业化集聚，也被称为地方化经济。后者主要表现为跨行业的多样化集聚，又被称为城市化经济。城市群是在现代城市的基础上，借助区域一体化与同城化所构成的一种更大空间尺度的集聚形态，其不仅容纳了不同规模、不同功能的城市，还容纳了大量不同类型的产业集群，兼备了地方化经济与城市化经济的属性。城市群的出现解决了单体城市的要素承载规模上限问题，使更大规模、更具效率的空间集聚成为可行。城市群的发育壮大又进一步增强了城市群的集聚能力。从资源充分利用与人民共享角度来考虑，诸如机场、港口、高铁站等各种大型基础设施是围绕城市群而不是单个城市进行布局建设的。全球与国家层面的产业转移，也是首先着眼于城市群层面做出决策的。从全球区域经济发展趋势来看，但凡工业化、城市化推进到中高级阶段之后，必然会发育出城市群。城市群一旦形成，其集聚要素的能力要远远超过城市群内单体城市集聚力的简单总和。强大的集聚力推动城市群不断发展壮大，逐渐取代单体城市，成为现代经济的主体空间形态。

城市群的形成与发展也离不开辐射能力尤其是中心城市辐射能力的强力推动。中心城市人口规模与经济规模的持续增长推动了城市面积不断扩大，在城市边缘地带造就了一批蓬勃发展的新区和卫星镇。这种空间上的城市扩张对于单体城市而言是一种"城市蔓延"与"郊区化"，但对更大尺度的区域而言，则客观推动了"区域城市化"乃至"城市群化"的发展。这种城市空间的蔓延往往是沿着干线交通推进的，随着区域内部交通日益网络化，中心城市与周边城市之间的人员流动日益频繁，城市与城市之间的自然边界日益模糊，逐步形成了以一小时距离为通勤半径的都市圈。都市圈的出现代表城市群的一体化和同城化水平上了一个大台阶，传统的城市行政边界被彻底打破，更多城市深入、被纳入中心城市的生产与生活体系，与中心城市的经济循环融为一体，中心城市乃至整个城市群的集聚与辐射能力均得以大大强化。随着辐射能力的增强，中心城市对区域发展的影响逐渐从以"虹吸效应"为主导的形态转变为集聚与扩散同时作用的协调发展形态。一方面是创新要素更多地向中心城市集聚，另一方面是中心城市通过知识溢出、产业转移等效应，更加强有力地带动城市群内其他城市增长（金祥荣、赵雪娇，2016；万陆、翟少轩，2021），城市群的规模分布也由一城独大的首位型分布格局逐步转变为大小城市协同发展的位序型分布格局（万陆，2021；赵璟等，2009）。

网络联系是推动城市群走向成熟的关键动力。城市群内部网络联系是建立在联通不同城市的基础设施网络、生产合作网络乃至社会关系网络基础之上的，由此推动了各城市之间的人、财、物、数据、知识的密切交流，并在此基础之上构成了区域生产网络与区域创新系统。城市群发展水平越高，不同城市之间的分工合作就越紧密，网络联系的密度与强度也就越大，城市群作为区域生产网络与区域创新系统的表现也就越出色（Camagni et al.,1994；Capello，2000）。不仅如此，网络联系的发展还会对城市群造成适度去中心化的结果（Meijers et al.，2018），这是因为过度单中心的网络体系不可能支持高密度和高强度的网络联系。因此，但凡发育充分的城市群，几乎都同时存在几个中心城市，或者发展出一系列承担重要功能的次中心城市。比如，英伦城市群除了伦敦作为首位城市，还包括利物浦、曼彻斯特、利兹、伯明翰、谢菲尔德等一系列重要的港口城市和工业城市。美国东北部大西洋沿岸城市群是美国经济的核心地带，以纽约为中心，还包括波士顿、费城、巴尔的摩、华盛顿等主要城市，每个城市都承担着重要的功能，华盛顿是美国的政治中心，波士顿集聚了美国一批最优秀的大学。芝加哥通常被认为是北美五大湖城市群的中心城市，但这个城市群还包括底特律、克利夫兰、匹兹堡，乃至加拿大的多伦多和蒙特利尔等一系列国际知名城市。欧洲西北部城市群实际上是由大巴黎地区城市群、莱茵－鲁尔城市群、荷兰－比利时城市群三个区域性城市群所构成的。这种规律也同时体现在中国城市群发育上，长三角和粤港澳大湾区是中国经济发展水平最高、城市群发展形态最为成熟的地区，同样也表现出明显的多中心结构特征。长三角城市群除了拥有上海这个无可争议的龙头城市，同时还拥有杭州、南京两个发达地区省会城市，以及苏州等工业大市。粤港澳大湾区多中心结构更加明显，包括港澳广深四大核心城市，此外，珠海是经济特区，东莞、佛山是 GDP 破万亿元的工业强市，在全国工业版图乃至全球产业链中都占有重要位置。

（二）城市群的系统效率

城市群是一种配置要素的空间组织形态。城市群将多个个体城市连接为一个有机整体，在城市集聚效率的基础上进一步提高了要素的空间配置效率。这是城市群得以超越城市，发展成为区域经济主体形态的根本原因。集聚外部性与网络外部性是城市群的核心效率机制。集聚是城市的本质，集聚外部性是城市经济效率的来源。网络反映了城市群内城市之间的联系，网络外部性赋予城市群具备了"1+1>2"的有机系统特性。

城市群的出现首先提升了城市的集聚外部性。城市层面的集聚外部性主要通过依靠地理邻近的基础设施共享、劳动力市场匹配，以及面对面的交流学习环境，实现更大范围的共享、匹配和学习（Duranton and Puga，2004）。例如，依托城市群，人们可以建设更大规模、更高级别的交通基础设施（例如海港、空港），同时为多个城市提供服务，获取更高的规模报酬收益。城市之间的紧密联系，也扩大了劳动力市场范围，拓展了知识交流空间。不仅如此，城市群内的不同规模城市所构成的层级体系结构，有利于实现生产要素疏密有致的布局，克服城市规模过大或者规模过小导致集聚非效率的弊端。城市的集聚外部性大小是由城市的规模与产业结构共同决定的，不同的经济活动需要的集聚规模不同，集聚规模太小无法形成规模收益，集聚规模过大又会造成城市拥堵，进而导致效率损失。城市群内部的城市层级体系发育越完善，就越有利于将不同经济活动布局到不同规模大小的城市，在产业结构与城市规模之间形成良好的匹配关系，通过大小城市协调发展提升各个城市的集聚外部性。

城市群的网络外部性来自城市群内部的复杂网络联系（Camagni et al.，2020；Capello，2000）。城市群内部网络由节点（城市、家庭、企业、组织、个人）、节点之间的联系（基础设施、关系、纽带）、流（人、商品、信息、资本）组成。网络联系的本质是城市群内不同城市之间个人、公司、公共机构与政府的合作伙伴关系与合作行为，帮助城市在不增加自身规模的前提下实现城市效率提升。城市群的网络外部性主要来自几个方面。一是参与网络节点（网络中的合作主体）的数量增加有利于提高总体效率。二是部分节点的效率提升，会通过学习模仿等机制对网络其他节点产生溢出效应，带动总体效率提升。三是网络内部合作关系越密切，网络的密度与联系强度就越大，网络的总体效率也就越高。例如，在发育成熟的城市群内部，存在大量以企业为主体的生产网络与创新网络、以政府为主体的各种行动协调机构。依靠这些网络，那些规模较小的城市可以从大城市中"借用功能"与"借用绩效"，用较小的城市规模实现更高级的城市功能（Meijers et al.，2016；Meijers and Burger，2017）。世界级的城市群往往都拥有一批环境优美、人口数量不多的卫星城和特色小镇，承载高端的教育、科创、产业孵化功能，就是借助了城市群内的网络联系发展出来的。除了这些正式网络，城市群内部还存在诸如社会关系网络等大量非正式的网络联系，这些网络进一步便利了城市之间的信息交流，有利于增进网络内部各主体之间的信任合作，对正式网络的建立与有效运作发挥重要的支撑作用。

如果说集聚是城市经济的效率源泉，网络联系与网络外部性则推动城市群超越了多个城市的简单规模叠加，组成了一个在效率和功能上"1 + 1 > 2"的有机整体。但无论是集聚外部性还是网络外部性，要想让其得到充分发挥，都有赖于城市之间能实现高水平的分工与合作，即协同问题。从协同理论的视角来看，城市群作为一个系统的效率表现就是协同效率。由此提出城市群的发展协同命题。

（三）城市群的发展协同

1. 协同的理论内涵

协同理论是 1971 年由联邦德国科学家哈肯所提出的。协同理论认为，自然界和人类社会的各种事物普遍存在有序、无序的现象，系统作为一个有机整体的能力来自内部有序。系统依靠系统内部众多子系统（要素）相互协同，实现了复杂和高级的整体功能。简单地说，协同就是指"两个或者两个以上机构合作实现某项功能，其效果大于每个机构单独实现的效果之和"，协同效应被通俗地表述为"1 + 1 > 2"（Meijers，2005；Meijers and Burger，2010）。

城市群是一个由多个城市组成的系统，各城市之间的协同水平决定了城市群整体效率的大小。城市群的协同效应主要来自三个层次的微观机制（Meijers，2005）。第一个层次的微观机制是合作。例如几个城市可以联合起来开展生态环境治理，合力建设与共享海港、空港等大型基础设施，乃至联合打造产业集群、区域创新系统等。在合作过程中，不同主体之间实现了资源的有效整合、知识的交流共享，形成了更大的规模经济收益。第二个层次的微观机制是互补。与合作相比，互补更强调不同主体根据其各自所拥有的资源禀赋与知识上的异质性，形成明确的分工关系。例如在区域创新网络中，位于大城市内的高校、科研院所负责基础理论知识的生产，位于其他城市的企业则负责将基础理论知识转化为具体工艺与具体产品。第三个层次的微观机制是网络外部性。在城市群中，任何经济活动都会通过网络联系形成溢出效应。位于网络中的其他个体可以利用这种外部性提高自身的行动绩效。例如，在城市群的区域创新网络中，如果 A 高校与 B 企业之间进行了深度有效的创新合作，这种合作经验作为一种最佳实践，会带动整个创新网络运行效率进一步提升。

鉴于协同对提升城市群整体效率至关重要，推动与深化城市群协同成为城市群建设的重点。城市群协同存在多领域、多主体、多机制的特征。从领域方面来看，城市群的协同包括构建合理的城市层级体系，实现空间布局协同；深化地区之间的产业联动与创新合作，实现产业协同和创新协同；多方提供公共品，合理开展区域治理，实现治理协同；如果城市群是跨边境的，还存在针对便利跨区域要素流动的体制机制衔接的制度协同，以及加强文化沟通、增强社会资本、促进民心相通的文化协同；等等。从主体方面来看，协同的主体包括企业、政府与社会组织三类，在中国，企业和政府是开展协同行动最重要的两大主体。从机制方面来看，协同主要通过两种途径实现。第一种是基于市场自发的分工合作机制，第二种是通过协商达成的集体行动，介于价格主导的市场机制与行政命令推动的层级机制之间。我们可以将第一种协同称为市场导向型协同，第二种协同称为治理导向型协同。

市场是配置资源的决定性因素，市场导向型协同是决定城市群协同效率的首要因素。企业是市场导向型协同的主体，企业之间的合作与分工是市场导向型协同的主要表现形式，提升市场一体化水平是推动市场导向型协同的关键举措。对于所有的城市群而言，第一优先发展的都是连接各个城市的交通网络与基础设施网络，为推动市场一体化提供基础性的条件保障。随着基础设施硬联通水平日益攀升，体制机制方面的"软联通"越来越重要。现有的世界级城市群中，北美五大湖城市群、欧洲西北部城市群由跨越了两个乃至多个国家边界的城市所组成，这主要得益于欧盟内部和美加两国基本实现了跨边界的要素自由流动，实现了高水平的体制对接、机制衔接。中国的经济制度尚在完善之中，因此，对于中国城市群而言，市场一体化是城市群建设中最紧迫与最根本的核心议题。消除区域市场壁垒，打破市场分割，提高生产要素在区域之间的流动性，建立统一开放、竞争有序的市场，是优化中国城市群空间布局、促进大中小城市与城镇协调发展、提升城市群整体效率的关键举措。

城市群发展也要求政府之间实现高水平协同，其核心内容是搭建区域合作的制度框架，合理协调各地区利益诉求，高效实施集体行动，这属于治理导向型协同的内容。在城市与城市群的发展中，政府至少承担了市场秩序的维护者、城市与城市群发展的规划者，以及公共品的供给者三大角色。搭建区域合作制度框架的目的是促使政府在市场秩序维护与公共品供给领域展开有效合作,在城市发展规划上实现深度对接,从而为市场一体化提供硬件保障与制度保障。在区域合作制度框架中,要特别重视利益协调机制建设。区域政府开展有效合作的前提条件取决于平衡各方利益,实现合作双方或多方的双赢或共赢。区域内各政府间针对区域整体发展所达成的共识,必须以法律制度性的合作规则来保证,即建立系列有效的区域激励约束组合机制,这种区域合作规则应达到两个基本要求:一是为区域合作行为提供足够的激励;二是对违反"游戏规则"者、"搭便车"者进行有效的惩罚,让违规者和"搭便车"者望而生畏。

2. 协同视角下的政府与市场关系

尽管我们将城市群协同划分为以企业为主体的市场导向型协同与以政府为导向的治理导向型协同,但是这两者之间是密切相关的。政府协同的重要工作是为更好的市场协同创造条件,政府之间的协同也不能完全忽视市场规律。因此,有必要从协同视角对城市群发展中的政府与市场之间的关系做进一步的阐释。

协同意味着积极发挥政府的作用。城市群协同发展离不开地区政府(包括上级政府)的参与、干预和调控,以创造协同发展的营商环境,弥补市场机制在区域经济发展中的缺陷,并提供制度上的约束、激励和引导。高效率的协同发展必然是市场与政府共同作用并良性互动的过程。因此,作为区域经济发展战略与政策的制定者、执行者,地方政府的角色不可动摇。在理论上,由于累积因果循环普遍存在,Myrdal(1957)甚至认为由于极化效应主导发展趋势,在自由市场力量的作用下,经济向区域不均衡方向发展是一种内在趋势。基于这种市场自发失灵,以及不同地区自然资源禀赋和生态承载能力的差异,如果没有政府积极介入,会同时陷入区域差距过度拉大与区域无序开发的双重区域发展误区。因此,在市场体制不断完善的环境下,尽管市场在资源配置中发挥决定性作用,但政府仍要发挥在区域发展中的宏观调控功能,通过区域基础设施建设、公共物品的跨区域供给、建设统一市场、促进地区产业合作来弥补市场缺陷,打破"中心—外围"二元结构"桎梏",缩小地区间的经济差距,在区域联动、协同发展中实现区域共同富裕。

协同意味着努力推动建设统一大市场。鉴于中国区域经济特征和地方政府在经济发展中的特殊地位和作用，地方政府之间实现深度高效协同是推进中国市场一体化的重要制度因素。由于政府在经济运行中享有更多的干预权力，而与区域发展竞争相配套的相关制度在改革开放初期并不完善，地方政府缺乏对区域发展的阶段性规律、合理梯度差异、要素流动的集聚—扩散规律的深刻认知，将区域竞争往往视为零和博弈，导致"逐底竞争"和地方保护主义等不良竞争现象发生。而这严重损害了区域整体经济福利。打破行政区划对要素流动的束缚，建立一体化的市场体系，便利要素和产品自由流动。区域的协同联动发展必须避免出现以行政意志干预市场规律的现象，消除地方保护，协同推动土地、资本等传统要素和数据等新型要素资源的市场化改革，建立全国市场调节机制下的建设用地指标机制和大数据交易中心，加速构建统一大市场，促进各类生产要素更加自由公平流动。

协同意味着有效治理区域发展负外部性。由于地区间的利益关系趋于复杂化，如果地方政府仅仅考虑本行政辖区利益，就会造成"公地悲剧"式的市场失灵。这就需要区域内各方从战略高度上摒弃一事一物的争夺，设计出一套区域内各个行为主体都能分享利益的机制，诸如针对河流上游和生态保护区的生态补偿机制、两地园区共建的利益分享机制等，从而合理平衡区域政府合作各方的多重利益，实现合作双方或多方共赢。

协同意味着高水平的跨地区统筹帮扶。发挥调控和兜底作用，缩小区域教育、医疗、养老等基本公共服务差距，是地方政府的重要职能，也是促进区域协同发展和共同富裕的重要内容。实现区域基本公共服务均等化，需要区域层面政府甚至中央政府多方参与。发达地区和落后地区之间通过建立跨地区的基本公共服务统筹、合作、帮扶机制，按照共建共享、互利互惠原则，打破行政界限，引导推动发达地区教育、医疗公共服务向落后的腹地延伸，以及社会保障顺畅转移、接续，逐步缩小地区间基本公共服务差距。

二 多维协同的分析框架

本书将城市群视为由多个城市组成的一个有机整体，城市群的高质量发展来自城市之间在各个领域进行的紧密协同。对于不同的城市群而言，需要根据其所处的发展阶段、区域特征以及城市群的发展定位，确定协同的重点领域。

粤港澳大湾区城市群是本书的研究对象，世界级城市群是粤港澳大湾区的建设目标。迄今为止，学界对世界级城市群并没有明确的定义，也没有定量的衡量指标。综合现有文献对这个问题的相关讨论，本书认为，世界级城市群应该具备三个特征：一是它的综合发展水平应该居于世界前列，二是它必须具备世界级的经济科技支配力，三是它要拥有世界级的社会文化影响力。第一个特征强调综合发展水平，意味着这个城市群应该具有至少达到高收入经济体的人均 GDP，同时在社会治理、基础设施、生态环境等方面都达到较高水平。第二个特征强调城市群在经济与科技领域的支配能力，这至少包含三层意思。一是这个城市群必须具备足够的规模体量。如果规模体量太小，就像国际上的一些富裕小国，尽管其人均 GDP 远远超过了美国，但并不具备对全球经济足够的影响力。二是这个城市群必须位居全球产业链或者创新链的高端，这主要是通过集聚全球一流的跨国公司、金融服务机构、高科技企业以及顶尖的大学与研发机构来实现的。三是这个城市群必须是开放的，拥有较强的全球配置资源以及配置全球资源的能力。第三个特征强调世界级城市群既有经济科技硬实力，也有相当程度的文化软实力。

另一个需要重点考察的是粤港澳大湾区自身的特征，本书将其总结为"一国两制"、湾区经济、多中心。首先，"一国两制"是粤港澳大湾区最大的特色，粤港澳大湾区内部"一个国家、二种制度、三个关税区、三种货币"，其结构复杂度甚至超过了欧洲西北部与北美五大湖这种跨越几个国家的城市群。如何充分发挥"一国两制"的优势，需要围绕"规则衔接、机制对接"进行发力。其次，粤港澳大湾区是一种典型的湾区经济，湾区经济的特点是开放、创新，这体现在产业结构上，是有较高比例的出口导向型产业部门，建立开放的区域创新体系，同时拥有发达的海洋经济。最后，《粤港澳大湾区发展规划纲要》确定了 4 个核心城市，这么强的多中心形态不仅在中国 19 个城市群中绝无仅有，在全球也是不多见的。在联合国人居署与中国社科院联合发布的《全球城市竞争力报告（2019—2020）：跨入城市的世界 300 年变局》中，香港、深圳和广州 3 座城市进入全球城市经济竞争力前 20 强。在全球城市实验室（Global City Lab）最新发布的"2021 年全球城市 500 强榜单"中，香港、深圳和广州三座城市也同时进入了全球前 50 强。全球化与世界城市研究网络（GaWC）① 将香港、广州和深圳均列入世界一线城市。此外，澳门虽然人口规模较小，但作为一座多元化的国际城市，在联通中国与葡语国家中也扮演着无可替代的角色。多个强中心城市一方面赋予了大湾区更强大的集聚能力，另一方面也使粤港澳大湾区不会像京津冀、长三角那样存在一个公认的中心龙头城市，从而进一步增加了内部协同的复杂程度。

基于上述讨论，结合对粤港澳大湾区当前发展水平的分析总结，本书将粤港澳大湾区城市群建设重点总结为空间、产业、创新、制度与文化五大协同领域（见图 1-1）。其中，空间协同领域又可以细分为三个子领域。第一个子领域是建立大小层级分布有序的区域性城市体系；第二个子领域是中心城市与都市圈建设，重点考察中心城市与周边城市的发展联动；第三个子领域是大湾区城市群与广东"一核一带一区"发展格局的建设协同，考察城市群与其紧邻腹地的发展关系。在产业协同领域，我们一方面研究了城市群内部的世界级产业集群发展情况，另一方面专题研究了海洋经济发展情况。在创新协同领域，我们重点考察粤港澳大湾区内部创新网络的发育情况。在制度协同领域，我们着重研究粤港澳之间的规则衔接、机制对接情况。为突出世界级城市群对文化软实力的要求，我们还列专门章节讨论粤港澳大湾区城市群的文化建设问题。

---

① 世界城市排名知名机构全球化与世界城市研究网络（GaWC）的城市排名是根据先进生产性服务业机构在全球各大城市中的分布进行的，关注的是该城市的全球综合生产性服务职能的主导作用和带动能力。

作为全球最著名的城市评级机构之一，GaWC 在其自 2000 年起发布的《世界城市名册》中将全球 361 个城市分为四个大的等级，即 Alpha（世界一线城市，分为 Alpha + +、Alpha +、Alpha、Alpha -）、Beta（世界二线城市，分为 Beta +、Beta、Beta -）、Gamma（世界三线城市，分为 Gamma +、Gamma、Gamma -）、Sufficiency（自给型城市，也可理解为世界四线城市）。

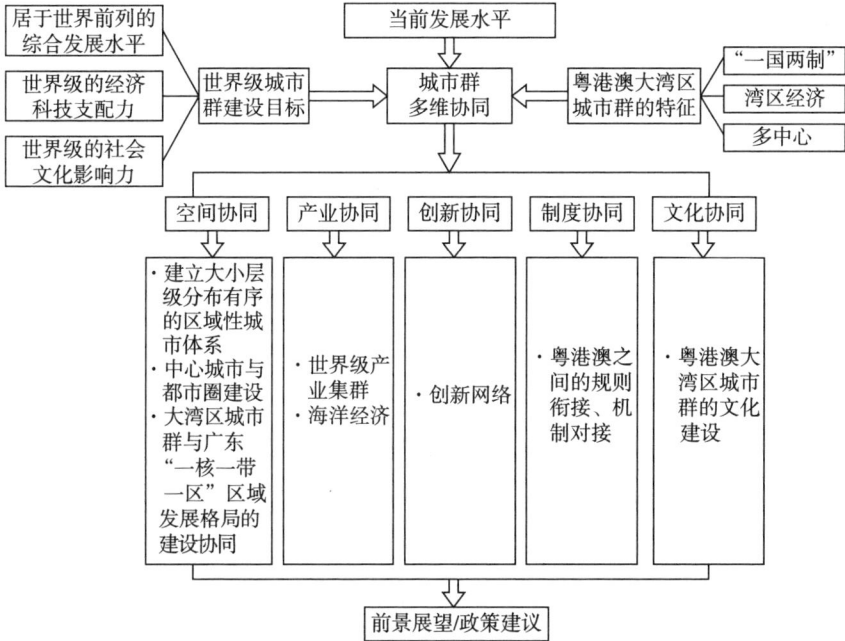

图1-1 分析框架

资料来源：课题组绘制。

第二章
粤港澳大湾区城市群综合发展水平比较

  人口和经济活动向城市群集中，已成为一种令人瞩目的全球性经济地理现象。城市群作为高质量发展的动力源，不仅深刻塑造一国经济发展的空间结构，还成为一国参与全球竞争的重要空间平台。自改革开放以来，中国经历了人类历史上最大规模的城市化进程，人口和经济活动率先在东部沿海地区一些城市集聚，并逐步突破单个城市的地域范围，向周边城市扩散，形成了多个不同等级和规模的城市群。其中，粤港澳大湾区城市群①和长三角城市群②发展最为成熟，是中国最具影响力和经济活力的两个超大型城市群。两个城市群的发展既遵循城市群演进的一般规律，也有其自身内在的特殊属性，二者在自然地理、人文历史、演化路径、动力机制及功能定位上均存在差异。本章把粤港澳大湾区城市群置于比较研究的视野下，在与长三角城市群以及国际一流湾区的对比中，进一步从总体上明确粤港澳大湾区城市群的本质属性和功能定位，评估其综合发展水平，明确其未来发展方向和能级提升路径，充分发挥其辐射带动更大范围区域发展的引擎作用，为国家发展大局做出更大贡献。

---

① 根据 2019 年中共中央、国务院印发的《粤港澳大湾区发展规划纲要》，粤港澳大湾区城市群包括香港、澳门两个特别行政区和广东省广州、深圳、珠海、佛山、惠州、东莞、中山、江门、肇庆 9 个珠三角城市。

② 根据 2016 年国务院印发实施的《长江三角洲城市群发展规划》，长三角城市群包括上海市，江苏省的南京、无锡、常州、苏州、南通、盐城、扬州、镇江、泰州，浙江省的杭州、宁波、嘉兴、湖州、绍兴、金华、舟山、台州，安徽省的合肥、芜湖、马鞍山、铜陵、安庆、滁州、池州、宣城等 26 市。

第一节　粤港澳大湾区城市群的发展脉络

与长三角城市群相比，粤港澳大湾区城市群呈现完全不同的自然地理特征、人文历史脉络、演化路径和动力机制，遵循独特的发展规律，这种自身所独有的内在属性不仅将其与其他城市群区别开来，还将深刻影响和塑造粤港澳大湾区城市群的发展未来。

一　自然地理：以珠江三角洲为依托

粤港澳大湾区城市群依托珠江三角洲的自然地理条件而形成。珠江三角洲与长江三角洲均位于西太平洋边缘的中纬度地带，为大江大河携带的泥沙冲击沉积后形成的下游冲积平原和三角洲地形，面积较大，拥有发达的水系、密集的河网以及广阔的地理纵深，适宜发展港口和工业，具备形成世界级城市群的自然地理条件。但珠江三角洲在成陆模式、入海口的地形地貌以及腹地纵深等方面与长江三角洲存在显著差异。

（一）成陆模式和地形地貌独特

珠江三角洲成陆模式、地形地貌独特。受地质构造影响，珠江水系多条河流携带来的泥沙以台地、山丘为沉积核心逐渐淤积扩展，连接成陆，形成拥有独特河网与地形的复合型三角洲（毛帅，2018）。珠江三角洲水文具有热带特征，水量丰富，含沙量少，分汊放射河道多，下沉量不大，沉积物厚度小，向海湾推进较快。地形地貌形态不规则，呈高地低地相间分布的格局，山地、丘陵和平原交错分布于海滨，形成海岸线曲折、港湾众多、岛屿星罗棋布的地貌特色，入海口的地形地貌以基岩岸为主（顾涧清，2009；朱俊凤等，2013）。长江三角洲主要由长江及其支流所夹带的泥沙冲积而成，泥沙沉积后首先在南北两岸分别堆积形成庞大的沙堤，沙堤以北是由黄河、淮河冲积形成的里下河平原，南岸沙堤与钱塘江北岸沙堤相连形成太湖平原，构成长江三角洲的主体，地形呈"周高中低"态势。巨量的泥沙堆积推动海岸线向海延伸，入海口的地形地貌以淤泥质岸为主。与长江三角洲相比，珠江三角洲拥有更多深水岸线和深水航道，不易淤积，更加有利于建设港口和高等级航道，但低海拔平原面积更小，这种自然地理特征意味着珠三角城市群一旦形成，就必然会追求在更小空间尺度上集聚更多产业集群，这也正是如今产业集群密集分布在珠江三角洲这一"核心"地带的自然地理原因。

（二）腹地纵深以广东省内为主、远达西南地区

珠江三角洲北部有南岭等丘陵山地阻挡，西部是已进入中国地势第二阶梯的云贵高原，腹地以广东省内为主，溯珠江支流西江而上可至云南、广西、贵州等地，但其通航能力有限，且所涉地区大多是非平原地带，腹地空间较长江三角洲狭小。长江三角洲坐拥广袤的长江中下游平原，处于长江干流与中国东部海岸 T 形交汇的接合部上，素有"黄金水道"之称，其腹地溯长江流域而上，横跨九省区，上游可达川黔，对中国南北两翼和长江沿岸省区均能产生强大的辐射带动作用。随着厦深高铁、武广高铁、贵广高铁、南广高铁、港珠澳大桥、广深港高铁、南沙大桥等的开通，与全球互联互通水平的提升，以及发展能级的跃升，粤港澳大湾区城市群的辐射范围不断扩张，逐步突破自然地理因素带来的物质限制，经济腹地逐步从广东境内拓展至湖南、湖北、广西、贵州、云南、江西以及海西经济区等地区，对泛珠三角地区、中南地区产生强大辐射带动作用。粤港澳大湾区濒临南海，率先融入全球经济体系，对外开放水平高，在海上丝绸之路建设中发挥龙头作用，随着开放型经济水平的提升，其影响力还以空间非连续的方式扩散至共建"一带一路"国家和地区。

二 人文历史：以岭南文化为根脉

粤港澳大湾区城市群所涉及的 11 个城市，自古同属百越之地，在语言文化、人文历史上具有同源性，岭南文化和珠江文化一直占据主导地位。岭南文化以本土农业文化和海洋文化为源头，在长期发展过程中不断吸取和融汇中原文化和海外文化，逐渐形成勤勉机敏、重商务实、开放包容、开拓进取、敢为天下先的文化特质。粤港澳大湾区城市群各城市之间不仅民俗相近、人缘相亲、语言相通、文化同源，拥有丰富多元的民间文化资源，还与大量海外华人华侨血缘相亲、同气连枝，粤语成为在世界上具有影响力和生命力的语言。长三角城市群的根脉则是江南文化，长期的历史积淀和丰富的现实淬炼，形成了江南文化勤勉、机敏、敦行、坚韧、崇文、

重商、开放、进取、精致、雅逸等文化基因和开放求新、明达致远、精进图强的区域精神（浙江省社会科学院课题组，2019）。在长达 2000 余年的历史演进中，粤港澳大湾区和长三角地区均以中华文化为底色、在多元文化的交融碰撞中形成了具有自身特色的地域性文化。在新时代，粤港澳大湾区城市群以岭南文化为根脉，在与现代文化、世界文化的交汇融合中，不断对岭南文化进行创造性转化和创新性发展，新理念、新观念、新文化、新形态、新生活方式在粤港澳三地加快碰撞融合，正在形成以"多元一体""各美其美、美美与共"为主要特征和价值取向的新的文化建构和人文精神。

三　演化路径：从单极化的省港格局到广深港多中心、网络化的新格局

粤港澳大湾区城市群是在全球化和改革开放的大背景下发展起来的，总体上遵循城市群发育的一般规律，如通过要素流动、产业分工、知识积累、城市发展以及政府调控等方式，从最初的点状集聚、圈层式连绵扩展形态发展到轴带状集聚形态，随着中心城市的能级提升和溢出效应不断增强，与周边地区联系不断加强，最终形成区域空间形态的最高组织形式——城市群。但受地理、历史、制度、政策等多种因素影响，粤港澳大湾区城市群形成了独特的演化路径，从单极化的省港格局演变为广深港多中心、网络化的新格局。

改革开放初期，珠三角地区仅有广州、佛山、江门、惠州、肇庆 5 个城市和 32 个建制镇。广州是全省中心城市，周边城市被边缘化，除广州外，没有一个超过 20 万人口的中等城市，10 万 ~20 万人口的城市仅有佛山、江门、肇庆和石歧。香港则是粤港澳大湾区城市群的引擎，1979 年香港的GDP 是广州的 6.9 倍。改革开放后，珠三角地区充分利用毗邻港澳的地缘优势以及国家赋予的特殊政策和灵活措施，引进外资，推动工业发展，在香港的带动下，深圳、东莞等地快速实现工业化与城镇化，佛山、中山、惠州等城市也相继崛起，广州的中心地位相对下降，20 世纪 90 年代初期，广州 GDP 占珠三角地区 GDP 的比重已由改革开放初期的 1/2 下降至 1/4。在改革开放近 20 年时间里，香港实际上作为区域中心城市发挥着辐射带动作

用，带动珠江口两岸特别是东岸城市嵌入全球价值链，珠三角地区的城镇与香港的联系较为密切，而与地区内城市广州和深圳的联系不强，地区内各城市之间呈竞争型交易关系，联系普遍较为松散。与之相对比，在20世纪80年代，长三角城市群中的上海产业结构以国有企业为主，在市场取向的改革探索中起步比广东甚至是江苏、浙江晚，也缺乏中央给予的特殊政策和优惠措施，龙头作用未得到充分发挥，与其他两个次核心城市南京和杭州均处于孤立分散发展阶段。

香港回归后，受亚洲金融危机、自身竞争力下降等因素影响，对珠三角地区城市发展的影响力减弱。进入21世纪，随着中国加入WTO，珠三角地区开始大规模承接来自台湾地区、日本以及欧美的电子信息、汽车等更高端产业转移。深圳紧紧抓住新一轮电子信息产业转移的新机遇，加快提升制造业创新能力，提升产业发展能级，推动城市功能不断完善，迅速成长为具有全国影响力的经济中心城市。广州则通过加强基础设施建设和城市开发、大力发展汽车制造业等措施提升了城市能级，其中心城市地位回升并得到强化。与此同时，珠三角地区与港澳地区的区域合作进入"一国两制"框架下的新发展阶段。2003年，内地与香港、澳门特区政府分别签署了《内地与香港关于建立更紧密经贸关系的安排》《内地与澳门关于建立更紧密经贸关系的安排》（即"CEPA"），其后又陆续签署了《补充协议》《补充协议二》《补充协议三》，着力推进服务贸易领域对港澳开放，促进贸易投资及通关便利化，有力促进了珠三角地区与港澳的融合发展。在此阶段，广州和深圳作为中心城市仍处于集聚发展阶段，也通过交通互联、产业转移等方式对周边城市发展产生了带动作用，港澳的加入使大珠三角地区拥有了广州、深圳、香港和澳门4个中心城市，城市间的联系相比前一个阶段有所增强。与长三角城市群形成鲜明对比的是，在近20年的发展中，粤港澳大湾区城市群并没有成长为以一个核心城市为绝对龙头的单中心城市群。1992年，随着浦东地区的开发开放，上海的"政策洼地"地位彻底改变，中央给予的优惠政策及不断强化的制度优势和开放优势，使上海在长三角区域经济地理中的潜在优势加快转变为现实优势，上海城市能级加快提升，在长三角城市群的龙头地位日益确立并得到巩固。南京、杭州、苏州、无锡和宁波五大区域性中心城市进入快速发展时期，与上海差距不断缩小，同时泰州、扬州、常州、南通、嘉兴、台州等城市也进入发展的快车道。随着江苏沿江、沿海战略以及浙江环杭州湾战略的实施，长三角逐步构建起以上海为核心，包括江苏省 8 个地市①和浙江省 7 个地市②在内的功能基本健全、城镇体系基本完善的"一核多极"城市群。

以 2008 年国际金融危机的爆发为分水岭，粤港澳大湾区城市群核心城市呈现加速分化态势。香港和澳门制造业空心化，服务业占比不断提高，香港仍是全球金融中心、航运中心和贸易中心，但其地位被日益发展壮大的广州和深圳所撼动，澳门体量较小，产业发展高度依赖博彩、旅游等服务业，创新能力不足，在与内地特别是珠三角的关系上，港澳专业服务业优势进一步凸显，发挥着内联外通的"超级联系人"作用，与珠三角融合发展程度进一步提升。广州通过增强国际交通枢纽、国际商贸中心功能，加快提升发展能级，对周边城市辐射带动作用增强，广佛同城化、广佛肇经济圈、广清一体化建设加快推进，广州都市圈已基本成型。深圳能级提升更快，在短短十余年时间里，迅速成长为一个具有全球影响力的国际化创新型城市，对东莞、惠州溢出效应显著增强，深莞惠经济圈（3＋2）建设深入推进，以深汕特别合作区为突破口探索城市间协同发展新机制。珠中江一体化加快推进，珠中江经济圈初具雏形。中国经济发展进入新常态，区域发展和对外开放进入新发展阶段，亟须在更高层面上推动港澳和珠三角协同发展，国务院《2017 年政府工作报告》提出研究制定粤港澳大湾区城市群发展规划，香港和澳门被正式纳入粤港澳大湾区建设框架。在此阶段，广州、深圳、香港充分发挥中心城市带动作用，对周边城市辐射带动能力不断增强，各城市间联系更加紧密，为新一轮都市圈发展和城市群建设奠定了坚实基础。至此，粤港澳大湾区城市群形成广深港多中心③鼎立、网络化发展新格局。而长三角城市群"一核多极"的单中心格局并未发生

---

① 分别为南京、苏州、无锡、常州、镇江、扬州、泰州、南通。

② 分别为杭州、宁波、湖州、嘉兴、绍兴、舟山、台州。

③ 《粤港澳大湾区发展规划纲要》明确广州、深圳、香港和澳门为四大中心城市，此处主要从"实然"角度客观描述大湾区主要城市所发挥的功能作用，本质上不存在矛盾。澳门经济体量小，产业结构单一化，在一定历史阶段发挥的中心城市功能作用必然会被新崛起的城市取代，也不排除澳门在未来再次崛起成为核心城市的可能。

根本变化，核心城市上海以及次级中心城市南京、杭州、苏州、宁波辐射范围不断拓展，各城市内部联系进一步加强，长三角城市群层级和圈层结构更加合理，加快走向强中心、紧联系、网络化发展新阶段。2010年6月，国家发展改革委发布《长江三角洲地区区域规划》，首次在国家层面将长三角区域范围界定为苏浙沪的25个城市①，其核心区仍由前述16个城市构成。2016年5月，国务院批复《长江三角洲城市群发展规划》，对长三角城市群的范围进行了调整，去掉了江苏和浙江的部分城市，把安徽省部分城市纳入，总城市数目达到26个。至此，长三角城市群的框架基本成型，形成一个以上海为龙头，包括南京都市圈、杭州都市圈、合肥都市圈、苏锡常都市圈和宁波都市圈在内的超级城市群。

总体来看，粤港澳大湾区城市群从改革开放初期的单极化省港格局演进为广深港多中心、网络化新格局，特别是党的十九大以来，广东举全省之力推动粤港澳大湾区和深圳中国特色社会主义先行示范区"双区建设"，推动广深"双城联动"，推动横琴粤澳深度合作区、前海深港现代服务业合作区、南沙粤港澳重大合作平台建设，进一步突出广深双核心牵引作用，以珠澳、深港、穗港合作带动全域突破。粤港澳大湾区城市群发展格局加速演进，已成为一个具有典型意义的多中心、功能和优势相互叠加的超级城市群，拥有广深港三个核心城市，城市群内部存在分别以广佛、深港为核心的两个成熟型大都市圈以及以珠澳为核心的发展型都市圈。多个中心之间功能互补、齐头并进，在促进要素资源高效流动、提高创新效率、推动经济高质量发展方面具有显著优势。

四 动力机制：从分散化外向型农村工业化驱动转向赋能型政府调控与市场双轮驱动

驱动城市群演进的两个动力源是政府和市场力量，主要动力机制可进一步具体化为产业发展、城市化、新技术的应用扩散和政府调控政策（刘静玉、王发曾，2004；姚士谋等，2020）。城市群的形成往往是多种动力机

---

① 在原有的16个城市基础上，新增加江苏省的徐州、淮安、连云港、宿迁、盐城5市和浙江省的金华、温州、丽水、衢州4市。

制共同作用的结果，在不同阶段推动城市群发展的主导机制也有所不同，城市群演进的过程和格局也各具特质。粤港澳大湾区城市群在发展早期阶段所形成的自下而上的分散化外向型农村工业化驱动模式对此后城市群的演进路径产生了重大影响，即使是发展到成熟定型阶段，根植于岭南文化的、具有深厚历史和社会土壤的政府—市场特殊协作模式仍深深影响和塑造着城市群的发展演进路径。

20世纪80年代，驱动粤港澳大湾区城市群发展的主要动力机制是农村工业化与小城镇化，村镇政府组织经济的分散性和外向型工业化的结合，推动了小城镇、农村的工业化和城镇化发展，这种发展具有明显的自发性和集聚的非中心化倾向。粤港澳大湾区城市群与长三角城市群发展动力机制的分异从改革开放初期就已经开始了。20世纪80年代，长三角地区缺乏国家战略层面的开放政策支持，驱动长三角城市群发展的主要动力机制是自下而上的内生性农村工业化与小城镇化。由于农村家庭联产承包责任制的推行以及乡镇企业、个体私营经济的大发展，苏南地区形成了以乡镇政府和村委会集体产权经济主导的农村工业化，浙江形成了个体私营经济主导推动的农村工业化和初具块状经济雏形的专业市场集群，与珠三角城市群依赖国家特殊政策优惠和港澳资本驱动的外向型农村工业化模式存在显著差异。尽管推动长三角城市群和珠三角城市群发展的动力机制存在差异，但自下而上的农村工业化和小城镇化发展的结果却是惊人的一致，均形成"村村点火、户户冒烟"的分散化城镇化发展格局。

进入20世纪90年代，随着新技术特别是交通和信息技术的发展，城市化、外商直接投资驱动的城市工业化成为推动粤港澳大湾区城市群发展的主导性机制。1997年广深高速的开通运营以及公路、铁路干线的布局完善，加快了珠三角地区与港澳的人员交往和经贸交流进程，重塑了珠三角地区特别是珠江口东岸经济地理格局。研究发现，20世纪末，珠三角地区的人口、产业、城镇等均密集分布于环珠江口一带，城镇建设用地沿国道干线、铁路干线密集分布的特征尤其显著（叶玉瑶、张虹鸥，2007），特别是在珠江口东岸地区已初步形成一条以土地高强度开发利用以及人口、产业和城镇高密度分布为特征的穗港走廊（闫小培、曹小曙，2004）。在此阶段，外商直接投资驱动的城市工业化成为推动城市群演进的主要动力机制。地方政府兴建各类开发区和工业园区，吸引大批港台及欧美企业来投资建厂，外资的空间分布在很大程度上体现了珠三角城市群的空间演进方向，在外资驱动的城市工业化推动下，珠三角城市群的分散化发展倾向进一步得到强化，广州、深圳、佛山、东莞等开发区集中的地方城市空间呈无序化和团块化扩展态势。政府宏观协调导向的空间整合必须充分考虑外资企业的成本最低化需求，实施效果不及预期，向乡镇放权的制度安排格局仍继续得到维持，由此导致珠三角城市群和长三角城市群发展模式差异进一步凸显。2000年广东省1556个市辖镇中，GDP达20亿元的125个专业镇绝大多数位于珠三角地区，珠三角地区出口规模、吸引外资规模远高于长三角地区。进入20世纪90年代，基础设施建设、工业化、政府调控政策成为推动长三角城市群发展的主要驱动力量。上海加快推动城市功能从以生产为主向以服务为主转变，积极参与全球分工合作，成为长三角城市群的核心，宁镇扬、杭甬绍、苏锡常等进入发展快车道，一些工业基础较好的县市依靠乡镇企业、外资经济和民营经济实现了快速发展，工业、城镇沿沪宁、沪杭、杭甬交通走廊呈"Z"形或"之"字形展开的轴向特征相当明显。从20世纪80年代中后期到20世纪90年代，由于内外资的迅猛扩张，乡镇管理能力成为掣肘因素，长三角地区兴起一波撤县改市热潮。与珠三角地区大量进入加工贸易型中小外来资本不同，长三角地区大量进入的是大资本，为更好地吸引外资，上海以强政府姿态介入空间制度安排，自上而下把市级政府的管理要求落实到街道和社区层面。江苏则在对乡镇集体经济进行转制的同时，把空间调控权限集中在地市、县级政府层面，苏南地区通过向省及中央争取政策，推进开发区建设。浙江则着力改善民营企业的发展环境，不断向县（市）级政府放权，积极培育镇域经济和县域经济，分工日益细化的专业产业集群和"块状经济"加速形成。1992年由上海、无锡和宁波等14个城市组成的长江三角洲十四城市协作办（委）主任联席会成立，1997年更名为长江三角洲城市经济协调会，有力推动了长三角地区交通基础设施建设和城市间协同合作。

自中国加入WTO以来，粤港澳大湾区特别是珠三角地区以更快速度融入世界经济体系和全球化进程，跨区域基础设施建设、新城新区发展和产业转移成为粤港澳大湾区城市群演进的主导性动力机制。进入21世纪，珠三角地区重点加强了以高速公路为主体、其他交通方式为支撑的综合交通体系建设，加之各类新城新区的大规模建设，进一步推动了各城市的空间扩张，工业企业围绕高速公路出入口及周边分布的特征更加明显，在核心城市以及东莞、佛山、珠海、中山已经出现大片的都市连绵区。随着《广东省人民政府关于我省山区及东西两翼与珠江三角洲联手推进产业转移的意见（试行）》《中共广东省委 广东省人民政府关于推进产业转移和劳动力转移的决定》的实施，珠三角城市群核心区的工业企业开始向边缘区和外围转移，在惠州、江门以及肇庆等地区也开始出现工业生产空间的快速扩张（丁俊、王开泳，2018）。港澳开始缓慢融入大湾区的空间整合进程，2007年相继开通深圳湾大桥、深圳湾口岸和福田口岸。在政府调控层面，随着国内对加工贸易的规范监管和政策的逐步收紧，珠三角地区加工贸易型企业面临倒闭风险，增强对大型外资的吸引力和延长加工贸易型企业的生命周期成为该地区空间政策安排的重点。广东省政府组织编制了《珠江三角洲城镇群协调发展规划（2004—2020）》，推动地市加快撤县（市）设区，支持地市政府构建辖域内跨行政边界产业园区，同时，推动泛珠三角省份加强合作、产业结构调整和省内产业转移，拓展发展腹地。政府的空间整合意识相比前一阶段显著增强，空间制度创新主体转移至省级和地级市政府。但粤港澳大湾区并未作为一个整体空间进入政策规划视野。在此阶段，长三角城市群加快由点轴发展过渡到城镇密集区和多中心城市发展阶段。长三角地区超越珠三角地区成为国内最重要的外资进驻地，各类工业园区、经济开发区成为集聚外资和工业的载体，沪宁杭甬沿线产业和城市集聚发展水平显著提升。在核心城市功能升级、成本压力等因素作用下，产业扩散同步发生。从空间布局看，长三角城市群发展重心向沿江、沿海地区转移，核心区产业有向苏北、浙中、浙西南地区加快转移的趋势，从而在这些地方形成了新的城镇发展带。在此阶段，上海自上而下的空间调控模式得到进一步强化；江苏在延续20世纪90年代以市（县）为主争取国家政策支持、大力吸引外资的路径基础上，强化了以大中城市为核心的都市圈空间整合以及市（县）级政府层面的跨城镇协调机制建设；浙江延续强镇扩权、强县扩权的制度安排路径，着力提高政府"亲市场""亲基层"的管理服务能力，也加强了杭州、宁波等中心城市建设，支持其积极接轨上海，着力提升辐射带动能力。在城市协作层面，长江三角洲城市经济协调会仍然发挥主导作用，且不断有新的城市加入。在更大区域层面，协作在上海、江苏和浙江三省市率先开展，2001 年由两省一市主要领导参加的"沪苏浙经济合作与发展座谈会"机制建立。

随着 2008 年国际金融危机的爆发和蔓延，传统发展方式逐步走到尽头，推动粤港澳大湾区城市群加快转型发展和整合发展，驱动城市群演进的主导动力机制也发生了巨大变化。首先是交通基础设施特别是轨道交通、大型跨境基础设施在粤港澳大湾区城市群发展中发挥了先导性和支撑性的作用。广深港高铁（2011 年广深高铁开通，2018 年 9 月香港段通车运营）、港珠澳大桥（2018 年 10 月开通运营）、南沙大桥（2019 年 4 月开通运营）、穗莞深城际铁路（2019 年 12 月开通运营）相继开通，深中、深珠通道加快建设，粤港澳大湾区加快构建"1 小时交通圈"，珠三角与港澳基础设施的"硬联通"进程大大加速。值得注意的是，规则衔接、机制对接等软设施的联通加速破除体制机制障碍，有力推动了粤港澳大湾区城市群的协同发展。近年来，广东着力推进"湾区通"工程，围绕香港、澳门群众密切关注的交通、通信、食品安全等民生问题积极作为、率先突破，致力打造标准统一、规则衔接的市场化、法治化、国际化营商环境，金融领域互联互通取得显著进展，职业资格互认等加快推进，粤港澳大湾区城市群一体化水平加快提升。受国际金融危机冲击和内生因素影响，珠三角城市群发展方式加快转变，加工贸易型企业和依赖大规模低成本要素投入的劳动密集型企业出现成本加快上升、利润下降甚至是倒闭的现象，由此开始转向创新驱动发展。从产业扩散角度看，核心城市加速往外转移低附加值和高能耗产业，受土地供应限制，深圳甚至把部分研发环节和产业链的高端环节往东莞、惠州等地疏散，与此过程相伴随的是，珠三角城市群作为一个整体，工业占比下滑，日益成为服务业占主导地位的经济区域。产业和创新的扩散表现在空间结构上，即核心区城市空间利用更加集约，功能更加高端、精细和紧凑，在土地利用上转向增值利用和存量挖潜，采取"退二进三""工改工"等手段开辟新发展空间；边缘区工业化快速推进，加速承接核心区产业转移，工业生产空间扩张呈现多点迸发态势。特别是随着粤港澳大湾区国际科技创新中心和珠三角综合性国家科学中心建设的推进，创新资源加快在广深港澳科技创新走廊集聚，广深港澳科技创新走廊形成了一条原始创新水平高、成果产出速度快、成果转化能力强的高能级廊带，以广深港为研发核心、佛莞等城市为生产制造核心的创新分工格局基本形成。随着核心城市能级的提升，广佛肇、深莞惠和珠中江三个经济圈逐步形成，广佛同城化进程加快推进，东莞和惠州临深地区加速融入深圳，城市间协作发展水平大幅提升。政府开始全面加强统筹导向的空间整合。2008年国家发展改革委印发的《珠江三角洲地区改革发展规划纲要（2008—2020）》强调，不仅要推进珠三角区域经济一体化，还要推进与港澳实现更紧密合作。广佛肇、深莞惠、珠中江三个经济圈各自成立了党政联席会议机制。与此同时，为解决区域发展不平衡问题，广东从2018年以来深入推动构建"一核一带一区"区域发展新格局，进一步做大做强珠三角核心区，加快构建广州都市圈、深圳都市圈和珠江口西岸都市圈。2014年，广东推动设立了涵盖广州南沙新区片区、深圳前海蛇口片区和珠海横琴新区片区三个片区的中国（广东）自由贸易试验区，探索在更高层次、更宽领域、更大范围扩大对港澳开放合作。特别是随着2017年粤港澳大湾区上升为国家战略，港澳开始加速融入国家发展大局，国家、省级行政区和地级市均建立了推进大湾区建设的领导机构和议事协调机制。广东肩负国家赋予的重大使命任务，以前所未有的力度推进深圳中国特色社会主义先行示范区建设和综合改革试点，推进横琴粤澳深度合作区、前海深港现代服务业合作区、南沙粤港澳重大合作平台建设，加快推进制度和体制机制创新，探索推进粤港澳大湾区城市群融合发展的更有效措施。总而言之，2008年以来特别是进入新时代，国家战略推动下的大湾区一体化发展以及省级和地市政府推动下的都市圈发展，共同推动了大湾区空间整合和重构。在此阶段，驱动长三角城市群演进的主导动力机制逐步转向创新和更高层次的产业扩散、经济圈层化发展以及以一体化为导向的政府调控战略和政策。上海加快"四个中心"建设，致力于构建以现代服务业为主、战略性新兴产业引领、先进制造业支撑的新型产业体系以及具有全球影响力的科技创新中心基本框架，加快向全球城市建设目标迈进，非核心城市功能向周边城市疏散。从产业功能分工角度看，上海引领发展创新性制造业、高级生产性服务业，苏南为制造业中心并辐射周边城市，外围地区则承担一般服务业、一般制造业和农业功能，城市群实现了较高程度的产业互补，上海、南京、杭州、次中心宁波均出现了制造业向周边城市转移的现象。经济圈层化推动城市群朝着城市体系更加健全、结构更加合理、空间更加紧凑的方向演进，形成了苏锡常、南京、杭州、宁波、合肥五大都市圈。2008 年以来，杭州湾跨海大桥、苏通大桥等相继通车，沪宁、沪杭高铁相继投入运营，以轨道交通以及跨海、跨区域高速公路为重点的立体化综合交通体系加快完善，长三角城市群致力打造 1~2 小时交通圈，大大加速了长三角城市群的一体化进程。随着城市群整合需求的提升，政府区域调控顶层设计不断加强。在国家层面，多次出台规划对长三角城市群的发展进行宏观指导，如《长江三角洲地区区域规划》（2010 年）、《国务院关于依托黄金水道推动长江经济带发展的指导意见》（2014 年）、《长江三角洲城市群发展规划》（2016年）、《长江三角洲区域一体化发展规划纲要》（2019 年）等都提出将长三角城市群建设成为具有国际竞争力的世界级城市群，有力地促进了长三角城市群的发展。

通过比较发现，粤港澳大湾区城市群发展动力机制存在以下特征。一是集聚与扩散是粤港澳大湾区城市群发展演进的基本动力机制。以改革开放之初的单极化格局为起点，导入全球资源，形成集聚效应，逐步突破点轴的狭窄范围，产生了广州、深圳两个核心城市，一些次级城市也在改革开放过程中迅速得到成长，集聚到一定程度后，广州、深圳和香港三个核心城市的商务服务、高端制造和科创中心等功能不断健全，扩散机制开始发挥调节效应，核心城市对周边城市的服务带动能力不断增强，最终形成多中心、网络化的城市群发展新格局。二是以开放发展引领的双循环运行特征明显。改革开放初期，把权力下放到镇街，把本土土地、劳动力资源与来自港澳的资本相结合，以开放倒逼改革，推动农村工业化和小城镇发展，通过分权型赋能、分散化发展激发城市群发展活力。粤港澳大湾区城市群迅速加入国际经济大循环，随着中国加入 WTO，这一开放发展的优势不断得到强化，成为链接国内大循环体系和国际循环体系的重要枢纽型节点。三是有为政府与有效市场双重驱动特征明显。在改革开放早期，市场体系尚不完善，政府通过健全市场体系、激发市场活力、营造良好引资环境，推动要素资源在优势地区集聚，迅速实现经济起飞。随着市场体系的逐步完善，市场机制在要素及高端产业、创新资源的集聚配置中发挥了决定性作用，推动城市群不断发展壮大；政府在优化营商环境的同时，着力从基础设施、产业、创新、公共服务等方面推动城市间加强协同合作，注重疏解核心城市功能、降低城市间制度型交易成本，探索区域协同发展新模式，直面粤港澳三地多制度、多法域的挑战，设立横琴、前海、南沙三个战略合作平台，开展制度创新探索，不断破除制约粤港澳大湾区城市群发展和能级提升的体制机制障碍。

第二节　粤港澳大湾区城市群在国家发展大局中的功能定位

粤港澳大湾区城市群是中国经济最具活力、开放程度最高、创新能力最强、吸纳外来人口最多的区域之一，在国家现代化建设大局和全方位开放格局中具有举足轻重的战略地位。《粤港澳大湾区发展规划纲要》明确了粤港澳大湾区（城市群）在国家发展大局中的功能定位。随着中国进入新时代，开启全面建设社会主义现代化国家新征程，粤港澳大湾区城市群发展面临新的形势要求，肩负新的功能使命。因此，对功能定位的延续与变化、深化与拓展进行深入研究就显得尤为重要。

一　分析功能定位的多重维度

仅从经济发展角度考虑，国家发展大局无外乎内外两个方面：对内需要打造高质量发展的动力源和增长引擎，推动区域协调发展，带动更多腹地融入现代化进程；对外需要打造高水平开放枢纽，增强对全球要素资源的管控和配置能力，积极参与国际经济竞争。由此，可以从三个维度衡量一个地区在国家发展大局中的功能、作用：该地区本身要成为高质量发展的动力源，是国家经济增长、创新和产业发展的重要引擎，这是一个地区最根本的竞争力，是其影响力和辐射力产生的根源；该地区具有强大的辐射带动能力，能够带动周边区域共同发展；该地区成为对外开放的枢纽和高地，不仅自身嵌入全球经济体系，而且对全球要素资源具有掌控与配置能力。

城市群已经成为推动高质量发展、区域协调发展和对外开放的最重要的空间载体力量。对城市群在国家发展大局中的功能定位分析也要从这三个维度展开。中国是社会主义国家，通过长远规划、区域发展战略推动共同目标实现，已经被实践充分证明是正确的特色经验做法，因此城市群作为政策规划发挥作用的重要空间载体，不仅肩负着经济发展使命，还肩负着中国式现代化所规定的其他使命。

二 粤港澳大湾区城市群在国家发展大局中的既有功能定位

城市群的功能定位是以纲领性、政策性文件为指导，充分考量其区域位置、资源禀赋、历史发展、在国家发展大局中的作用以及面向未来承担的战略使命等多方面因素而形成的综合功能判定，既总结历史、又面向未来，体现了对城市群未来发展的预期。

《粤港澳大湾区发展规划纲要》对粤港澳大湾区的战略定位是建设充满活力的世界级城市群、具有全球影响力的国际科技创新中心、"一带一路"建设的重要支撑、内地与港澳深度合作示范区、宜居宜业宜游的优质生活圈。建设充满活力的世界级城市群是总体定位，其他四个定位类似于分定位，是对总体定位的解析和具体化，体现了新发展理念和高质量发展的根本要求，也从内、外两个大局上明确了粤港澳大湾区城市群的功能定位。

具有全球影响力的国际科技创新中心。粤港澳大湾区拥有香港、深圳和广州三个具有国际影响力的现代化创新型城市，深圳是全国首个以城市为基本单位的国家自主创新示范区，广州等8个国家级高新区被纳入珠三角国家自主创新示范区建设范围，广深港澳科技创新走廊串联起粤港澳大湾区主要科技创新高地，拥有一批在全国乃至全球具有重要影响力的高校、科研院所、高新技术企业和国家大科学工程，科技研发、科技成果转化能力突出，产业创新能力强，对全球创新资源具有较强的吸引力。目前大湾区国际科技创新中心和珠三角综合性国家科学中心建设已取得一定进展；鹏城实验室、广州实验室顺利运作，建成一批重大科技基础设施，布局建设的10家省实验室对人才集聚和产业发展起到重要支撑作用，广东省九大重点领域研发计划和基础研究重大项目取得突破性进展。2022年，广东研发经费支出占GDP的比重为3.26%，区域创新综合能力连续6年居全国首位，发明专利有效量、PCT（专利合作条约）国际专利申请量稳居全国第一，国家高新技术企业达6.9万家。大湾区未来要瞄准新一轮世界科技革命和产业变革前沿，充分发挥粤港澳科技研发与产业创新优势，突破影响创新要素高效便捷流动的瓶颈，进一步激发各类创新主体活力，推进科技自立自强，强化国家战略科技力量，加快全球科技创新高地和新兴产业重要策源地建设，致力打造具有全球影响力的国际科技创新中心。

辐射带动泛珠三角地区发展的重要经济支撑带。《粤港澳大湾区发展规划纲要》虽未在"战略定位"中明确粤港澳大湾区在区域协调发展中的定位，但在"空间布局"中提出"发挥粤港澳大湾区辐射引领作用……构建以粤港澳大湾区为龙头，以珠江—西江经济带为腹地，带动中南、西南地区发展，辐射东南亚、南亚的重要经济支撑带"。从区域发展的角度看，粤港澳大湾区辐射带动的第一圈层首先是广东除珠三角以外的粤东、粤西、粤北地区，第二圈层是邻近广东的周边省份，主要是与广东经济存在密切联系的泛珠三角地区。经过长期发展，粤港澳大湾区已具备雄厚的物质基础和综合实力，通过基础设施互联互通、知识流动和技术外溢、产业转移等对粤东、粤西、粤北地区和周边省份产生了巨大的辐射带动作用。未来，粤港澳大湾区要以高质量发展为主攻方向，加快提升原始创新能力，推进产业升级，加强协同融合，进一步提升发展能级，成为更加强大的高质量发展动力源，致力于打造辐射带动泛珠三角地区发展的重要经济支撑带，并与长三角城市群辐射带动的长江经济带实现联动发展。

"一带一路"建设的重要支撑。粤港澳大湾区是中国面向东南亚开放的战略前沿，在海上丝绸之路建设中发挥龙头和引擎的作用，已成为全球经济中的重要枢纽型节点。香港是国际金融、航运和贸易中心，拥有高度国际化、法治化的营商环境以及遍布全球的商业网络，是全球最自由的经济体之一；澳门与葡语国家联系密切，多元文化交流的功能日益彰显；珠三角地区是内地外向度最高的经济区域和对外开放的重要窗口。未来要更好地发挥港澳在国家对外开放中的功能和作用，提高珠三角地区开放型经济发展水平，粤港澳三地要以共建开放"大平台"、拓展经贸"大网络"、培育湾区"大市场"为突破口，推动贸易和投资高质量发展，实现高水平双向投资，高效利用全球资源要素和市场空间，加强改革创新，携手探索共建国际高标准投资贸易规则体系，促进国内国际两个市场、两种资源有效对接，在更高层次上参与国际经济竞合，构筑"一带一路"对接融汇的重要支撑区，不断塑造发展新优势和国际合作新优势。

内地与港澳深度合作示范区。目前，珠三角地区与港澳在基础设施、投资贸易、金融服务、科技教育、人文旅游、生态环保、社会服务等领域合作成效显著，但仍面临较多影响要素资源充分流动和高效配置的体制机制障碍。未来，粤港澳大湾区要继续坚守"一国"之本、善用"两制"之利，大力推动规则、制度、机制的联通、贯通、融通，积极探索"一事三地、一策三地、一规三地"，努力把制度差异转变为制度优势。要深入推进粤港澳大湾区和深圳中国特色社会主义先行示范区"双区"建设，加快推进深圳综合改革试点，全面推进横琴、前海、南沙三个战略合作平台建设，充分发挥粤港澳重大合作平台作用，探索协同发展新模式、规则衔接新路径，深化珠三角地区与港澳全面务实合作，促进人员、物资、资金、信息便捷有序流动，推动港澳繁荣发展，加速融入国家发展大局，为内地与港澳更紧密合作提供示范。

宜居宜业宜游的优质生活圈。珠三角地区与港澳文化同源、人缘相亲、民俗相近，民间交往密切而频繁，共建共享大湾区优质生活的愿景正在逐步变成现实。要围绕粤港澳三地人民群众的美好生活需要，聚焦需求迫切的民生和社会保障领域，深入贯彻以人民为中心的发展思想，践行生态文明理念，深入实施"湾区通"工程，全面完善便利港澳居民在内地发展的政策体系，大力支持港澳青年在珠三角地区就业创业，着力提高大湾区民众生活便利水平和生活质量，为港澳居民在内地学习、就业、创业、生活提供更加便利的条件和更加舒适的环境，加强多元文化交流融合，共同传承弘扬岭南特色文化，塑造湾区人文精神，建设生态安全、环境优美、社会安定、文化繁荣的美丽湾区。

由于所处地理区位、发展基础和发展优势、在国家发展大局中的地位不同，长三角城市群肩负的功能使命也与粤港澳大湾区城市群不同。2016年国务院印发的《长江三角洲城市群发展规划》对长三角城市群的总体定位是建设面向全球、辐射亚太、引领全国的世界级城市群。分定位有六个：最具经济活力的资源配置中心、具有全球影响力的科技创新高地、全球重要的现代服务业和先进制造业中心、亚太地区重要国际门户、全国新一轮改革开放排头兵、美丽中国建设示范区。2019 年 12 月，中共中央、国务院印发的《长江三角洲区域一体化发展规划纲要》把长三角城市群所包含的 26 个城市和浙江省温州市共计 27 个城市界定为长三角区域一体化的核心区，明确了整个长三角地区的战略定位，即全国发展强劲活跃增长极、全国高质量发展样板区、率先基本实现现代化引领区、区域一体化发展示范区和新时代改革开放新高地。这五个定位其实也是对核心区的要求。综合上述两个纲领性文件的内在要求，不难看出长三角城市群所肩负的功能使命，主要是打造率先基本实现现代化的引领区、高质量发展的动力源和增长引擎，辐射带动长江经济带发展，建设面向亚太开放的新高地。

三　面向未来：粤港澳大湾区城市群在国家发展大局中的功能定位拓展

进入新时代，全面建设社会主义现代化国家面临全新的形势和目标任务。在发展形势方面最突出的变化是中国应形势变化，主动调整发展战略，加快构建以国内大循环为主体、国内国际双循环相互促进的新发展格局。在目标任务方面，党的十九届五中全会强调"扎实推动共同富裕"，首次把推动"全体人民共同富裕取得更为明显的实质性进展"作为 2035 年基本实现社会主义现代化的远景目标之一。这是新阶段新形势下对粤港澳大湾区城市群发展提出的新要求，粤港澳大湾区城市群必须在构建新发展格局和实现共同富裕方面担当使命、有所作为。

新发展格局的重要战略支点。粤港澳大湾区城市群在参与国际循环上具有其他城市群不可比拟的优势。经过多年发展，其本身已深深融入国内大循环体系，而且成为链接国内国际双循环的重要桥梁。在新发展阶段，粤港澳大湾区城市群要进一步统筹发展与安全，紧紧围绕畅通经济循环这个关键，统筹推进高铁、高速公路、城际轨道等重大基础设施建设，打造世界级机场群、港口群，加快构建畅通粤港澳、连接全世界的现代化综合交通运输体系；要把扩大内需作为战略基点，扭住供给侧结构性改革主线，推进广州、深圳国际消费中心城市建设，打造粤港澳大湾区国际消费枢纽，充分发挥好超大规模内需市场优势，建设更具韧性、更加高效的现代产业体系，加强与京津冀协同发展、长江经济带发展、长三角一体化发展、海南自由贸易港建设、黄河流域生态保护和高质量发展、成渝地区双城经济圈建设等重大国家战略的对接，在积极融入国内大循环体系中拓展经济纵深；要牢牢掌握要素配置关键环节、供需对接关键链条、内外循环关键通道，深入推进贸易和投资高质量发展，健全服务支撑体系，更好地利用国内国际两个市场、两种资源，在保障安全的前提下进一步提升制度型开放水平，积极参与构建国际高标准投资贸易规则体系，做实做强新发展格局战略支点，把粤港澳大湾区打造成为链接国内大循环和国际循环体系的重要门户枢纽。

向世界展示中国现代化建设成就的示范窗口。目前，粤港澳大湾区和深圳中国特色社会主义先行示范区建设正加快推进，广州致力于激发老城市新活力，推进"四个出新出彩"，佛山和东莞依靠创新驱动发展和产业转型升级顺利跻身万亿元级城市行列。尽管粤港澳三地存在"一国两制""三个关税区""三大法域"等特殊情况，在制度多样性上远比国内其他城市群和国际一流湾区更加复杂，但只要在协同发展、一体融合、构建趋同化制度体系方面加强探索，就完全有可能克服各类体制机制障碍，在推进现代化建设上提供更多中国智慧和中国方案。粤港澳大湾区城市群要在全面建设现代化方面积极探索，加快推进政治、经济、社会、生态、文化"五位一体"建设，提高法治兼容性和制度包容性，致力于成为向世界展示中国现代化建设成就的示范窗口，在为国家发展大局做出贡献的同时，为发展中国家寻找现代化的可行路径、推进治理体系和治理能力现代化提供有益借鉴。

第三节　粤港澳大湾区城市群发展的基础

粤港澳大湾区城市群是中国经济最发达、最具发展活力和潜力、吸纳外来人口最多的高度城镇化区域，集聚效应明显，引领带动作用强，经济和人口规模庞大，交通基础设施网络发达，一体化程度较高，已具备建成世界级城市群的基础条件。

一　中国重要的经济增长引擎

人口和经济高度集聚。人口和经济规模在一个国家或区域中占有较高比重，具有世界级（超出许多国家）的体量，是世界级城市群应具备的基本条件之一。粤港澳大湾区城市群是中国最重要的经济增长引擎之一，发展水平高，人口和经济规模庞大，集聚度高。2020年，粤港澳大湾区城市群常住人口为8635万人，地区生产总值为115310亿元，以占全国0.6%的面积集聚了全国6.1%的人口，创造了相当于全国11.3%的经济总量。相比之下，长三角城市群同期常住人口为16522万人，地区生产总值为205107亿元，以占全国2.2%的国土面积集聚了全国11.7%的人口，创造了相当于全国20.2%的经济总量（见表2－1）。如果将两大城市群分别看作一个单独的经济体，粤港澳大湾区城市群经济总量为16712亿美元，已超过全球排名第9位的加拿大；长三角城市群经济总量为29726亿美元，超过全球排名第5位的英国。在总体规模上，长三角城市群土地面积、常住人口、地区生产总值分别为粤港澳大湾区城市群的3.82倍、1.91倍、1.78倍。不过在经济和人口集聚度上，2020年，长三角城市群和粤港澳大湾区城市群地均生产总值分别为1.0亿元/公里^2、2.1亿元/公里^2；常住人口密度分别为773人/公里^2、1544人/公里^2；除安徽省以外的长三角城市群19市外来常住人口净流入3336万人，珠三角9市外来常住人口净流入3931万人，分别占全国流动人口的8.9%和10.5%。长三角城市群人口和经济集聚度均只相当于粤港澳大湾区城市群的一半。

表2－1　2020年粤港澳大湾区城市群与长三角城市群规模与集聚度

指标	地区生产总值（亿元）	常住人口（万人）	从业人员（万人）	土地面积（平方公里）	人均GDP（万元）	全员劳动生产率（万元/人）	地均生产总值（亿元/公里^2）	常住人口密度（人/公里^2）
珠三角9市	89524	7824	4903	54770	11.4	18.3	1.6	1428
香港	24106	743	366	1110	32.5	65.8	21.7	6692
澳门	1679	68	39	33	24.6	43.2	50.9	20700

指标	地区生产总值（亿元）	常住人口（万人）	从业人员（万人）	土地面积（平方公里）	人均GDP（万元）	全员劳动生产率（万元/人）	地均生产总值（亿元/公里²）	常住人口密度（人/公里²）
粤港澳大湾区城市群	115310	8635	5308	55913	13.4	21.7	2.1	1544
相当于全国的比重（%）	11.3	6.1	7.1	0.6	185.5	160.5	—	—
上海	38701	2488	1374	6341	15.6	28.2	6.1	3924
江苏9市	86735	6154	3606	67942	14.1	24.1	1.3	906
浙江8市	54706	5031	3025	67439	10.9	18.1	0.8	746
安徽8市	24965	2849	1512	72071	8.8	16.5	0.3	395
长三角城市群	205107	16522	9517	213793	12.4	21.6	1.0	773
相当于全国的比重（%）	20.2	11.7	12.7	2.2	172.4	159.2	—	—

注：本表汇率按照100港元＝88.93元人民币，100澳门元＝86.39元人民币计算；浙江从业人员为2019年数据；"—"代表未发现，下同。

资料来源：国家统计局、广东省统计局、香港特区政府统计处、澳门统计暨普查局、上海市统计局、江苏省统计局、浙江省统计局、安徽省统计局。

发展水平和产出效率高。人均GDP和全员劳动生产率分别是衡量地区发展水平和产出效率的基本指标。2020年，粤港澳大湾区城市群人均GDP和全员劳动生产率分别为13.4万元、21.7万元/人，长三角城市群人均GDP和全员劳动生产率分别为12.4万元、21.6万元/人，粤港澳大湾区城市群的发展水平和产出效率略高于长三角城市群。不过如果剔除香港和澳门两个特别行政区，则广东省珠三角9市人均GDP为11.4万元，全员劳动生产率为18.3万元/人，均低于长三角城市群水平。

经济和人口增长后劲足。中国已经进入城市化中后期以及都市圈、城市群快速发展阶段，经济和人口将继续向都市圈、城市群集聚。作为中国最具发展活力和潜力的区域，珠三角地区[①]和长三角地区未来一段时期内经

---

① 香港和澳门两个特别行政区为高收入经济体，已迈入中低速增长阶段，未来经济增速将长期显著低于全国水平；同时，香港和澳门与内地之间的人口流动（主要是人口迁入）受限，港澳两地人口也增长缓慢。因此，这里只考察珠三角9市的经济和人口增长。

济和人口增长速度仍将高于全国水平，区域经济和人口集聚度仍将进一步提升。从近几年人口变化看，2015 年珠三角 9 市常住人口为 6869 万人，到 2020 年已增加至 7824 万人，5 年时间净增加 955 万人，增幅为 13.9%，比广东全省同期高 5.8 个百分点。同期，长三角城市群 26 市常住人口从 15098 万人增加到 16522 万人，人口净增加 1424 万人，增幅为 9.4%，比全国同期高 8.2 个百分点。可见，两大城市群尽管长期以来已经吸纳规模庞大的外来人口，但目前依然处于人口较快集聚的阶段，未来一定时期内其常住人口仍将保持相对较快的增长速度。

二　多中心、网络化城镇体系已经形成

城镇化水平高。粤港澳大湾区城市群是中国发育最早、成熟度最高的城市群之一。从城市群常住人口城镇化率看，2020 年，粤港澳大湾区城市群城镇化率为 88.4%，比全国高 24.5 个百分点，比长三角城市群高 11.9 个百分点，其中广东省珠三角 9 市城镇化率为 87.2%。从各城市常住人口城镇化率看，粤港澳大湾区城市群内各城市常住人口城镇化率两极分化明显，城镇化率最低的惠州、江门、肇庆分别为 72.8%、67.6% 和 51.0%，而其余城市均在 86.0% 以上，其中香港、澳门、深圳已基本完全实现城镇化。[①]

城镇密度高，体系完备。包括港澳在内，2020 年粤港澳大湾区城市群共有城市 16 座（县级市 5 座），其中广东省珠三角 14 座城市建成区总面积为 4741.7 平方公里，城区总人口为 4869 万人，市辖镇有 312 个。按城区人口规模来划分，大湾区城市群有人口 1000 万人及以上的超大城市两座，人口 500 万 ~1000 万人的特大城市两座，人口 100 万 ~300 万人的Ⅱ型大城市 5 座，人口 50 万 ~100 万人的中等城市两座，人口 50 万人以下的小城市 5 座（见表 2-2）。按经济规模划分，有 GDP 超 2 万亿元城市 3 座，1 万亿 ~2 万亿元及 5000 亿 ~1 万亿元城市各 1 座，1000 亿 ~5000 亿元城市 6 座（见图 2-1）。与之相比，2020 年长三角城市群共有城市 68 座（县级市 42 座）。其中，超大城市 1 座，特大城市 2 座，Ⅰ型大城市 3 座，Ⅱ型大城市 9 座，中等城市 14 座，小城市 39 座。按经济规模来划分，长三角城市群有 GDP 超 2 万亿元城

---

① 数据来自广东省统计局、上海市统计局、江苏省统计局、安徽省统计局。

市 2 座，1 万亿 ~2 万亿元城市 6 座，5000 亿 ~1 万亿元城市 7 座，1000 亿 ~ 5000 亿元城市 11 座。① 对比两大城市群的城市体系可以看到，无论是人口规模还是经济规模，粤港澳大湾区城市群首位度均接近 1.0，首位城市优势不明显，形成以香港、澳门、广州、深圳四大中心城市为区域发展核心引擎的多中心、多圈层、网络化空间格局。而长三角城市群人口规模首位度为 3.0，经济规模首位度为 1.9，首位城市上海的集聚优势比较突出，形成以上海为中心，杭州、南京、合肥为副中心，南京、杭州、合肥、苏锡常、宁波五大都市圈的网络化空间格局，城镇体系规模分布近似金字塔型的层级结构，大中小城市齐全。与长三角城市群相比，粤港澳大湾区城市群城镇体系等级规模两极分化，近似哑铃型分布，城区人口在 300 万 ~500 万人、GDP 在 5000 亿 ~2 万亿元的腰部城市数量偏少，城市等级规模存在断层现象。

表 2 – 2　2020 年粤港澳大湾区城市群城区常住人口规模等级

规模等级		划分标准（城区常住人口）	城市（含县级市）
超大城市		1000 万人及以上	广州市、深圳市
特大城市		500 万 ~1000 万人	东莞市、香港特别行政区
大城市	Ⅰ 型大城市	300 万 ~500 万人	——
	Ⅱ 型大城市	100 万 ~300 万人	珠海市、惠州市、佛山市、江门市、中山市
中等城市		50 万 ~100 万人	肇庆市、澳门特别行政区
小城市	Ⅰ 型小城市	20 万 ~50 万人	开平市、四会市
	Ⅱ 型小城市	20 万以下	恩平市、台山市、鹤山市

资料来源：住房和城乡建设部、香港特区政府统计处、澳门统计暨普查局。

主要城市职能分工明确。粤港澳大湾区城市群内部主要城市已基本形成功能互补、错位竞争、差异化协同发展的内部分工协作格局。香港、澳门、广州、深圳四大中心城市成为区域发展的核心引擎。香港是国际金融、航运、贸易中心，以金融、贸易、物流、专业服务和旅游等服务业为主。

---

① 数据来自住房和城乡建设部《2020 年城乡建设统计年鉴》。

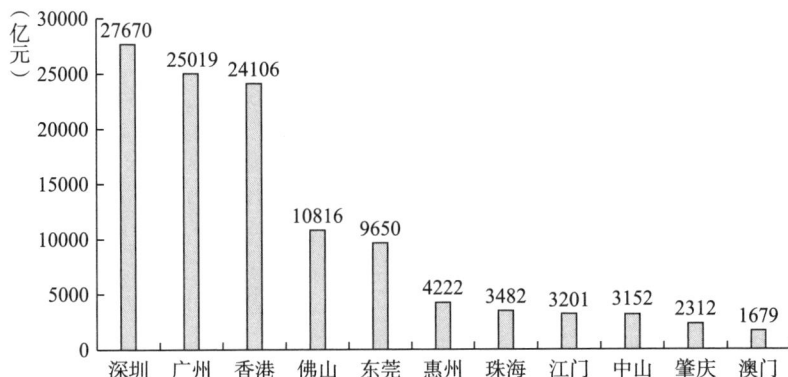

图 2-1　2020 年粤港澳大湾区城市群城市经济规模等级

注：香港、澳门的 GDP 分别按照汇率 100 港元 = 88.93 元人民币、100 澳门元 = 86.39 元人民币进行换算。

资料来源：广东省统计局、香港特区政府统计处、澳门统计暨普查局。

澳门是世界旅游休闲中心、中国与葡语国家商贸合作服务平台，以博彩旅游业为主并适度多元发展。广州是国际商贸中心、综合交通枢纽、区域科技教育文化中心，以汽车制造业、重大装备制造业、商贸物流等产业为主。深圳是中国首屈一指的现代化国际化创新型城市，自主创新能力较强，以电子信息产业、生物医药、新能源等高技术产业以及金融业为主，拥有华为等世界级创新企业。在珠江口东西两岸、广佛与深莞地区形成了较为明显的珠江口东岸以电子信息为主、西岸以机械及装备制造为主的差异化发展格局。

三　交通基础设施网络发达

发达的交通基础设施网络是世界级城市群形成和发展的重要条件。从交通基础设施发展水平来看，粤港澳大湾区城市群已经建成发达的多层级公路和轨道交通网络，拥有世界级的海港群和空港群、全国领先的公路铁路交通干线密度。各类运输方式相互配合与协调，高效便捷的现代化立体综合交通体系基本形成，畅通全国，连接全球，核心城市综合交通门户枢纽地位突出。发达的交通体系也推动形成区域内主要城市间高效连接的网络化、一体化空间格局。

拥有世界级的海港群和空港群。粤港澳大湾区是世界上沿海港口和机场分布最为密集的地区之一，拥有深圳、广州、香港等国际性枢纽大港和珠海、佛山、东莞、江门、惠州等区域性港口，以及广州、深圳、香港、澳门的4个国际机场和珠海、佛山、惠州的3个区域性机场，使地区对内对外的连通更加便利。2019年，深圳、广州、香港港口集装箱吞吐量分别达2577万标箱、2283万标箱、1836万标箱，分别列全球港口集装箱吞吐量第4位、第5位、第8位，全国排名分别为第3位、第4位、第6位；货物吞吐量分别为2.6亿吨、6.1亿吨、2.6亿吨，全球排名分别为第17位、第5位、第16位。广州白云国际机场、香港国际机场、深圳宝安国际机场三大国际航空枢纽旅客吞吐量分列全球的第11位、第13位和第26位；货邮吞吐量分别排全球的第17位、第1位、第23位。从区域整体来看，粤港澳大湾区三大国际性枢纽海港、空港在全国、全球均排名前列，具有重要地位，虽然港口运输稍逊于长三角地区，但航空运输更胜一筹（见表2-3、表2-4）。

表2-3　2019年粤港澳大湾区、长三角地区主要枢纽港集装箱、货物吞吐量及排名

港口	集装箱吞吐量（万标箱）	全球排名	全国排名	货物吞吐量（亿吨）	全球排名	全国排名
上海港	4331	1	1	7.2	2	2
宁波—舟山港	2753	3	2	11.2	1	1
深圳港	2577	4	3	2.6	17	13
广州港	2283	5	4	6.1	5	4
香港港	1836	8	6	2.6	16	12

资料来源：APSN（亚太港口服务组织）《2019亚太港口发展报告》。

表2-4　2019年粤港澳大湾区、长三角地区航空枢纽客货吞吐量及排名

机场	旅客吞吐量（万人次）	全球排名	全国排名	货邮吞吐量（万吨）	全球排名	全国排名
上海浦东国际机场	7615	9	2	363	3	2
广州白云国际机场	7338	11	3	192	17	4
香港国际机场	7129	13	4	481	1	1
深圳宝安国际机场	5293	26	6	128	23	5
上海虹桥国际机场	4564	46	9	42	—	9

机场	旅客吞吐量 （万人次）	全球排名	全国排名	货邮吞吐量 （万吨）	全球排名	全国排名
杭州萧山国际机场	4011	—	11	69	—	6

资料来源：《2019 全球 50 大机场出炉！》，鲸鱼物流网，2020 年 3 月 18 日，http：//www. jingyu100. com/ o/031q331h020. html；《2019 年世界 30 大货运机场排名公布！》，"民航数据控"微信公众号，2020 年 2 月 23 日，https：//mp. weixin. qq. com/s/SCydRpFS6HiTm3kqh7srCQ。

拥有全国领先的公路铁路交通干线密度。粤港澳大湾区还是全国高速公路网密度最高的地区之一，以广州为中心 2 小时通达珠三角各市和港澳的高速公路网络基本形成。根据广东省交通运输厅数据，截至 2019 年底，广东珠三角 9 市高速公路通车里程达 4577 公里，路网密度为 8.4 公里/百公里^2，远高于长三角城市群 26 市 4.8 公里/百公里^2 的水平，也超过纽约、东京、伦敦等世界级城市群。《2019 年城市建设统计年鉴》数据显示，在城市公共交通方面，随着"轨道上的大湾区"建设加快推进，广东珠三角 9 市城市轨道交通线路长度已达 947 公里，城市建成区轨道交通线路密度为 20.2 公里/百公里^2，高于长三角城市群 26 市 18.9 公里/百公里^2 的水平。

四　一体化协调机制建设稳步推进

一体化融合发展是城市群的本质和灵魂，也是世界级城市群的一大基本特征。而健全有效的分工合作协调机制是城市群一体化发展的重要保障。建立高效的分工合作协调机制，能够有效促进城市群内部城市之间的分工合作、优势互补，实现区域经济高度一体化，从而使城市群的整体综合性功能和竞争力远远大于单个城市功能和竞争力的简单叠加。粤港澳大湾区城市群包括香港、澳门两个特别行政区和广东省的广州、深圳、珠海、佛山、惠州、东莞、中山、江门、肇庆 9 个珠三角城市。从空间范围来看，粤港澳大湾区城市群一体化协调包括两个层面：一是广东省内部的珠三角 9 个城市的协调；二是珠三角 9 市与香港、澳门的协调。

珠三角一体化协调机制建设。由于同属广东省管辖，珠三角 9 市在资源整合协调上优势明显，协调难度相对较小，进展也更为顺利。早在 20 世纪 90 年代中期，为了推进珠江三角洲率先基本实现现代化，解决其自改革开放以来在高速发展过程中暴露出来的诸如区域生态环境恶化、重大基础建设各自为政、城市空间布局不够合理、城市职能分工缺乏、区域综合优势不明显等突出问题，广东省委、省政府于1994年底做出开展珠江三角洲经济区规划的决定，随后制定出台了《珠江三角洲经济区现代化建设规划纲要（1996—2010年）》以及环境规划、基础设施规划、产业发展规划、城市群规划、社会发展规划等五个专题规划，通过规划来强化政府对区域发展的协调。2003年，广东省委、省政府再次组织编制《珠江三角洲城镇群协调发展规划（2004—2020）》，以推动珠江三角洲城镇群的协调发展，整合发展资源，优化发展环境，提升珠江三角洲综合竞争力。2008年底，国务院批准实施《珠江三角洲地区改革发展规划纲要（2008—2020年）》。为贯彻落实《珠江三角洲地区改革发展规划纲要（2008—2020年）》，加快推进珠江三角洲区域经济一体化，广东省陆续编制出台了基础设施、产业布局、环境保护、城市规划、公共服务等五个领域的一体化专项规划。广佛肇、深莞惠、珠中江三大经济圈协调发展规划也先后出台实施。在组织协调机构上，广东成立了省实施《珠江三角洲地区改革发展规划纲要（2008—2020年）》领导小组以加强统筹领导和组织协调；成立由省有关部门牵头、相关市参加的城市规划、交通、能源、信息化、环保、产业、基本公共服务等专项工作小组，负责具体工作。三大经济圈的各有关市之间也建立相应的由市主要领导参加的市际合作领导小组、联席会议和市有关部门参加的专责小组，以市市互动推进区域一体化。在省政府的统一领导下，城市间、部门间、企业间及社会广泛参与的多层次合作机制已经建立。① 目前，珠江三角洲一体化已走在全国前列，其中，作为区域一体化示范的广佛同城化基本实现，广佛地铁互联成为跨城市轨道交通互联的典范，广清一体化加速推进，广佛肇经济圈进一步向清远、云浮、韶关扩张；深莞惠经济圈联席会议于2014年新增河源、汕尾两市。广州和深圳两市也于2019年签署战略合作框架协议，双城联动，成为粤港澳大湾区核心引擎和具有全球影响力的"双子城"。

---

① 广东省人民政府办公厅于2009年6月10日发布《关于加快推进珠江三角洲区域经济一体化的指导意见》。

　　粤港澳大湾区一体化协调机制建设。在港澳与珠三角 9 市合作层面，城市群内部一体化也已经进入由政府规划协调引导，全方位、深层次合作的一体化发展阶段，政府主导的区域合作协调机制日益健全，相关区域合作规划不断完善。1998 年，为了更好地推进粤港两地经贸合作交流，广东省政府与香港特区政府召开首次联席会议，这标志着由政府主导的粤港澳区域合作协调机制建设正式启动。粤港合作联席会议制度包括每年定期举办由双方行政首脑直接领导和参与的粤港合作联席会议，下设联席会议联络办公室及多个专责小组，目的是全面加强粤港的多方面合作，加强两地在贸易、经济、基建发展、交通运输、海关旅客等事务的协调。参照粤港合作联席会议制度，广东省与澳门特区政府建立了粤澳合作联席会议制度。2003 年，内地与香港、澳门特区政府先后签署《关于建立更紧密经贸关系的安排》，粤港澳合作进入货物和服务贸易自由化、投资便利化的新阶段。2009 年，粤港澳三地政府有关部门在澳门联合发布《大珠江三角洲城镇群协调发展规划研究》，提出构建珠江口湾区，粤港澳共建世界级城镇群。2010 年，由中央政府牵头，广东省政府与香港特区政府签署了《粤港合作框架协议》，该协议在经济、社会、文化、民生等方面对粤港两地的角色分工做出清晰的定位，提出粤港两地合作打造世界级经济区的构想。2011 年，广东省政府与澳门特区政府签署的《粤澳合作框架协议》明确了新形势下粤澳合作的定位，涵盖了粤澳经济、社会、民生、文化等合作领域。2017 年 7 月 1 日，在习近平总书记的见证下，国家发展改革委与粤港澳三地政府在香港共同签署《深化粤港澳合作 推进大湾区建设框架协议》，该协议的签署标志着粤港澳大湾区建设正式启动。2018 年 8 月，由中共中央政治局常委、国务院副总理韩正担任组长的粤港澳大湾区建设领导小组成立，标志着国家层面的协调工作机制正式建立，大幅度提升了粤港澳区域合作协调机制的权威性、约束力、执行力和协调效率。2019 年 2 月，中共中央、国务院印发《粤港澳大湾区发展规划纲要》，明确了建设蓝图、建设步骤和主要任务。此后国家又陆续出台了《横琴粤澳深度合作区建设总体方案》《全面深化前海深港现代服务业合作区改革开放方案》《广州南沙深化面向世界的粤港澳全面合作总体方案》，着力推进重大合作平台建设，粤港澳合作进入更高层次的发展阶段。

总体来看，粤港澳大湾区城市群内部区域合作协调机制日益健全，区域市场建设、城市规划、基础设施、公共服务、产业布局、生态环境联防联治等领域的合作不断深化，一体化水平不断提高。但相较而言，由于港澳与内地之间的制度差异，且三地处于不同的关税区，有形无形的障碍对粤港澳大湾区城市群一体化造成的困难和挑战远大于地跨三省一市的长三角城市群一体化所面临的困难和挑战，粤港澳大湾区城市群一体化融合发展进程和总体发展水平稍逊色于长三角城市群。

第四节 粤港澳大湾区城市群的开放优势

世界级城市群通常是一个国家的经济中枢，乃至全球政治经济中心，深度融入全球经济大循环和国际产业分工，并且在全球资源配置中发挥中枢支配作用。作为代表国家参与全球合作和竞争的地域单元，粤港澳大湾区城市群外向型经济发达、国际化程度高，是中国对外贸易合作与国际交往的重要门户和枢纽。粤港澳大湾区城市群中心城市位居全球城市体系前列，已具备了较强的全球中枢职能。粤港澳大湾区对外贸易优势突出，双向开放水平全国领先，国际交往活跃。

一 城市群中心城市位居全球城市体系前列

世界级城市群的全球中枢职能主要集中于其中心城市。世界级城市群的中心城市，通常是全球资本的控制中心、跨国公司总部的首选、高端服务业集聚地，也是全球创新创意发源地，还是全球城市网络和全球价值链的关键节点，在全球经济中发挥至关重要的影响力。中心城市在全球城市体系中的等级地位直接决定了整个城市群的全球竞争力。粤港澳大湾区城市群四大中心城市中，香港是国际金融、贸易、航运中心和国际创新科技中心，是高度繁荣的自由港和国际大都市，是全球最自由经济体和最具竞争力城市之一，也是中国特别是广东连接全球的"超级联系人"；澳门是世界旅游休闲中心、中国与葡语国家商贸合作服务平台；广州是国家中心城市和综合性门户城市、千年商都；深圳是国家创新型城市、具有世界影响力的创新创意之都。城市群中心城市在金融、贸易、创新、航运等中枢职能方面已经具备全球性的竞争力和影响力。

在全球金融竞争力方面，据英国智库 Z/Yen 集团与中国（深圳）综合开发研究院共同编制的《第 28 期全球金融中心指数》（GFCI28）报告，粤港澳大湾区城市群的香港、深圳、广州分别位居全球金融中心 Top 30 城市的第 5 名、第 9 名、第 21 名。长三角城市群的上海排第 3 名，金融业全球竞争力排名比香港更高。粤港澳大湾区城市群中既有世界级的金融中心香港，还有金融发展迅猛的深圳与广州，总体金融实力表现强劲（见表 2 - 5）。

表 2 - 5　粤港澳大湾区城市群与长三角城市群主要城市全球排名

城市群	全球金融中心 Top 30 城市	《世界城市名册 2020》三线及以上城市	2020 年《全球城市 500 强》Top 100 城市	《全球城市竞争力报告（2020—2021）》Top 100 城市	
				综合经济竞争力	可持续竞争力
粤港澳大湾区城市群	香港（5）深圳（9）广州（21）	香港（3）广州（34）深圳（46）	香港（10）深圳（37）广州（48）	深圳（9）香港（11）广州（42）	深圳（9）香港（4）广州（69）
长三角城市群	上海（3）	上海（5）南京（87）杭州（90）苏州（156）合肥（169）	上海（11）苏州（59）杭州（85）南京（89）	上海（12）苏州（71）南京（83）无锡（91）	上海（33）苏州（78）南京（89）

资料来源：《第 28 期全球金融中心指数》，GaWC 编制的《世界城市名册 2020》，Global City Lab 编制的《全球城市 500 强》，中国社会科学院财经战略研究院、联合国人居署联合发布的《全球竞争力报告（2020—2021）》。

在全球综合生产性服务职能方面，全球化与世界城市研究网络编制的《世界城市名册 2020》显示，粤港澳大湾区城市群共有 3 座城市入选全球城市排名三线及以上城市等级。其中，香港为世界一线强（Alpha + ）级别，排名仅次于伦敦、纽约，位居第 3，广州、深圳为一线弱（Alpha - ）级别，分别为第 34 名、第 46 名。长三角城市群共有 5 座城市入选全球城市排名三线及以上城市等级。其中，上海为一线强（Alpha + ）级别，排名第 5 位；南京、杭州为二线（Beta）级别，分别为第 87 名、第 90 名：苏州、合肥为三线强（Gamma +）级别，分别为第 156 名、第 169 名。从两大城市群入选城市的数量和排名看，长三角城市群入选城市更多，粤港澳大湾区城市群主要城市排名更靠前，总体上粤港澳大湾区城市群的生产性服务职能的全球影响力大于长三角城市群（见表 2 - 5）。

在城市品牌价值方面，根据全球城市实验室（Global City Lab）从城市品牌价值的角度编制发布的 2020 年《全球城市 500 强》报告，粤港澳大湾区城市群和长三角城市群共有 7 座城市入选前 100 强，分别为香港（10）、上海（11）、深圳（37）、广州（48）、苏州（59）、杭州（85）、南京（89），城市品牌价值分别为 7736.7 亿美元、7377.6 亿美元、4223.6 亿美元、3528.3 亿美元、2593.4 亿美元、2129.2 亿美元、2112.6 亿美元。全球城市实验室从经济、文化、治理、环境、人才和声誉等六个维度计算的城市品牌价值是城市全球影响力的有效度量，反映城市对全球高端要素的集聚吸引力（见表 2 - 5）。

在城市综合竞争力方面，2020 年底，中国社会科学院财经战略研究院、联合国人居署联合发布的《全球城市竞争力报告（2020—2021）》显示，两大城市群共有深圳（9）、香港（11）、上海（12）、广州（42）、苏州（71）、南京（83）和无锡（91）7 座城市入选全球城市综合经济竞争力前 100 强；香港（4）、深圳（9）、上海（33）、广州（69）、苏州（78）和南京（89）6 座城市入选全球城市可持续竞争力前 100 强（见表 2 - 5）。

上述几大国际权威机构发布的全球城市排名及比较显示，从全球城市能级来看，无论是单项职能、城市品牌价值，还是城市综合经济竞争力，粤港澳大湾区城市群中心城市的全球竞争力和影响力均位居全球城市体系前列；与长三角城市群主要城市相比，香港与上海在全球城市体系中所处的位置基本相当；而粤港澳大湾区城市群的深圳、广州的全球影响力和竞争力则要较长三角城市群其他主要城市略胜一筹。

二 对外贸易优势突出

珠江三角洲地区是中国改革开放的"试验田""排头兵"。自改革开放以来，珠三角地区充分发挥地缘优势和政策优势，先行一步，积极承接国际产业转移，参与全球产业分工，迅速发展成为"世界工厂"①、中国外向度最高的经济区域。2019 年，粤港澳大湾区城市群商品进出口总额为20753.7 亿美元，占全球商品进出口总额的 5.4%，外贸依存度（进出口总额/GDP）达 123.4%。作为国际贸易中心的香港，因其转口贸易规模庞大，商品进出口总额超过 1 万亿美元，占区域商品进出口总额的 51.7%，外贸依存度达到 293.3%。具体到珠三角 9 市，其商品进出口总额为 9901.1 亿美元，商品出口总额为 5969.4 亿美元，分别占全国的 21.6% 和 23.9%；外贸依存度为 78.6%，比全国水平高 46.8 个百分点，其中外贸依存度最高的东莞和深圳分别达到 145.9% 和 110.6%；对外贸易顺差为 2037.7 亿美元，为全国对外贸易顺差总额的 48.3%。数据处理设备、无线电话、集成电路及微电子件等电子信息产品，纺织服装、鞋、家具等日常用品的出口量，在全国出口贸易以及全球市场份额中占据重要地位。长三角城市群 26 市 2019 年商品进出口总额为 15569.3 亿美元，商品出口总额为 9048.5 亿美元，分别占全国的 34.0% 和 36.2%，外贸依存度为 54.4%，比珠三角 9 市低 24.2 个百分点，其中外贸依存度最高的苏州和舟山分别达到 114.3% 和 100.0%，对外贸易顺差为 2527.7 亿美元，占全国对外贸易顺差总额的 60.0%（见表 2 - 6）。

表 2 - 6　2019 年粤港澳大湾区城市群与长三角城市群对外开放主要指标

指标	商品进出口总额（亿美元）	商品出口总额（亿美元）	外贸依存度（%）	实际利用外资额（亿美元）	外资渗透率（%）	国际会议年举办数（场）	入境过夜游客（人次）
珠三角 9 市	9901.1	5969.4	78.6	211.6	1.7	42	3428.8
香港	10725.0	5090.2	293.3	582.9	15.9	91	2375.3
澳门	127.5	15.9	23.7	67.1	12.4	54	1863.3
粤港澳大湾区城市群	20753.7	11075.5	123.4	861.6	5.1	187	7667.4
上海	4939.1	1989.9	89.3	190.5	3.4	87	897.2
江苏 9 市	5984.7	3733.4	49.9	220.8	1.8	40	380.5

① 为全球大规模提供工业品的生产制造基地。

续表

指标	商品进出口总额（亿美元）	商品出口总额（亿美元）	外贸依存度（％）	实际利用外资额（亿美元）	外资渗透率（％）	国际会议年举办数（场）	入境过夜游客（人次）
浙江8市	4043.7	2989.7	52.9	165.1	2.2	38	406.2
安徽8市	601.8	335.5	17.4	127.8	3.7	—	377.7
长三角城市群	15569.3	9048.5	54.4	704.2	2.5	165	2061.6

注：ICCA（国际大会及会议协会）官方统计数据只列出年举办国际会议5次及以上的城市，故表中数据为不完全统计，珠三角9市数据为广州、深圳两市数据之和，江苏9市数据为南京、苏州两市数据之和，浙江8市数据为杭州数据；另安徽8市入境过夜游客人次为全省数据。

资料来源：国家统计局、广东省统计局、香港特区政府统计处、澳门统计暨普查局、上海市统计局、江苏省统计局、浙江省统计局、安徽省统计局、ICCA。

三 双向开放水平全国领先

从"引进来"和"走出去"双向开放水平来看，2019年，粤港澳大湾区城市群实际利用外资额为861.6亿美元，外资渗透率为5.1%。香港实际利用外资额为582.9亿美元，占粤港澳大湾区城市群实际利用外资额的2/3，外资渗透率为15.9%。[①]珠三角9市实际利用外资额为211.6亿美元，占粤港澳大湾区城市群实际利用外资额的24.6%，外资渗透率为1.7%。长三角城市群26市实际利用外资额为704.2亿美元，外资渗透率为2.5%，低于粤港澳大湾区城市群2.6个百分点，但无论是上海、江苏9市、浙江8市，还是安徽8市，其外资渗透率均高于珠三角9市水平（见表2-6）。至于"走出去"方面，由于数据可获得性，本节只对广东与长三角的上海、浙江、江苏和安徽4省（市）的对外直接投资发展水平进行比较。[②]根据商务部《中国对外投资合作发展报告2020》，2019年，广东、上海、浙江、江苏、安徽对外非金融类直接投资流量分别为167.0亿美元、104.9亿美元、89.5亿美元、

---

① 实际上香港和澳门的外资很大一部分来自内地，如2019年香港来自内地的直接投资资金超过外来投资总量的70%，如果剔除这部分外资，粤港澳大湾区城市群的外资渗透率将下降至2.6%，略高于长三角城市群。

② 广东省珠三角9市和长三角城市群26市分别占广东省、长三角3省1市经济总量的80.7%和83.2%，是各自区域内经济最发达、高端经济活动最为集聚的地区，在各城市数据难以获取的情况下，这里用全省数据代替城市群数据，下同。

51.2 亿美元、11.4 亿美元，分别为全国第 1 位、第 2 位、第 4 位、第 6 位、第 18 位，分别占当年全国地方对外非金融类直接投资总额的 18.6%、11.7%、10.0%、5.7% 和 1.3%。从对外非金融类直接投资存量看，根据商务部统计，截至 2019 年末，广东以 1783.8 亿美元（其中深圳为 1192.6 亿美元，占全省的 66.9%）位列地方对外非金融类直接投资存量之首，占全国地方对外非金融类直接投资存量总额的 22.7%，其次为上海 1303.3 亿美元，占比 16.6%，浙江、江苏分别列第 4 位、第 6 位。从开展对外非金融类直接投资的境内投资主体数量看，广东继续领跑全国，其境内投资者数量已超过 6500 家，占全国总量的 23.6%；浙江境内投资者总数超过 3200 家，占全国总量的 11.8%；紧随其后的上海境内投资者总数接近 2900 家，占全国的比重为 10.5%；上海居第 5 位。再看设立的境外非金融类企业数量，广东仍是全国拥有境外企业数量最多的省份，占国内投资设立的境外企业总数的 18.6%；浙江和江苏紧随其后，占比分别为 10.8% 和 8.7%；上海居第 4 位（见表 2-7）。

表 2 - 7　2019 年粤沪苏浙皖对外非金融类直接投资情况

省（市）	对外非金融类 直接投资流量 （亿美元）	对外非金融类 直接投资占比 （%）	对外非金融类 直接投资存量 （亿美元）	对外非金融类 直接投资存量 占比（%）	设立境外 企业数量 （家）
广东	167.0	18.6	1783.8	22.7	8066
上海	104.9	11.7	1303.3	16.6	3743
江苏	51.2	5.7	545.0	6.9	3753
浙江	89.5	10.0	659.0	8.4	4683
安徽	11.4	1.3	127.2	1.6	—

资料来源：根据商务部《中国对外投资合作发展报告 2020》《2019 年度中国对外直接投资统计公报》整理。

四　国际交往活跃

国际会议和国际旅游是增进国际交往、融入全球化、扩大国际影响力的重要途径。从国际会议举办情况看，2019 年粤港澳大湾区城市群共举办国际会议 187 场，比长三角城市群多 22 场。不过，如果剔除香港和澳门两座高度国际化城市的贡献，广州和深圳共举办 42 场，与南京、苏州之和基本相当，只略高于杭州一座城市举办的数量（38 场）。从国际旅游入境人数看，2019 年粤港澳大湾区城市群入境过夜游客达 7667.4 万人次，是长三角城市群的 3.7 倍，即使是广东省珠三角 9 市的入境过夜游客数量，也远超长三角城市群（见表 2 - 6）。不过需要注意的是，粤港澳大湾区城市群入境游客规模庞大很大程度上得益于港澳与珠三角城市之间以及港澳与内地之间频繁的过境往来。数据显示，港澳游客占广东入境游客的比重、内地游客占港澳入境游客的比重均达到 70% ~80%，这在很大程度上加大了粤港澳大湾区城市群的国际交往频度。

可见，由香港和澳门两个高度国际化城市以及作为中国对外开放重要窗口的珠三角 9 市组成的粤港澳大湾区城市群，在融入全球经济、参与国际产业分工方面具有先天优势，无论是在对外贸易、利用外资、对外直接投资等对外经贸合作方面，还是在举办国际会议、国际旅游入境人数等国际交往方面的表现均不同程度地优于长三角城市群。不过，如果剔除香港和澳门，珠三角 9 市在利用外资和举办国际会议方面的表现略逊色于长三角城市群。

第五节　粤港澳大湾区城市群的现代产业体系

世界级城市群具有完备、高端化及世界级影响力的现代产业体系，特别是具有承担全球中枢职能的核心城市，产业结构高度服务化，金融、贸易、航运、科技、总部经济等相关生产服务发达，占据全球价值链高端环节，产业创新能力强。粤港澳大湾区城市群已基本形成以创新为引领、先进制造业与现代服务业协同发展的现代产业体系新格局，核心城市先后转型为以服务业为主的产业结构。

一　全国制造业重镇、世界级制造业基地

从制造业规模看，粤港澳大湾区城市群的珠三角 9 市是全国制造业重镇、具有世界影响力的制造业基地，拥有门类齐全的工业体系和完整的供

应链条，协作配套能力强，产业集群优势明显，技术基础雄厚。2020 年，珠三角 9 市全部工业增加值为 32607 亿元，占全国总量的 10.4%，高于其 GDP 在全国所占比重 1.6 个百分点。长三角地区是中国另一大制造业基地，2020 年长三角城市群 26 市全部工业增加值 60214 亿元，为珠三角 9 市的 1.8 倍，占全国总量的 19.2%，低于其 GDP 在全国所占比重 1.0 个百分点。[①]

从制造业产业和产品结构看，依托珠三角地区制造业基础，广东省已形成新一代电子信息、绿色石化、智能家电、汽车产业、先进材料、现代轻工纺织、软件与信息服务、超高清视频显示、生物医药与健康、现代农业与食品等十大战略性支柱产业，以及半导体与集成电路、高端装备制造、智能机器人、区块链与量子信息、前沿新材料、新能源、激光与增材制造、数字创意、安全应急与环保、精密仪器设备等十大战略性新兴产业的"双十"产业集群。汽车、智能手机、4K 电视、空气调节器等主要产品产量居全国首位，家电、电子信息等部分产品产量位居全球第一，已经形成电子计算机、通信设备、家用视听设备、电子元器件四大全球制造基地。长三角地区已形成汽车、新一代电子信息、高端装备、石化、纺织化纤、智能家电、生物医药、新材料等一大批重点产业集群。汽车、集成电路、化学纤维、布、金属切削机床、家用电冰箱、家用洗衣机等工业产品在全国占据重要地位（见表 2－8）。可以看到，粤港澳大湾区城市群与长三角城市群制造业结构、产品结构既有一定的相似性，也有各自的鲜明特征。其中汽车、家电（冰箱、空调）、计算机、集成电路等同为两地重要且具优势的产业，除此之外，长三角优势产业还有纺织、化纤、农化、洗衣机、装备制造等，珠三角优势产业还有以手机、电视机为主体的通信和其他电子设备制造。相比较而言，粤港澳大湾区城市群工业更偏重于直接面对消费者的下游终端消费产品制造，长三角城市群更偏重于供应链中上游的原材料、中间产品制造。

---

① 根据国家统计局、广东省统计局、上海市统计局、江苏省统计局、浙江省统计局、安徽省统计局相关统计数据计算。

表 2-8   2020 年广东及长三角 3 省 1 市主要工业品产量占全国比重

单位：%

主要工业品	广东	上海	江苏	浙江	安徽	长三角 3 省 1 市总计
布	4.5	0.2	19.0	24.6	1.6	45.4
机制纸及纸板	19.2	0.3	11.1	11.4	3.2	26.0
乙烯	16.9	9.5	10.2	9.5	—	29.2
化学农药原药	0.9	0.6	27.1	8.9	7.5	44.1
初级形态塑料	6.8	4.0	10.8	10.7	3.1	28.6
化学纤维	1.1	0.6	25.0	48.4	0.8	74.8
金属切削机床	12.5	0.9	12.2	25.2	4.5	42.8
大中型拖拉机	—	—	22.4	5.2	0.3	27.9
汽车	18.7	15.7	3.3	5.7	1.4	26.1
家用电冰箱	25.6	0.2	14.0	6.6	27.0	47.8
房间空气调节器	31.9	1.1	1.9	7.5	14.3	24.8
家用洗衣机	9.2	1.7	27.8	11.3	29.6	70.4
移动通信手持机	42.2	2.5	3.8	2.5	0.1	8.9
微型计算机设备	12.2	4.8	13.3	0.4	8.2	26.7
集成电路	14.3	11.0	32.0	6.7	0.4	50.1
彩色电视机	57.2	0.8	4.1	—	8.2	13.1
工业增加值占全国比重	12.6	3.1	12.2	7.2	3.6	26.1

资料来源：国家统计局。

从制造业发展质量和发展动能看，粤港澳大湾区城市群产业转型升级、新动能转换走在全国前列，产业高端化特征明显。2020 年，广东省珠三角 9 市规模以上工业中先进制造业、高技术制造业增加值占比分别达 58.5% 和 35.7%，其中深圳高技术制造业增加值占比达到 67.4%。在长三角地区，江苏高技术制造业增加值占规模以上工业增加值比重为 23.5%。上海和江苏战略性新兴产业工业总产值占规模以上工业总产值比重分别为 40.0% 和 37.8%。2019 年，浙江省高技术制造业、装备制造业、战略性新兴产业增加值占规模以上工业增加值的比重分别为 14.0%、40.9% 和 31.1%。而全国 2020 年高技术制造业、装备制造业增加值占规模以上工业增加值的比重分别为 15.1% 和 33.7%。可以看到，两大城市群技术含量高、资本密集度高的中高端制造业占比均在不同程度上超出全国水平，同时又各有所长，粤港澳大湾区（主要是珠三角 9 市）在以电子及通信设备制造业等为主的高技术制造业领域优势明显，而长三角地区在战略性新兴产业、装备制造业领域处于优势地位。①

二　产业创新能力居全国首位

企业创新主体众多，产业创新能力长期居全国首位。粤港澳大湾区城市群是中国科技创新能力最强、新兴产业发展最活跃的区域，市场化程度高，拥有完整的制造业产业链和发达的生产性服务业，创新基础雄厚。2019年，广东省高新技术企业达 49991 家，居全国首位，占全国高新技术企业总数的 22.9%，相当于长三角 3 省 1 市总数的 84.4%。在科技创新投入上，2019 年广东研发经费支出总额为 3099 亿元，研发经费投入强度为 2.9%，其中珠三角 9 市研发经费投入强度达到 3.4%。但是香港和澳门研发经费投入强度偏低（香港 2019 年研发经费投入占 GDP 的比重为 0.92%，澳门 2018 年的为 0.2%），粤港澳大湾区城市群整体研发经费投入强度只有 2.8%。上海、江苏、浙江、安徽研发经费投入强度分别为 4.0%、2.8%、2.7% 和 2.0%，长三角 3 省 1 市研发经费支出总额占 GDP 的比重为 2.8%，比全国水平高 0.6 个百分点，与粤港澳大湾区城市群基本相当。2019 年粤港澳三地国内发明专利授权量为 60353 件（其中广东 59742 件），占全国国内发明专利授权量的 16.7%，占长三角 3 省 1 市国内发明专利授权总量的 53.7%。粤港澳的创新活动高度集中于珠三角地区，深圳和广州是区内两座具有国际影响力、创新要素高度集聚的现代化创新型城市，2019 年两市国内发明专利授权量占全省的 64.1%。粤港澳三地 PCT 国际专利申请受理总量为 25343 件（其中广东为 24725 件），占国内 PCT 国际专利申请受理总量的 44.6%，为长三角 3 省 1 市申请受理总量的 1.9 倍（见图 2 - 2）。广深港、广珠澳科技创新走廊串联起粤港澳大湾区主要科技创新高地，集聚全球创新资源，正致力于打造世界级科技创新中心主要承载区。2020 年 9 月，世界知识产权组织（WIPO）发布的《2020 年全球创新指数报告》显示，深

---

①　此处数据主要来自全国及各相关省市统计公报，各地在产业分类、统计口径、统计指标等方面存在差异，难以进行统一口径的比较。

圳－香港－广州科技创新集群在全球排第 2 位（仅次于东京－横滨创新集群）。2020 年 11 月，中国科技发展战略研究小组、中国科学院大学中国创新创业管理研究中心联合发布的《中国区域创新能力评价报告 2020》显示，2019 年广东区域创新综合能力得分为 62.14，连续四年排全国第一名。同为全国三大创新中心之一的长三角地区的江苏、上海、浙江、安徽 4 省市区域创新综合能力分别排第 3 名、第 4 名、第 5 名、第 8 名，长三角 3 省 1 市全部进入全国前 10 名。

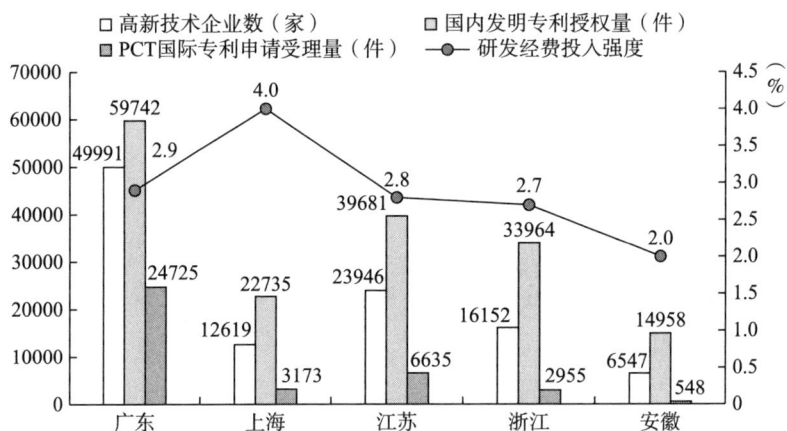

图 2－2　2019 年粤沪苏浙皖科技创新情况

资料来源：科技部、国家知识产权局、广东省统计局、上海市统计局、江苏省统计局、浙江省统计局、安徽省统计局。

　　科教与创新资源高度集聚。广东的创新资源要素高度集中于珠三角地区。珠三角地区已布局建设了东莞中国散裂中子源、惠州加速器驱动嬗变研究装置、惠州强流重离子加速装置等多个大科学装置，建成一批高水平研究院、新型研发机构等高端创新载体。截至 2020 年底，广东有国家重点实验室 30 家，全部在珠三角地区；国家工程技术研究中心 23 家，其中有 21 家在珠三角地区；省重点实验室 396 家，其中有 358 家在珠三角地区。香港聚集了众多世界一流大学，拥有 16 家国家重点实验室，在生物科技、人工智能、金融科技等领域处于世界领先地位，研发和中介服务机构资源高度集中。澳门拥有中药质量研究、模拟与混合信号超大规模集成电路、月球与行星科学、智慧城市物联网等 4 家国家重点实验室。在高等院校方面，截至 2020 年底，广东有普通高等院校 154 所，香港有 22 所，澳门有 12 所，粤港澳三地共 188 所。根据英国教育组织（Quacquarelli Symonds，QS）公布的 2021 年 QS 世界大学排名，粤港澳三地有 5 所高校进入 2021 年度 QS 世界大学排名 200 强。相比之下，长三角 3 省 1 市创新资源更具优势，拥有上海张江、安徽合肥两大综合性国家科学中心，有普通高等院校 459 所，高校数量接近广东的 3 倍。其中有 5 所高校进入 2021 年 QS 世界大学排名 200 强，粤港澳三地虽然也有 5 所高校入围 200 强，但这 5 所大学全部来自香港，广东并没有大学入围 200 强。《中国区域创新能力评价报告 2020》也显示，长三角城市群创新资源和知识获取方面在全国处于优势地位。

三 产业结构服务化特征明显

2019 年，粤港澳大湾区城市群三次产业结构为 1.2∶32.6∶66.2，总体上产业结构高级化、服务化特征更为明显。具体来看，粤港澳大湾区城市群的香港和澳门早就是全球高收入经济体，经济结构高度服务化，服务业占经济的比重分别为 93.4% 和 95.7%。香港是国际金融中心，金融、贸易、物流等生产性服务业高度发达，2019 年香港金融服务、贸易及物流、专业服务、旅游业增加值占 GDP 的比重分别为 20.4%、19.0%、4.6%、3.5%，四大服务行业合计占 54.3%。澳门是世界旅游休闲中心，博彩旅游业是澳门的支柱产业，博彩及博彩中介业增加值占 GDP 的比重达到 50.9%。近年来，澳门致力于打造中国与葡语国家商贸合作服务平台，加快经济适度多元发展。除了香港和澳门，粤港澳大湾区城市群中的广州和深圳两大核心城市服务业占比也都超过了 60%，分别为 71.6% 和 60.9%，珠三角 9 市服务业占比为 57.1%。① 总体上，与粤港澳大湾区城市群相比，长三角城市群产业结构服务化程度要低不少。长三角城市群中服务业占比最高的是上海，达到 72.7%，杭州、南京和合肥服务业占比也超过 60%，分别为 66.2%、62.0% 和 60.6%。从服务业主要行业结构看，上海的经济是城市经济，其作为国家中心城市，生产性服务业发达，其金融业，批发和零售业，租赁和商务服务业，信息传输、软件和信息技术服务业，科学研究和技术服务

---

① 数据来自广东省统计局、香港特区政府统计处、澳门统计暨普查局。

业占 GDP 的比重分别为 17.3%、13.2%、7.6%、6.3%、4.5%，均显著高于全国及广东、江苏、浙江、安徽 4 省相应行业占比，充分凸显了其全国经济中心、金融中心、贸易中心和创新中心的地位。其他 4 省作为多样化的经济区域，只有浙江和广东在以信息传输、软件和信息技术服务业以及互联网相关服务业为主的新兴服务业方面具有较大优势（见表 2 - 9）。

表 2 - 9　粤沪苏浙皖及全国服务业主要行业占 GDP 的比重

单位：%

服务业主要行业	广东	上海	江苏	浙江	安徽	全国
金融业	7.6	17.3	7.6	7.8	6.3	7.7
批发和零售业	10.0	13.2	10.9	11.8	9.4	9.7
房地产业	8.5	8.7	8.1	7.1	8.0	7.0
租赁和商务服务业	3.7	7.6	3.0	3.0	2.9	3.2
信息传输、软件和信息技术服务业	4.3	6.3	2.6	5.1	1.7	3.1
科学研究和技术服务业	1.7	4.5	2.2	1.7	1.8	2.2
交通运输、仓储和邮政业	4.0	4.3	3.2	3.2	5.5	4.4

注：上海、江苏为 2019 年数据，浙江、安徽及全国为 2018 年数据，广东为 2017 年数据。

资料来源：国家统计局、广东省统计局、上海市统计局、江苏省统计局、浙江省统计局、安徽省统计局。

<h2 align="center">第六节　粤港澳大湾区城市群发展
存在的问题及政策建议</h2>

　　粤港澳大湾区城市群虽然发展潜力大，活力足，已具备建成世界级城市群的基础，但是与其他世界级城市群和全球三大湾区相比，其作为后起之秀还存在较多短板。粤港澳大湾区城市群要坚持问题导向，对标世界一流城市群和世界先进湾区，以高质量发展为主题，大力推动体制机制创新突破，致力于建设世界一流城市群。

一　存在的问题与短板

（一）城市群整体发展水平和发展质量仍有待提升

　　在经济总量上，2020 年粤港澳大湾区城市群 GDP 为 16712 亿美元，接近五大世界级城市群中的欧洲西北部城市群、英国中南部城市群2万亿美元的规模，已经达到世界级的标准。但从人均水平来看，大湾区城市群人均GDP不到两万美元，与世界级城市群人均GDP 5万~7万美元相比仍存在较大差距，不到旧金山湾区的1/4（国研网宏观经济研究部，2019）。从发展质量来看，粤港澳大湾区城市群区域综合创新能力虽然稳居全国第一位，但与发达国家相比，与美国东北部大西洋沿岸纽约城市群、旧金山湾区、东京湾区相比，其科技创新能力还有待进一步提升。产业基础能力不足，重点行业"四基"自主化程度较低，核心基础零部件（元器件）、先进基础工艺、关键基础材料、产业技术基础进口依赖严重。部分行业领域核心技术短板仍然存在，"缺芯少核""卡脖子"问题仍较突出。高端新型电子信息产业的集成电路、专用电子设备发展滞后，半导体照明大功率LED芯片、外延设备（MOCVD）、工业机器人精密减速器、伺服电机等关键部件严重依赖进口，新能源汽车电机、电池、电控三大关键部件核心技术受制于人。广东省统计局数据显示，2018年，广东进口集成电路、微电子件1581.5亿个，进口额高达1273亿美元，占外贸进口总额的29.1%，净进口额达1143亿美元。此外，知识创造和知识获取能力相对薄弱，基础和应用基础研究创新能力不足，高层次创新人才和高水平大学缺乏。在2021年QS世界大学排名前200的高校中，长三角地区有5所高校入围，而广东却没有高校入围；根据"211工程""985工程"高校名单，2020年，长三角地区有"211"高校25所、"985"高校8所，广东有"211"高校和"985高校"共4所，不到长三角地区的1/6，与广东经济强省、人口大省的地位严重不相称。[①]

（二）城市之间分工协作不够、融合度不高

一体化融合发展是城市群的本质和灵魂。城市群内部各城市根据自身的发展基础和特色，承担不同的区域职能，形成合理、高效、有序的分工协作体系，从而产生"1+1＞2"的耦合效应，这是世界级城市群的一大基本特征。以美国东北部大西洋沿岸城市群为例，纽约是该城市群的核心，是全球金融中心、跨国公司总部集聚地；费城是美国重工业基地；波士顿

---

① 有的"985"高校同时也是"211"高校。

是有名的科教文化中心；华盛顿是美国政治中心。该城市群的多个港口也都有合理分工：纽约港是贸易港，以集装箱运输为主；费城港主要从事近海货运；巴尔的摩港是矿石、煤炭等大宗商品转运港。各城市职能和产业分工协作、优势互补，高度一体化融合发展，极大地提高了城市群的整体综合竞争力。与此形成对比的是，在粤港澳大湾区城市群内部，主要城市特别是香港、深圳、广州之间的职能和产业分工还不是特别清晰，同质化竞争的现象仍然不同程度存在。改革开放初期，珠三角地区利用中央赋予的特殊政策和灵活措施，充分发挥资源要素低成本优势，大力承接来自港澳和国际的制造业转移，在香港与珠三角城市之间形成"前店后厂"的产业链垂直分工合作格局，由此创造了珠三角"世界工厂"的奇迹，也成就了香港国际金融、航运和贸易中心的地位。但是，随着深圳、广州等中心城市的快速发展，珠三角地区产业转型升级加快，服务业逐步成为经济发展主体，香港与珠三角城市之间的分工也由过去的垂直分工过渡到水平分工阶段，香港与深圳、广州等城市之间的竞争越来越激烈。香港是国际金融、航运和贸易中心，2017年广州提出成为国际航运中心、物流中心、贸易中心、现代金融服务体系和国家创新中心城市，建设国际航运、航空、科技创新枢纽。金融、航运物流是香港支柱产业，也是深圳、广州产业发展重点，在经济中占比较高。粤港澳大湾区是中国机场、港口最密集的区域，三大核心城市的空港和海港竞争同样激烈。深圳的机场紧邻香港的机场和广州的机场，大量国际客流被香港的机场分流，中转客流则被广州的机场分流。在港口运输方面，广州港、深圳港和香港港集装箱吞吐量大，相互距离较近，相互竞争激烈，近年来在区域集装箱总吞吐量小幅增长的背景下，香港集装箱吞吐量连续多年负增长，迅速被广州超越，两者之间此消彼长的态势明显（见图2-3）。此外，珠三角城市间的合作也有待进一步加强，如广州、深圳两大核心城市之间曾长期各自为政，鲜有合作，这种状况直到近两年才有所改变。

（三） 城市群内部发展差距问题比较突出

世界级城市群内部的高度一体化决定了区域内部城市之间发展水平必然相近，只有发展水平相近才能充分拓展城市之间分工合作网络的深度和广度，发挥城市区域最大的协同效应。而粤港澳大湾区城市之间发展差距

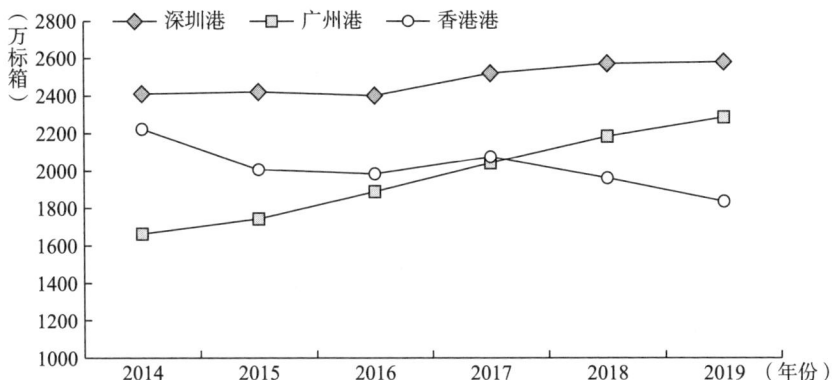

图 2 - 3　2014～2019 年粤港澳大湾区三大港口集装箱吞吐量

资料来源：根据各相关年份全球集装箱港口排名整理。

大，发展不平衡，制约了区域整体竞争力的发挥。在大湾区内部，不仅香港、澳门与珠三角城市发展差距巨大，珠三角 9 市之间差距同样显著。香港、澳门早已进入发达经济体行列，产业结构高度服务化，服务业占比均超过 90%。2019 年，香港和澳门人均 GDP 分别为 33.6 万元、54.8 万元，在全球经济体中排名分别为第 20 位、第 2 位。大湾区内部发展水平较低的城市如肇庆、江门人均 GDP 分别只有 5.4 万元、6.8 万元，第一产业占比分别为 17.2% 和 8.1%。肇庆人均 GDP 只有澳门的 1/10，深圳的 1/4，在内地城市中排名第 146 位。在区域空间格局上，大湾区珠江口东西两岸的发展失衡严重，东岸城市香港、深圳、东莞、惠州等 4 地的 GDP 占整个大湾区的 56.8%，西岸城市澳门、珠海、中山、江门等 4 地的 GDP 占整个大湾区的 11.6%，东岸约为西岸的 5 倍。① 以深圳和香港为核心的大湾区珠江口东岸都市圈，高科技制造、现代服务业等高端产业优势明显，深圳、东莞、惠州是全球重要的电子信息产业基地，三座城市在产业链上分工合作，形成有效互补；但珠江口西岸的澳门、珠海、中山、江门等城市不但经济体量小，产业层次不高，竞争力也不够强，城市之间分工合作水平不高，协同效应不强。虽然《粤港澳大湾区发展规划纲要》中明确了澳门为大湾区发展的核心引擎之一，但其经济体量、人口规模、土地面积过小，产业结构单一且为消费

---

① 数据来自广东省统计局、香港特区政府统计处、澳门统计暨普查局。

性服务业，极大限制了其区域核心引擎作用的发挥。此外，如前文所述，在城市规模等级方面，城市规模两极分化明显，"腰部"城市数量不足，缺乏合理的梯度等级，不利于城市群整体功能的发挥。

（四）区域立体综合交通网络有待完善

虽然粤港澳大湾区现代化立体综合交通体系已经基本形成，在区域高速公路密度上甚至超过其他世界级城市群，但总体上还有很大提升空间。大湾区内部通道有待优化，珠江口东西两岸交通联系仍有待加强，西岸部分城市（如澳门）内部和对外交通联系不强，跨界交通基础设施接驳不够顺畅，港口、机场、轨道、公路等交通运输方式协调衔接和运输效率有待进一步提升；对外通道不足，铁路对外运输能力较为紧张，限制了大湾区与纵深腹地的经济联系和辐射带动能力的发挥。特别是在轨道交通方面，与其他世界级城市群和国际一流湾区相比，粤港澳大湾区发展明显滞后。大运量、高效率、环境友好的轨道交通是满足人口规模大、密度高的城市群、都市圈交通出行需要的主要方式，是建设大湾区"1小时生活通勤圈"的骨干支撑。截至 2019 年底，珠三角 9 市铁路运营里程近 1700 公里（其中高铁里程为 1232 公里），城际及地铁运营里程达 1240 公里，轨道交通（高铁、普铁、城际、地铁）线网密度为 0.05 公里/公里^2，而东京湾区的轨道交通线网密度达到 0.21 公里/公里^2，中心地区密度更是高达 3.58 公里/公里^2。在区域布局方面，珠三角高铁网东密西疏，发展不均衡。珠江口东岸地区高铁网络密集，有广深港高铁、厦深高铁、深茂铁路、赣深客专、广汕客专等，珠江口西岸乃至粤西地区仅有深茂铁路一条在建项目，缺少对外高铁通道。此外，受限于行政区划、行业技术标准，以及运营和管理体制，大湾区内高铁、国铁、城际、地铁多网并存，跨市城市轨道交通衔接不充分，存在跨层级、跨区域互通互联和协同运输障碍，大湾区城市轨道交通一张网远未形成，大大降低了城市轨道交通的运作效率。

二 政策建议

踏上实现第二个百年奋斗目标的新征程，粤港澳大湾区城市群要坚持问题导向，牢牢把握高质量发展这个首要任务和总抓手，对标世界一流城市群，以提升创新能级、促进融合发展为主攻方向，切实打通要素在大湾区内部充分流通和高效配置的体制机制"梗阻"，推动香港和澳门加快融入国家发展大局。

（一）提升大湾区城市群整体发展能级

加快建设高能级创新和产业平台，全面提升原始创新能力和产业基础能力，布局建设更多创新型企业、功能性机构，推动更多全球高端要素加快在大湾区集聚，打造全球科技创新和产业发展高地，全面提升粤港澳大湾区整体发展能级。一是坚持以平台打造、体制创新为主攻方向，加快集聚高端创新要素，加快建设具有全球影响力的国际科技创新中心。对标全球主要科学中心和创新高地，加强以重大科技基础设施、高水平实验室和科研机构为核心的创新平台支撑体系建设，加快建设一批高水平大学和科研院所，强化粤港澳大湾区战略科技力量；加快建设国家和省级技术创新中心、工程研究中心、产业创新中心、制造业创新中心等高层次产业技术创新战略平台，鼓励粤港澳高等院校、科研院所、企业合作加强核心技术和共性技术攻关，解决核心技术"卡脖子"问题，增强产业基础能力；加快支撑科技创新的空间载体建设，加快河套深港科技创新合作区、横琴粤澳深度合作区、广州创新合作区等空间载体建设，加快打造广深港澳科技创新走廊。二是坚持不懈推进产业协同化、高端化发展，打造世界产业发展新高地。进一步加强城市间产业分工协作，支持香港依托物流及供应链管理应用技术、纺织及成衣、资讯及通信技术、汽车零部件、纳米及先进材料等研发中心振兴制造业，支持香港提升国际金融、航运、贸易中心和国际航空枢纽地位，强化全球离岸人民币业务枢纽、国际资产管理中心及风险管理中心功能；支持澳门发展新一代信息技术、中医药研发制造、特色金融、会展商贸等产业，促进经济适度多元发展；用好横琴粤澳深度合作区、前海深港现代服务业合作区、广州南沙粤港澳全面合作战略平台、深港河套等粤港澳重大合作平台，强化粤港澳产业对接合作，充分发挥港澳现代生产性服务业发达的优势，加快推进"双十"战略性产业集群发展，聚力提升珠江口东岸电子信息产业集群和珠江口西岸先进装备制造产业集群发展能级，推动互联网、大数据、人工智能和实体经济深度融合，积极发展数字经济和共享经济，推动大湾区产业实现优势互补、紧密协作和联动发展，培育若干世界级高端产业集群。三是营造良好的引才聚才环境，打造全球人才集聚高地。创新大湾区人才引进机制和引才模式，发挥重大人才工程和重大平台引才作用，探索重大科研平台自主引才机制，鼓励企业柔性引才。大力引进海外尖端科技人才和创新性人才，打造粤港澳大湾区高水平人才高地。加强国际人才服务保障，推行更加便捷的海外人才签证和居留政策，改变国外人才工作签证难、获取居留权难的状况。放宽国内人才户籍和事业编制的限制，完善人才激励政策和改善人才发展环境，实行知识、技术、管理、技能等人力资本要素按贡献参与分配制度。为高端人才提供住房、配偶就业、子女就读、社保医保等各项必要的保障和服务，解决其后顾之忧。

（二）加快建设粤港澳大湾区"1小时交通圈"

以轨道交通为重点，加快建设内联外通的综合交通网络，建设世界级综合交通枢纽，打造大湾区"1小时交通圈"。一是完善便捷高效的区域交通网。提升广州、深圳国际性综合交通枢纽竞争力，加快粤港澳大湾区城际铁路建设，特别是要加快补足珠江口西岸轨道交通建设短板，打造"轨道上的大湾区"，推进深中通道、黄茅海跨海通道等建设，构建以广佛—港深、广佛—澳珠以及珠江口跨江通道为主轴，覆盖中心城市、重要节点城市、主要城镇的大湾区城际快速交通网络。二是加强联通全国的综合运输大通道建设。全面推进沿海高速铁路建设，加快赣深、广湛、广汕、珠肇等高铁建设，打造以粤港澳大湾区为核心，东联海峡西岸、连接长三角地区，西通桂滇黔、连接成渝地区，北达湘赣鄂、连通京津冀地区的"三横四纵"综合运输通道。三是增强广州、深圳、香港国际航运枢纽竞争力，强化珠三角港口资源整合能力，协同发展，加强内河高等级航道网络建设，统筹推进沿海主要港口疏港铁路和出海航道建设，建设世界一流港口群。四是提升广州、香港、深圳国际航空枢纽竞争力，增强珠海、澳门机场功能，加强支线机场建设，建设世界一流机场群。

（三）建立优势突出、功能互补的城市群空间布局

增强中心城市、都市圈的人口承载能力及资源优化配置等核心功能，发挥其辐射带动作用，增强城市间分工协作，加快形成优势突出、功能互补的"四核三圈多支点"城市群空间布局。一是优化提升中心城市。继续做大做强香港、澳门、广州、深圳四大中心城市，充分发挥其核心引擎和

辐射带动作用。二是要站在统筹中华民族伟大复兴全局和世界百年未有之大变局的战略高度，从构建新发展格局的战略支点出发，全力支持深圳建设中国特色社会主义先行示范区，以同等力度支持广州激发老城市新活力，实现"四个出新出彩"，推动"双城"做优做强，共同打造全省发展核心引擎。充分发挥广州、深圳"双核联动、比翼双飞"的作用，携手打造高质量发展的动力源。三是构建三大现代化都市圈体系。培育壮大广州、深圳、珠江口西岸三大都市圈，强化都市圈内市政基础设施互联互通、创新资源共享、产业分工协作、生态环境共保共治、公共服务共建共享，推动珠三角各城市实现更加紧密融合发展。四是做大做强其他重要节点城市。支持珠海、佛山、惠州、东莞、中山、江门、肇庆等城市充分发挥自身优势，在融入"双区"建设、构建新发展格局中，进一步提升发展能级。

（四）以营商环境建设和市场一体化为突破口推进体制机制创新

聚焦营商环境建设和市场一体化，加快推进体制机制创新，促进大湾区要素充分流动和高效配置，推动大湾区在更高层次上实现融合发展。一是用好横琴、前海、南沙三个重大战略平台和广东自由贸易试验区等重大载体，加快商事制度、行政审批、市场准入、竞争中立、知识产权保护、行业协会的去行政化、信用监管、政府服务等领域的全面深化改革，建立与港澳衔接、国际接轨的监管标准规范和制度体系。二是进一步促进贸易投资便利化。进一步探索推进服务贸易全面自由化，探索尚未开放领域在广东自贸区先行开放，适度降低 CEPA 门槛，放宽港澳"服务提供者"在港澳经营年限、业务场所等限制条件，逐步使港澳专业人士与企业在内地更多领域从业、投资。加快推进珠三角与港澳专业资格互认，推动内地与港澳人员跨境便利执业。三是深入实施"湾区通"工程，聚焦通关、交通、公共服务等重点领域，深入推动三地规则衔接，推进粤港澳跨境要素便捷流动。不断加强湾区跨境海关合作以及跨境共同监管设施的建设与共享，推进口岸执法互助、信息互通、结果互认。推进与港澳国际贸易"单一窗口"交流合作，提升货物通关效率。推动税收政策、过境签证、边检制度、居留许可等制度调整，推动居住就业、医保社保等领域制度与政策的对接共享，推动粤港澳三地的人员流动。依托广东自由贸易试验区，复制推广自由贸易账户体系，便利港澳居民跨境移动支付，开展本外币一体化跨境资金池、限额内资本项目可兑换等试点工作，进一步加快资金融通进程。推进"数字湾区"建设，探索建立粤港澳三地跨境大数据中心，推进数据资源汇聚、流通与共享，开展数据跨境流动安全管理试点，探索建立既便利数据流动又确保安全的有效机制。

（五）完善粤港澳大湾区城市群协同治理机制

在加强现有大湾区治理机制基础上，加快探索多元主体参与、多种治理模式并存的大湾区城市群协同治理机制。一是考虑在现有省级统筹协调机制下设立金融事务、法务事务、科技创新、环境治理等专责小组，同时组建相关专家委员会，着力解决粤港澳三地在跨境合作中的制度差异及重大现实问题。充分发挥好现有推进大湾区建设领导小组及其办公室的统筹协调作用，加强大湾区城市群发展的顶层设计和系统规划，加快编制综合规划及交通基础设施对接、空间规划和利用、创新和产业发展、环境整治、公共服务对接等方面的专项规划，通过税收分成、资源共享共用等方式加快构建粤港澳利益共享机制。二是举全省之力推进横琴、前海、南沙三个重大战略平台建设，发挥好其先行先试作用，探索粤港澳在协同治理上的新体制、新路径，在大湾区范围内复制推广其经验做法。三是在更好地发挥政府间合作机制作用的同时，充分发挥商会、协会、联盟等民间组织作用，搭建新的民间交流平台，建立畅通各类主体之间沟通对话、参与粤港澳大湾区建设的机制。

第三章
粤港澳大湾区城市群空间结构特征与演化

"空间结构"是城市群地区社会经济发展的空间投影，城市群作为工业化和城镇化中后期区域社会经济主要载体，其发展动力源于城市群的集聚经济效应和规模经济效应。大量研究表明，城镇化地区空间结构演化一般遵循"城镇极化—中心城市区域化—都市圈—城市群"的路径，在城市区域化和区域城市化的共同作用下，区域中心城市和外围城镇之间，基于不同的相互作用强度，逐渐形成了单中心、多中心、组团化、网络化等结构模式。粤港澳大湾区城市群的形成和发育得益于以下两个方面。一方面，在全球化背景下，改革开放后，香港（澳门）借助作为中国大陆对外联系门户和通道的优势，吸聚大量全球资源并发育为全球性城市；另一方面，珠三角地区的快速工业化推动了城镇化发展，在经过了乡村城镇化后，广州、深圳等中心城市规模体量不断增长，佛山、东莞逐渐从"世界工厂"向全球高端制造基地升级，惠州、中山、江门、肇庆等城市与核心城市的产业分工逐渐深化。在这个过程中，珠三角地区与香港和澳门的区域依赖程度逐渐加深，夯实了粤港澳大湾区城市群不同阶段的结构形态的基础。

第一节　研究进展与解释框架

本节针对城市群的"空间结构"特征，围绕研究缘起、主要特征、形成和演化机制等，总结主要研究成果发展脉络。总体来看，关于区域不同城市之间社会经济联系及其形成的空间结构方式、形态及演化等的研究起源于西方，国内的相关研究则肇始于 20 世纪 90 年代，主要是对"经济圈""都市区"等空间结构形态的关注。

一 城市群空间结构的研究缘起

国际研究进展。学界对"城市群"的关注，始于法国地理学家简·戈特曼（Jean Gottmann）对美国东北部"大都市带"（Megalopolis）的研究（Gottmann，1957）。他认为该类空间组织形式源于工业和后工业社会的生产方式，表现为以下两点。构成要素的高密度集聚，如人口、流通网络和基础设施的致密化；核心城镇轴带状分布，与周边城镇形成连绵化发展态势，内部相互作用较强。城市群可被看作地区社会经济发展的枢纽，是地区与国际联系网络的节点，具有"极化"和"扩散"效应，"极化"导致区域人口、资金、物资、知识等要素向中心汇聚；"扩散"则推动中心的社会经济要素向外围扩张，从而形成一定产业和职能分工的城镇等级体系，代表一国在全球经济活动中的地位。一方面，各种要素在城市群的汇集会产生众多负外部性问题，过密化也往往成为推动城市群扩张的内在动力之一；另一方面，各类要素的相互作用衍生出大量新思想、新方法、新技术和新产品，创新成为大都市圈升级的主要动力，而叠加信息时代的去中心化特征，则推动城市群的结构从传统的"核心—外围"模式走向"网络—枢纽—节点"的创新空间结构模式。

国内研究进展。国内对城市群的研究源于对"经济圈""都市区"等的关注。1993 年，复旦发展研究院认为城市群是中心城市突破行政区划的限制并与外围区域形成紧密联系的经济区（买慧，2008）。史育龙和周一星（1996）认为都市区是由具备规模效应的核心城市与紧密联系的外围地区共同组成的。王建（1997）认为城市群是在现代综合交通条件支撑下直径在200～300 公里、面积达 4 万～6 万平方公里、一天可达的区域。张伟（2003）则强调城市群由一个或多个中心城市构成，对周边城镇具有强烈的辐射带动作用。在技术进步和城市规模不断扩大的推动下，综合交通技术的进步推动了城市群空间范围不断拓展，人口规模扩大和人均收入水平的提高推动了城市群的规模经济扩张。

二　城市群空间结构主要特征

综合学界对城市群内涵的辨析，城市群空间结构具有如下特征。

一是高度的要素空间集聚性。主要体现为四大尺度的集聚，分别为城市群内部集聚性、城市群和外围之间（区域尺度）的经济集聚性（主要体现为城市群—腹地关系）、国家经济集聚性（国家层面社会经济要素向主要城市群集聚）、国际经济集聚性（反映为全球化层面的地区经济响应，通常体现为"全球性城市区域"）。上述四大尺度也反映了一个城市群形成演化不同阶段的主要动力。

二是要素密度和强度的非均衡性（梯度特征）。要素空间集聚性依附于要素流动的渠道，要素联系和流动是向量，由于承载要素极化效应的区域基础禀赋的不均衡，城市群空间结构向着非均衡演化。

三是多维耦合结构复合性。城市群空间结构会随着要素流动强度和方向的差异，在不同的阶段出现不同的特征，主要表现为单中心、多中心、组团化、网络化等特征。城市群空间结构具有自然禀赋的连续性和社会文化要素的同质性，工业化时代为"核心—边缘"结构，在信息化时代，则为"网络—枢纽—节点"结构。

四是边界围合特征和内部结构的动态演化性。城市群规模经济效应、辐射带动效应的发育和演化取决于区域核心城市的规模扩张和区域产业分工形式。随着核心城市的成长，在"极化—涓滴"效应、"外溢—回波"效应等作用下，城市群各尺度不断动态演化。

三　城市群空间结构形成和演化机制

一是强烈的区域"相互作用"是城市群形成的前提。在城市群内部，城际经济联系是以中心城市为主体，基于良好的连通性设施而与周边地区发生的社会经济联系，是城市群形成和发展的基础。城际经济联系既包括人力、信息、资金等各种要素的空间关联，又包括交通网络、通信网络等设施的联通。城市群的空间形态是区域产业集聚和扩散的产物，是中心城市产业专业化和多样化发展到一定阶段的必然结果。按照相互联系的强度，可以分为强联系、中等联系和弱联系，同时，不同城市群的中心城市与外围城市存在不同的联系领域和联系渠道（见表 3 - 1）。

表 3 - 1　城市群联系领域及联系渠道

联系领域	联系渠道
自然联系	陆路和水运交通网络、航空网络、生态依赖
经济联系	市场体系、原料和中间产品流、资本流、前向后向联系、消费、收入流、部门和区域间的商品流、信息流
社会联系	人口迁移、旅游、民间关系、风俗礼节、宗教活动、社团组织联系
服务联系	能源、金融和财政、网络、信用、教育培训、卫生服务系统、商业技术服务、运输服务、管理咨询
行政联系	条块行政体系、财政汲取、司法、参政议政渠道、政策制定—执行—监督

资料来源：课题组整理。

二是城市群是中心城市的"引力场"（中心—外围、核心—边缘）。城市群具有一个或多个经济实力较强的城市，作为区域"城镇星系"中的"核心恒星"城市，形成了较强的引力场和辐射源。中心城市的综合实力、腹地范围、服务功能、信息交流等能力较强，是区域增长极。中心城市的发展是辐射带动其他城市发展的前提和基础。

三是城市群逐渐从城镇集群走向综合集成的城镇体系。不同规模、等级和发育程度的城镇通过有机联系形成的空间聚合体就是城市群的城镇体系，它是城市群结构、职能和实力大小的直接反映。在城市群内部，不同规模的城镇围绕核心城市基本呈圈层状布局，形成相对合理的等级体系。在城市群中可能存在都市圈，每个都市圈也可以被视作多个城市和城镇的集合，其核心城市与外围城市的联系比城市群更为紧密。在全球性城市群中，都市圈往往可能是其所在国家参与全球竞争的基本地域单元，对国家经济持续发展具有重大意义。

四　"流空间"视角下城市群空间结构的新形态

信息技术的发展带来传统地域空间结构的"流变"。技术进步促使区域中的人、物、信息、资本、知识加快流动，为了区别传统要素所形成的"场空间"，卡斯特（Castells）于 1989 年提出"流空间"（Space of Flow）这一新的空间形式。信息流引导下的一系列"流"的不断运动改变了以距离单位测量的绝对场空间，流空间是场空间在网络空间导引下的新表现形式。流空间与场空间同时相互作用、相互影响和共同发展，也是信息流对传统物质流的增强，更是对跨越传统距离约束的补充。在信息技术发达地区，传统场空间受到流空间的强烈影响，形成了新的空间秩序，城市群空间结构形态同时受到"极化效应—扩散效应"和"去中心化—非对称"的塑造。

但关于"流"的数据获取和特征测度难度较大，目前测度主要运用理论推演，采用经济、社会、文化等指标，以传统的引力模型、断裂点模型、潜力模型模拟"流"。测度方法一般包括参数替代和实测分析，前者通过其他数据替代无法观测的关联数据，比如以企业组织为区域联系的代理人，透过企业的组织关系与区位策略分析隐含在其背后的城市之间资本、信息、人员和产品等要素流。后者以真实的人力、物资、信息等实时数据，如基于公路、铁路、航空流数据对城市网络的结构特征、格局演化进行深入研究，或基于互联网数据对城市网络的结构特征进行测度。已有的"流"分析丰富了区域空间联系理论，但绝大多数采用单一类型"流"，缺少采用多种"流"对同一区域进行分析的研究，也忽略了场空间与流空间相结合的探讨。

五　解释框架：基于"流网络"的粤港澳大湾区城市群空间结构演化机制

结合国内外相关研究进展及未来发展趋势，本书认为，城市群是在工业化、城市化、信息化的基础上，在一定的地域范围内，中心城市与外围城镇形成紧密的社会经济联系和高度一体化的地域组织形式。结合中国未来实现社会主义现代化目标和区域社会经济演化趋势，根据上文对传统空间结构和"流空间"的梳理，本书认为，在要素结节不断加密的情况下，对粤港澳大湾区城市群空间结构演化进行研究，应同时关注传统空间结构和新技术支撑的"流空间"之间的耦合作用所形成的"流网络"的研究。在信息技术条件下，城市群发展应当顺应等级体系代表的传统"场空间"向网络化"流空间"体系的转换，未来的城市群研究应重视"去中心"

"向节点"两大基本特征（见图 3 – 1）。

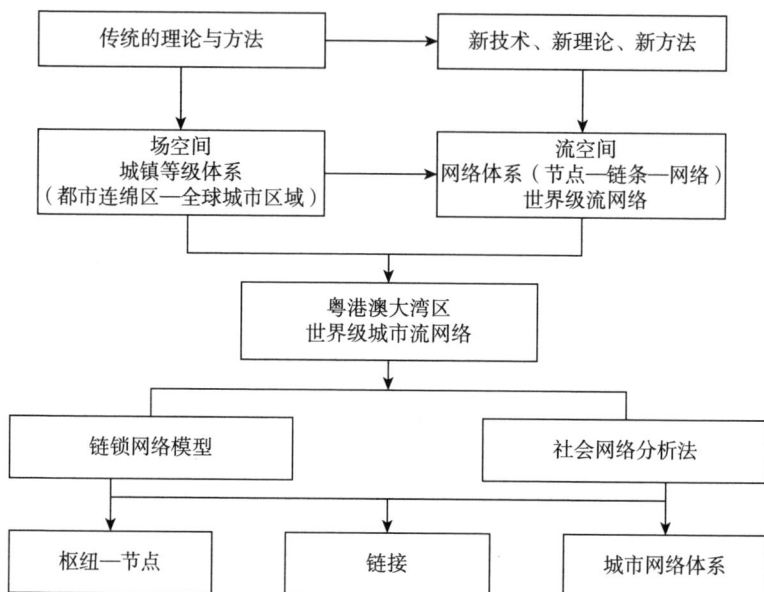

```
┌─────────────────────┐        ┌─────────────────────┐
│   传统的理论与方法      │───────▶│  新技术、新理论、新方法  │
└─────────────────────┘        └─────────────────────┘
         │                              │
         ▼                              ▼
┌─────────────────────┐        ┌─────────────────────────┐
│      场空间          │        │       流空间              │
│    城镇等级体系       │───────▶│ 网络体系（节点—链条—网络） │
│（都市连绵区—全球城市区域）│        │    世界级流网络           │
└─────────────────────┘        └─────────────────────────┘
         │                              │
         └──────────────┬───────────────┘
                        ▼
          ┌─────────────────────────┐
          │      粤港澳大湾区          │
          │    世界级城市流网络        │
          └─────────────────────────┘
               │                │
               ▼                ▼
    ┌─────────────────┐   ┌─────────────────┐
    │   链锁网络模型    │   │  社会网络分析法   │
    └─────────────────┘   └─────────────────┘
         │          │          │
         ▼          ▼          ▼
    ┌────────┐ ┌────────┐ ┌────────────┐
    │枢纽—节点│ │  链接   │ │ 城市网络体系 │
    └────────┘ └────────┘ └────────────┘
```

图 3 – 1　基于"流网络"的粤港澳大湾区城市群空间结构演化解释框架

资料来源：课题组绘制。

第二节　粤港澳大湾区城市群空间结构演变过程及特征

一　乡村城镇化与中心城市极化发展（1978～1991年）

香港为粤港澳大湾区第一城。无论从人口规模来看还是从经济体量来看，香港均是粤港澳大湾区的核心城市。从人口规模来看，香港从 1980 年的 506.3 万人增长到 1990 年的 570.42 万人，广州则从 501.86 万人增长至 591.85 万人（见图 3 – 2）；从经济体量来看，香港从 1436.19 亿港元增长至 5992.56 亿港元，广州从 57.55 亿元增长至 319.69 亿元，1990 年广东省仅有 1559.03 亿元，远远低于香港的规模。由此可见，香港处于第一城的位置。在这个阶段，珠三角地区和港澳之间存在非常显著的差距，粤港澳大湾区实际上可被视为处于"港（澳）—珠三角"二元化结构时期。

珠三角乡村城镇化和中心城市快速极化。1978 年，珠三角地区在以

"家庭联产承包责任制"为核心的农村改革中释放了农村剩余劳动力，农村副业得到了鼓励，凭借社队企业的基础，大湾区（珠三角地区）乡镇企业快速崛起。1984年，政策鼓励农业人口向城镇落户，1986年，《土地管理法》出台，允许农民在集体建设用地上创办乡镇企业，进一步推动了乡镇企业的繁荣，乡村城镇化快速发展。1980年，地处大湾区的深圳、珠海设立经济特区，吸引外资和外部市场大量涌入，造成大量域外要素流入特区城市。随着沿海开放城市、经济技术开发区等设立，大湾区城市产业蓬勃发展，核心城市规模快速扩张。20世纪80年代末，深圳率先实行城市土地有偿使用制度，土地要素从资源变成了资产，土地市场初步形成，这为城市建设用地扩展提供了强大动力。1989年，广东编制的《珠三角城镇体系规划（1991—2010年)》是全国首个城镇体系规划，该规划提出培育10个城镇群增长极点。在这个阶段，香港通过吸收外部产业转移奠定了国际化城市基础；珠三角传统核心城市在国家改革开放政策下也得到了快速发展，中心城市极化效应明显；农村率先改革推动了乡村城镇化发展，珠三角城镇呈现中心城市和乡镇同步快速发展的特征。

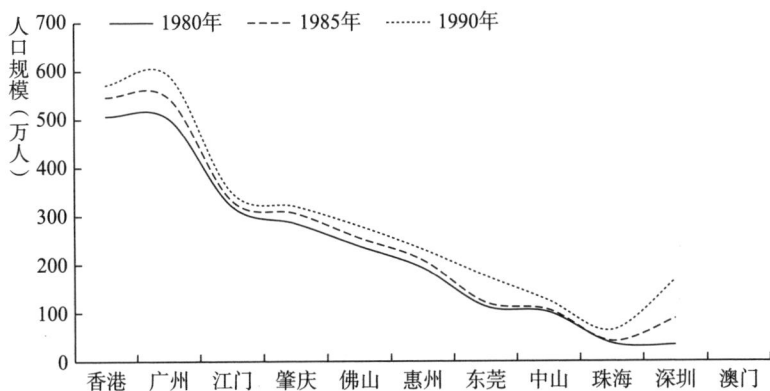

图3-2 1980年、1985年、1990年大湾区11城市人口规模的单中心分布

资料来源：课题组根据《广东统计年鉴》、香港特区政府统计处、澳门统计暨普查局数据绘制。

二 一城独大—双心崛起—城镇蔓延（1992~2002年）

香港体量进一步扩大。2000年，香港GDP达13375.01亿港元（按当时美元兑人民币平均汇率折合为14211亿元），比1990年增长了7382.45亿港元。相比之下，2000年，广东省虽然发展较快，但全省GDP仅为10810.21亿元，占香港的76.07%，广州和深圳的GDP分别为2505.58亿元和2219.20亿元，分别占香港的17.63%和15.62%。由此可见，在整个发展阶段，香港不仅作为粤港澳大湾区龙头城市的位置保持未变，而且持续对珠三角城市产生强大的辐射。

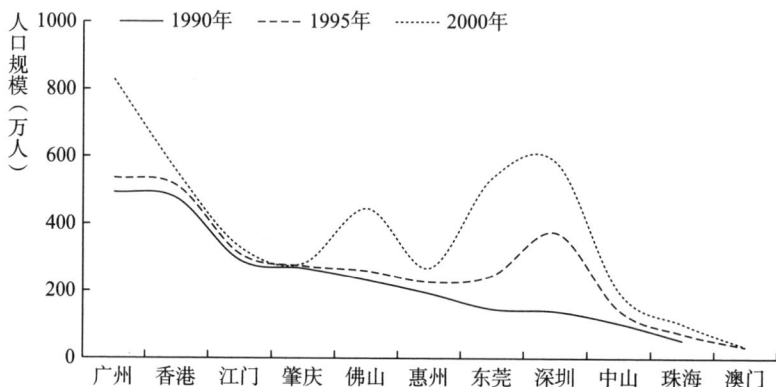

图3-3　1990年、1995年、2000年大湾区11城市人口规模
从单中心分布走向双中心分布

资料来源：课题组根据《广东统计年鉴》数据绘制。

广州和深圳的快速崛起。1992年的"南方谈话"[①]有力推动了经济体制改革向纵深发展，推动了从改革开放初期建立"有计划的商品经济"到20世纪90年代初期建设"社会主义市场经济体制"的转变，社会各界的发展积极性高涨，外资、民资和政府投资等多重主体齐发力，城市迎来新一轮发展高潮。在这一阶段，大湾区工业化快速推进，大量专业镇崛起。大湾区逐渐发展成为全国城镇数目多、密度大、城镇化水平高的地区之一，城市群形态初步显现。

空间"点—轴"渐进格局下的城镇蔓延。有研究表明，1992年，以夜晚灯光亮度来表征城镇化地区，发现城镇化地区呈现明显的"点—轴"渐

[①]　指的是邓小平于1992年1月18日至2月21日先后赴武昌、深圳、珠海和上海等地视察，沿途发表的一系列重要谈话。

进特征，即以核心城市为极点，通过交通干线连接周边城镇，带动地区整体发展（陈世栋，2018）。20 世纪 90 年代，香港的经济规模、产业形态、市场发育程度和国际联系均大大领先于大湾区内其他城市，同时，广州、深圳、佛山、东莞等城市各自通过集聚发展进一步壮大，城市间横向联系程度不强，沿着国道省道等主要交通干线形成线状联系（闫小培等，2006）。为了进一步提升城市化发展质量，2000 年，广东制定实施的《中共广东省委、广东省人民政府关于加快城乡建设、推进城市化进程的若干意见》① 提出，走大中小城市协调发展的城市化道路，增强城市辐射带动力，推动了小城镇由数量增长向质量提升的转变。2001 年，广东将《广东省城市化"十五"计划》作为重点专项计划之一，提出形成以广州、深圳两个城市为龙头，以大中城市为骨干，以小城市和城镇为依托，布局科学、协调有序、特色鲜明的城镇体系。

借助劳动力及土地低成本优势，珠三角地区的"加工生产"单元快速崛起。在这个阶段前期"三来一补"产业发展的基础上，珠三角地区借助香港、台湾等地的产业转移，推动了镇域经济的加快发展。在珠江西岸地区，村镇集体企业推动了村镇工业化的发展，南海、顺德、中山等地的专业镇大量崛起。在出口导向政策指引下，珠江东岸地区持续承接"三来一补"产业，并发展"大进大出"的加工贸易，建立了大量以"贴牌生产"为主要模式的村镇工业园区，尤以东莞、惠州的专业镇为代表。珠三角地区轻工业和进出口加工贸易产业对交通便利性的需求越来越大，催生了沿国道省道渐次展开的"马路经济"，主要交通要道两侧集聚了大量的资金、劳动力和技术等生产要素，"前店后厂"城镇形式逐渐形成。1995 年，《珠江三角洲经济区城市群规划》出台，"珠三角经济区"概念首次被提出。在该规划的引导下，城镇加速扩张，珠三角地区的 9 个城市中，城镇平均距离不到 10 公里（刘振新、安慰，2004），城镇密度大。政府为了降低城镇的"拥挤成本"，出台了一系列优化城镇发展格局的政策，② 推动区内城市的协调发展。快速工业化、城镇化带动省内农业人口和外省人口向城市集聚。

---

① 国家先期出台了《关于促进小城镇健康发展的若干意见》，提出发展小城镇战略。

② 2000 年以来，广东首次提出"积极推进城市化进程"。

2002 年，广东常住人口数达 7858.58 万人，常住人口城镇化率达 57%，其中珠三角地区的城镇化率超过 70%，城镇化发展进入成熟和提升阶段。总体上，在粤港澳大湾区范围内，香港作为国际化城市，维持一城独大的格局，珠三角地区的广州和深圳在快速工业化带动城镇化发展过程中快速崛起。以香港独大、广深崛起、中小城市和城镇加快外延式扩展为特征的粤港澳大湾区城市群雏形渐显。

三 多中心—组团化（2003～2012年）

粤港澳大湾区（特别是珠三角地区）经济一体化加速推进，要素持续向核心城市集聚，城市区域化快速拓展，核心城市形成了巨大的多功能需求，空间结构上也表现出多中心化和组团化特征（陈世栋，2018）。交通快速发展、产业分工和联系深化推动区域合作进一步走向纵深。香港和澳门持续以"超级联系人"的角色形成全面辐射带动，其内部的次区域形成了广佛肇、深莞惠和珠中江三大经济圈，三大经济圈基于地理邻近性，相互之间的产业和要素对流更加频繁，推动大湾区整体空间结构骨架更加致密化。

大湾区整体表现出明显的"核心带动及组团化"特征。除了香港和澳门继续作为大湾区的对外联系枢纽外，珠三角地区的城市功能进一步区域化扩散，逐步发育形成东亚地区规模最大的"巨型全球城市区域"[①]。20 世纪 80 年代末期的土地有偿使用、1998 年的住房制度改革，以及 2001 年加入 WTO 后外资的大规模涌入，解决了地方城市政府基础设施建设需要大量资金的难题。高速公路、国道省道、轨道交通的大规模建设又引导城镇各项功能沿着交通线进行区域扩散，佛山、东莞、珠海、中山等城市沿广深高速公路、广深铁路、105 国道、325 国道等交通主干线形成城镇发展轴，进一步在城市群尺度上拉开了空间"框架"。伴随全球化的深入推进，珠三角地区参与国际生产和贸易分工的程度也逐渐加深，客观上要求各城镇进

---

① "巨型全球城市区域"（Mega-City Regions，MCR）最早由 P. Hall 提出，作为全球化背景下的一种新型城市化空间形态，受到各界的广泛关注，成为世界各国提升国际竞争力的新型空间单元。

一步扩大规模、提升功能，以参与全球竞争。在这一阶段，由于地区整体产业结构向中高端转型，珠三角的发展重心开始由低工业化成本优势的村镇地区向城市转移，各市以主城区为依托开展了各类新城、新区、园区建设，并积极争取设立更多的省级和国家级平台，以集聚发展资源，大中城市空间结构逐渐走向组团化形态（见图3-4）。

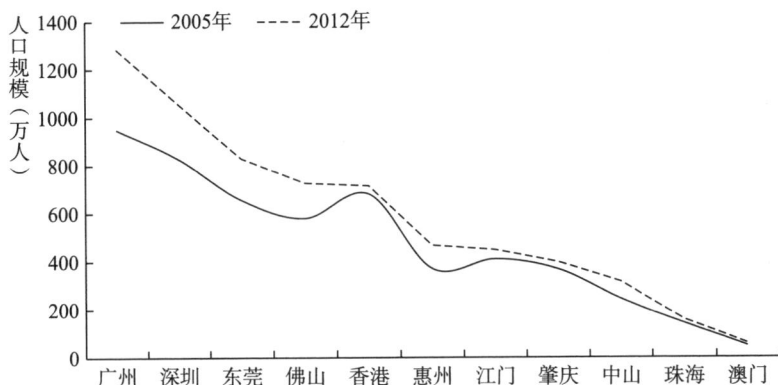

图3-4　2005年、2012年大湾区11城市人口规模多中心—组团化格局

资料来源：课题组根据《广东统计年鉴》数据绘制。

四　核心城市辐射带动能力强化—圈层—网络化（2013年至今）

核心城市辐射带动能力不断增强。从前三个阶段中的大湾区第一城香港来看，虽然其人口规模增长速度不快，但GDP从2013年的21383.05亿元增长至2020年的27107.3亿元。从广深来看，同时期，广州从15050.40亿元增长至25019.11亿元，深圳从15234.24亿元增长至27670.24亿元，三大城市经济规模均快速扩张，而深圳GDP规模逐渐超越香港，成为GDP第一城（见图3-5）。香港持续充当国际国内要素流通枢纽"超级联系人"的角色，而广深两市则成为大湾区内人口流动及产业组织核心。2020年，广州、深圳常住人口分别为1867.66万人和1756.01万人，分别位列广东省第1和第2、全国第6和第7；GDP分别位列全国第4、第3，广深两大超级城市分别借助"广—佛"和"深—港"两大组合成为大湾区的极点城市，对大湾区的辐射带动能力不断增强。同时，二级城市如佛山、东莞、中山等的城镇化率超过了85%，服务业成为城市发展的主要动力。惠州、江门的城镇化率在65%以上，进入城镇化中后期阶段，工业化水平也得到持续提升，同时，第三产业比重逐渐增加，各城市工业化的持续深化推动了城市功能的持续提升。

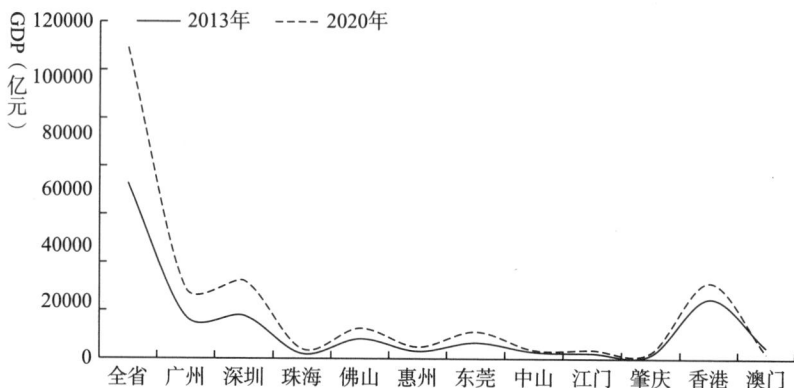

图3-5 2013年、2020年广东省及大湾区11城市GDP分布

资料来源：课题组根据《广东统计年鉴》数据绘制。

区域城镇网络逐渐加密、圈层结构更加明显。夜晚灯光数据表明，各城市核心区已基本连绵成片，形成了明显的"多中心网络化"格局。通过2010～2018年的夜晚灯光对比发现，在上一阶段经济圈的基础上，都市圈逐渐成形，区域城镇化的快速推进使粤港澳城市群核心地区城镇建设用地基本连成一片，各大城市的联系强度及分工程度逐渐提高（陈世栋，2018）。在点轴推进的同时，各城市的空间也在进行圈层外推式扩展，建成区呈现蔓延式发展特征。粤港澳大湾区强亮光区块的连接度比上一阶段更高，尤其是广佛地区，强亮光区块已经完全融为一体，但摊大饼式的空间扩展模式也遇到瓶颈，以往重速度和规模而轻质量的发展方式受环境、资源和空间等因素制约而难以为继。在2013年中央城镇化工作会议提出走以人为本的新型城镇化道路后，广东明确提出了以城市群为主体，推动形成大中小城市和小城镇协调发展格局的目标方向。①

"新型都市区和经济圈"建设奠定了三大都市圈基本格局的基础。2014

---

① 2014年，《国家新型城镇化规划（2014—2020年）》《广东省新型城镇化规划（2014—2020年）》先后出台；2016年，《国务院关于深入推进新型城镇化建设的若干意见》等出台。

年以来，广东提出了建设珠三角世界级城市群，城市群内部打造"广佛肇＋清远、云浮、韶关""深莞惠＋河源、汕尾""珠中江＋阳江"三个新型都市区的战略布局，三大都市圈雏形渐显。目前，广佛已形成中心城区连绵一体的形态，"1小时交通圈"可覆盖50公里范围内佛山大部分地区、中山部分地区；深莞惠已形成交织化连绵形态，"1小时交通圈"覆盖东莞大部分地区、惠州部分地区。广清一体化、深汕特别合作区均成为区域融合发展的典范，形成产业分工互补、经济社会高度融合的"以强带弱、共生发展"合作关系。

交通网络不断加密，大湾区城镇网络化格局渐显。在新型城镇化战略的指导下，大湾区进入以提升质量为主的关键时期。大湾区特别是珠三角地区形成网络化的城市连绵区，高快速路网日益完善，路网密度已超过东京湾。轨道交通网络初步形成，向高铁、城际、地铁多网融合发展，城际轨道建设加速珠三角各城市互动发展，随着广佛线、广珠城轨、莞惠城轨、广深港高铁开通，珠三角内圈层形成了复合型网络化的交通廊道。与此同时，随着绿道、古驿道、碧道规划实施，珠三角地区生态、休闲空间网络一体化发展得到进一步推动。

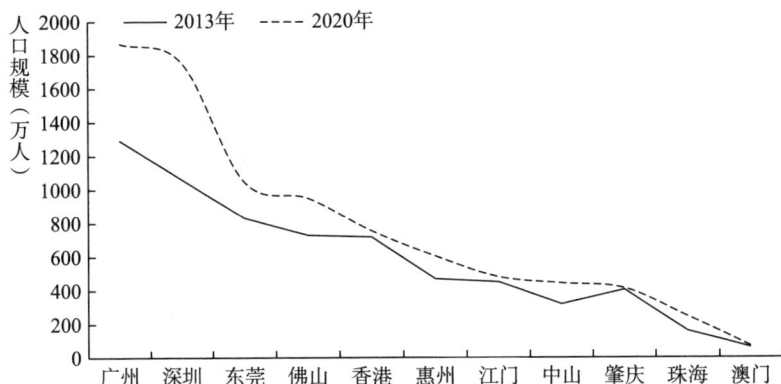

图3-6 2013年、2020年大湾区11城市人口分布

资料来源：课题组根据《广东统计年鉴》数据绘制。

第三节　粤港澳大湾区城市群空间结构测度

城市群的空间结构模式取决于区域城市基于规模体量、职能等的等级体系以及各城市在区域网络中的"枢纽—节点"关系。本节借助齐普夫（Zipf）法则、二城市指数、四城市指数和十一城市指数，测度粤港澳大湾区传统的场空间结构关系；借助链锁网络模型，利用大湾区上市公司的总部—分支机构数据，模拟大湾区不同阶段城市"流网络"的空间结构演化特征。

一　基于传统方法的大湾区城市群空间结构测度

（一）齐普夫法则（"位序—规模"法则）

经济学家和地理学家近几十年的研究表明，一个国家或者地区内部所有城市形成的体系一般有两种城市规模分布类型，一是"位序—规模"式（Rank-Size）（王哲，2020），二是首位城市式（Primate）。后者是指在国家内部存在一个超大城市（一般是首都），兼具多重职能，要素密集，经济相对发达。前者是指某些国家或地区的城市体系如果按照城市规模排名，和城市规模的关系趋向于符合位序—规模法则，相对而言，这一模式更为普遍。位序—规模分布可以用 Zipf 法则和 Pareto 公式进行测度（陈勇等，1993；顾朝林，1990；周一星，1995）。其在一定条件下具有分形性质，可以基于分布函数测量维数（Takayasu，1990）。假设城镇体系基于某个测度的规模为 S，改变规模门槛值 s 的大小，则进入该城镇体系的城市数目 $N(s)$ 会随之改变，并且随着 s 的减小，$N(s)$ 逐渐增大。假设二者之间满足如下关系（李雅静、陈彦光，2021）：

$$P_k = P_1 K^{-q} \tag{1}$$

式（1）中：K 为序号（$K = 1, 2, 3, \cdots, N$；N 为城市数量）；P_K 为序号 K 城市的人口或经济规模；P_1 为首位城市人口或经济规模，q 为 Zipf 参数。取自然对数，可得：

$$\ln P_k = \ln P_1 - q \ln K \tag{2}$$

如式（2）成立，则研究区域的城市规模分布符合 Zipf 法则，可用无标度区间和 Zipf 参数来表征。无标度区间就是 R^2 涵盖的数值较大的范围；Zipf 参数（q）则表征城市规模分布形态变化（李涛等，2016）。$q \geqslant 1$ 时，规模等级结构分布为帕累托模式，样本变差较大，中间位序样本较少；q 值变小，则规模等级结构差异缩小，中间位序样本增多；$q < 1$，则各样本呈对数正态分布模式，即各市规模的变差较小，处于中间位序的样本较多（Nazara and Hewings，2004）。

一般而言，位序和规模两者的双对数图关系，呈现一条近似于直线的回归曲线。对数变换后，将城市位序和规模进行回归，得到一元线性方程 $y = a + bx$。如相关系数很大，则符合位序—规模分布。a 值是回归线的截距，大小反映了第 1 位城市的预期规模。b 值是斜率，如绝对值接近 1，则为齐普夫理想状态（Zipf，1949）。

根据式（2），对大湾区 11 城市的 GDP 位序—规模分布进行双对数拟合（见表 3 - 2、图 3 - 7）。结果表明，在研究时段内，各城市 GDP 规模和其位序都存在一条拟合度较高的直线（存在无标度区间），拟合系数均大于 0.68，表明大湾区 11 个城市的 GDP 规模分布符合 Zipf 法则。

表 3 - 2　1980～2020 年大湾区 11 城市的 GDP 位序—规模分布
无标度区间范围和 Zipf 参数

年份	无标度区间范围	拟合方程	Zipf 参数（q）	拟合优度（R^2）
1980	1～9	$y = -2.6632x + 6.8758$	2.6632	0.9665
1985	1～9	$y = -2.4424x + 7.4174$	2.4424	0.873
1990	1～9	$y = -1.866x + 7.9816$	1.866	0.7876
1995	1～9	$y = -1.6103x + 8.7767$	1.6103	0.9501
2000	1～9	$y = -1.5605x + 9.2547$	1.5605	0.9795
2005	1～9	$y = -1.433x + 9.7065$	1.433	0.9622
2010	1～9	$y = -1.2837x + 10.163$	1.2837	0.9381
2015	1～9	$y = -1.2318x + 10.548$	1.2318	0.9217
2020	1～9	$y = -1.2879x + 10.865$	1.2879	0.8784

资料来源：课题组测算所得。

1980年

$y = -2.6632x + 6.8758$
$R^2 = 0.9665$

1985年

$y = -2.4424x + 7.4174$
$R^2 = 0.873$

1990年

$y = -1.866x + 7.9816$
$R^2 = 0.7876$

2000年

$y = -1.5605x + 9.2547$
$R^2 = 0.9795$

2005年

$y = -1.433x + 9.7065$
$R^2 = 0.9622$

2010年

$y = -1.2837x + 10.163$
$R^2 = 0.9381$

2015年

$y = -1.2318x + 10.548$
$R^2 = 0.9217$

2020年

$y = -1.2879x + 10.865$
$R^2 = 0.8784$

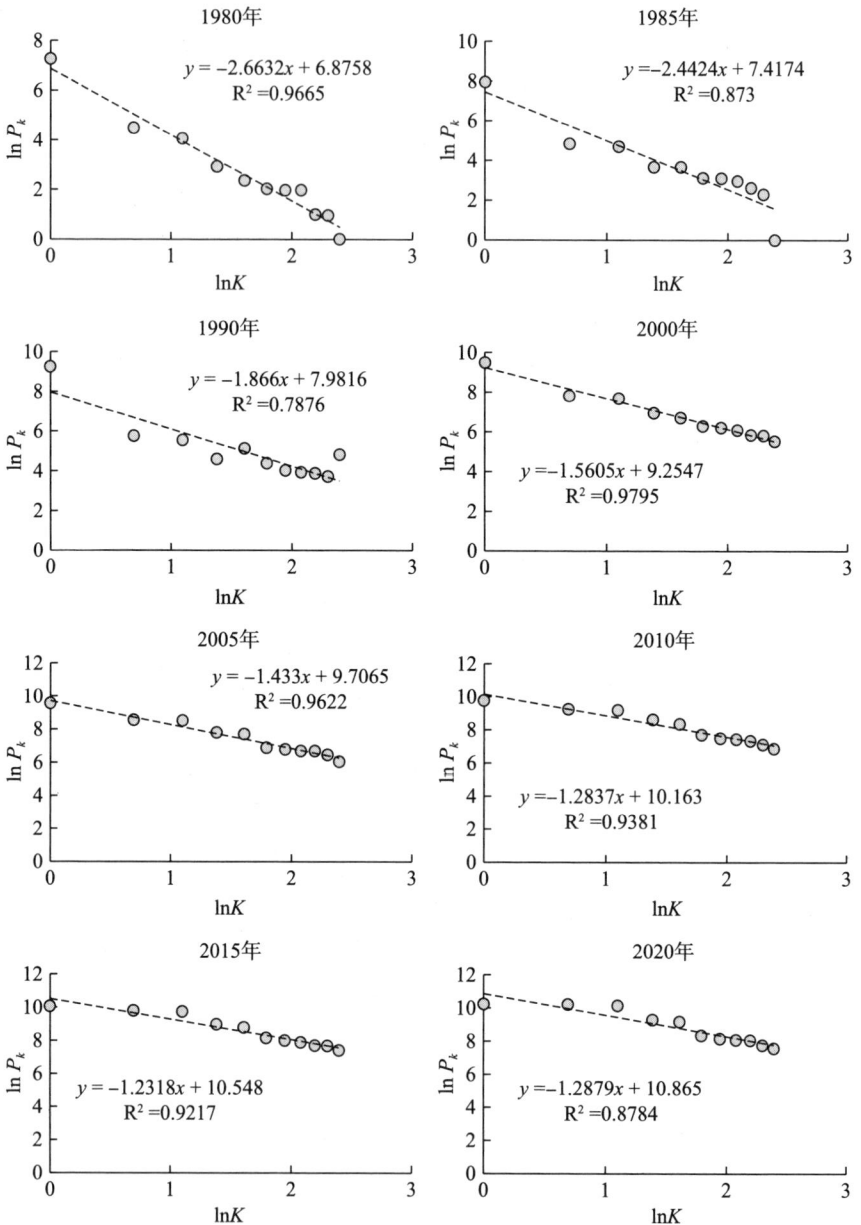

图 3 - 7　1980 ~ 2020 年粤港澳大湾区 11 城市 GDP 位序—规模分布双对数拟合

资料来源：课题组根据测算数据绘制。

Zipf 参数的变化代表城市经济规模空间格局的变化。当 $q \geqslant 1$ 时，规模等级结构分布为帕累托模式（李涛等，2016）；q 值变小，规模等级结构的差异也变小，中间位序的城市逐渐增多；当 $q < 1$ 时，规模等级结构则演化为对数正态分布模式。从测度结果来看，各年份的 q 值均大于 1，1980～2020 年呈现逐渐变小的趋势，表明大湾区 11 城市经济规模等级结构分布为帕累托模式，各城市经济规模变差较大。

（二）首位度测度

二城市指数、四城市指数和十一城市指数的测度公式分别为 $S_2 = P_1/P_2$、$S_4 = P_1/(P_2 + P_3 + P_4)$、$S_{11} = 2P_1/(P_2 + P_3 + P_4 + \cdots + P_{11})$。其中，$P_1$ 至 P_{11} 分别代表人口排名第一、第二、第三、第四……第十一的城市人口或者经济规模（刘真真、马远，2020）。借助上述公式，1980～2020 年粤港澳大湾区人口及 GDP 规模的二城市指数、四城市指数和十一城市指数测度结果见表 3－3。

表 3－3 1980～2020 年粤港澳大湾区人口及 GDP 规模二城市指数、四城市指数和十一城市指数测度结果

指标		1980 年	1990 年	2000 年	2010 年	2020 年
人口	二城市指数	1.009	1.038	1.419	1.225	1.064
	四城市指数	0.457	0.478	0.494	0.493	0.498
	十一城市指数	0.556	0.519	0.502	0.504	0.558
GDP	二城市指数	16.278	32.870	5.338	1.669	1.021
	四城市指数	8.730	14.014	2.316	0.673	0.440
	十一城市指数	14.190	16.755	2.967	0.882	0.609

资料来源：课题组测算所得。

1. 二城市指数表明：大湾区城市群总体经历了先集聚再分散的过程

关于人口规模测度的结果表明，1980～2020 年，大湾区城市群二城市指数均小于 2，且在 1.009～1.419 波动，指数值先上升后下降，逐渐接近于 1，表明首位城市的集聚并不显著。人口规模数据表明，20 世纪 80 年代，排在首位的城市是香港；1989 年后，广州的人口规模超越香港，处于人口首位城市的位置长达 30 年；1990 年后期，深圳的人口规模也超越香港，并

一直排在第二位，整个大湾区的人口规模从"香港—广州"双核主导模式演化为"广州—深圳"双核主导模式。另外，在21世纪前十年中，东莞的人口规模在2007年左右超越了香港，佛山的人口规模在2009年前后超越了香港，两者分别排在第三位和第四位，香港则从原来的人口规模第一位变为第五位。二城市指数先升后降，首位城市（广州）经历了集聚效应先加强再减弱的过程，与此同时，深圳、东莞和佛山等城市的吸引力不断增强，广州未来首位指数仍会进一步下降，并稳定在1左右，"广州—深圳"双核驱动态势将得到加强。

2. 四城市指数表明：各城市人口分布不合理

1980～2020年，四城市指数中的人口规模从0.457上升至0.498，首位城市（广州）的人口集聚速度快于其他三个城市（深圳、东莞、佛山）。四城市指数值小于1，主要原因是四城市指数的分母过大，导致指数数值偏小，表明城市间的人口规模分布不合理，大中小城市发展不协调（刘真真、马远，2020）。

3. 十一城市指数表明：近20年核心城市人口扩张推动了城市群和都市圈的形成

十一城市指数中的人口规模数据从1980年的0.556下降到2000年的0.502，后上升至2020年0.558。这表明1980～2000年中间规模城市人口得到快速发展，发展速度超越排在前两位的城市，2000～2020年排在第一方阵的城市人口发展速度超过中间和最后层级的城市，同时也表明最近20年中等城市发展到一定规模后，粤港澳大湾区以超大城市和特大城市为主，吸引了更多外来人口的流入，暗示近期核心城市人口规模的扩张支撑了大湾区规模体量的扩展，正是核心城市的辐射带动作用奠定了城市群发展的基础。

二 基于流空间的区域城市网络空间结构测度

（一）测度方法：总部—分支法

部分研究成果表明，利用世界500强及上市公司等企业数据构建城市网络（李仙德，2014；金钟范，2016；熊瑶、黄丽，2019；陈世栋，2018），可以测度区域城市网络空间结构。目前，国内研究成果主要集中在对长三角、珠三角、京津冀等区域的测度，粤港澳大湾区城市群的相关研究成果相对较少。本节通过开源数据的网络爬虫，挖掘大湾区上市公司"总部—分支机构"数据，按照"节点—局部联系—整体网络"的思路，总结大湾区城市群网络时空演化特征。

链锁网络模型：假设 m 个企业主体分布在 n 个城市，按照企业 j 在城市 i 的办公网点的重要性，赋予相应服务值 V_{ij}。服务值采用打分制，以 5 分为满分："0"为企业在某城市无分支机构；"5"为企业在某城市设立总部；1~4 分为中间值。有学者认为可以用营业额或资产规模来表达某城市的分支机构的重要性（Liu and Derudder，2013），综合考虑某企业在某城市分支机构数量和投资规模，根据上市公司总部对某城市分支机构总投资额来赋予服务值。借助服务值，构建 $m \times n$ 形式服务值矩阵 $\mathbf{V}_{m \times n}$，测算过程如下。

第一，计算城市 a 和城市 b 之间的绝对联通度 r_{ab}：

$$r_{ab} = \sum_{j=1}^{m} (V_{aj} + V_{bj}) \tag{3}$$

其中，V_{aj} 表示企业 j 在城市 a 的服务值，V_{bj} 表示企业 j 在城市 b 的服务值。

第二，构建城市 a 的绝对联通度（TC_a）与相对联通度（RC_a），计算公式如下：

$$TC_a = \sum_{i=1}^{n} r_{ai} (a \neq 1) \tag{4}$$

为了便于比较，需进一步消除样本企业数量及城市个数的影响，因此需要对数据进行标准化处理。取 r_{ab}、TC_a 与最大值的比值作为标准化处理的标准，得到城市间的相对联通度 P_{ab} 与城市 a 的相对联通度 RC_a。

（二）数据来源

作为市场主体的企业，其跨区域分布所形成的企业网络是形成城市网络的关键，上市公司是代表性企业，能够反映市场的活跃程度。因此，可选取上市公司的总部及其分支机构的所在地来表征城市之间相互联系所形成的城市网络。总部所在地是指上市公司总部的实际办公地而非注册地，分支机构的所在地是指上市公司全资或控股子公司、分公司、办事处和代表处的所在地。本书对样本企业的筛选经历了以下过程。首先，确定上市公司目录。截至 2021 年 8 月 14 日，课题组通过查询香港交易所官网，获取香港主板上市公司 1663 家；查询中国证券监督管理委员会网站，获得珠三角 9 个城市主板上市公司目录。其次，收集上市公司及分支机构的地址等相关信息。上市公司必须向证券交易所提供具有法律效力的年报等文件，因此年报信息真实，课题组通过同花顺数据库、企业官方网站等获取企业年报，收集企业总部及分支机构的办公地址、注册地、成立时间、业务经营范围、所属行业、投资额等信息。最后，筛选样本企业，剔除总部及其分支机构实际办公地点不在粤港澳大湾区、在粤港澳大湾区没有跨越城市设立分支机构的上市公司，得到符合条件的样本企业总部及分支机构数量（见表 3 - 4）。

表 3 - 4　目前为开业状态的珠三角 9 市企业总部—分支机构
数量分布（1973 ~ 2021 年）

单位：个

总部	分支机构								
	广州	深圳	珠海	中山	惠州	佛山	东莞	江门	肇庆
广州	540	34	64	41	9	17	9	8	6
深圳	196	752	33	89	38	69	30	9	2
珠海	7	2	1						
佛山	5	4		22		1	1		
惠州		1		1					
东莞	5	11	1	1		15	1		
中山		2	1				33		1
江门									
肇庆	2							1	12

注：数据截止时间为 2021 年 8 月 14 日。

资料来源：作者根据港交所、深交所和上交所获取粤港澳大湾区上市公司总部数据，并通过爬虫等方式获取分支机构数据。

经过对比上市公司设立及并购的具体时间，本书选取了 2000 年、2008 年和 2016 年 3 个年份，构建了 3 个截面数据，分析粤港澳大湾区企业总部及其分支机构关系，模拟城市网络的演化格局。时间的选取重点考虑了以下三大因素，一是 1999 年 12 月澳门回归，可将 2000 年当作粤港澳大湾区整体城市网络发育的起点；二是 2008 年发生金融危机后，企业跨区域活动波动较大，选择 2008 年作为转折点，可以发现经济波动对企业网络的影响；

三是 8 年尺度相等的间隔便于从时间序列上对城市网络变化进行比较分析。

总部企业的分支机构集中分布于深圳和广州两个城市，比重之和超过 70%，其中深圳的分支机构数量比重逐渐下降，广州的比重逐渐上升。惠州、肇庆、江门分支机构数量较少，惠州的比重有上升趋势，肇庆和江门的比重则有下降趋势。广州、深圳、佛山、东莞尚在开业的总部企业分支机构分布范围较广，珠海、惠州、中山、肇庆总部企业分支机构分布范围较窄。江门总部企业的分支机构已全部注销。

（三）网络节点分析

企业总部—分支机构。企业总部所在城市意味着该城市有较大的区域资源配置权，深圳、广州凭借总部集聚的优势，在大湾区城市网络中处于支配性地位。2016 年，两者上市公司总部数量位列前二，占比为 73.16%，其中，深圳企业总部占据半壁江山，总部经济优势显著。惠州、江门、肇庆的总部经济发展相对滞后，三者总部数量占比仅为 5.34%（见表 3−5、图 3−8）。从总部经济辐射的范围来看，上市公司通过分支机构所延伸的城市范围逐渐扩大，也从侧面说明了企业网络是城市网络的重要体现。

表 3−5　2000 年、2008 年、2016 年珠三角 9 市总部企业数量占比及排序

城市	企业数量（个）			占比（%）			排序		
	2000 年	2008 年	2016 年	2000 年	2008 年	2016 年	2000 年	2008 年	2016 年
深圳	194	332	346	55.11	54.88	54.32	1	1	1
广州	66	110	120	18.75	18.18	18.84	2	2	2
佛山	32	43	43	9.09	7.11	6.75	3	3	3
东莞	14	37	43	3.98	6.12	6.75	5	4	4
珠海	20	28	28	5.68	4.63	4.40	4	5	5
中山	10	22	23	2.84	3.64	3.61	6	6	6
惠州	5	14	14	1.42	2.31	2.20	8	7	7
江门	6	12	12	1.70	1.98	1.88	7	8	8
肇庆	5	7	8	1.42	1.16	1.26	9	9	9

注：数据截止时间为 2021 年 8 月 14 日。

资料来源：作者根据港交所、深交所和上交所获取粤港澳大湾区上市公司总部数据，并通过爬虫等技术获取分支机构数据。

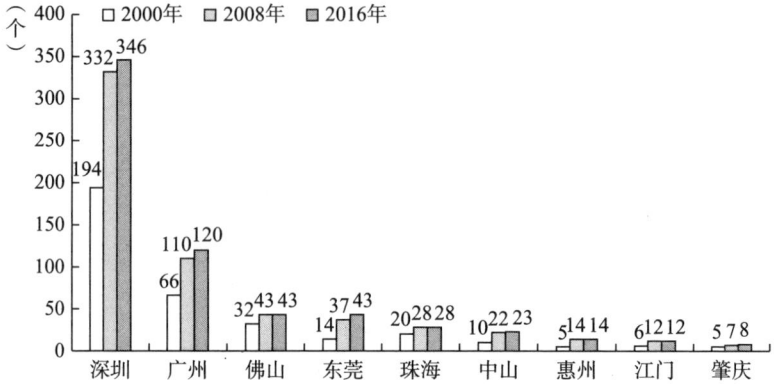

图 3 - 8　2000 年、2008 年、2016 年珠三角 9 市总部企业数量分布

注：数据截止时间为 2021 年 8 月 14 日。

资料来源：作者根据港交所、深交所和上交所获取粤港澳大湾区上市公司总部数据，并通过爬虫等技术获取分支机构数据。

深圳总部经济优势突出。2000～2008 年，珠三角 9 市总部企业数量增长速度较快；2008 年后，其总部企业数量增长缓慢，集中在深圳、广州、东莞三个城市。其中，总部企业实际办公地超过一半位于深圳，其次是广州。在大湾区 11 个城市中，总部经济较不发达（总部数量少）的城市是惠州、肇庆和江门。深圳和广州两个城市的分支机构比重之和超过 70%，其中深圳的分支机构数量比重逐渐下降，广州的比重逐渐上升。惠州、肇庆、江门分支机构数量较少，惠州的比重有上升趋势，肇庆和江门的比重则有下降趋势（见表 3 - 6、图 3 - 9）。

表 3 - 6　2000 年、2008 年、2016 年、2021 年珠三角 9 市
总部企业的分支机构数量占比及排序

城市	分支机构数量（个）				占比（%）				排序			
	2000 年	2008 年	2016 年	2021 年	2000 年	2008 年	2016 年	2021 年	2000 年	2008 年	2016 年	2021 年
深圳	226	390	863	1111	65.89	46.76	40.88	40.71	1	1	1	1
广州	62	247	712	937	18.08	29.62	33.73	34.33	2	2	2	2
佛山	22	60	157	190	6.41	7.19	7.44	6.96	3	3	3	3
东莞	5	37	107	140	1.46	4.44	5.07	5.13	6	4	4	4
中山	5	22	91	110	1.46	2.64	4.31	4.03	7	6	5	6
珠海	11	31	82	119	3.21	3.72	3.88	4.36	4	5	6	5

城市	分支机构数量（个）				占比（%）				排序			
	2000年	2008年	2016年	2021年	2000年	2008年	2016年	2021年	2000年	2008年	2016年	2021年
惠州	2	14	51	65	0.58	1.68	2.42	2.38	9	8	7	7
肇庆	4	22	28	30	1.17	2.64	1.33	1.10	8	7	8	8
江门	6	11	20	27	1.75	1.32	0.95	0.99	5	9	9	9

注：数据截止时间为 2021 年 8 月 14 日。

资料来源：作者根据港交所、深交所和上交所获取粤港澳大湾区上市公司总部数据，并通过爬虫等技术获取分支机构数据。

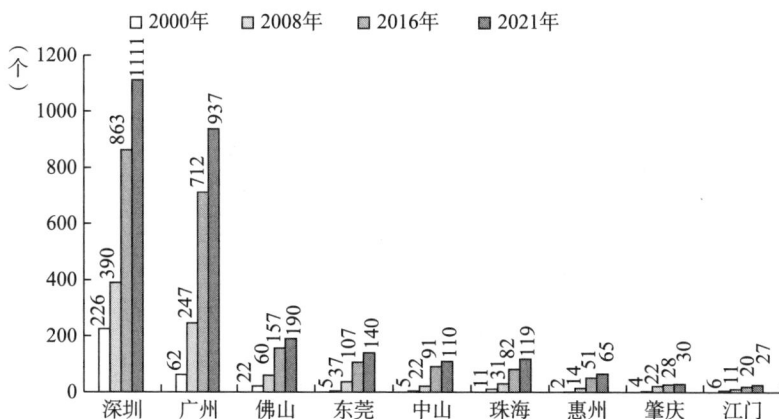

图 3 – 9　2000 年、2008 年、2016 年、2021 年珠三角 9 市总部企业的分支机构数量分布

注：数据截止时间为 2021 年 8 月 14 日。

资料来源：作者根据港交所、深交所和上交所获取粤港澳大湾区上市公司总部数据，并通过爬虫等技术获取分支机构数据。

城市联系强度分析。从城际联系来看，广州、深圳之间具有高水平联通度，两者构建起了一条联通走廊。2000 年，以广州、深圳为顶点，广州—深圳、广州—佛山、深圳—东莞等城际联系轴构成的廊道初步显现，随着地区社会经济融合的进一步加深，城市间的企业联系也逐渐加强，联通通道的作用更加强化，广深联通廊道表现尤为亮眼。从时序演化来看，广州—深圳、深圳—东莞、深圳—惠州三者的联通度位居前 3，广州—深圳联通度排在第 1 位，为 736，且首位度逐渐提高；深圳—东莞联通度次之，位列第 2，为 358；深圳—惠州联通度排在第 3 位，为 226；深圳—佛山联通度排在第 4 位，为 189；广州—佛山联通度排在第 5 位，为 180。在广州—深圳联通加强的同时，东莞、佛山、惠州对外关联网络联通度也在不断提高。珠海与深圳的联通度显著提高。就单一城市而言，广州、深圳的双核心地位凸显，在粤港澳大湾区城市网络中处于强链接的核心地位（见表 3 - 7）。

表 3 - 7　珠三角 9 市城市联系矩阵（1973 ~ 2021 年）

	广州	深圳	珠海	佛山	惠州	东莞	中山	江门	肇庆
广州	0	736	99	180	12	153	27	1	15
深圳	736	0	79	189	226	358	81	15	5
珠海	99	79	0	7	3	32	22	1	0
佛山	180	189	7	0	4	35	14	1	0
惠州	12	226	3	4	0	15	4	1	0
东莞	153	358	32	35	15	0	12	1	0
中山	27	81	22	14	4	12	0	1	20
江门	1	15	1	1	1	1	1	0	0
肇庆	15	5	0	0	0	0	20	0	0
合计（TC_a）	1223	1689	243	430	265	606	181	21	40

资料来源：课题组测算所得。

深圳、广州城市间相对联通度（P_{ab}）位于前两名。从相对联通度来看，自 2008 年以来，大湾区城市网络日渐完善，深圳相对联通度高居榜首。在不同的阶段，城市间的联系强度分别出现了上升或下降的变化，其中，从深圳作为区域联系核心来看，2000 ~ 2008 年，联通度排名有所上升的是惠州—深圳，从 2000 年的不能进入前 10 名到 2008 年位列第 3 名。总体来看，广州—深圳的联通度一直居于首位，其次是东莞—深圳，稳居第 2 位，且相对联通度逐步上升。深圳分别与佛山、东莞等的相对联通度均出现上升趋势反映了其对外联通趋于强化（见表 3 - 8）。

表 3 - 8　2000 年、2008 年、2016 年、2021 年珠三角 9 市前 10 名城市对的
相对联通度

2000 年			2008 年			2016 年			2021 年		
城市对	排序	P_{ab}	城市对	排序	P_{ab}	城市对	排序	P_{ab}	城市对	排序	P_{ab}
广州—深圳	1	1.00	广州—深圳	1	1.00	广州—深圳	1	1.00	广州—深圳	1	1.00

续表

2000 年			2008 年			2016 年			2021 年		
城市对	排序	P_{ab}	城市对	排序	P_{ab}	城市对	排序	P_{ab}	城市对	排序	P_{ab}
东莞—深圳	2	0.17	东莞—深圳	2	0.34	东莞—深圳	2	0.48	东莞—深圳	2	0.49
东莞—广州	3	0.14	惠州—深圳	3	0.20	佛山—广州	3	0.30	惠州—深圳	3	0.31
佛山—深圳	4	0.13	东莞—广州	4	0.16	惠州—深圳	4	0.30	佛山—深圳	4	0.26
佛山—广州	5	0.10	广州—珠海	5	0.14	东莞—广州	5	0.23	佛山—广州	5	0.24
广州—珠海	6	0.10	佛山—深圳	6	0.11	佛山—深圳	6	0.18	东莞—广州	6	0.21
佛山—中山	7	0.07	深圳—中山	7	0.10	广州—珠海	7	0.16	广州—珠海	7	0.13
广州—江门	8	0.03	广州—中山	8	0.08	深圳—珠海	8	0.10	深圳—中山	8	0.11
佛山—江门	9	0.01	佛山—广州	9	0.07	深圳—中山	9	0.09	深圳—珠海	9	0.11
佛山—珠海	10	0.01	深圳—珠海	10	0.05	广州—中山	10	0.07	东莞—佛山	10	0.05

资料来源：课题组测算所得。

从各城市的相对联通度（RC_a）数值来看，深圳在粤港澳大湾区城市网络中的地位有所提升，由 2000 年的 0.95 上升至 2021 年的 1.00，一直处于联系的核心位置。相对核心节点而言，处于边缘位置的城市基本稳定不变，中山、江门、肇庆在三个时间节点的相对联通度基本列于后 3 位。自 2008 年起，深圳超越广州，成为珠三角城市相对联通度最高的城市，广州稳居第 2 位。佛山、惠州、中山、江门、肇庆位次基本保持不变，珠海的位次大幅降低，东莞的位次大幅提升（见表 3 - 9）。

表 3 - 9 2000 年、2008 年、2016 年、2021 年珠三角 9 市相对联通度

城市	2000 年		2008 年		2016 年		2021 年	
	排序	RC_a	排序	RC_a	排序	RC_a	排序	RC_a
广州	1	1.00	2	0.82	2	0.85	2	0.72
深圳	2	0.95	1	1.00	1	1.00	1	1.00
珠海	3	0.08	7	0.14	6	0.16	6	0.14
佛山	4	0.23	5	0.14	4	0.26	4	0.25
惠州	5	0.00	6	0.14	5	0.18	5	0.16
东莞	6	0.22	3	0.31	3	0.38	3	0.36

城市	2000 年		2008 年		2016 年		2021 年	
	排序	RC_a	排序	RC_a	排序	RC_a	排序	RC_a
中山	7	0.05	4	0.15	7	0.14	7	0.11
江门	8	0.03	8	0.02	9	0.02	9	0.01
肇庆	9	0.00	9	0.01	8	0.03	8	0.02

资料来源：课题组测算所得。

第四节　基于海量高新技术企业数据的广深创新分工与联系网络测度

具有全球影响力的国际科技创新中心是粤港澳大湾区的重要定位之一。随着创新驱动战略的持续推进，粤港澳大湾区城市之间的创新联系不断加强，正在对长期以来形成的以产业分工为基础的区域空间结构产生积极的影响。对粤港澳大湾区核心城市之间的创新联系水平进行测度，有利于我们了解和掌握未来粤港澳大湾区城市群的空间结构变化趋势。以广深为案例，我们采取了两种方法对广深城市创新联系水平进行分析：一是以广深高新技术企业大数据为基础，采用总部—分支法对广深之间的创新联系进行了定量测度，即产业联系度度量；二是通过查找相关数据，对广深高校科研院所的创新联系进行了定性分析。

一　广深城市创新联系水平测度——基于广深高新技术企业大数据

（一）方法与数据

借鉴全球化与世界城市研究网络等的国际研究经验与方法，本书主要采用总部—分支法（见本章第三节）来度量广深两地产业联系度。主要采用广深两地的国家级高新技术企业大数据（广州 1.1 万家、深圳 1.4 万家），通过网络爬虫的方法获取广深企业在珠三角地区的总部—分支基础数据。

（二）计算结果及分析

1. 2000 年以来广深产业联系度变化情况分析

选取 2000 年、2009 年和 2018 年 3 个年份对广深之间的产业联系度进行度量。通过大数据筛选发现，2000年，在珠三角地区拥有分支机构的广州高新技术企业有491家，深圳有567家；2009年，在珠三角地区拥有分支机构的广州高新技术企业有1010家，深圳有1310家；2018年，在珠三角地区拥有分支机构的广州高新技术企业有1191家，深圳有1575家。

在深圳方面，2000年深圳高新技术企业在深圳本地设立分支机构的达到423家，占比为75%；在其他城市企业中，广州企业在深圳设立分支机构的达到46家，占比为8%，其次是东莞（25家），占比为4%。

2009年，深圳高新技术企业在深圳本地拥有分支机构的达到998家，占比为76%；在其他城市企业中，东莞已经反超广州，在深圳设立分支机构的企业达到96家，占比为7%，其次是广州（78家），占比为6%。

2018年，深圳高新技术企业在深圳本地拥有分支机构的达到1190家，占比为76%；在其他城市企业中，东莞企业在深圳设立分支机构的达到119家，占比为8%，其次是广州（103家），占比为7%。

总的来说，多年来深圳与广州的产业联系度一直不高，2018年1.4万家深圳高新技术企业在广州设有分支机构的仅有103家，占比为0.7%。同时，2009年以后，深圳与广州之间的产业联系度被东莞超越，东莞以其区位和地缘优势成为与深圳产业联系最紧密的城市。

在广州方面，2000年广州高新技术企业中在广州本地设立了分支机构的达到318家，占比为65%。从其他城市企业看，在佛山设立分支机构的广州企业达到59家，占比为12%，其次是深圳（29家），占比为6%，第三位是东莞（20家），占比为4%。

2009年，广州高新技术企业在广州本地拥有分支机构的达到655家，占比为65%；在其他城市企业中，佛山企业在广州设立分支机构的最多，达到101家，占比为10%，其次是深圳（58家），占比为6%，与东莞（56家）基本持平。

2018年，广州高新技术企业在广州本地拥有分支机构的达到772家，占比为65%；在其他城市企业中，佛山企业在广州设立分支机构的达到120家，占比为10%；其次是深圳（68家），占比为6%，与东莞（66家）仍然基本持平。

从广州的情况来分析，广州与深圳的产业联系度同样不高，2018年1.1万家广州高新技术企业在深圳设有分支机构的仅有68家，占比为0.6%。

同时，长期以来，由于区位和地缘优势，佛山一直是与广州产业联系最紧密的城市。

2. 广深传统制造业与高技术制造业的联系度分析

前已述及，2018 年，在珠三角地区拥有分支机构的广州高新技术企业共有 1191 家，在珠三角地区拥有分支机构的深圳高新技术企业有 1575 家。为了进一步分析广深细分产业门类之间的联系，我们将这些企业根据其主要产品和业务进行了分类，主要分成三类：传统制造业企业、高技术制造业企业和高技术服务业企业。2018 年，在珠三角地区拥有分支机构的广州传统制造业企业共有 388 家，深圳为 885 家；在珠三角地区拥有分支机构的广州高技术制造业企业共有 303 家，深圳为 299 家；在珠三角地区拥有分支机构的广州高技术服务业企业共有 500 家，深圳为 391 家。本节主要分析传统制造业和高技术制造业产业联系度情况。

在传统制造业方面，广州传统制造业企业在广州有分支机构的有 275 家，占比为 71%。在其他城市企业中，佛山企业在广州设立分支机构的最多，达到 37 家，占比为 10%；其次是深圳（16 家），占比为 4%。深圳传统制造业企业在深圳有分支机构的有 680 家，占比为 77%。在其他城市企业中，东莞企业在深圳设立分支机构的最多，达到 76 家，占比为 9%；其次是广州（53 家），占比为 6%；惠州排名第 3 位（38 家），占比为 4%。

从传统制造业的情况来看，广州与佛山的产业联系最为紧密，与深圳的产业联系度不高，深圳则与东莞的产业联系最为紧密，其次为广州和惠州。这说明，距离因素在成本较为敏感的传统产业联系建立过程中仍然发挥关键性作用，广佛和深莞惠两大传统制造产业协作区已经基本成型。

在高技术制造业方面，广州高技术制造业企业在广州有分支机构的有 214 家，占比为 71%。在其他城市企业中，佛山企业在广州设立分支机构的最多，达到 31 家，占比为 10%；其次是东莞（17 家），占比为 6%；深圳位居第 3（13 家），占比为 4%。

深圳高技术制造业企业在深圳有分支机构的有 234 家，占比为 78%。在其他城市企业中，东莞企业在深圳设立分支机构的最多，达到 20 家，占比为 7%；其次是广州（14 家），占比为 5%，与惠州（13 家）基本持平。高技术制造业与传统制造业情况基本类似，广佛、深莞之间的产业联系最为紧密，广州和深圳之间的产业联系度总体不高。

二　广深高校科研院所联系分析

（一）广深两地高校资源的对比

截至 2019 年，深圳市共有高等院校 14 所，其中本科院校 8 所，专科院校 3 所，研究生教育、留学生教育和成人教育院校 3 所（见表 3－10）。

表 3－10　2019 年深圳高校资源情况

指标	序号	学校名称	主管部门	办学层次	备注
深圳本科学校名单（8 所）	1	深圳大学	广东省	本科	
	2	南方科技大学	广东省	本科	
	3	香港中文大学（深圳）	广东省	本科	内地与港澳台地区合作办学
	4	深圳北理莫斯科大学	广东省	本科	中外合作办学
	5	哈尔滨工业大学（深圳）	广东省	本科	
	6	中山大学（深圳）	广东省	本科	
	7	深圳技术大学	广东省	本科	
	8	暨南大学（深圳）	广东省	本科	
深圳专科学校名单（3 所）	9	深圳职业技术学院	广东省	专科	
	10	广东新安职业技术学院	广东省教育厅	专科	民办
	11	深圳信息职业技术学院	广东省	专科	
深圳研究生教育、留学生教育和成人教育学校名单（3 所）	12	清华大学深圳国际研究生院		研究生教育、留学生教育	清华大学与深圳市政府合作创办
	13	北京大学深圳研究生院		全日制研究生教育为主	北京大学与深圳市政府合作创办
	14	深圳广播电视大学		成人高等学历教育	

资料来源：深圳市教育局 2019 年 3 月 1 日公开信息。

相较而言，广州市高等院校数量比较多，2019 年，拥有本科院校 37 所、专科院校 45 所（见表 3－11）。其中，中山大学、华南理工大学为"985 工程"高校和"211 工程"高校，暨南大学和华南师范大学为"211

工程"高校。在 2019 年国家/地区高校学术排名中，中山大学排第 7 位，华南理工大学排第 24 位。

表 3-11　2019 年广州高校资源情况

序号	学校名称	主管部门	办学层次	备注	学校性质 "985 工程""211 工程"
1	中山大学	教育部	本科		"985 工程""211 工程"
2	暨南大学	中央统战部	本科		"211 工程"
3	华南理工大学	教育部	本科		"985 工程""211 工程"
4	华南农业大学	广东省	本科		
5	广州医科大学	广东省	本科		
6	广州中医药大学	广东省	本科		
7	广东药科大学	广东省	本科		
8	华南师范大学	广东省	本科		"211 工程"
9	广州体育学院	广东省	本科		
10	广州美术学院	广东省	本科		
11	星海音乐学院	广东省	本科		
12	广东技术师范大学	广东省	本科		
13	广东财经大学	广东省	本科		
14	广东白云学院	广东省教育厅	本科	民办	
15	广州大学	广东省	本科		
16	广州航海学院	广东省	本科		
17	广东警官学院	广东省	本科		
18	仲恺农业工程学院	广东省	本科		
19	广东金融学院	广东省	本科		
20	广东工业大学	广东省	本科		
21	广东外语外贸大学	广东省	本科		
22	广东培正学院	广东省教育厅	本科	民办	
23	南方医科大学	广东省	本科		
24	华南理工大学广州学院	广东省教育厅	本科	民办	
25	广州大学华软软件学院	广东省教育厅	本科	民办	
26	中山大学南方学院	广东省教育厅	本科	民办	

序号	学校名称	主管部门	办学层次	备注	学校性质"985 工程""211 工程"
27	广东外语外贸大学南国商学院	广东省教育厅	本科	民办	
28	广东财经大学华商学院	广东省教育厅	本科	民办	
29	华南农业大学珠江学院	广东省教育厅	本科	民办	
30	广东技术师范大学天河学院	广东省教育厅	本科	民办	
31	广东工业大学华立学院	广东省教育厅	本科	民办	
32	广州大学松田学院	广东省教育厅	本科	民办	
33	广州商学院	广东省教育厅	本科	民办	
34	广州工商学院	广东省教育厅	本科	民办	
35	广州科技职业技术大学	广东省教育厅	本科	民办	
36	中山大学新华学院	广东省教育厅	本科	民办	
37	广东第二师范学院	广东省	本科		
38	广东轻工职业技术学院	广东省	专科		
39	广东交通职业技术学院	广东省	专科		
40	广东水利电力职业技术学院	广东省	专科		
41	广东南华工商职业学院	广东省	专科		
42	私立华联学院	广东省教育厅	专科	民办	
43	广州民航职业技术学院	交通运输部（中国民用航空局）	专科		
44	广州番禺职业技术学院	广东省	专科		
45	广东农工商职业技术学院	广东省	专科		
46	广东科学技术职业学院	广东省	专科		
47	广东食品药品职业学院	广东省	专科		
48	广州康大职业技术学院	广东省教育厅	专科	民办	
49	广东行政职业学院	广东省	专科		
50	广东体育职业技术学院	广东省	专科		
51	广东建设职业技术学院	广东省	专科		
52	广东女子职业技术学院	广东省	专科		
53	广东机电职业技术学院	广东省	专科		
54	广东岭南职业技术学院	广东省教育厅	专科	民办	
55	广东邮电职业技术学院	广东省	专科		

续表

序号	学校名称	主管部门	办学层次	备注	学校性质"985工程""211工程"
56	广东工贸职业技术学院	广东省	专科		
57	广东司法警官职业学院	广东省	专科		
58	广东省外语艺术职业学院	广东省	专科		
59	广东文艺职业学院	广东省	专科		
60	广州体育职业技术学院	广东省	专科		
61	广州工程技术职业学院	广东省	专科		
62	广州涉外经济职业技术学院	广东省教育厅	专科	民办	
63	广州南洋理工职业学院	广东省教育厅	专科	民办	
64	广州现代信息工程职业技术学院	广东省教育厅	专科	民办	
65	广东理工职业学院	广东省	专科		
66	广州华南商贸职业学院	广东省教育厅	专科	民办	
67	广州华立科技职业学院	广东省教育厅	专科	民办	
68	广州城市职业学院	广东省	专科		
69	广东工程职业技术学院	广东省	专科		
70	广州铁路职业技术学院	广东省	专科		
71	广东科贸职业学院	广东省	专科		
72	广州科技贸易职业学院	广东省	专科		
73	广州珠江职业技术学院	广东省教育厅	专科	民办	
74	广州松田职业学院	广东省教育厅	专科	民办	
75	广州城建职业学院	广东省教育厅	专科	民办	
76	广州华商职业学院	广东省教育厅	专科	民办	
77	广州华夏职业学院	广东省教育厅	专科	民办	
78	广东青年职业学院	广东省	专科		
79	广州东华职业学院	广东省教育厅	专科	民办	
80	广东舞蹈戏剧职业学院	广东省	专科		
81	广东生态工程职业学院	广东省	专科		
82	广州卫生职业技术学院	广东省	专科		

资料来源：课题组整理。

（二）广深高校间的创新联系分析

为了测算广深两地高校之间的合作与联系程度，我们主要选取了两种指标来进行度量和分析：一是两地市校的合作办学情况；二是两地主要高校的论文合作情况。

1. 两地市校的合作办学情况

高等教育一直以来被认为是深圳的一个短板，但近年来，深圳市政府高度重视，以合作办学的形式不断引进国内外著名院校，深圳的高等教育也迎来了快速发展时期，新锐大学不断涌现。如表 3 - 12 所示，广深两地市校的合作办学主要涉及 3 所位于广州的高校：中山大学、暨南大学和华南理工大学。

表 3 - 12　深圳与市外高校的合作办学情况

序号	合作城市	高校名称	合作年份	学生规模（名）	市外机构设置	位于深圳的机构设置	合作联系形式
1	广州	中山大学	2015	20000（远期）	广州南校区、大学城东校区；珠海校区	深圳校区（建设中）；三所中山大学附属医院（建设中）	1. 高校分校区（包括 10 余个学院）：全日制本科生与研究生教育 2. 高校附属医院
2	广州	暨南大学	1993	—	广州校本部、暨南大学华文学院、番禺大学城南校区；暨南大学珠海学院	暨南大学深圳旅游学院	高校分校区：依托暨南大学、深圳市政府、华侨城集团三方合作，"名校 + 名企"的独特办学模式
3		华南理工大学	2004	1000	华南理工大学网络教育学院	深圳宝安电大（华南理工大学远程教育教学中心）	依托网络的远程教育学（深圳市唯一一家通过教育厅审批的远程教育学中心）
4	香港	香港中文大学	2014	4500，远期11000	香港中文大学校本部	深圳市龙岗区	内地与港澳台地区合作办学：全日制本科生与研究生教育

序号	合作城市	高校名称	合作年份	学生规模（名）	市外机构设置	位于深圳的机构设置	合作联系形式
5	北京、莫斯科	深圳北理莫斯科大学	2014	5000（远期）	北京理工大学、莫斯科国立罗素诺索夫大学	深圳市龙岗区	中外合作办学：全日制本科生与研究生教育
6	哈尔滨	哈尔滨工业大学	2002	4000	哈尔滨校本部	南山区深圳大学城哈尔滨工业大学校区	高校分校区（设有9个学院、2个研究院及31个研究中心）；全日制本科生与研究生教育

资料来源：课题组整理。

总的来说，与其他城市和地区相比较而言，广深两地市校的合作办学仍处于积极探索阶段，目前除了暨南大学深圳校区（仅有一个旅游学院）、中山大学深圳校区仍在建设之外，两地并无其他大学在对方设立校区或者研究院，两地市校合作的广度和深度有待进一步拓展。

2. 两地主要高校的论文合作情况

考虑到广州是华南地区高校的集中地，我们以广州的4所主要高校为作者单位，在中国知网上分别搜索2009～2019年的论文发表数量，并从结果中检索合作单位来自深圳地区的论文数，大体得出广深两地高校或相关机构开展论文合作的比例（见表3－13）。

表3－13　广州高校与深圳机构开展论文合作情况

高校名称	论文总数（篇）	结果中检索合作单位：深圳（篇）	合作比例（%）	结果中检索合作单位：广州（篇）	合作比例（%）
中山大学	106889	2450	2.29	9248	8.65
华南理工大学	118057	926	0.78	17565	14.88
暨南大学	70507	4852	6.88	9669	13.71
华南师范大学	42871	493	1.15	5553	12.95

资料来源：课题组根据中国知网数据库整理。

从上述数据可以判断，广深两地合作的论文比例还是比较低的（暨南大学的比例相对较高，是因为暨南大学深圳校区运营多年），说明高校之间的学术交流与合作水平有待进一步提升。

三　广深科研院所的创新联系

在衡量广深两地科研机构之间合作与联系程度的问题上，我们选取了2015～2018年广东省认定的新型研发机构[①]作为代表样本，分析两地新型研发机构之间以及其与对方城市的政府部门、事业单位、企业、高校、社会团体等创新主体之间的合作和联系程度。从2015年开始，广东正式开展省级新型研发机构认定工作。目前，省级新型研发机构总量为219家。广东的新型研发机构主要集中在珠三角地区，其中广州占50家，深圳占43家，两市合计占到全省总数的42.47%，这表明新型研发机构有较高的区域集聚性，倾向于"扎堆"大城市，以此为代表也具有较强的科学性。

据统计，在广州的50家新型研发机构中，与深圳有创新联系的有14家，占比为28.00%，涉及34家深圳的创新主体；其联系的创新主体以深圳的企业为主（88.23%），其次是科研院所（14.70%）。两地新型研发机构合作形式以依托具体项目的产品和技术研发为主。例如中国科学院广州生物医药与健康研究院和深圳5家不同类型的创新主体建立了较为紧密的合作关系，不仅与高校及科研院所组建联合课题组，进行课题攻关和学术论文合作，还借助企业推动生命科学领域的科技成果转化（蔡丽茹、谷雨，2020）（见表3－14）。

表3－14　广州新型研发机构与深圳创新主体的联系情况

序号	广州的新型研发机构	与其开展联系的深圳创新主体	合作主体类型	合作领域
1	中国科学院广州生物医药与健康研究院	1. 中国科学院深圳先进技术研究院	科研院所（中科院系统内）	"磁共振成像技术在生物医学研究中的应用"（课题、论文）
2		2. 臻溪谷投资（深圳）股份有限公司	企业	生命科学（培育科学家和科技创新成果、成果转化）

---

①　根据广东省科学技术厅相关文件的定义，新型研发机构是指以多主体的方式投资、多样化的模式组建、企业化的机制运作，以市场需求为导向，主要从事研发及其相关活动，投管分离、独立核算、自负盈亏的新型法人组织。

续表

序号	广州的新型研发机构	与其开展联系的深圳创新主体	合作主体类型	合作领域
3		3. 深圳华大基因研究院	科研院所	"猪突变技术创新及基因修饰猪模型的建立"（课题项目）
4	中国科学院广州生物医药与健康研究院	4. 深圳大学	高校	学术报告（《微丝重塑与胞内钙"隧道"》，苏庆宁教授；《天然小分子诱生内源抗病毒细胞因子增强机体抗感染作用研究》，贺震旦教授）
5		5. 北京大学深圳研究生院	科研院所	学术报告（Adventures in Total Syntheses of "Star Molecules"，李闯创 副教授）
6	广州中国科学院工业技术研究院	1. 深圳市善营自动化设备有限公司	企业	共同研制"间隙斑马涂布机"系统设备及技术研发
7		2. 深圳市吉阳智能科技有限公司	企业	双方共同研制"方形叠片电池芯包制造系统"系统设备及技术研发
8		1. 上福瑞光电技术有限公司	企业	产品、服务和技术支持
9		2. 深圳市英集科技有限公司	企业	共同开拓海外智慧路灯的市场
10	广州中国科学院软件应用技术研究所	3. 深圳市佳信捷技术股份有限公司	企业	智慧家庭和智能视频分析
11		4. 深圳华昊咨询有限公司	企业	智慧城市领域
12		5. 深圳动车电气自动化有限公司	企业	核心技术应用
13		6. 深圳市东新科技有限公司	企业	成立"深圳智慧城市创新产品联合实验室"
14	广州中国科学院先进技术研究所	深圳中科台富科技有限公司	企业	育成公司（子公司）
15		1. 深圳海王集团股份有限公司	企业	
16	广东华南新药创制中心	2. 深圳致君制药有限公司	企业	合作伙伴
17		3. 深圳华大基因科技有限公司	企业	

续表

序号	广州的新型研发机构	与其开展联系的深圳创新主体	合作主体类型	合作领域
18	广州合成材料研究院	1. 中兴通讯	企业	合作伙伴
19		2. 华为	企业	
20		3. 比亚迪	企业	
21	清华珠三角研究院	1. 深圳市联恒星科技有限公司（在孵企业）	企业	合作孵化企业
22		2. 深圳前海和清环保投资服务企业	企业	
23		3. 深圳清华大学研究院控股的力合科创集团有限公司	企业	
24		4. 清华大学深圳研究生院	科研院所	合作共建智能电网技术研发中心
25		5. 深圳市联恒星科技有限公司	企业	合作共建清华珠三角研究院能源先进测控技术与装备研发中心
26	广州中国科学院计算机网络信息中心	深圳一带一路经贸战略研究院	科研院所	业务合作
27	广东合一新材料研究院	广东合一新材料研究院有限公司深圳分公司	企业（分公司）	分公司
28	广州杰赛通信与信息技术研究院	1. 深圳办事处	企业（分公司）	技术支持；战略合作协议
29		2. 深圳运营商 LTE4G	企业	
30		3. 中兴微电子	企业	
31	广州市光机电技术研究院	广东光谷	企业	"广东光谷"现在是一个区域概念，它由深圳的"光数码城"和"广州科学城"组成
32	聚华印刷显示技术研究院	深圳华星光电技术有限公司	企业	股东
33	广东莱恩医药研究院有限公司	深圳普瑞金生物药业股份有限公司	企业	联合共建"粤港澳大湾区细胞与基因治疗药物研发与评价一站式公共服务平台"
34	广东高质资源环境研究院有限公司	龙澄高科技环保（集团）有限公司	企业	重点在城乡环卫一体化项目和特色小镇项目等领域展开合作

资料来源：课题组整理。

而在深圳的 43 家新型研发机构中,10 家与广州有联系和合作,占比为 23.26%,涉及 17 家广州的创新主体。与广州情况不同的是:深圳机构的联系创新主体以广州的高等院校为主(52.94%),其次是科研院所(23.53%)。两地新型研发机构合作形式以主要研究领域的合作开发和人才培训为主(蔡丽茹、谷雨,2020)(见表 3-15)。

表 3-15　深圳新型研发机构与广州创新主体的联系情况

序号	深圳的新型研发机构	与其开展联系的广州创新主体	合作主体类型	合作领域
1	中国科学院深圳先进技术研究院	1. 中科院广州分院	科研院所(中科院系统内)	生命科学;中国科学院广州生命科学大型仪器区域中心成立于 2012 年,深圳先进技术研究院于 2017 年加入其中
2		2. 中国科学院广州生命科学大型仪器区域中心	科研院所	
3	中山大学深圳研究院	中山大学	高校	产学研合作及科技成果转化,开展人才培训、企业咨询
4	深圳创新设计研究院有限公司	1. 广州大学	高校	设计类项目
5		2. 广州美术学院	高校	设计类项目
6	深圳市城市交通规划设计研究中心	1. 广州分院	科研院所(分院)	交通领域的产学研合作
7		2. 中山大学	高校	
8		3. 华南理工大学	高校	
9	深圳市勘察研究院有限公司	1. 广州分公司	企业(分公司)	业务联系
10		2. 华南理工大学	高校	在岩土力学、地质勘查方面建立了紧密的合作关系,打造了产学研的平台
11	国家超级计算深圳中心(深圳云计算中心)	国家超级计算广州中心	科研院所(中科院系统内)	业务联系
12	华星光电 AMOLED 技术研究院	1. 华南理工大学	高校	共建的"AMOLED 工艺技术国家工程实验室",是目前国内唯一一个 AMOLED 领域的国家工程实验室
13		2. 中山大学	高校	
14	华南智能机器人创新研究院	广州城建职业学院	高校	人才培训,机器人制造
15	深圳航天科技创新研究院	日立楼宇技术(广州)有限公司	企业	智慧楼宇建设

序号	深圳的新型研发 机构	与其开展联系 的广州创新主体	合作主体 类型	合作领域
16	深圳市免疫基因治疗研究院	1. 广州妇女儿童医疗中心	事业单位	免疫治疗临床概况
17		2. 珠江医院	事业单位	

资料来源：课题组整理。

总的来说，以新型研发机构为代表的广深两地科研机构联系度约为25%，与产业联系度相比，这个联系度是比较高的。这主要是因为科研机构稀缺性相对较高，服务的空间范围更大。但总体上看，这种联系水平与广深两地的产业创新需求相比仍然偏低。

四　小结

从广深高新技术企业与高校科研机构的创新联系的分析来看，广深城市之间的创新联系仍然处于一个相对松散的状态，受地理距离因素的影响，广佛、深莞之间的城市创新联系要强于广深之间的城市创新联系。然而，从时间阶段性来看，广深之间的城市创新联系仍然在缓慢地增强。随着广深两地高新技术产业进一步发展壮大，加上广深两地政府不断采取各种政策推动"双核联动"，广深之间的城市创新联系有望得到进一步增强，从而改变粤港澳大湾区城市基于地理因素和产业分工形成的城市群空间结构格局。

第五节　粤港澳大湾区城市群空间优化路径

一　通过高效互联互通综合交通，促进大湾区一体化，打造共同市场

以大型区域性交通设施为先导，加速区域整合。在大湾区的跨区域发展中有两大主要方向，一是增设更多的跨越珠江东西两岸的桥梁和推动城际轨道交通建设；二是借助港珠澳大桥、南沙大桥，加上未来的深中通道和深珠通道，构筑香港、澳门与珠海，中山与深圳，东莞与番禺之间要素便捷流动的主通道，并加强对粤东、粤西地区的辐射。

一是加速城际轨道交通建设。在粤港澳大湾区城际轨道交通方面，以广珠城际、佛肇城际、莞惠城际、广深城际、穗莞深城际、广清城际、广佛南环（佛山西—广州南）等为基本骨架，加快佛莞城际、穗莞深城际琶洲支线、穗莞深天河支线、珠机城际建设，重点加强各条轨道交通之间的衔接，形成网络化运行格局。加强枢纽站点的建设，以广州北站、白云机场、金融城、琶洲、佛山新城、佛山西站为基础，加强相互之间的接驳线路建设。

二是以大湾区核心平台任意两点间 30 分钟可达为标准，加强主要功能平台的快速联系。珠江口东岸地区，深化基于电子信息产业的分工合作，建设世界级电子信息产业带。珠江口西岸地区，借助大湾区东西向交通联系增强的趋势，积极争取成为香港的新腹地，强化珠海作为西岸龙头城市的地位，推动区域要素进一步集聚，并与周边城市形成联动发展格局；在通用航空领域方面，将珠海打造成为香港向西商务拓展的"桥头堡"，联同澳门打造向葡语国家要素流动的对接点。

二 建立"区域融合"的空间秩序："双核三圈网络型"城市群体系

（一） 强化两大全球性组合城市功能——广佛、港深

深化广佛同城化发展，推动港深围绕香港"北部都会区"和前海等深度合作区建设，加快同城化。根据广佛和港深所形成的经济总量超过北京和上海成为"超级大都市区"的趋势，进一步推进广佛同城化及港深合作，形成更加紧密的功能互补关系。深入利用两个超级城市的区位优势、产业和经济互补性、社会文化的同源性，强化平台共建、产业链共建及深化社会人文往来。推动佛山、东莞传统制造业和新兴产业承接广州和深圳创新要素资源溢出，也为广深的技术、资本、人才等创新资源发挥作用提供空间。

（二） 优化三大都市圈分工，支撑大城市群发展壮大

广州都市圈充分发挥广州核心城市作用，推动广佛全域同城化发展，支持广佛共建国际化都会区，重点建设广州南站 - 佛山三龙湾、五眼桥 - 滘口、大岗 - 五沙、白云 - 南海、花都 - 三水等"1 + 4"高质量融合发展试验区，联动肇庆、清远、云浮、韶关等战略支点，打造具有全球影响力

的现代化都市圈建设典范。加快建设以广佛地铁、广佛江珠城际、肇顺南城际等轨道交通为骨干的"1小时交通圈",形成以广佛国际化都会区为核心,以南沙新区、广州知识城、空港经济区、佛山三龙湾、肇庆新区等为节点,带动肇清云韶协同发展的圈层网络化空间格局。

深圳都市圈充分发挥深圳核心城市带动作用,推动深莞惠一体化发展,共建深莞惠区域协同发展试验区,建设具有全球影响力的国际化、现代化、创新型都市圈。加快完善深莞城际、深惠城际、中莞龙城际等都市圈轨道交通网,形成以深圳都市核心区为主中心,东莞、惠州主城区为副中心,深圳大空港-东莞滨海湾新区、光明-松山湖、坪山-惠阳、银瓶-潼湖、惠州环大亚湾新区、东莞水乡新城等为支点,辐射带动汕尾、河源协同发展的圈层网络化空间格局。

加快培育珠江口西岸都市圈,推动珠中江协同发展,建设珠江口西岸产业集聚区,联动阳江协同建设粤港澳大湾区,辐射带动粤西地区发展重要增长极。更好地发挥港珠澳大桥作用,紧抓深中通道、深珠通道等建设机遇,推动与珠江口东岸融合互动发展。支持珠中江三市共同申报组建都市圈地铁网,构建以广中珠澳高铁、珠江肇高铁等为骨干的"1小时交通圈",形成以珠海主城区为主中心,中山、江门、阳江主城区为副中心,横琴新区、翠亨新区、大广海经济区等为支点的多中心协同发展的空间格局。

（三） 构筑网络化城市群体系

区域要素流动趋势是沿着成本最低方向,构建长期性的节点与渠道关系。自贸区目前作为要素流动制度成本最低的功能区,要争取建设成为制度创新高地。大湾区应该构建以自贸区为融合点,以穗港、深港、珠澳为主要承载区域,以高速公路、高速铁路、城际轨道、港口体系为依托的网络化城市群体系,实现要素便捷流动。推动形成开放型创新区域,引进更多高质量的外资,加强与国际规则对接,优化营商环境,形成粤港澳大湾区统一的制度氛围。加大珠三角地区对港澳服务业的招引力度,吸引港澳资本进入物流、商贸、中介等专业服务行业。推动珠三角地区引入港澳在城市管理、市场运作、法制建设等方面的成功经验。加强粤港澳大湾区信息基础设施、路桥基础设施建设,加强粤港澳大湾区内环境与生态共治工作,以形成粤港澳大湾区市场共同体（陈世栋,2018）。

第四章
粤港澳大湾区中心城市辐射带动与都市圈发展

中心城市是引领区域经济发展的重要增长极，也是促进区域协调发展的引擎，世界典型湾区的发展历程都离不开中心城市强大的辐射带动作用。粤港澳大湾区要建成国际一流湾区和实现高质量发展，必须充分发挥广州、深圳、香港、澳门四大中心城市的核心引擎作用，并通过增强中心城市的辐射带动作用，形成点、线、面、圈多维的辐射网络，加快建设现代化都市圈。本章基于区域经济发展辐射基本理论，构建"辐射源—辐射通道—辐射腹地"的理论分析框架，揭示中心城市辐射带动的机制与路径，并通过实证研究对粤港澳大湾区中心城市辐射带动效应进行评价，运用典型案例比较分析粤港澳大湾区都市圈的发展模式，进而提出增强粤港澳大湾区中心城市辐射带动能力及强化都市圈协同共治的策略。

第一节　粤港澳大湾区中心城市辐射带动机制与路径

一　中心城市辐射带动的一般机制

（一）中心城市辐射带动的内涵

中心城市是在一定区域内的社会经济活动中处于重要地位，具有综合功能或多种主导功能，起着枢纽作用的大城市、特大城市和超大城市。区域性中心城市通过发挥在科技创新、信息交通、咨询服务、工业生产及组织管理等方面的引领作用，以较大的经济、产业、科技等优势，利用交通、通信、网络等媒介，与其腹地进行基于共同需求的经济、产业、科技交流与合作，进而促进城市及其腹地经济共同发展。由此可见，中心城市的辐射带动是指一个城市以其较高的经济、产业、科技等优势，利用交通、通信、网络等媒介，与其腹地进行基于共同需求的经济、产业、科技交流与合作，通过人力、资金、信息、技术的相互作用，进而促进城市及其腹地经济共同发展的过程。

（二）中心城市辐射带动的理论逻辑

从中心城市辐射带动的内涵来看，中心城市辐射带动过程由三个要素组成：一是辐射源，指具有辐射带动能力的特定城市；二是辐射介质，即辐射通道，指联系城市及其腹地的各种通道；三是辐射对象，即辐射腹地，指接受城市辐射的腹地区域。城市的辐射带动能力实质上反映的是城市与腹地之间的空间经济联系。结合空间经济学经典理论，我们进一步探讨中心城市辐射带动的理论逻辑。

1. 中心城市辐射源的形成

中心城市辐射源的形成机制来自经典的增长极理论与新兴的新经济地理理论。Hirschman（1958）提出地区增长极对经济发展同时存在两种影响：吸引生产要素向增长极汇集的"极化效应"，增长极内的知识和资本向周边地区扩散的"涓滴效应"。中心城市发挥辐射带动功能实质上就是涓滴效应的体现。新经济地理学进一步讨论了生产要素集聚和扩散的前提条件和发生机制，认为当集聚水平达到一定程度后，竞争压力迫使企业向外迁移，驱动生产要素在空间上扩散，非中心城市的城镇化和工业化水平会在承接中心城市的产业和就业人口转移过程中加速提升（毛艳华等，2021），逐渐形成新的辐射源。

2. 中心城市辐射通道的打造

中心城市与辐射对象间的输送传递能力的强弱，取决于区域间交互性通道体系的通达性。萨伦巴（Zaremba）和马利士（Marlis）提出的点轴开发理论强调点与点之间的轴（即交通干线）的作用，认为社会经济要素一般情况下会在某个点上集聚，通过网络通道，即轴，向不发达区域纵深地发展推移，形成辐射。轴对具有紧密联系的外围地区产生吸引力和凝聚力，形成轴两侧经济增长片区（陆大道，2002）；轴在极化效应、扩散效应的相互影响下持续向欠发达区域纵深地延伸，形成一个高层次开发、多要素集聚的产业密集带和发展轴，从而引领区域经济协调发展（林志豪，2021）。

3. 中心城市辐射腹地的拓展

关于中心城市空间带动作用的研究起源于农业区位理论，亨德森（Henderson）将杜能的农业土地利用模型引入城市体系分析框架，克鲁格曼（Krugman）在此基础上建立了区域经济的"中心—外围"模型，强调人口和生产在集聚力和离心力相互作用下会影响城市层级演化和区域空间分布。根据"中心—外围"模型，"外围"是由扩散效应区、极化效应区、资源边际区和特色问题区形成的腹地，"中心—外围"的空间关系在特定条件下就是城市与腹地的关系（孔祥彬，2007）。辐射腹地范围的扩大表明，随着中心城市影响力与聚散功能的增强，辐射腹地与中心城市一体化程度提高。

4. 网络式结构及圈层结构形成

中心城市对腹地的集聚辐射能级会随着距离的增大产生能量耗散，呈圈层状向外递减，产生不同的圈层（李胜，2021）。戈特曼提出大都市圈理论，认为辐射网络的正外部性会提升圈内城镇一体化程度，降低交易成本，从而增强都市圈整体的辐射效应，形成点轴模式，沿圈层节点扇形推进外围圈层外拓。随着全球化与信息化进程加快，有形的物理交通区位被虚拟的交通区位取代，出现集聚与分散并存的趋势，并在某些节点衍生亚中心，形成多中心的空间模式（郑德高等，2017）。传统的"场所空间"逐渐过渡到"流动空间"（Castells，1996），区域间的空间组织逻辑和发展范式发生显著调整，单一的点轴辐射呈现网络式特征。根据网络开发理论，随着增长极和增长轴影响范围的拓展，一个地区会在较大的区域内形成生产要素的流动网络以及交通、通信网络，腹地也可能从空间邻近走向蛙跳式非空间邻近，形成多圈层联动形态。

二 中心城市辐射带动机制分析

（一）高水平的城市能级是中心城市发挥辐射带动作用的基础

拥有优于区域内其他城市的某项经济优势，且区域内外其他城市具有一定竞合条件，是中心城市集聚周边资源进而形成对外辐射带动能力的前提条件。辐射源的比较优势越大，集聚辐射强度也越高。能够作为辐射源的城市一般具有以下特征。一是经济实力雄厚，高端要素集聚。具有足够雄厚的经济实力是中心城市的基本特征（田美玲，2014），可以对周边地区的生产要素形成强劲的吸引力及辐射力。二是地理区位优越，基础设施完善。完备的基础设施，尤其是便捷的交通运输系统、先进的通信网络，是其辐射周边地区的功能性支撑，为人才、物资频繁往来提供了通畅高效的管道。三是产业结构高端，创新驱动发展。从国际经验来看，知识密集型的创新性产业部门以及以法律、金融、商贸为代表的总部经济和生产性服务业构成了中心城市的经济主体，体现了典型的高端化特征。四是对外高度开放，对内辐射引领。中心城市不仅是区域对外贸易口岸和对外交流的窗口，能够便捷地引进外部资本，学习先进的管理理念和知识技能，而且可以通过经济发展、产业转移、生产服务和生活服务、提供就业岗位等方式辐射带动周边城市发展。

（二）多样化的辐射通道是中心城市发挥辐射带动作用的媒介

辐射源需要借由具备输送传递能力的辐射通道引导人力、资金、信息和技术，发挥对辐射腹地的带动作用，这是关系辐射机制是否能生效的重要方面。根据辐射介质的不同，辐射通道大致可分为交通通道、"大文化"通道、数字新基建等，多层次的辐射通道交织，形成全方位辐射网络。首先，海陆空一体化的立体交通网络可以有效促进人口的快速流动与加快经济的对外连接，便利人才、物资在区域内自由流动。其次，创新创意的文创产业、自由浓厚的文化氛围、发达完善的文化设施、繁荣多样的文化交流有助于中心城市发挥示范效应，提升其在城市外交方面的影响力（徐晓迪，2022）。最后，对工业互联网、人工智能、数字基础设施等新基建的投入大大降低了各种"流"的运输成本、时间成本，促使交通系统向网格化演变，这不仅能够在短期内通过投资拉动经济增长，而且有助于加速各类要素在城市间自由流动、经济动能有效转换。

（三）广阔的辐射腹地是中心城市发挥辐射带动作用的保障

辐射腹地是中心城市集聚和辐射能力能够达到并能促进其经济发展的地域范围。腹地的大小、质量对中心城市的发展能够产生重要影响，其可以提供各类资源支持中心城市开展经济活动。辐射腹地与中心城市通过产业协同、文化交流、基础设施互联等方式建立联系，二者联系越紧密，辐射腹地承接中心城市功能疏解的能力越强。一是优势互补的产业协作关系有助于腹地承接中心城市的产业转移。中心城市之所以对所辐射区域具有扩散作用，关键在于中心城市具备先进的产业结构和较高的产业水平。二是密切的人文交流合作有助于加快两地间生产要素流通。人文联系在中心城市对腹地的经济辐射带动过程中起润滑、催化的作用，它包括区域之间的人员来往、文化交流、历史传统的相通性等。三是完善的基础设施体系有助于形成强大的辐射网络。海陆空一体化交通体系的逐步完善，降低了中心城市与腹地之间的交流成本，促进了两地之间的辐射带动机制发挥作用，产生强大的辐射效应。

三 中心城市辐射带动的路径分析

（一）辐射方式

创新驱动是新常态阶段下城市经济结构战略性调整的关键因素，是引领发展的第一动力（程广斌、靳瑶，2022）。强化中心城市的引领示范作用，关键在于提升中心城市的辐射带动力特别是创新引领能力。创新对中心城市辐射带动作用的渗透影响主要是通过创新要素流动、数字技术应用与创新来实现的。

1. 创新要素流动加速区域间资源优化配置

中心城市集聚周边地区的优势创新资源，同时以人才帮扶、联合开发、战略联盟等形式促进新知识、新技术以及前沿的经营管理理念向周边地区扩散，在极化效应和涓滴效应的共同影响下，实现中心城市和周边地区的资源交换，改变周边城市的人才、资本规模和结构，提升资源配置效率，降低平均生产成本（白俊红等，2017），创新的短期内生性与长期外部溢出效应使周边地区产业结构呈现先劣化再优化的非线性过程（李洪涛、王丽丽，2021）。

2. 数字技术应用与创新深化区域一体化合作

数字要素的流通有利于打通产品市场、要素市场和服务市场，实现以数字驱动的跨行业与跨时空生产协同，使中心城市与辐射腹地之间的空间联系由单通道向网络化、多维化转变,有助于推动城市间生产要素跨时空连接、产业跨界融合,加深一体化程度,从而带动周边地区产业结构优化升级。此外,数字经济与实体经济的深度融合带来了业态创新和商业模式创新,拓展了中心城市与辐射腹地的合作领域,提升了中心城市辐射能级,拓展了辐射空间。

(二) 辐射路径

中心城市与腹地之间可以通过产业链、城镇链、创新链、生态链"四链"深度协同,推进产业共建、基础设施与公共服务共建共享、创新协同、生态环境共保共治,形成具有"极化—扩散"效应的区域一体化协同网络。

一是通过产业链拓展重构产业分工体系。随着中心城市的土地、劳动力等要素成本不断提高,中心城市的产业部门会通过产业链的拓展实现产业扩散,部分产业部门会将产业链的低端环节自发向低成本地区转移,驱动生产资料形式的物资资本输出和知识技能、人才队伍方面的人力资本输出,从而形成中心城市与外围地区产业分工体系的重构,助力带动外围地区经济增长。

二是通过城镇链实现基础设施和公共服务的一体化。中心城市是区域性服务中心所在地,拥有高水平医疗、高质量教育等公共服务,基础设施配套完善。中心城市通过对口帮扶、服务贸易、交流合作、共建共享等方式与周边城市联合打造城镇链,统筹规划基础设施建设,加强公共服务合作共享,实现中心城市与外围地区基础设施和公共服务的对接,推动区域一体化高质量发展。

三是通过创新链实现技术溢出及创新合作。中心城市利用科技创新优势,通过产业转移、技术贸易、人员交流和模仿学习等途径形成创新链,从而实现技术溢出和创新合作,这些技术包括科研生产方面的创新、市场开拓上的新方法和制度设计上的新观念。

四是通过生态链实现可持续发展。中心城市通过生态保护联防联控机制等方式与周边城市强化资源综合利用,发展绿色生态产业,实现区域经济绿色低碳和全面、协调、可持续发展(见图 4 – 1)。

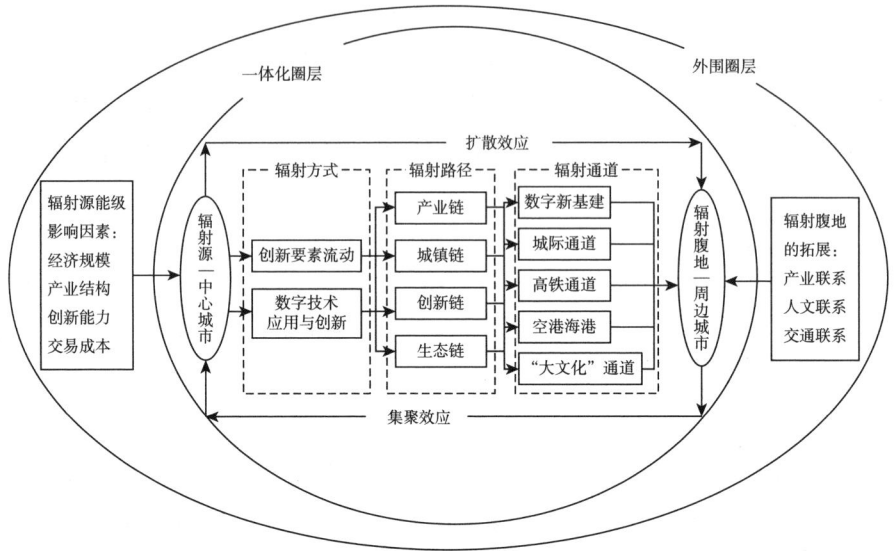

图 4 - 1　中心城市对周边地区辐射带动的作用机制

资料来源：课题组绘制。

四　粤港澳大湾区中心城市辐射带动机制分析

在产业结构、资金规模、技术创新水平、商贸方式、服务水平和文化特色等方面，中心城市比周边区域具有更为强大的综合实力和发展活力的比较优势，依托市场机制的作用，形成高端要素的集聚和扩散，辐射带动腹地的协同发展。2019 年，《粤港澳大湾区发展规划纲要》提出以广州、深圳、香港、澳门四大中心城市为区域发展的核心，擘画了"极点带动"的发展格局。四大中心城市资源禀赋和发展基础各异，立足各自的比较优势，从经济、科技、服务、文化等多维度辐射带动周边地区协同发展，成为驱动粤港澳大湾区崛起的核心引擎。

广州经济发达、高端要素集聚、区位交通条件优越、产业结构先进，尤其是创新能力日益突出，城市中汇集了众多科研机构和高等院校，是科技创新、管理创新、制度创新、文化观念创新的主要基地，具备作为中心城市辐射源的良好条件。围绕产业链、创新链、城镇链和生态链的打造，广州构建起与腹地区域之间的河、海、陆、空等多种交通通道及产业、文化、信息通道体系，促进各种生产要素的频繁互动，点与点、点与轴、轴与轴之间的集聚与扩散效应不断加强，形成点、线、面、圈多维的辐射带动网络，将珠三角地区、沿海经济带、北部生态发展区融为一体。广州通过共建广深国际科创中心、产业高地和综合交通枢纽，打造"双核"辐射通道；利用强大的经济、科创、文化辐射力，并通过城轨、高铁、高速路等通道形成与佛山、清远等邻近腹地以及与东莞、中山、肇庆、云浮、韶关等外围腹地的相互辐射及相互促进关系，推动同城化圈层、一体化圈层等各个圈层的联动发展。

2021 年，深圳的经济体量和人口规模在粤港澳大湾区城市群中的占比均超过 20%，技术创新、科研成果产业化、产业链完备等优势突出，拥有世界级集装箱枢纽港、亚洲最大陆路口岸、中国第五大航空港，具有较高的辐射能级和便捷的交通区位，具备作为粤港澳大湾区核心引擎的条件。在辐射能级的提升方面，深圳立足产业化、市场化、科技创新等比较优势，强化与港澳、广州的创新协作、优势互补，着力提升作为创新型国际化城市的创新能级，大力发展现代服务业，从科学技术、本地企业服务外包、会展服务、招商服务等方面发挥辐射带动作用。在辐射通道建设方面，深圳以深中通道、深茂铁路等战略通道建设为抓手，建成由高铁、城市轨道、口岸等组成的完备便捷高效的跨界交通运输网络，强化人流、物流、资金流、信息流和技术流等流量经济的输送传递能力。深圳通过推进"深莞惠+河源、汕尾"经济圈建设，探索推广"飞地经济"模式，向珠三角、粤东、粤西地区延展辐射腹地，以点带面蛙跳式拓展辐射空间，提升区域影响力。

香港、澳门是内地连通世界的主要"桥头堡"，即使近年来经济总量接连被北上深迎头赶上，但香港、澳门在全球金融、专业服务、资金人才等方面仍具有显著优势，是带动粤港澳大湾区发展的重要辐射源。加强港深合作是香港辐射带动珠三角地区经济发展的着力点。20 世纪 90 年代中期，香港通过制造业转移方式，辐射带动珠三角地区出口导向型制造业；当前，港深合作重心转向现代服务业及高新技术产业，依托前海和河套这两个国家级港深合作平台，通过加强机制体制创新，打破协同发展壁垒，拓展辐射通道，促进人员、货物、资金、技术、信息等各类要素高效便捷流动；未来，规划建设北部都会区、构筑大湾区"两城三圈",将有利于拓宽辐射腹地,更紧密地融入粤港澳大湾区发展。加强珠澳合作是澳门集聚和辐射带动大湾区发展的主要方向,澳门积极参与横琴粤澳深度合作区建设,聚焦科技创新产业、现代服务业、中医药产业等重点产业,加强与珠海产业协作,提升创新、服务、产业辐射能级;通过轻轨延伸横琴线项目,完善与珠海高铁轨道联通,加强珠江口西岸都市圈的便捷对接,扩大辐射半径,推动澳门与大湾区经济协同发展。

第二节 粤港澳大湾区中心城市辐射效应评价

中心城市是区域经济发展的重要增长极,具有明显的经济集聚现象,其辐射带动效应促进区域经济整体发展,是区域经济研究中的重要内容(卢小丽等,2018)。中心城市具有较强的集聚功能和辐射作用,是促进区域协调发展的引擎(毛艳华等,2021)。本节通过多维视角深入探析粤港澳大湾区中心城市与辐射腹地的集聚扩散特征,从深度上,运用引力模型测算中心城市与其他城市之间的联系强度,描述粤港澳大湾区城市群之间的协同互动关系;从广度上,采用断裂点模型刻画粤港澳大湾区中心城市辐射范围,揭示中心城市与其他城市的空间结构网络特征。

一 研究设计

(一) 研究方法

1. 引力模型

在当前区域联系的定量分析中,引力模型通常被用来描述城市之间的相互吸引力情况。传统的引力模型如下:

$$R_{ij} = \sqrt{P_i V_i \times P_j V_j} / D_{ij}^2 \tag{1}$$

其中,i 和 j 代表节点城市 i 和节点城市 j,R 代表两个节点城市之间的绝对联系强度,即引力值;P 代表节点城市的常住人口数量,V 代表节点城市社会经济规模,D 代表两个节点城市之间的空间距离。将每个节点与其他所有节点的联系强度相加,即为该节点的联系强度总量。

2. 断裂点模型

断裂点理论是关于城市与区域相互作用的一种理论，是在判断城镇空间辐射范围时广泛使用的方法。根据该理论，一个城市对周边地区的吸引力，与它的规模成正比，与两地之间距离的平方成反比（陶雅萌等，2020）。根据定义，断裂点的计算公式为：

$$\begin{cases} d_A = \dfrac{D_{AB}}{1 + \sqrt{P_B/P_A}} \\[2mm] d_B = \dfrac{D_{AB}}{1 + \sqrt{P_A/P_B}} \end{cases} \qquad (2)$$

其中，d_A、d_B 分别代表 A、B 两个城市到断裂点的距离，D_{AB} 代表 A、B 两个城市之间的距离，P_A、P_B 分别代表两个城市的人口规模。通过断裂点的计算，可以明确两座城市的影响边界，却无法反映城市在边界处的影响能力。因此，为了科学合理地反映城市影响能力的实际状况，我们需要对两座城市辐射边界处的城市辐射能力进行计算，场强表示的是城市在断裂点处辐射能力的大小，其计算公式如下所示：

$$F_A = \frac{P_A}{d_A^2} \qquad (3)$$

式中，F_A 代表场强的大小，其余字母含义同上。场强为城市影响力的分析提供了更加详细的数据。通过计算断裂点处的场强，可以方便地计算出城市的影响范围和影响能力，为进一步的分析提供参考（徐顺等，2019）。

（二）指标选取与数据来源

根据前文所述，产业协同互动、服务互联互通、创新资源流动等是中心城市辐射带动周边城市发展的重要途径，基于此，本节分别选择 GDP、第三产业增加值、R&D 经费投入数据刻画中心城市对周边城市的产业、服务、创新辐射情况。模型中涉及的人口数据选用城市常住人口数测度，节点城市之间的距离选取两市之间最短公路距离衡量。毛艳华等（2021）研究发现，广州、深圳和香港的辐射范围远大于澳门，且由于澳门部分相关数据缺乏，本节仅选取粤港澳大湾区中心城市中的广州、深圳、香港作为分析对象。广东省相关城市数据来源于《广东统计年鉴》,香港数据来源于《香港统计年刊》。

二　计算结果分析

（一）　粤港澳大湾区中心城市与其他城市之间的联系强度分析

选取 2000 年与 2020 年粤港澳大湾区各城市的三组数据,分别替换引力模型中的变量 V,计算粤港澳大湾区中心城市与其他城市的产业、服务以及创新联系强度。通过观察表 4 - 1 的计算结果可以看出,相比 2000年,2020 年粤港澳大湾区中心城市与周边城市的联系强度呈现以下明显的特征及变化趋势。

一是中心城市对外联系强度显著提升。从联系强度总量来看,广州、深圳、香港与大湾区其他城市间的联系强度均成倍增加,其中创新联系强度提升最大,2020 年的创新联系强度总量分别是 2000 年的 52.91 倍、35.82倍、18.70 倍,说明三个中心城市对周边城市的集聚辐射作用进一步凸显。三大中心城市中,广州对其他城市的产业、服务、创新联系强度总量具有显著优势,而香港与其他城市的联系强度较广州、深圳存在明显差距,这与制度因素的影响密不可分。广州作为省会城市,一直是华南地区的政治、经济、文化和科教中心,与周边城市联系紧密;而由于制度异质性,香港与内地城市的人才、资金、信息等要素的自由流动受到极大限制,联系强度较难提升。

二是中心城市与其他城市的联系强度序位出现一定变化。香港与其他城市的联系强度序位相对稳定,而随着广东战略性产业集群布局及广深科技创新走廊建设的推进,广州、深圳与其他城市的互动联系出现结构性波动。其中,东莞、中山与广州的产业联系、创新联系强度的相对位置显著提升,而香港、江门出现下滑;肇庆、珠海与广州的创新联系强度序位也有所下降。东莞、惠州与深圳的创新联系强度序位提升,分别超过广州、佛山。值得注意的是,江门与三个中心城市的多组联系强度序位均出现下滑。

三是中心城市与其他城市的联系强度呈现极点带动、圈层递减的分布特征。由于城市地理位置、产业协同、交通通达性、区域协调发展政策等多种因素的综合影响，中心城市与其他城市的联系强度表现出梯度衰减的圈层结构特征。香港—深圳、广州—佛山在产业、服务、创新方面均存在密切联系，深港在现代金融和科技创新方面深度融合，广佛在商贸服务和现代制造业方面一体化联动，带动粤港澳大湾区城市群差异化分工与全方位合作，可视为核心圈层。广州南沙、深圳前海、东莞松山湖高新区等新兴产业节点串联起香港—广州、深圳—东莞、广州—东莞的互动联系，组成次核心圈层。其他节点城市与中心城市联系强度相对较弱，构成中心城市与其他城市之间联系强度的外围圈层。

表 4-1 2000 年、2020 年粤港澳大湾区中心城市与其他城市之间的联系强度

指标	广州		深圳		香港	
	2000 年	2020 年	2000 年	2020 年	2000 年	2020 年
产业联系	佛山 1610.08	佛山 29917.1	香港 1566.46	香港 12747.53	深圳 1566.46	深圳 12747.53
	香港 316.11	东莞 4924.98↑	东莞 164.43	东莞 4024.62	广州 316.11	广州 1992.48
	东莞 259.78	深圳 2504.31↑	广州 103.12	广州 2504.31	东莞 114.29	东莞 726
	深圳 103.12	香港 1992.48↓	惠州 60.42	惠州 1439.17	佛山 62.56	佛山 389.54
	江门 84.04	中山 1076.48↑	佛山 49.49	佛山 1187.24	惠州 58.86	惠州 363.9
	中山 60.03	江门 1012.00↓	江门 26.24	中山 578.05↑	江门 34.94	中山 194.51↑
	肇庆 47.36	肇庆 689.89	中山 24.97	江门 408.04↓	中山 32.37	江门 140.98↓
	惠州 25.96	惠州 478.97	珠海 9.91	珠海 251.37	珠海 14.27	珠海 93.98
	珠海 18.64	珠海 366.26	肇庆 7.6	肇庆 142.86	肇庆 11.87	肇庆 57.94
	总量 2525.12	总量 42962.47	总量 2012.64	总量 23283.19	总量 2211.73	总量 16706.86
服务联系	佛山 769.34	佛山 9023.78	香港 757.86	香港 4482.73	深圳 757.86	深圳 4482.73
	香港 161.66	东莞 1623.02↑	东莞 74.73	东莞 1062.6	广州 161.66	广州 874.55
	东莞 124.8	香港 874.55↓	广州 53.78	广州 772.24	东莞 50.93	东莞 272.84
	深圳 53.78	深圳 772.24	佛山 22.37	惠州 346.85↑	佛山 27.73	佛山 133.99
	江门 39.25	江门 401.77	惠州 22.34	佛山 286.90↓	惠州 21.34	惠州 124.83
	中山 28.48	中山 339.18	江门 11.6	中山 145.92↑	江门 15.14	中山 69.89↑
	肇庆 22.79	肇庆 251.38	中山 11.21	江门 129.79↓	中山 14.25	江门 63.83↓
	惠州 10.15	惠州 144.08	珠海 4.56	珠海 65.76	珠海 6.44	珠海 35
	珠海 9.07	珠海 119.6	肇庆 3.46	肇庆 41.71	肇庆 5.3	肇庆 24.08
	总量 1219.32	总量 13549.6	总量 961.91	总量 7334.5	总量 1060.65	总量 6081.74

指标	广州		深圳		香港	
	2000 年	2020 年	2000 年	2020 年	2000 年	2020 年
创新联系	佛山 16.88	佛山 859.93	香港 15.73	香港 296.1	深圳 15.73	深圳 296.1
	香港 2.32	东莞 163.18↑	广州 1.64	东莞 177.06↑	广州 2.32	广州 34.86
	深圳 1.64	深圳 102.98	东莞 1.04	广州 102.98↓	佛山 0.42	东莞 13.59↑
	东莞 1.2	香港 34.86↓	佛山 0.71	惠州 58.22↑	东莞 0.34	佛山 6.32↓
	江门 0.56	中山 29.02↑	惠州 0.49	佛山 45.31↓	惠州 0.22	惠州 6.26
	中山 0.47	江门 27.90↓	中山 0.27	中山 20.69	中山 0.16	中山 2.96
	肇庆 0.28	惠州 14.59↑	江门 0.24	江门 14.94	江门 0.15	江门 2.2
	珠海 0.25	肇庆 12.61↓	珠海 0.18	珠海 10.61	珠海 0.12	珠海 1.69
	惠州 0.15	珠海 11.64↓	肇庆 0.06	肇庆 3.47	肇庆 0.04	肇庆 0.6
	总量 23.75	总量 1256.71	总量 20.36	总量 729.38	总量 19.5	总量 364.58

资料来源：课题组经计算得到。

（二）中心城市辐射带动范围与辐射能力分析

中心城市对外围城市的集聚和辐射作用会随着城市间距离的增加而衰减，由于广州、深圳、香港地理位置较为紧凑，为深入分析三者辐射范围和辐射能级的差异，本部分立足粤港澳大湾区各中心城市发展定位，分别以广州都市圈、深圳都市圈、珠三角地区为单位，基于断裂点理论测算中心城市的辐射带动范围及能力，系统分析各中心城市之间及与其他城市之间的辐射现状与问题。

1. 广州辐射带动作用分析——基于广州都市圈

广州都市圈依托"西江—北江"水系形成的传统区域经济关系而建立，由广州、佛山全域和肇庆、清远、云浮、韶关四市的都市区部分组成，2019年土地面积为71573平方公里，占广东省的39.82%，是广州帮扶带动后发地区发展的重要抓手。通过测算2000年与2020年广州对都市圈内节点城市的辐射范围和辐射能级可以看出（见表4-2），广州对都市圈内其他城市的辐射带动作用呈现两个特点。

一是辐射带动作用明显，且带动能力显著增强。2000年、2020年，广州到断裂点的距离占两地距离的比例均超过50%，2020年断裂点处的场强均比 2000 年的增长 9 倍以上，这说明广州对这些城市的产业、服务、创新都具有辐射带动作用，且带动能力显著增强。2020 年，广州对部分地区的辐射范围出现变化，其中，广州对佛山的服务辐射范围扩大，表明"广州服务 + 佛山制造"是广佛经济合作的重要领域并已取得成效；广州对清远的创新辐射以及对肇庆的产业辐射范围也有所扩大，说明经过广州前期的帮扶带动，清远的创新能力以及肇庆的产业承接能力均得到提高。

二是辐射带动作用表现为不平衡态势。广州在各断裂点处的场强相差较大，一方面，广州对都市圈内节点城市的辐射带动以产业辐射和服务辐射为主，创新辐射较弱，这可能是因为这些城市多以承接广州低端产业环节转移为主，较少涉及创新环节，另外也与广州创新溢出效应未有效发挥有关；另一方面，广州辐射带动作用存在较大的区域差异，近年来广佛同城化政策的有力推进使广州对佛山的辐射能级远高于对其他地区的辐射能级，这说明广州都市圈内部仍需进一步创新体制机制，拓宽区域间的合作领域，畅通辐射渠道。

表 4-2　2000 年、2020 年广州都市圈内中心城市辐射带动作用情况

指标	城市	广州到断裂点的距离（公里）		广州到断裂点的距离占两地距离的比例（%）		在断裂点处的场强	
		2000 年	2020 年	2000 年	2020 年	2000 年	2020 年
产业辐射	佛山	16.449	16.350	60.7	60.3↓	9.260	93.594
	韶关	173.173	179.459	78.3	81.1	0.084	0.777
	肇庆	74.787	75.462	76.0	76.7	0.448	4.394
	清远	62.188	61.428	79.9	79.0↓	0.648	6.630
	云浮	117.949	121.319	81.0	83.3	0.180	1.700
服务辐射	佛山	17.358	18.052	64.1	66.6	4.584	55.667
	韶关	179.853	185.093	81.3	83.7	0.043	0.530
	肇庆	77.139	79.903	78.4	81.2	0.232	2.841
	清远	64.783	63.674	83.3	81.8↓	0.329	4.474
	云浮	123.785	124.918	85.0	85.8	0.090	1.163

指标	城市	广州到断裂点的距离（公里）		广州到断裂点的距离占两地距离的比例（%）		在断裂点处的场强	
		2000 年	2020 年	2000 年	2020 年	2000 年	2020 年
创新辐射	佛山	17.097	16.830	63.1	62.1↓	0.099	2.736
	韶关	183.257	191.170	82.8	86.4	0.001	0.021
	肇庆	84.771	83.432	86.1	84.8↓	0.004	0.111
	清远	67.549	68.432	86.8	88.0	0.006	0.165
	云浮	135.404	137.498	93.0	94.4	0.002	0.041

资料来源：课题组经计算得到。

2. 深圳辐射带动作用分析——基于深圳都市圈

深圳都市圈由深圳、东莞、惠州全域和河源、汕尾两市的都市区部分组成，2019 年土地面积为 36312 平方公里，占广东省的 20.2%，相比其他都市圈，深圳都市圈具有外向程度高、创新能力强，产业外溢多等优势。深圳对都市圈内其他城市的辐射带动作用表现为如下特点。

一是辐射带动范围较广。2000 年、2020 年，深圳到断裂点的距离占两地距离的比例均在 60% 以上，对河源、汕尾的创新辐射范围甚至超过 90%（见表 4-3），这表明深圳都市圈内其他城市在产业、服务、创新方面均与深圳存在较大差距。但是随着近年来深圳都市圈同城化目标的推进，2020年各城市自身发展能级相较于 2000 年有所提高，尤其是创新辐射，深圳到断裂点的距离占两地距离的比例均出现下降。

二是辐射能级有待提高。从在断裂点处的场强来看，深圳对东莞、惠州的产业、服务、创新辐射都相对较强，但对河源、汕尾的辐射明显较弱，区域差异明显。东莞和惠州毗邻深圳，要素流动便利，同时两地具有较好的发展基础，能够快速承接深圳对外产业转移和城市功能疏解，反观河源、汕尾则与之形成鲜明对比。提升深圳对其辐射能级，一方面需要深圳加大帮扶力度，带动后发地区共同发展，另一方面还需要这些地区调整自身发展战略，积极主动对接深圳都市圈乃至粤港澳大湾区发展需求，谋求并抢抓更多合作机会。

表 4 - 3　2000 年、2020 年深圳都市圈内中心城市辐射带动作用情况

指标	城市	深圳到断裂点的距离（公里）		深圳到断裂点的距离占两地距离的比例（%）		在断裂点处的场强	
		2000 年	2020 年	2000 年	2020 年	2000 年	2020 年
产业辐射	河源	147.966	147.795	83.5	83.4 ↓	0.101	1.267
	惠州	60.975	63.354	69.2	71.9	0.597	6.894
	汕尾	133.965	138.324	80.6	83.2	0.124	1.446
	东莞	46.198	46.713	62.2	62.9	1.040	12.680
服务辐射	河源	150.127	149.564	84.7	84.4 ↓	0.049	0.768
	惠州	66.072	66.257	75.0	75.2	0.251	3.916
	汕尾	138.320	140.868	83.2	84.8	0.057	0.866
	东莞	47.618	49.288	64.1	66.3 ↓	0.483	7.076
创新辐射	河源	173.936	168.067	98.1	94.8 ↓	0.002	0.053
	惠州	75.639	68.327	85.9	77.6 ↓	0.008	0.324
	汕尾	158.898	156.141	95.6	93.9 ↓	0.002	0.062
	东莞	63.095	50.344	84.9	67.8 ↓	0.012	0.596

资料来源：课题组经计算得到。

3. 香港辐射带动作用分析——基于珠三角地区

近年来珠三角地区经济发展突飞猛进，香港发展相对滞后，香港对珠三角地区，尤其是对深圳和广州在产业、服务、创新领域的辐射范围都有所缩减。粤港澳大湾区城市群香港一家独大的局面被广深双核联动所取代。从辐射能级上来看，2000～2020 年，香港对珠三角城市的辐射能级均呈现提升态势，但也存在区域辐射不平衡的问题，由于香港与珠三角地区的交流合作主要集中在深圳和广州两市，加之辐射能级会随着地理距离的增大而衰减，香港对深圳、广州的在断裂点处的场强显著高于其他城市，对江门、肇庆等距离较远的地区辐射能级很低（见表 4 - 4）。

表 4－4　2000 年、2020 年香港对珠三角地区的辐射带动作用情况

指标	城市	香港到断裂点的距离（公里）		香港到断裂点的距离占两地距离的比例（%）		在断裂点处的场强	
		2000 年	2020 年	2000 年	2020 年	2000 年	2020 年
产业辐射	广州	78.531	56.160	67.6	48.3 ↓	1.766	6.941
	深圳	31.969	21.842	68.9	47.1 ↓	10.656	45.882
	珠海	165.783	139.331	85.1	71.5 ↓	0.396	1.128
	佛山	137.268	105.641	76.3	58.7 ↓	0.578	1.961
	惠州	109.425	91.303	83.3	69.5 ↓	0.909	2.626
	东莞	102.934	78.848	78.5	60.1 ↓	1.028	3.521
	中山	131.143	112.002	84.9	72.5 ↓	0.633	1.745
	江门	152.970	134.476	82.3	72.3 ↓	0.465	1.210
	肇庆	223.371	194.118	86.8	75.5 ↓	0.218	0.581
服务辐射	广州	76.596	51.524	65.9	44.3 ↓	0.881	4.337
	深圳	31.773	20.883	68.5	45.0 ↓	5.118	26.401
	珠海	166.988	138.480	85.7	71.1 ↓	0.185	0.600
	佛山	139.439	110.426	77.5	61.4 ↓	0.266	0.944
	惠州	113.916	93.667	86.7	71.3 ↓	0.398	1.312
	东莞	104.297	80.983	79.5	61.7 ↓	0.475	1.755
	中山	132.589	113.291	85.8	73.3 ↓	0.294	0.897
	江门	155.355	135.495	83.6	72.9 ↓	0.214	0.627
	肇庆	225.118	199.288	87.5	77.5 ↓	0.102	0.290
创新辐射	广州	66.118	40.171	56.9	34.6 ↓	0.012	0.134
	深圳	23.498	12.737	50.6	27.5 ↓	0.092	1.333
	珠海	147.578	113.022	75.7	58.0 ↓	0.002	0.017
	佛山	124.653	83.480	69.3	46.4 ↓	0.003	0.031
	惠州	113.222	74.456	86.2	56.7 ↓	0.004	0.039
	东莞	111.842	58.115	85.2	44.3 ↓	0.004	0.064
	中山	130.001	97.490	84.1	63.1 ↓	0.003	0.023
	江门	155.544	115.992	83.7	62.4 ↓	0.002	0.016
	肇庆	229.279	192.004	89.1	74.7 ↓	0.001	0.006

资料来源：课题组经计算得到。

综合上述分析可以看出，粤港澳大湾区中心城市具有较强的集聚功能和辐射作用，是促进区域协调发展的引擎。第一，三大中心城市与粤港澳大湾区其他城市的联系强度分析表明，2000～2020 年，中心城市与其他城市的联系强度显著提升，且呈现极点带动、圈层递减的分布特征。第二，中心城市辐射带动范围和能级研究再次印证，广州—佛山、香港—深圳在产业、服务、创新方面存在紧密联系，说明"广佛同城化"已经取得阶段性成效，深圳与香港 40 多年的竞合关系深入影响双方产业经济和城市空间的成长，《前海方案》的出台及香港北部都会区的设立，都将为深港合作提供更广阔的空间。第三，广州、深圳、香港的辐射带动作用在区域内部存在明显的地域差异，这也在很大程度上造成了区域发展的不平衡。因此，粤港澳大湾区应进一步强化体制机制改革与创新，提高中心城市辐射能级，拓宽辐射通道，推动区域协调发展。

第三节　粤港澳大湾区的都市圈发展模式

"都市圈"是区域中心城市与外围城镇基于不同社会经济联系强度所形成的圈层式空间结构形态。2019 年，国家发展改革委公布的文件提出，"都市圈是城市群内部以超大特大城市或辐射带动功能强的大城市为中心、以 1 小时通勤圈为基本范围的城镇化空间形态"（国家发展改革委，2019）。都市圈主要强调中心城市的辐射带动能力和交通通勤范围，由于基础禀赋和发展动力差异，都市圈逐渐演化出不同的模式。结合前文的理论分析，粤港澳大湾区内都市圈不同发展模式的形成主要受辐射源城市数量与能级、辐射通道的形式与方向、辐射腹地与中心城市的时空距离与功能差异等因素的影响。

一　粤港澳大湾区都市圈发展总体特征

在粤港澳大湾区范围[①]内，能够满足都市圈特点的是三个经济一体化地区，一是以深圳和香港为中心城市，以东莞、惠州为中间圈层，以汕尾、

---

① 包括珠三角 9 市和香港、澳门。

河源为外围圈层的"港深莞惠＋汕尾河源"都市圈；二是以澳门及珠海为中心城市，以中山、江门为中间圈层，以阳江为外围圈层所形成的"澳珠中江＋阳江"都市圈；三是以广州及佛山为中心城市，以清远、肇庆为中间圈层，以云浮、韶关为外围圈层所形成的"广佛肇＋清云韶"都市圈。基于数据的可得性，并与广东省相关区域规划衔接，本节重点研究广州都市圈①、深圳都市圈②和珠江口西岸都市圈③。

（一）中心城市：多源辐射格局逐渐形成

1. 辐射源特征一：中心城市能级逐渐跃升

目前，粤港澳大湾区中，香港、广州和深圳是三大综合实力强劲的中心城市。根据第七次全国人口普查数据和城市类型划分标准④，2020 年，在大湾区范围内，广州、深圳、东莞 3 个为超大城市；香港、佛山和惠州 3 个为特大城市；除了超大城市、特大城市及澳门，其余均为大城市。据全球化与世界城市研究网络编制的年度全球城市排名，2000 年，在粤港澳大湾区对应的范围内，仅有香港和广州上榜，其中，香港排在 Alpha＋级（第二级），在参评城市中居全球第 3 位；广州排在全球第 109 位，位列 Gamma－级。2020 年的榜单中，来自大湾区的城市分别为香港（Alpha＋级，全球排名第 3 位），广州和深圳均为 Alpha－级，排名分别为第 34 位和第 46 位。数据表明，广州和深圳已从中国一线城市晋升为"世界一线"城市，香港凭借强大的金融中心功能排在世界强一线城市第 1 位。

2. 辐射源特征二："共轭耦合化"逐渐加深

在粤港澳大湾区内，得益于接近港澳的区位优势、经济特区建设契机等，辐射源城市逐渐由单个城市演化为三个城市组合所形成的"超级城市"，按照"国际—国内""服务—制造""创新—转化"的功能互补性，组合形成了强大的超级辐射源，出现了"共轭耦合化"现象，即"香港—

---

① 广州都市圈包括广州、佛山全域和肇庆、清远、云浮、韶关四市的都市区部分。
② 深圳都市圈包括深圳、东莞、惠州全域和河源、汕尾两市的都市区部分。
③ 珠江口西岸都市圈包括珠海、中山、江门、阳江四市。
④ 根据 2014 年国务院印发的《关于调整城市规模划分标准的通知》，我国分别将城区常住人口 1000 万人以上的城市称为超大城市，500 万～1000 万人的城市称为特大城市，100 万～500 万人的城市称为大城市，50 万～100 万人的城市称为中等城市，50 万人以下的城市称为小城市（以上包括本数，以下不包括本数）。

深圳"、"广州—佛山"和"澳门—珠海"三大共轭耦合辐射源。随着组合城市规模增长和功能互补性的进一步增强，中心城市之间的融合化发展趋势得到强化，合作日益紧密，香港和深圳之间形成了深圳前海特别合作区；香港为谋求进一步的发展转型，更是于 2021 年提出建设"香港北部都会区"，与深圳一同打造深圳香港"双城三圈"，作为对接内地的主要平台。澳门和珠海之间，则形成了横琴粤澳深度合作区（新华社，2021），随着 2021 年 9 月合作区管理机构的设立，横琴粤澳深度合作区已进入全面实施的新阶段。三对共轭性城市对大湾区内外直接和间接腹地辐射带动能力逐渐提高。

3. 辐射源特征三："辐射源—腹地"区域传导体系成形

改革开放 40 多年来，随着大湾区内人口和经济规模的不断增长和社会经济要素的密度不断提高，以港广深为超强中心城市，佛莞为特大城市，珠海、中山、惠州、江门、肇庆为大城市的三大梯队基本形成，同时，以博罗、鹤山、恩平、台山、开平、怀集、封开、德庆、四会等小城市和多层级乡镇为支撑的"正三角"城镇等级结构基本形成。此外，还形成了大量的专业镇。目前，珠三角地区人口规模超过 100 万人的城镇有 12 个，50 万~100 万人的城镇约为 40 个，主要分布在广州、佛山和东莞，少量分布在珠海、中山和惠州；半数城镇人口规模在 20 万人以下，主要分布在江门、肇庆和惠州。随着高效综合交通和信息网络的加密化，"人"字形主轴与复合型交通廊道的轴带格局基本确立，辐射源和腹地之间的联系强度也在不断提高，中心城市作为辐射源与周边城镇之间的联系得到强化，围绕辐射源所形成的都市圈体系基本确立。

（二）三大都市圈：基础禀赋差异及发展动力分化

在"辐射源—辐射通道—辐射腹地"体系不断交互作用下，粤港澳大湾区目前涵盖了广东三大都市圈体系的核心部分①，从珠三角地区看，广州和深圳成为区域要素的组织核心，广州都市圈、深圳都市圈和珠江口西岸都

---

① 《广东省国民经济和社会发展第十四个五年规划和 2035 年远景目标纲要》提出打造广州、深圳、珠江口西岸、汕潮揭、湛茂等五大都市圈（不包括香港和澳门），其中，广州都市圈、深圳都市圈和珠江口西岸都市圈的核心部分处于粤港澳大湾区内。

市圈在区域要素网络逐渐加密的演化过程中，分别形成了不同的发展模式，模式的差异主要源于基础禀赋差异和发展演化过程中的发展动力分化。为了解释三大都市圈发育过程和总体模式的差异，本章提出"规模—结构—动力"三维解释框架。

1. "规模—结构—动力"差异：都市圈发展总体演化

三大都市圈经济规模体量差距悬殊。1980～2020年的40年间，三大都市圈的GDP虽然均明显增加，但深圳都市圈和广州都市圈显著高于珠江口西岸都市圈。其中，广州都市圈GDP由1980年的113.2亿元增加到2020年的42280.1亿元，深圳都市圈GDP由1980年的28.19亿元增加到2020年的43768.8亿元，珠江口西岸都市圈GDP由1980年的34.57亿元增加到2020年的11194.92亿元（见图4－2）。

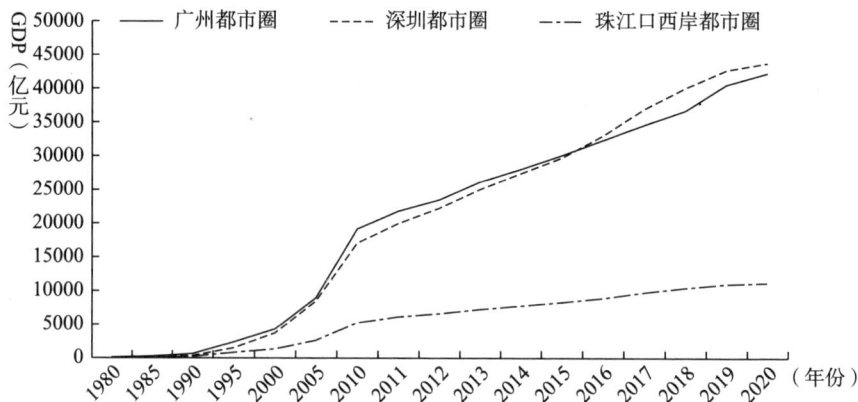

图4－2　1980～2020年粤港澳大湾区三大都市圈GDP规模差异

资料来源：课题组根据相关统计年鉴资料整理绘制。

广州都市圈和深圳都市圈发展效益接近，但两都市圈与珠江口西岸都市圈差距呈扩大趋势。本书以人均GDP表征都市圈发展效益差异。1990～2019年，三大都市圈人均GDP均呈增加趋势，其中广州都市圈人均GDP由1990年的20065.27元增加到2019年的468080.24元，深圳都市圈人均GDP由1990年的18833元增加到2019年的472839.7元，珠江口西岸都市圈人均GDP由1990年的15312元增加到2019年的386847.8元（见图4－3）。

基础禀赋差异较大。从"人、地、财"等要素基础禀赋来看，三大都市圈差距较大，其中广深珠等中心城市的差异较大是主要原因。以广深两

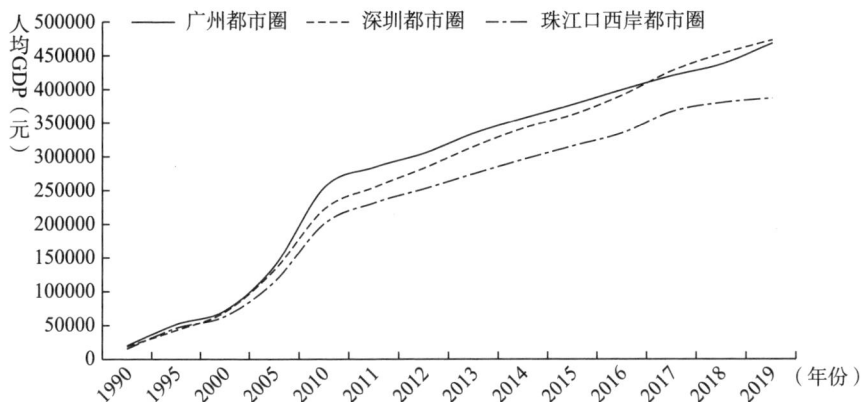

图 4-3 1990~2019 年粤港澳大湾区三大都市圈人均 GDP 发展演化

资料来源：课题组根据相关统计年鉴资料整理绘制。

市为例，它们在珠三角地区的首位特征显著。广州以 18.96% 的建设用地创造了珠三角地区 28.2% 的 GDP，集聚了 23.65% 的常住人口；深圳以 10.82% 的建设用地创造了珠三角地区 29.89% 的 GDP，集聚了 20.67% 的常住人口。在特大城市中，佛山以 15.36% 的建设用地创造了珠三角地区 12.26% 的 GDP，集聚了 12.55% 的常住人口；超大城市东莞以 3.12% 的建设用地创造了珠三角地区 10.21% 的 GDP，集聚了 13.32% 的常住人口。[①]

产业结构差异大。三大都市圈的规模以上工业增加值均呈逐年上升趋势，深圳都市圈规模以上工业增加值高于广州都市圈和珠江口西岸都市圈。制造业内部结构也得到不断的优化，三大都市圈的先进制造业增加值和高技术制造业增加值均呈逐年上升趋势，广州都市圈先进制造业增加值由 2011 年的 3702.6 亿元增长到 2019 年的 5280.47 亿元，高技术制造业增加值由 2011 年的 699.79 亿元增长到 2019 年的 1020.46 亿元；深圳都市圈先进制造业增加值由 2011 年的 4864.31 亿元增长到 2019 年的 9981.43 亿元，高技术制造业增加值由 2011 年的 3597.98 亿元增长到 2019 年的 8485.63 亿元；珠江口西岸都市圈先进制造业增加值由 2011 年的 1132.46 亿元增长到 2019 年的 1671.69 亿元，高技术制造业增加值由 2011 年的 394.53 亿元增长

---

① 作者根据相关年鉴数据测算所得。

到 2019 年的 621.63 亿元（见图 4-4）。

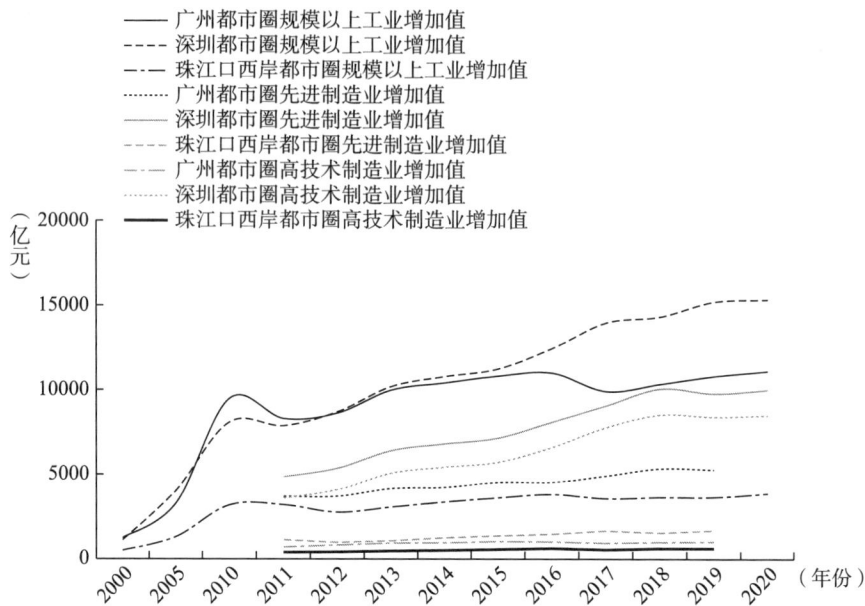

图例：
—— 广州都市圈规模以上工业增加值
----- 深圳都市圈规模以上工业增加值
—·— 珠江口西岸都市圈规模以上工业增加值
……… 广州都市圈先进制造业增加值
—— 深圳都市圈先进制造业增加值
----- 珠江口西岸都市圈先进制造业增加值
—·— 广州都市圈高技术制造业增加值
……… 深圳都市圈高技术制造业增加值
—— 珠江口西岸都市圈高技术制造业增加值

图 4-4 2000～2020 年粤港澳大湾区三大都市圈规模以上工业增加值及其结构演化

资料来源：课题组根据相关统计年鉴资料整理绘制。

发展动力差异较大。深圳都市圈的发展动力从"投资+外贸"组合走向了"科创+消费"组合，广州都市圈从以投资驱动为主走向了综合驱动，珠江口西岸都市圈则依然以投资为主要动力。发展经济学的相关研究表明，区域发展早期阶段需要依靠投资拉动，而后逐渐过渡到消费和科技创新拉动，对个别具有独特区位和政策优势的地区，外资外贸也是较大的动力。因此，本节分别计算各年份固定资产投资额、社会消费品零售总额和外贸进出口总额占 GDP 的比例，来表征投资、消费和外贸等三大传统发展动力对区域经济发展的拉动情况。

结果表明，投资驱动是三大都市圈发展的重要因素，目前依然维持在超过 30% 的水平，从三大都市圈的分异来看，广州都市圈和深圳都市圈均经历了早期阶段（1980～1985 年），投资率大规模快速上升而后波动稳定在一定的水平内（2020 年，广州 40% 左右，深圳 35% 左右），但珠江口西岸都市圈则一直处于波动上升的趋势中，目前仍处于接近 60% 的水平，因此，从投资率来看，三大都市圈从早期深圳都市圈最高、广州都市圈次之、珠江口西岸都市圈最低的状态，逐渐演化为目前珠江口西岸都市圈最高、广州都市圈第二、深圳都市圈最低的状态。

从消费驱动的情况来看，广州都市圈和珠江口西岸都市圈演化趋势基本类似，深圳都市圈稍显阶段性的差异。从总体来看，三大都市圈消费率均从早期的50%左右的水平下降到2020年的35%左右，说明在人均收入水平逐渐提高后，消费对经济的驱动处于稳定的状态，消费并没有随着收入的提高而提高，消费作为内需的主要动力还需要进一步激活。

从外贸驱动的情况来看，1990年以来，深圳都市圈的外贸对经济的拉动水平一直处于三大都市圈的第一位，并大大高于另两个都市圈。2020年，深圳都市圈外贸进出口总额占GDP的比例排第一位，珠江口西岸都市圈排在第二位，广州都市圈排第三位，三者的位序至少从1990年开始，维持至今，表明外贸是深圳都市圈的主要动力之一，而广州都市圈并不以外贸为主要动力。

总之，从三大都市圈的三大传统发展动力来看，深圳都市圈呈现明显的"外贸＋消费＋投资"模式，广州都市圈呈现三大动力相对比较综合的模式，珠江口西岸都市圈呈现明显的"投资＋消费＋外贸"模式，表现出发展阶段比深圳都市圈和广州都市圈相对滞后的特点（见图4－5）。

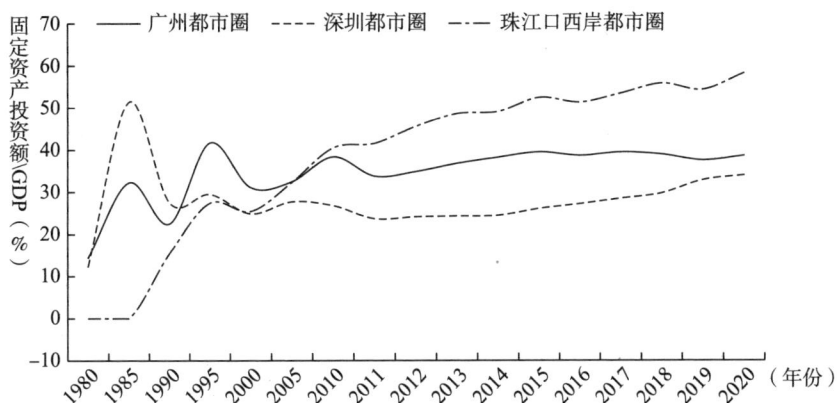

A：三大都市圈投资驱动情况

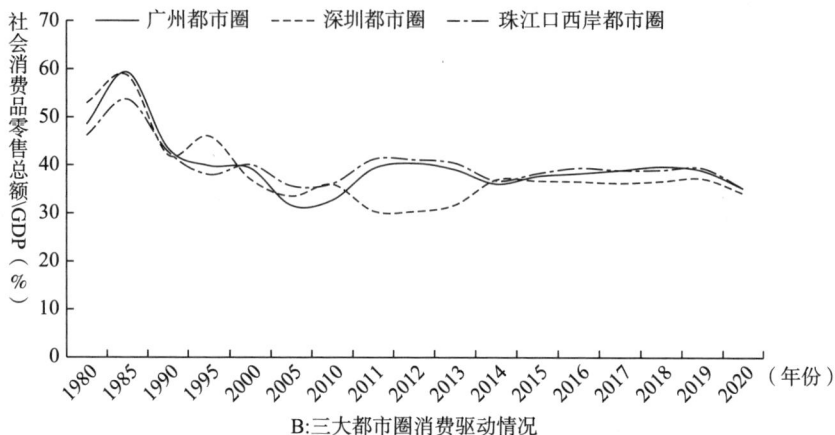

B:三大都市圈消费驱动情况

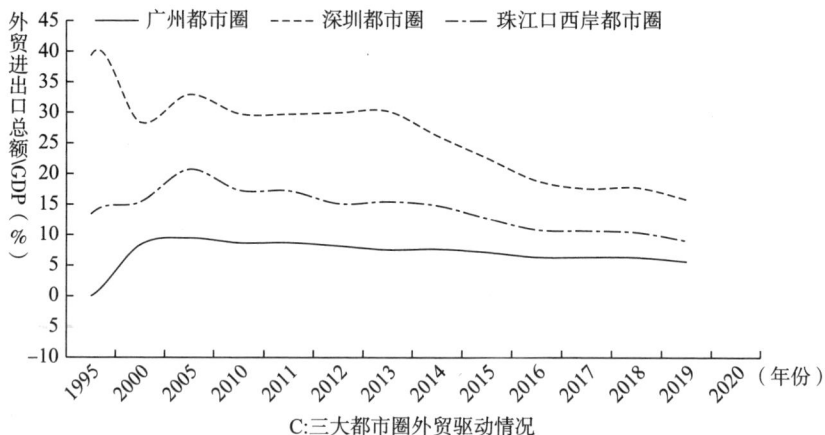

C:三大都市圈外贸驱动情况

图 4 - 5　1980~2020 年粤港澳大湾区三大都市圈的投资、消费和外贸驱动情况

资料来源：课题组根据相关统计年鉴资料整理绘制。

2. 基本模式差异：辐射带动方式的异质性

（1）广州都市圈：内源型经济下的驱动型都市圈

广州都市圈包含 6 个城市，以广州为主辐射源、佛山为次辐射源，主要包含广佛肇和外围的清远、云浮、韶关 3 市。从辐射源城市对外围城市的辐射带动来看，大体分为三大圈层，广州和佛山为第一圈层、清远和肇庆为第二圈层、云浮和韶关为第三圈层。从中心城市对外围城市的辐射带动情况来看，广州都市圈是以"西江—北江"水系所形成的传统区域经济关系为基础，叠合现代产业分工体系所形成的都市圈。从经济发展特征看，该都市圈的六大城市以内生性经济为主形成紧密的经济联系。

从辐射源城市的辐射带动情况来看，广州对佛山、清远等周边地区有较明显的直接辐射作用，对云浮和韶关则次之。广州因扩散阶段的不同，在中心城市与外围城市的互动过程中形成了不同的模式。从中心城市辐射周边及区域协作方向来看，以广佛同城化为主，广清一体化次之，基于广佛同城化和广清一体化，形成了广佛肇清云韶经济圈布局。同时，在都市圈协作层面加强与深圳、东莞科技创新合作，以及加强与环珠江口重点地区协作。从与粤港澳合作角度来看，加强与港、澳全面深度合作，并通过高铁经济带和西江—珠江经济带拓展泛珠三角地区的经济腹地。

（2）深圳都市圈：开放型经济下的外向型都市圈

深圳都市圈包含深圳、东莞、惠州、汕尾、河源5个城市，以深圳为主辐射源、东莞为次辐射源，是以深莞惠经济区为基础，加上汕尾和河源两个外围城市所形成的都市圈。从社会经济联系强度看，深圳、东莞为核心圈层，惠州和深汕特别合作区为中间圈层，河源和汕尾为外围圈层。从辐射源城市深圳的发展演化及其对周边城市辐射带动过程来看，深圳经历了特区起步、关内—关外一体化、西进—东进等城市内部优化过程，以及对东莞临深片区、惠州临深片区等地的持续辐射过程。进入21世纪后，深圳经历了对粤东的汕尾和粤北的河源等城市的辐射带动过程。从都市圈内部的交通联系来看，在现有交通体系的支撑下，深圳都市圈核心地区除了深圳全市，还覆盖东莞大部分地区、惠州部分地区，覆盖半径35～55公里，其他为第二圈层地区和第三圈层地区。从深圳都市圈经济发展特征来看，辐射源城市深圳和东莞为外源型经济驱动，围绕电子信息产业等产业集群，延伸到都市圈内整体的产业链分工。深圳都市圈是在开放发展导向下，以经济特区为主要窗口带动发展所形成的外向型都市圈。

（3）珠江口西岸都市圈：低端均衡型都市圈

珠江口西岸都市圈包含珠海、中山、江门和阳江4个城市，主要由珠中江经济区和外围的阳江市构成。从整个都市圈的发育情况来看，珠海、中山、江门三市处于低水平均衡状态，目前仅为城镇密集区。珠海虽然被设定为该都市圈的中心城市，但2019年常住人口和2020年GDP占都市圈的比重分别为16.05%和31.10%，规模体量较小，加上其以高技术制造业为主，走的是绿色高质量发展路径，并不追求规模化扩张，其外溢效应不明显，对外围地区的辐射带动作用不强。从交通联系角度看，珠海、中山和江门之间的通勤联系偏弱，中山到珠海虽然存在一定联系，但主要依靠坦洲和珠海间的邻近关系，体现为"主城—卧城①"关系，其他市县间联系较弱。该都市圈内部的融合发展尚未完成，未来应基于功能分工的区域性网络，构建一个专业化的精致性都市圈。

表4-5 2020年粤港澳大湾区三大都市圈一般指标比较

主要指标	广州都市圈	占全省的比重（%）	深圳都市圈	占全省的比重（%）	珠江口西岸都市圈	占全省的比重（%）
总面积（平方公里）	71573	39.82	36312	20.20	21002	11.69
中心城市占比（%）	10.4		5.5		8.27	
GDP（亿元）	42280.1	38.17	43768.77	39.51	11224.92	10.13
中心城市占比（%）	59.17		63.22		31.10	
常住人口（万人）*	3711.3	32.21	3290.39	28.56	1260.49	10.67
中心城市占比（%）	41		41		16.05	
地方一般公共预算收入（亿元）*	2824.94	22.32	4967.44	39.25	949.03	7.50
中心城市占比（%）	60.14		75.96		36.30	

注：＊为2019年数据。

资料来源：《2021广东统计年鉴》和部分城市2020年国民经济和社会发展统计公报。

二 典型案例研究：都市圈（中心城市）辐射带动模式比较

中心城市辐射带动能力的差异主要源于中心城市的能级（人口、GDP）、中心城市与外围城市之间的时空距离（成本）、有为政府与有效市场配合的能力。这三大因素的不同组合形成中心城市不同的辐射带动模式，从而导致都市圈发展模式的差异。由于广深两市经济体量相差不大，综合考虑上述时空距离和政府与市场作用力的差异，本书提出，大湾区都市圈内的中心城市辐射带动模式主要有"邻域渗透模式""'跨圈层蛙跳'模式""跨

---

① 卧城也称为"睡城"，是指在职能上以居住为主的中小卫星城镇。这类城镇位于大城市郊区或大城市的邻接地区，用以缓和大城市的居住危机，以住宅建筑为主体，以居住职能为主。

圈层协同模式"三个大类，在三个大类的基础上，由于基础禀赋及中心城市与外围地区合作成熟度不同，又形成不同的亚类。

（一）邻域渗透模式：基于空间邻近性的圈层式近域推进

中心城市在发展初期，通过大量吸收周边资源，形成极化效应，人口及经济规模不断扩大，逐渐对周边地区形成正反馈效应，带动了周边地区且首先是在主要辐射通道上的接壤地区的发展，在空间上表现为指状延伸，然后是多个方向的扩张，逐渐形成圈层推进格局。本书称这种模式为"邻域渗透模式"。在粤港澳大湾区内，该模式按成熟度划分为"广佛同城化""广清一体化""深莞惠一体化""广佛肇＋清云韶一体化"等。

1. 广佛同城化：从邻域同城化到全域同城化

从都市圈发展一般规律来看，广佛两地构成了一个完整的核心—边缘结构，形成了完整的现代都市圈经济地理单元。

（1）综合距离：广佛历史文化距离、空间距离较近

广州、佛山地处珠三角核心区，历史同源，基础禀赋相似。两市接壤地段长约 200 公里，佛山的南海、顺德、禅城与广州的荔湾、番禺、白云、花都、南沙等重要片区在空间上已连绵成片，城市间的边界日渐模糊。从通勤人口流动视角来看，广佛同城化程度较高，通勤联系较强，广州核心圈的通勤人口主要来源地包含广州、佛山大部分地区，对周边城市比如肇庆的四会、端州城区，东莞虎门镇等地区产生了一定影响；在现有交通体系的支撑下，广州"1 小时交通圈"覆盖佛山大部分地区、中山部分地区，覆盖半径约 50 公里。

按照大都市圈 50 公里辐射半径、25 公里核心半径计算，广州辐射外溢对佛山整体的发展格局影响巨大。广州的天河、越秀两个经济强区都距离佛山较近，佛山市政府所在地与广州市政府所在地直线距离小于 25 公里，佛山的 1/3 区域处于广州大都市圈强辐射范围内，对佛山的消费中心、文化中心产生巨大影响。

（2）政府与市场作用：从市场自发推动到政府有效引导

广佛同城化发展经历了四个阶段，分别为 2000 年以前的民间自发萌芽阶段、2000～2008 年的城市区域化下两市功能联系强化阶段、2009～2014 年的基础设施协同建设阶段、2015～2021 年的从同城化走向深度融合发展

阶段。2007 年，广佛地铁动工，广州西江引水工程正式启动。2008 年，广佛新干线东段通车，实行了年票互通。2009 年，广佛两市签署《广州市佛山市同城化建设合作框架协议》。2010 年，广佛地铁开通，两市进入同城时代。同时，两地在环保基础设施、市政、通信和民生等领域也加强了合作。通过多年的探索，两市形成了优势互补、资源共享、错位发展的共识。

（3）演化趋势：边界地区高质量融合 + 全域同城化

2015～2021 年是广佛从同城化走向深度融合发展的阶段。2015 年 8 月，广州的荔湾区和佛山的南海区签署了《共建广佛同城化示范区框架协议》，开始推进"广佛新城"①及"三山—东沙"粤港澳高端服务产业合作区的建设。佛山一环创新圈、三龙湾高端要素集聚区等重大区域战略平台的出现，引领了珠江西岸崛起，加快了大湾区建设等更高能级协同发展。"广佛同城化"从初步对接逐步走向全面共融（见表 4 - 6）。

表 4 - 6　近年来广佛同城化合作内容

领域	举措	特点
教育	构建广佛肇教育信息化跨区域交流协作圈，利用广佛肇资源共建共享平台形成广佛肇微课与可视化学习共同体	侧重数字化教学资源共建共享
医疗	传染病疫情及饮用水监测，公共卫生事件联防联控；与省级医院、高校跨区域合作，组建医联体，推动分级诊疗及双向转诊；开展护理学专项培训	侧重公共卫生领域的疾控与培训合作
发展规划	《广佛同城化发展规划》《广佛同城化"十三五"发展规划（2016—2020 年）》《广佛全域同城化"十四五"发展规划》《五沙地区同城整合规划》《花都空港地区同城整合规划》《广佛两市轨道交通衔接规划》《广佛肇清云韶经济圈发展规划》等，并编制"广佛同城化建设城市规划"等	侧重宏观概念性规划，以及具体地块空间管控
基础设施	建设及扩建广佛高速、广明高速、东新高速、平南高速、广佛环线等。广佛江珠城际、广佛肇城际、广佛地铁、广州地铁 7 号线西延、佛山轨道交通 2 号线引入广州南站等衔接建设	大干线联系已基本建立并完善
产业合作	打造两市百家企业技术中心行业创新平台。共建广佛肇（怀集）经济合作区。推进金融服务、旅游、港航、科技创新合作。广佛港口资源整合利用，举办制造业重点专业展会。开展金沙洲综合商业城建设项目、广佛欢乐购物节等	搭建产业合作平台与科技服务载体

①　指"五眼桥—滘口"片区。

领域	举措	特点
生态环保	联合开展环境应急监测演练、河道日常保洁合作，共同开展大气污染联防联治。共同开展珠江水域保洁及交界处饮用水源保护区监管等	侧重水体整治与污染防治
社会民生	开展两市政务同城化工程，多个事项在两地窗口跨城通办。就业信息共享。共同举办体育赛事和活动，实现体育资源共享。推进广佛肇三市社保对接、实现医疗保险异地就医即时结算	侧重民生类政务办理同城化改革

资料来源：课题组整理。

2. 广清一体化：基于产业链的邻域城市分工

（1）综合距离：广清文化相似、空间距离适中

由于清远南部地区属于广州"1 小时经济圈"范围，广清一体化主要是借助清远南部地区与广州的区域优势，利用发展梯度，推动两市间要素流动，塑造"梯度化发展、合理分工、优势互补"的产业协作体系。从全省区域协调发展的角度看，广清一体化具有推动珠三角中心城市对粤北城市的辐射带动并形成各有特色、错位发展的格局的作用，能够促进大湾区内科技、人才、资本、企业等中高端产业要素向清远流动，从而带动清远发展。因此，广清一体化是邻域城市间基于产业链分工的模式。

（2）政府与市场作用：政府主导，市场跟随

自 2012 年《广州·清远市合作框架协议》签订至 2021 年，经过了 9 年 3 个阶段的探索，广清合作模式已从"对口帮扶"进入"高质量一体化"发展阶段。2013 年，广东省委常委会审议通过《关于调整珠三角地区与粤东西北地区对口帮扶关系的通知》，提出广州市对口帮扶清远市，广清一体化进入初级阶段。2017 年，广东省发展和改革委员会印发《广清一体化"十三五"规划》，提出将广清地区建设成为全省区域一体化创新发展试验区。2018 年 5 月，两市提出把清远作为广州的一部分来规划[1]，广清一体化进入高质量发展阶段。2019 年，广东省委书记李希提出，要以广清一体化为主抓手，全面融入粤港澳大湾区，优先推进"三个一体化"[2]（朱梦琳，

---

[1] 引自《高质量推进广清一体化发展工作方案》。

[2] 指交通基础设施一体化、产业共建一体化、优质营商环境一体化。

2020）。2021 年，广清两市签署了《深化广清一体化高质量发展战略合作框架协议》，广清一体化发展进入新的阶段；12 月，广东广清接合片区被列为国家城乡融合发展试验区之一①，通过搭建城乡产业协同发展平台，助力广清一体化迈出更高程度的发展新步伐。至此，两地合作进入深化广清一体化战略合作阶段，接合部地区进一步走向同城化发展的雏形阶段。

（3）演化趋势：深化产业链不同环节的分工

从两市共建产业链角度看，广清一体化重点是探索"广州总部 + 清远基地""广州总装 + 清远配套""广州前端 + 清远后台""广州研发 + 清远制造""广州孵化 + 清远产业化"等不同产业链环节的合作模式，推动一批总部和研发、销售在广州，但生产、加工在外地的企业将其生产、加工环节放到清远（陈强，2019）。从产业发展趋势看，两市未来应主要深化三大千亿级产业集群的共建。一是汽车整车—零部件产业集群。强化"花都 +清远"的"整车 + 汽配"产业链融合发展，依托广清产业园、广州花都（清新）产业转移工业园、龙湾电镀基地以及敏实等一批龙头企业，培育以汽车零部件、车用新材料、汽车美容（汽车表面加工）为主要业态，集"研发—设计—生产—交易"于一体的广清汽车零配件产业基地。二是电子信息产业集群。深化越秀、天河、广州的开发区与清远的电子信息产业基于"研发 + 产业化"的合作，依托广佛（佛冈）产业园、清远高新技术产业园，发展集成电路、新型显示等核心领域电子材料及元器件等环节。三是精细化工及新材料产业集群。重点深化广州开发区、花都区、白云区与清远的产业链合作，围绕车用、电子、装备等领域高性能复合型新材料研发转化，依托清远国家高新区、广州（清远）产业转移工业园、广州白云（英德）产业转移工业园（严亮等，2019）、佛冈产业园、广州花都（清新）产业转移工业园等平台，打造生态型新材料创新转化基地。

3. 深莞惠一体化：邻域边缘扩散型

深圳、东莞和惠州的一体化进程肇始于三市的接壤地区，自 20 世纪 90年代以来，在市场推动下，一体化以产业联动所形成的自发过程为基础。在 2009 年后，政府推动力度逐渐加大，一体化程度不断提高。总体来看，

① 引自《国家城乡融合发展试验区改革方案》。

深莞惠一体化是以深圳为核心，首先发育于东莞和深圳的接壤地区，随着城市规模的不断扩大、产业转型升级和深圳东进战略的制定等，惠州和深圳接壤地区的联系也越加密切，形成发育于边界地区并逐渐向外扩散的过程。

（1）邻域接触性探索，渐进式政府推动

服从于广东区域一体化战略安排的接触性探索。2009年，为落实《珠江三角洲地区改革发展规划纲要（2008—2020）》中对珠江口东岸地区功能布局优化的要求和广东省政府关于加快推进珠江三角洲区域经济一体化的部署，深莞惠三市召开第一次联席会议，实施了珠江口东岸地区经济一体化战略。同年9月，第三次联席会议通过深莞惠《规划一体化合作协议》《社会公共服务一体化合作框架协议》等，从设施、产业、规划、服务等方面深化三市一体化发展进程。

渐进式的深化推动。2010年，三市针对边界地区的协同规划召开了联席会议，协调边界地区属地管理与三市整体发展之间的矛盾。2011年，第五次联席会议提出在深圳市龙岗区坪地街道、东莞市清溪镇和惠州市惠阳区新圩镇的接壤地区，建设坪新清产业合作示范区，以深化深莞惠合作。2013年，三市第七次联席会议通过了《深莞惠区域协调发展总体规划（2012—2020）》。2014年10月，深莞惠经济圈扩容，形成"3＋2"（深莞惠＋汕尾、河源）模式。2016年5月，深圳实施了"东进战略"；11月，惠州市实施"海绵行动"，对接深圳的"东进战略"。2018年4月，五市党政联席会议提出在东莞及惠州的临深地区，建设跨区的功能协调、产业互补、成果共享的"深莞惠区域协同发展试验区"。深莞惠一体化在渐进式推动中得到深化发展。

（2）向心化链接：周边地区对辐射源城市的主动交通对接

在建设深莞惠经济圈的大背景下，三市通过积极推进交通基础设施对接和运输服务一体化，搭建起交通领域的会商机制和协调机制，为区域社会经济交流合作奠定了基础。

建立交通部门会商机制和协调机制。深莞惠三市建立了交通部门的协调架构，解决交通一体化问题。主管领导定期召开三市交通协调会议，共同商讨交通对接问题。在职能科室层面也成立了相应的机构，实现了交通部门的一体化办公。交通衔接是三市协同发展的重点，也是政府推进的主要抓手。2014 年出台的《深莞惠交通运输一体化规划》为深化三市交通路网对接提供了规划指引。

跨市路网衔接和轨道建设优先。在路网联通方面，连接莞深的道路已超过 8 条，将增加不少于 20 条，惠州大亚湾地区已建成不少于 4 条的连接深圳的通道，惠阳也规划了 7 条与深圳的连接道路。在轨道交通互通方面，惠州主要有厦深高铁，深莞有广深港铁路、赣深高铁、穗莞深城际等 4 条较大的铁路连接。在地铁方面，深圳的 6 号线、20 号线将分别与东莞的 1 号线和 3 号线衔接，13 号线将延伸至松山湖，14 号线将延伸至惠州。在公交联系方面，深莞惠跨市公交已开通 23 条，其中，深莞 4 条，深惠 15 条，莞惠 3 条，深莞惠 1 条，覆盖了深圳龙岗、宝安、龙华、坪山，惠州惠阳、大亚湾，东莞长安、凤岗、塘厦等邻深的城镇。

（3）辐射源城市牵引下的区域产业分工

一是辐射源城市对周边城市辐射带动能力逐渐提高。一方面，深圳主动投资"深莞惠经济圈"项目。2013 年以来，深圳市属国企在莞惠河三市和汕尾累计投资超过 180 亿元。深圳市赛格集团与惠州潼湖生态智慧区管委会合作，在中韩（惠州）产业园起步区建设赛格潼湖国际半导体产业基地。另一方面，深圳积极助推莞惠金融市场建设，设立了惠州科技金融路演中心，为科技型中小企业提供融资及金融服务。东莞与深交所签订了帮扶企业上市融资等方面的合作协议。

二是深圳产业外溢。总体来看，由于深圳地域狭小而产业规模扩展较快，产业外溢效应明显，形成了与周边城市合作的基础。在产业合作方面，2014～2016 年，东莞引入深圳项目 604 宗；2017 年，引进超亿元项目 175 宗，协议金额为 1194.6 亿元（张帅、曹丽娟，2019），其中，来自深圳的内资份额最大。在深惠合作方面，惠阳近 8 成企业来自深圳，2016～2019 年，惠阳引进深圳项目 66 宗，投资 257.19 亿元，其中高新技术项目占 51.5%。落户大亚湾的深圳企业超过 100 家，部分企业甚至计划将总部从深圳搬至大亚湾。

三是高端产业的外溢。2014 年以前，深圳转移至莞惠的产业大部分是劳动密集型中小企业，具有传统、低端、规模小等特点。2014 年以后，深圳的扩散效应更加明显，转移的产业也逐渐演变为高新技术产业，涵盖人工智能、高端装备、半导体、生物医药、新材料、新能源等战略新兴行业，呈现新兴、中高端、大型化等特征。随着深圳产业不断溢出，莞惠等邻深地区产业也逐渐高端化，目前，东莞的电子信息产业链不断完善，综合配套率超过了90%。

四是外围城市从被动承接到主动联动。凭借着区位、土地和人口成本优势等，东莞在承接深圳产业外溢的过程中，相比惠州更具有先发优势。随着中心城市深圳的转型升级，以及发展动力逐渐从外贸和投资转向创新，低端产业转移的趋势越加明显，东莞、惠州积极优化营商环境、建设高端产业平台载体，主动对接深圳。东莞从改革开放初期就和深圳形成了密切的产业合作关系，比如邻深片区围绕深圳的外向型经济，发展了大量的电子信息、机电、纺织等专业镇。惠州除了大亚湾西区具备承接深圳产业自然外溢的功能之外，还着重打造了潼湖生态智慧区和仲恺高新区等高端平台，重点承接深圳的高新技术企业、高端人才和创新机构等高端要素的流入。在招商对接方面，各区县设立了驻深招商机构，通过加强官方往来、商会和行业协会往来进行对接。在营商生态打造方面，仲恺高新区通过"照章户税""立刻出证""一天开办"等举措推动政务服务改革（见表4-7）。

表4-7　莞惠承接深圳产业转移情况

城市	方式	内容
东莞	市经济和信息化局牵头成立了东莞市莞深产业合作促进会	协助莞深共建产业园区开展招商引资工作，并进行产业转移项目的跟踪和服务
	塘厦镇成立招商引资办公室	以承接深圳高端产业转移为首选
东莞	清溪镇与深圳市投资控股有限公司合作签约成立公司	投资500亿元打造科技生态城，承接深圳先进产业资源
	黄江镇在深圳举行经贸合作交流会	2017年，黄江镇在深圳召开两次大规模的经贸合作交流会，签约近30个优质项目，总投资超过70亿元
	凤岗镇实施"揽月"和"造月"计划	主要瞄准深圳地区，利用凤岗区位优势，引入深圳的高端和优质企业
惠州	区县市设立驻深招商机构	2019年重点面向深圳高新技术企业进行招商
	打造高端产业平台	着力打造惠州大亚湾西区、潼湖生态智慧区和仲恺高新区等高端平台，重点承接深圳的高新技术产业转移

资料来源：课题组整理。

4. 广佛肇 + 清云韶一体化：圈层渐次扩散型

2017 年，广东基于区域功能融合的角度，提出"一核一带一区"区域发局格局。结合都市圈的圈层结构和要素的梯度流动，本书认为在邻域渗透模式下，圈层渐次扩散型也是大多数都市圈的典型亚类。本书以"广佛肇 + 清云韶一体化"模式为例进行说明，从圈层结构来看，广佛位于核心圈层，清远和肇庆位于第二圈层，云韶位于第三圈层。广佛肇清云韶经济圈①衔接珠三角和粤西北两大战略板块，横跨"一核一带一区"中的珠三角地区和北部生态发展区，与粤港澳大湾区有机交错，具有独特的区位价值。

核心圈层包括广州市、佛山市全域，为优先发展地区。该地区落实广佛同城化新一轮合作协议，以优化区域功能布局为引领，以创新同城化体制机制为核心，打造了一批具有全球影响力的世界级产业集群、枢纽型基础设施和开放合作高端平台，高标准共建了广佛高质量发展融合试验区，加快了两市交界 5 个同城化合作示范区的建设，成为粤港澳大湾区发展极点、全国同城化发展示范区和服务全国、面向全球的国际大都市区。

中间圈层包括肇庆市和清远南部地区（清城区、清新区、英德市、佛冈县）。该地区借助毗邻广佛的优势，立足自身基础，承接核心圈层的产业转移和城市功能疏解，加强与广佛的交通联系，重点抓好广清经济特别合作区、广佛肇（怀集）经济合作区、肇庆高新区、肇庆新区、清远高新区等重大功能区建设，实现跨越式发展，在对广佛优化发展区形成有力支撑的同时，带动经济圈其他欠发达地区加快发展。

外围圈层包括云浮市、韶关市全域和清远市北部山区，为北部生态发展区。该地区主抓生态保护，不搞大开发，严控开发强度，打造和巩固生态保护屏障；推进云浮、韶关中心城区适度扩容并提升品质，提高人口承载和公共服务能力；推动市区、县城以及产业园区点状集聚人口与产业，因地制宜发展绿色低碳新型工业、文化旅游、健康养生、绿色食品、运动休闲等产业；在韶关和清远北部集中打造连片、规模较大的生态特别保护区，建立以国家公园为主体的自然保护地。

---

① 来源于《广佛肇清云韶经济圈发展规划（2019—2025 年）》。

（二）　"跨圈层蛙跳"模式：深汕特别合作区

该模式主要是中心城市由于接壤地区政策成本和物质性成本较高，跳开邻近区域，选择外围具有成本优势地区进行合作的过程，形成了主核心城市对次一级增长极的辐射带动模式，深汕特别合作区就是这一模式的代表。

1. 初期探索：辐射源与腹地的协调摸索

深汕特别合作区原属于汕尾市西部一块面积为 468.3 平方公里的区域，距离深圳 60 公里，包括汕尾海丰县鹅埠镇、小漠镇、鲘门镇、赤石镇四镇。2008 年，深圳汕尾两市合作共建"深圳—汕尾区域发展特别合作区"，成立了深圳（汕尾）产业转移工业园，后被设立为省级产业转移工业园。

2011 年，《深汕（尾）特别合作区基本框架方案》得到广东省委、省政府批复，在原产业转移工业园基础上设立"深汕特别合作区"（面积为468.3 平方公里），委托深汕两市共管。同年 5 月，随着"中国共产党深圳市深汕特别合作区工作委员会"的成立，合作区正式运作。合作区自成立以来，在"飞地经济"合作机制上不断探索，在区域合作管理、产业共建、利益共享等方面走在了全国前列，成为国内发展"飞地经济"的典范。

合作区在早期阶段对管理机制的积极探索。一是明确深汕两市职责，实行管委会主任负责制，干部由深圳派员担任，党工委书记则由汕尾干部出任；深圳负责经济建设，汕尾负责征地拆迁和社会事务管理。二是引导产业转移，深圳企业到合作区投资享受深圳的产业扶持政策待遇，从深圳转移至合作区的企业可以申请 13 项深圳市本级产业扶持专项资金。三是制定了两市在 GDP、土地收益、财税等方面的分成机制，70% 的 GDP 份额划归深圳，30% 划归汕尾；在利益分成方面，两市各占 25%，50% 归合作区。但这种"齐抓共管"模式存在行政分割、责权不明等问题，在发展初期，成效并不明显。

2. 优化分工：赋予辐射源城市更大的资源配置权

2017 年 9 月，广东省委、省政府印发了《关于深汕特别合作区体制机制调整方案的批复》，调整了原来的共管模式，将合作区党工委及管委会调整为深圳市委、市政府派出机构，合作区成为深圳的第"11"个区。在不改变土地属地所有权的基础上，管理权全权交由深圳，合作区 GDP 全部纳入深圳，但利益暂时全归合作区，合作区成为真正的"飞地"，解决了行政区的束缚及利益分配的问题，理顺了深圳对合作区的支持投入和产业促进机制，使合作区发展走上了正轨。截至 2018 年底，在合作区已供地的 67 个产业项目中，61 个来自深圳。深圳市财政投入已达 70 亿元，撬动各类投资达到 1200 亿元，产业逐渐开始集聚。2020 年，GDP 达到 54.04 亿元。

根据深圳的工作方案，合作区企业在产业扶持政策上享受与深圳本地同样的待遇。合作区在城市规划、公共服务配套建设、快捷交通建设、政策法规制定等方面对标深圳。按照目标的产业布局，主要发展人工智能、机器人、智能装备、新能源新材料、生物科技、海洋科技装备、港口贸易与物流等产业。

3. 结构提升：带动腹地城市形成次一级辐射源

深汕特别合作区是广东区域协调发展的重大战略性突破，为全国提供了全新的探索模式。从总体上看，深汕特别合作区的成功之处主要体现在以下几个方面。一是及时将发展主导权交由深圳全权负责。二是在基础禀赋方面，深汕特别合作区距离深圳不过 60 公里，处于都市圈合适的辐射带动距离之内，在空间上，将"飞地"纳入主城区相对容易。三是汕尾和深圳的发展梯度明显，容易引入深圳向外转移的产业和要素。四是在两地合作的基础上，省委、省政府的有效协调机制推动合作区取得积极成效。作为计划单列市的深圳虽然行政级别高于汕尾，但深圳并不因此就具有了对合作区和汕尾的指挥权，省委、省政府的有效协调使合作区度过了成立以来的摸索期和过渡期。

（三）跨圈层协同模式：广深从"双城联动"到"双圈联动"

广深两市相距不足 100 公里，经济总量均超过 2 万亿元，两城经济总量之和约占广东省一半，在全球范围内很少有两个超大城市在这样的时空距离内发育并共同成长，两市在发展过程中的竞合关系是研究城市合作的经典案例。按照广东省委强化广深双核驱动引领作用和都市圈建设的部署要求，广州和深圳走向双城联动和双圈联动。

1. 省域核心城市分工：广深从双城竞合走向双城联动

广深双城从独立竞争走向相互竞合的客观环境需求。在中国提出构建以国内大循环为主体、国内国际双循环相互促进的新发展格局和共同建设粤港澳大湾区的背景下，广深两市已逐渐从原来的各自发展走向联合发展，由原来的竞争关系走向合作关系，被赋予了发挥"双城联动、比翼双飞"的作用，带动广东在深化改革开放、建设社会主义现代化国家新征程上走在全国前列的使命。在双城联动中，两市通过实施"双区"战略，深化战略合作，全方位推动产业、科技、教育、医疗、金融、基础设施等领域对接，成为带动全省协调发展的动力源。

高层政策引导。广东省及广深两市都对"双城联动"做了部署，其中，广东省《政府工作报告》提出，广州和深圳分别与湛江、汕头形成深度协作的"双核 + 双副中心"动力机制（广东省人民政府，2021a），提升广东整体竞争力，完善广深合作机制，推动科技创新、现代产业、基础设施、营商环境、公共服务等重点领域对接协作，布局重大科技基础设施，联合实施一批战略性新兴产业重大工程，打造世界级产业集群和综合交通枢纽，共同增强核心引擎功能（广东省人民政府，2021b）。广州市"十四五"规划提出要推动"双区"建设、"双城"联动，共建国际一流湾区和世界级城市群。发挥广州、深圳都市圈中心城市辐射带动作用，全面深化在教育、医疗、文化、旅游、人才、就业、生态等领域的合作发展。2019 年，两市开启了联动探索，签署了深化战略合作框架协议，明确了双方在支持深圳建设中国特色社会主义先行示范区、共建国际科技创新中心、打造国际性综合交通枢纽、共建具有国际竞争力的现代产业体系、共建宜居宜业宜游优质生活圈、共同引领"一核一带一区"建设、加强广州南沙粤港澳全面合作示范区和深圳前海深港现代服务业合作区建设等方面深化合作。2020年 10 月，广深两市在深圳举办了"双城联动"论坛，签署了科技创新、智能网联汽车、智能装备、生物医药、基础设施、营商环境、自贸区建设七个领域的合作协议，"双城联动"进入新阶段。

"半小时交通圈"强力支撑。广州、深圳两市发展改革委在"双城联动"论坛上签署基础设施战略合作框架协议。该协议明确推进两市高速铁路、城际轨道和高等级公路等直达互通，重点推进并加快广州至深圳高速铁路新通道、深莞增城际、广深中轴城际、广深高速磁悬浮、中南虎城际（赣深高铁南沙支线）等项目规划建设。截至 2021 年，广深之间已建成广深高速、广深沿江高速、虎门大桥、南沙大桥等公路通道和广深铁路、广深港高铁、穗莞深城际等铁路通道,开通了首条广深水上客运线路(南沙客运港—深圳机场码头),有效缩短了两地的时空距离。其中,广深铁路实现了"公交化"运营。时速达350公里的"广深第二高铁"将连接广州白云机场与深圳宝安机场,两机场通勤时间最多20分钟。广深高速磁悬浮时速达600公里,未来也有望接入香港。交通基础设施建设有效支撑了两市社会经济的深化联动发展。

高端产业融合。广州以传统产业为主,深圳以科技创新型产业为主。双城间产业合作除了地方政府联动,其主要动力是市场之间的对接。两市共同推动了综合性国家科学中心、粤港澳大湾区国际科技创新中心和广深港澳科技创新走廊建设。广州和深圳还将共建人工智能与数字经济广东省实验室、南方海洋科学与工程广东省实验室,挂牌深交所广州服务基地,共设广东省基础与应用基础研究基金省市联合基金,共同发行知识产权证券化产品(麦婉华,2021)。两地高校、科研院所、大型骨干企业加强创新合作体建设,联合创新氛围浓厚。

2. 强化圈层辐射带动:广深从双核联动走向双圈联动

在全国推动都市圈建设的背景下,广深双核联动逐渐扩展到两个都市圈的双圈联动。广州和深圳两大都市圈重点加强了接壤地区和有关联的重点产业平台的合作,如南沙自贸片区、广州人工智能与数字经济试验区、前海蛇口自贸片区、深港科技创新合作区、光明科学城、西丽湖国际科教城等重大战略平台的对接。此外,它们还通过加强贸易和投资合作,采取"研发 + 生产""总部 + 基地""总装 + 配套""前端 + 后台"等方式开展企业的跨城合作。

第四节　增强中心城市辐射带动能力:从空间邻近性走向多维邻近性

在新的区域协调发展格局下,特别是面对世界级城市群建设和基本实现社会主义现代化的要求,粤港澳大湾区必须建设世界一流城市和都市圈,以进一步发挥中心城市对腹地的辐射带动作用,将辐射源能级从国家中心城市向"全球城市"提升,进一步增强辐射通道的通达性,并形成辐射网络,通过都市圈建设提高直接联系腹地的水平,并进一步向中域和远域扩散。

一　提升辐射源城市能级：从国家中心城市走向"全球城市"

（一）　将广州和深圳培育成为"全球城市"，增强全球资源配置能力

增强广州作为中国综合性门户城市的功能，提升其国际商贸中心和综合交通枢纽能级，提升其科技教育文化功能，将其建设成为现代化国际大都市。发挥深圳作为中国特色社会主义先行示范区、经济特区、全国性中心城市、国家创新型城市的引领作用，加快将其建成现代化国际性城市，建设成为具有世界影响力的创新创意之都、社会主义现代化强国的城市范例。鼓励广州、深圳有序向周边疏解一般性产业特别是高能耗产业，以及教育、医疗等部分社会公共服务。加快在城市核心区周边地区建设保障性租赁住房，缓解人口过度集中、居住条件较差、房价高企等问题，辐射带动周边发展。

（二）　推进中心城市产业高级化，培育全球一流的现代服务业集群

世界一流的湾区均在服务领域具有全球性影响力。粤港澳大湾区各市目前所处的发展阶段差异较大，服务业增量主要来自核心区的城市。未来，大湾区服务业比重将逐年提升，高端服务业规模将明显扩大，并进一步在广州和深圳集聚。在生产服务业领域，大湾区应重点培育金融、物流、专业服务等高端服务业集群，通过高端服务业集群建设强化全球资源配置能力。

（三）　夯实中心城市制造业基础，推动制造业向智能制造方向转型

广深作为高端服务业集聚地，要促进制造业和服务业的融合发展，推动制造业集群数字化转型，建设全球高端制造业基地。东莞和佛山作为"世界工厂"地区，应在区域"服务＋制造""创新＋转化"的分工中强化自身的制造和转化能力，向智能制造方向转型，打造世界一流先进制造业基地。珠江口西岸地区要进一步加快轨道交通装备、航空设备、海洋装备、新能源装备等高端装备制造产业的发展，优化装备制造业的城市分工格局。

二　强化辐射通道作用：基础设施一体化

粤港澳大湾区建设广州、深圳、珠海"三大枢纽群"，应提高都市圈内外联系强度，进一步辐射粤东西北，提升外围城镇交通服务水平。

建设都市圈综合交通枢纽群。大湾区应加快珠三角枢纽（高明）机场、惠州平潭机场建设进度，加强广州白云、深圳宝安、珠海金湾等机场建设，推进广州南沙港、深圳盐田港、珠海高栏港的大型化和专业化泊位建设，协同共建具有全球竞争力的世界级机场群和港口群；打造高铁干线、城际及城市轨道、高快速路等多种交通方式有效衔接的综合枢纽体系。

打造都市圈的轨道交通网络。大湾区应强化广佛、深港、珠澳三大发展极之间的轴向联系和集聚效应，支撑区域交通廊道建设，实现核心城市间半个小时可达；推动城际铁路与高铁及市域轨道互联互通，形成"干线铁路 + 城际轨道 + 市域铁路 + 城市轨道交通"四网融合的轨道交通网络，加强核心城市的高效直达轨道交通联系，实现大湾区主要城市间半个小时通达。

促进跨市轨道及快速公交对接。珠江口东岸地区应加强跨市轨道快线对接共享，对广州、深圳、佛山、东莞等轨道覆盖较广的地区加强跨市轨道的协调与衔接。强化广州市区与南沙、中新知识城、佛山等节点的联系；强化深圳市区与空港新城、前海、松山湖等节点的联系。珠江口西岸地区应推动跨市共建中运量公交体系。加强快速公交的组织；积极建设 BRT、有轨电车等中运量快速公交走廊，推动城镇空间集聚和外围新区发展。

推动智慧都市圈建设。大湾区应加快新一代信息基础设施建设，强化都市圈智慧化技术支撑。加快推进高速光网、互联网协议第六版（IPv6）、移动物联网等新一代信息基础设施建设，逐步推进骨干网、城域网、接入网、互联网数据中心建设，提升城市能级和核心竞争力。提升交通智能化水平。提升广州、深圳、佛山、珠海等城市交通管理智能化水平，建设智能公交系统、停车管理系统和共享平台。加快推进市政管网信息智能化管理，建设智能化、信息化、数字化市政管理平台，实现资源共享，提升城市管理效率。

三 提升腹地网络化水平：强化都市圈内部协同共治

（一）加强都市圈规划对接，着力培育新增长空间

粤港澳大湾区的中心城市应联合编制都市圈空间规划，并编制不同都市圈之间的协调发展规划，实现都市圈内边界的"柔性化"和都市圈与都

市圈之间的基础设施对接，扩大都市圈辐射范围。在广深等中心城市的接合片区谋划打造高端融合增长空间，制订产业、基础设施和民生服务对接行动计划，推动实现企业扶持、税收等政策的协同办理，促进企业要素跨区域协同配置，降低要素跨界流动成本，并从社保、公积金、公交互认等方面促进民生要素流动更加便利。

（二）打造高效融通的国际营商环境，提升城市治理能力

粤港澳大湾区都市圈应共建与国际接轨的营商环境，破除要素流动障碍。以横琴、前海两个合作区为试点，建立国际法律制度和通行规则，形成大湾区内全面统一的良好服务和制度保障。努力引进更多高质量的外资，借鉴港澳在市场运作、法制建设等方面的成功经验，加大对港澳服务业的招商力度，重点吸引港澳资本进入物流、商贸、中介等专业服务行业，加快建设都市圈统一市场，力争形成粤港澳大湾区市场共同体。

加强跨城市的社会治理。建立跨城市治理"全周期管理"体系，加强城市治理顶层设计，提升跨城市治理的法治化和标准化水平。提高城市治理精细化水平，完善社区网格化管理模式，探索国际化社区治理新路径。推动公众有序参与社区治理，引导社会组织参与城市治理，联合市场主体推进城市治理。

（三）推动优质公共设施共建共享

一是加强都市圈创新服务设施配置。推进都市圈内的高等级科技创新配套服务设施建设，依托港深创新科技园、中新知识城、横琴粤澳合作中医药科技产业园等重大创新载体，打造一批全国领先的高品质共享联合办公空间和社交空间。

二是推进都市圈"十五分钟社区生活圈"建设。以服务常住人口5万～10万人为社区单元，构建功能复合和职住平衡的社区生活圈，综合考虑商业、居住、公共服务、公园绿地等，在生活圈范围内解决居民基本日常生活需求。都市圈内城市应结合智慧社区、未来城市的探索，推动交通、能源、市政等领域的智慧化发展，为居民提供及时、高效、便捷的社区服务。

三是打造具有国际影响力的都市圈公共服务设施体系。对标日本、韩国等发达地区的配置标准，在国家和地方标准的基础上完善大湾区公共服务配置标准，对其进行提升与优化。积极推进香港科技大学（广州）、大湾

区大学等筹办工作，支持引进国际高水平教育机构联合办学，打造国际一流的教育资源集聚地。提高广州、深圳、珠海等都市圈中心城市优质医疗资源配套水平。打造具有全球影响力的现代化健康服务中心。加快建成"十分钟文化圈""十五分钟健身圈"，高水平推进"三馆合一"项目、广东画院、中国国家版本馆广州分馆新址等标志性文化工程建设。

（四）根据"双碳"目标要求，推进生态环境共保共治

保护跨区域重要生态空间。加强中心城市生态用地保护，编制都市圈生态环境保护方案，实施生态保护和修复工程。加强区域性的生态廊道和绿道衔接，加强林地绿地湿地建设，推进河湖疏浚工作。

推动环境联防联治。制定都市圈空气质量达标时间表，强化工业源、生活源和移动源的污染治理。消除都市圈内的劣 V 类水质断面。完成生活垃圾场治理任务。鼓励建筑节能改造，要求新建建筑 100% 落实强制性节能标准。加强建设用地土壤环境管理。

建立生态环境协同共治机制。加快生态环境监测网络建设，建立都市圈大气、水、土壤、噪声污染综合防治协调机制。探索保护性开发，建立生态产品价值市场化实现机制和生态补偿机制。

第五章
粤港澳大湾区城市群产业协同机制与路径

　　粤港澳大湾区城市群是中国最具发展活力的城市群之一，产业体系完备，集群优势明显，在重点产业空间分布和产业集群分工上具有较强的互补性。"双区驱动"及横琴、前海、南沙三个合作平台建设为粤港澳大湾区的产业协同提供了更大的发展空间。本章从区域产业协同集聚理论的视角出发，基于"产业—空间"二重属性，探讨粤港澳大湾区城市群产业内及产业间协同集聚的机制与模式，并通过实证研究分析粤港澳大湾区各城市间的产业互补性、协同关联度及制约因素，进而提出深化粤港澳大湾区城市群产业协同的路径选择。相较于一般的区域产业协同集聚，粤港澳大湾区城市群更为突出在开放型经济下中心城市与外围区域的产业分工链式协作和互补性，同一产业内部各环节以及异质产业之间形成各具特色的协同集聚机制。数字技术的变革与创新加快了粤港澳大湾区城市群产业链、价值链的重构，推动形成数字经济与实体经济深度融合的产业协同新模式。粤港澳大湾区各城市在服务业和制造业细分行业具有差异化比较优势，具备产业协同发展的基础，但也存在产业要素流动不畅、跨区域产业链协同不足等短板。未来，大湾区通过发挥珠三角制造业门类齐全、应用场景丰富，以及港澳服务业发达等优势，深化产业链分工合作，协同打造新一代电子信息、智能机器人、生物医药与健康以及数字创意等产业集群，将有助于提升产业集聚与配置全球资源的能力，促进世界级城市群在国内国际双循环格局中更好地发挥引擎作用。

第一节　粤港澳大湾区城市群产业协同集聚的机制与模式

一　区域产业协同集聚的影响因素

区域产业协同集聚理论涉及产业经济学和区域经济学的理论，既包含了不同产业间的互动，又涵盖了跨区域的空间联动，本节分别从产业互动、空间联动等角度分析区域产业协同集聚的影响因素，以追溯粤港澳大湾区城市群产业协同集聚的理论基础。

（一）产业链上下游关联

什么因素引起了产业的协同集聚现象？Marshall（1920）新古典经济学的三个外部性从三个方面解释了产业集聚形成的原因：一是地方具有共享的劳动力市场；二是中间产品的投入；三是技术外溢。这三个方面都是从要素的关联性来探讨产业协同集聚的。Hanson（1998）的研究发现，关联产业集聚使企业选址在与其有投入产出关系的企业附近，例如，生产性服务业作为制造业生产的中间投入能在很大程度上解释两者在空间上的协同定位。此外，在制造业内部，细分行业的企业选址也会靠近与其存在关联的产业，而且产业之间的关联度与其产业协同集聚程度成正比。马国霞等（2007）发现，产业链上下游关联是驱动中国制造业行业协同集聚的主要原因，产业间的投入产出关联对产业间协同集聚的正向影响在中国制造业内部普遍存在。

（二）区域间地理差异

传统地理经济学认为，影响产业协同集聚的主要原因是区域间地理差异，如自然资源禀赋等。新经济地理学派的代表 Krugman（1991）首次将空间的观念引入规范的经济学研究框架中，他建立了"中心—外围"模型，揭示经济地理集聚的内在运行机制，并认为产业地理集中主要由市场准入效应、生活成本效应和市场挤出效应三种效应驱动。国内学者梁琦（2004）通过考察产业集聚的市场因素，提出集聚组概念和地方中枢产业理论、产业区位生命周期理论"集中—分散—再集中"、市场关联与贸易成本指数等，从空间角度对中国 20 年来产业区位的变迁给出别具一格的解释。此外，城市经济学关于区域空间的互动研究也产生了丰富的成果，如城市内的空间互动和城市间的空间互动等。

（三）　知识或技术溢出效应

知识溢出和技术扩散的地方性特征也是影响产业集聚的因素之一。存在产业关联的企业聚集在一起，通过"集体学习"和正式、非正式的频繁交流，产生知识外溢效应，从而有利于企业的技术进步，加速产业间协同创新。俞路（2011）对中国38个二位数制造业内部四位数行业数据进行分析，结果表明，技术外溢是技术密集型行业集聚的主要因素，实证结果揭示技术溢出效应推动了中国产业协同集聚发展，知识与技术的交流在产业发展中发挥重要作用。生产性服务业与制造业有不同的产业区位选择模式，生产性服务业协同集聚的动力源于知识外溢和直接贸易关系（Kolko，2010）。因此，知识外溢效应可以突破空间和行业的限制，使集群中的企业能够有效地提升创新性以及分享、创造新知识的能力，在获取了集聚利益的同时促进相关产业的进一步集聚。

（四）　市场组织因素

Ellision 和 Glaeser（1997）、Ellision 等（2010）开创了产业间协同集聚的研究，在构建产业协同集聚指数（E－G）的基础上，利用美国的数据对产业协同集聚的微观形成机制进行了深入而详细的探讨，研究表明不同产业间的协同集聚同样源于马歇尔提出的三个关键因素。之后，很多学者基于市场组织因素对其进行了拓展研究，如 Gallagher（2013）基于美国的行业数据分析发现，运输成本和信息成本影响产业间协同集聚。此外，还有学者考察交通的便利性和消费者的可获得性（Billings and Johnson，2016）等因素对产业间协同集聚的影响，并选择个案（Mukim，2015）进行实证方面的补充研究。

综上所述，区域产业协同集聚具有"产业—空间"二重属性，目前对产业内协同集聚的研究成果已经非常丰富，但是关于不同产业间协同集聚的研究还较薄弱，尤其是产业间协同集聚的机制分析还是一个"黑箱"，有待进一步探究和完善。

二 粤港澳大湾区城市群产业协同集聚的机制分析

粤港澳大湾区城市群产业协同集聚的机制分析是在产业集聚的基础上增加了空间维度，产业集聚与城市群空间结构演化之间是互相影响、相辅相成的。根据上文的理论分析，产业的关联性和空间地理的邻近性都会影响产业协同集聚，后者为前者提供了空间载体，前者又反过来优化了后者的空间布局，两者的演化互动共同推进了产业协同集聚。粤港澳大湾区城市群具有完备的产业体系，珠三角9市有强大的制造业发展基础，而港澳地区服务业高度发达，因此城市群产业协同集聚既包含同一产业内的协同集聚，也有异质产业间的协同集聚（见图5-1）。

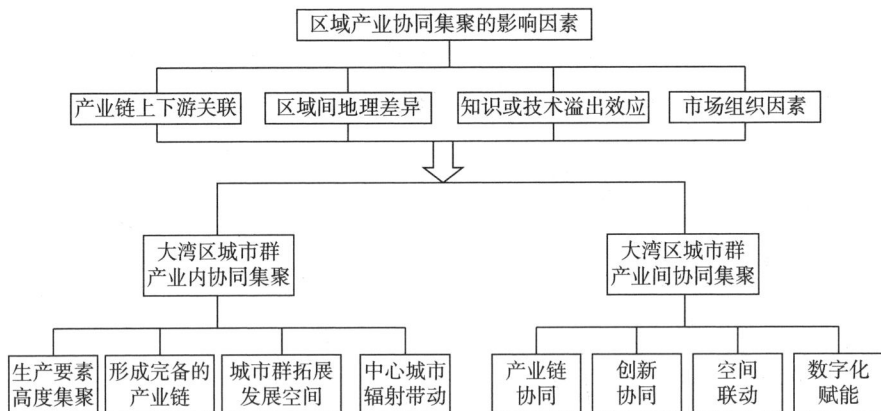

图5-1 粤港澳大湾区城市群产业协同集聚的理论框架

资料来源：课题组绘制。

（一）粤港澳大湾区城市群产业内协同集聚的机制

粤港澳大湾区拥有高度开放的创新环境，吸引生产要素的流动和集聚。经过改革开放40多年的发展，粤港澳大湾区已基本形成门类齐全、以先进制造业为主导、"制造＋服务"双轮驱动的科技导向型产业体系，为城市群产业内协同集聚打下了基础。此外，粤港澳大湾区城市群已形成经济社会关联程度高的空间体系，并拥有广阔的发展腹地，通过中心城市的辐射带动和节点城市的联动，推动产业内协同集聚。

1. 开放经济下生产要素的集聚和流动带动大湾区产业内协同集聚

湾区经济是一种高开放度的发展模式，其突出特点是区域内要素高度集聚和经济高度一体化。大湾区城市群的形成打破了行政区域规划，使区域内的市场要素能够实现大流动，提升城市之间资源分配的有效性，从而提高资源要素的边际生产率。粤港澳大湾区是中国外向型程度最高的经济区，香港是全球金融、航运和贸易中心，高度融入世界经济体系，是大湾区走向世界、参与国际科技合作的"桥头堡"；澳门是中国最早对外开放的港口，与欧盟、葡语国家联系密切，是引进发达国家先进技术的重要桥梁；珠三角毗邻港澳，率先承接港澳产业转移，是国内最早融入世界经济体系、加入国际经济大循环的地区。此外，粤港澳大湾区城市群的发展会吸引更多生产要素的集聚，如此一来，关联生产要素的流动和集聚能够带动整个产业链的上下游发展，最终促进大湾区城市群产业内集聚水平的提升。

2. 完备的上下游产业链有助于大湾区产业协同集聚发展

通过跨区域发展，将产业链的不同功能环节在空间上重新整合，使企业研发部门、设计部门和制造部门分别在中心城市和周边城市集中，从而形成协同集聚。粤港澳大湾区城市群内部不同地区之间存在的比较优势，有助于形成两地之间的产业互补性，延伸产业链，进行产业分工。以电子信息产业为例，深圳、惠州、东莞的电子信息产业集中度较明显，华为、中兴、大疆等国际顶尖电子信息企业均布局在深莞惠城市圈内，其中，深圳以科技研发服务为主，东莞、惠州布局与电子信息产品制造相关的产业链条。通过城市群内部产业链互补和产业链分工，进而实现大湾区产业协同集聚发展。

3. 大湾区城市群的发展为产业协同集聚提供发展空间

粤港澳大湾区城市群的发展一方面能够加速生产要素，如劳动力、技术和资本的集聚；另一方面也会使区域内部的经济规模不断扩大，提高自身综合实力。当大湾区城市群持续良性发展时，交通系统和基础设施等体系日益完善，城市居民和企业会因地租上涨、生活成本增加等原因向外围城乡接壤地区迁移。粤港澳大湾区因此会持续推动广佛同城化、广清一体化、横琴和前海两个合作区、香港北部都会区等区域发展，加强各城市之间的产业合作，优化城市群产业布局。粤港澳大湾区城市群的发展会使大城市和小城镇协调发展，进而扩大城市规模，为城市群产业协同集聚提供发展空间。

4. 大湾区中心城市的辐射带动推动产业协同集聚

区域空间分工和城市体系结构理论强调中心城市与节点城市的经济联动是推动湾区经济和产业协同发展的关键所在。张虎等（2017）通过研究地区产业"腾笼换鸟"的方式发现，通过产业转移，集聚程度高的地区的中心城市能够影响周边地区产业集聚。粤港澳大湾区城市群具有一个经济社会关联程度高的空间体系。中心城市广州、深圳、香港是城市群的经济增长极，随着大量企业的集中和生产要素的集聚，作为区域内的核心城市，具备较强的经济辐射力和扩散效应。此外，粤港澳大湾区城市群内部的空间关联性，降低了企业之间的交易成本和知识传递成本，有利于充分发挥中心城市对周边非中心城市的辐射带动作用，提高产业链上下游之间的分工与协作程度，为城市群产业协同集聚发展创造了条件。

（二） 粤港澳大湾区城市群产业间协同集聚的机制

粤港澳大湾区城市群产业间协同集聚的机制除了上述几个方面外，还包括一些特殊因素的作用，如产业间的投入产出关系、技术创新及外溢效应、城市间的空间联动、数字化水平的提高等。

1. 大湾区产业间的投入产出关系有助于产业间协同集聚

粤港澳大湾区城市群生产性服务业与制造业存在纵向关联性，生产性服务业为制造业的发展提供了高级生产要素。产业链可以分为上游的研发和设计环节、下游的市场营销及服务环节和中游的制造环节。在产业链的互动机制上，魏江和周丹（2010）发现制造业企业采取归核化、服务化、剥离三种策略，增加了自身价值，并通过服务外包、另立服务公司两种方式，刺激并推动了生产性服务业的发展；生产性服务业企业采取服务工业化、协作联盟两种策略，提高了自身专业化水平，并通过制造设备投资、另立制造公司两种方式，刺激并推动了制造业的发展。生产性服务业的具体服务对象是制造业，因此，生产性服务业集聚的地区也往往意味着制造业比较发达，制造业对生产性服务业的需求带动能力也较强，两者存在相互促进的关系，从而有助于城市群产业间协同集聚。

2. 技术创新及外溢效应促进大湾区产业间协同集聚

Ellision 等（2010）已经证明了马歇尔外部性中的知识外溢对制造业产业间协同集聚的促进作用，而生产性服务业之间的知识外溢则可以突破空间和行业间的限制，以获得范围经济，这使得生产性服务业之间的知识溢出作用将更为明显。此外，Howard 等（2012）基于改造后的协同集聚指标的研究表明，技术外溢和技能关联是促进产业协同集聚的重要力量。国内学者陈国亮和陈建军（2012）的研究表明，产业前后向关联和知识密集有助于促进第二、第三产业协同集聚水平的提升。粤港澳大湾区拥有香港、深圳和广州三个具有国际影响力的现代化创新型城市，深圳是全国首个以城市为基本单位的国家自主创新示范区，广深港澳科技创新走廊串联起粤港澳大湾区主要科技创新高地，创新资源高度集聚。广深港澳等核心城市通过发挥技术创新的极点带动作用和外溢效应，能够加速佛山、东莞、珠海等周边城市的产业创新和发展，建立粤港澳大湾区协同创新体系，推动大湾区城市群产业间的协同集聚。

3. 大湾区城市间的空间联动推动产业间协同集聚

城市群产业间协同集聚涉及不同产业，如作为中间产品的生产性服务业和作为终端产品的制造业之间的联动。当城市规模达到一定水平，产业发展水平较高时，可以通过该城市内部实现生产性服务业与制造业的协同集聚，即通过制造业集聚推动与之匹配的生产性服务业发展并集聚，如粤港澳大湾区城市群中心城市广州、深圳和香港。但粤港澳大湾区城市群内部不同城市的规模和发展阶段不同，城市层级较丰富，产业间协同集聚的机制存在差异。粤港澳大湾区城市群已形成以广深港澳为核心，以佛山、东莞和珠海为支撑，以江门和肇庆等为辅助的多层次空间格局。此外，横琴、前海、南沙 3 个合作区建设方案的出台，以及香港北部都会区的提出，推动珠三角制造业与港澳服务业更好地融合发展。因此，城市间的互动即大湾区城市间的空间联动使得中心城市的生产性服务业可以满足城市群内部其他城市对生产性服务业的需求，进而促进城市群产业间的协同集聚。

4. 数字化水平的提高赋能大湾区产业间协同集聚

数字技术的使用和数字化水平的提高降低了粤港澳大湾区城市群之间的互动成本，从而扩大了区域的边界，可以充分发挥产业和企业的规模经济效应，有利于产业间协同集聚。同时，Hong 和 Fu（2008）的研究发现，随着产业间集聚度的提高，信息技术的运用更深入和广泛。数字技术的使用加速了资本、劳动力、原材料、管理、信息、技术等要素在城市群之间的流动，而这些要素的流动和组合直接影响了城市群产业的空间分布，正向作用于产业间协同集聚。粤港澳大湾区是中国经济活力最强的区域之一，数字产业发展较快，以广州、深圳为支点，拥有计算机、通信和电子信息制造业等数字经济龙头产业，以及软件与信息服务业等产业集群。随着粤港澳大湾区全球大数据硅谷和国际数字经济创新中心建设的推进，产业数字化水平不断提高，数字技术的应用为粤港澳大湾区城市群产业间协同集聚注入新动能。

三　粤港澳大湾区城市群产业协同集聚的模式

粤港澳大湾区城市群产业协同集聚具有"产业—空间"二重属性，产业互动驱动城市群空间格局优化，城市群空间协同又为完善产业发展配套提供空间，通过持续良性的产城互动模式实现产业协同集聚发展。粤港澳大湾区各城市间产业发展有较好的合作基础，大湾区内部的珠三角地区、香港、澳门具备各自的比较优势，产业互补性强，产业协同发展空间很大。《横琴粤澳深度合作区建设总体方案》、《全面深化前海深港现代服务业合作区改革开放方案》和《广州南沙深化面向世界的粤港澳全面合作总体方案》的出台，以及香港北部都会区的提出，为粤港澳大湾区建设注入新动力、创造新机遇。粤港澳大湾区中心城市要更好地发挥辐射带动作用，即横琴合作区要侧重于发展促进澳门经济适度多元的新产业，前海合作区要联动香港的专业人才、金融市场和国际市场，南沙要建设科技创新产业合作基地，香港北部都会区要构建以高科技制造产业为主的深港产业经济带，推动粤港澳大湾区城市群产业协同集聚。

（一）工业经济时代粤港澳大湾区城市群产业协同集聚模式

产业结构和发展水平是区域之间进一步合作、实现优势互补和协同发展的基础，地区产业在产业生命周期演变中所处的阶段、地区产业在产业链中所处的位置等都将影响区域产业分工方式和协同集聚模式（向晓梅、杨娟，2018）。工业经济时代，粤港澳大湾区城市群通过产业链分工的"前店后厂"、产业全面融合、城市群协同等模式实现产业协同集聚发展。

1. 产业链分工和协作配套的"前店后厂"模式

产业链分工是属于同一产品不同环节上的分工，关联性更强，是生产不同环节、工序甚至模块上的分工合作。改革开放之初，港资北上，香港劳动密集型制造业北移至珠三角地区，珠三角地区开始发展"三来一补"加工贸易产业，逐渐形成了"前店后厂"的协作模式：香港负责接订单、市场营销等配套服务，珠三角地区利用低成本土地和劳动力负责加工制造，最终产品借助港澳出口，香港成为珠三角地区制造业全球供应链的管理中心，珠三角地区成为"世界工厂"。正是基于这种产业链分工和协作配套的"前店后厂"模式，珠三角地区被打造成为粤港澳大湾区重要的制造业基地，锻造了较完整的工业链条，形成了电子信息、汽车制造、家电、建材、医药、纺织服装等产业集群。

2. 通过产业全面融合实现城市群产业协同集聚

产业全面融合包含研发、生产、销售以及售后服务等多方面的融合，粤港澳大湾区城市群通过协同研发和共同开发市场实现产业全面融合发展，进而推动城市群产业协同集聚。珠三角地区作为粤港澳大湾区内重要的制造业基地，第二产业占比较高，制造业完整且发达，而港澳地区第三产业占比较高，服务业为城市的主导产业。大湾区充分发挥港澳技术创新优势，广州、深圳创新研发与运营总部的优势，以及佛山、东莞、惠州、中山、江门、肇庆等地高端制造、协作配套的优势，加强对接协作和产业融合，能够实现先进制造业和现代服务业双轮并行；推动粤港澳合作共建科技成果转化和国际技术转让平台，依托广东自贸试验区，对接香港国际金融、航运、贸易中心及在澳门打造的中国与葡语国家商贸服务合作平台，联手开拓国际市场，能够实现产业全面融合，打造城市群产业协同集聚发展格局。

3. 通过推动城市群协同带动产业协同集聚发展

产业协同集聚离不开区域协同发展，通过推动城市群协同集聚发展，促进中心大城市和周边城市形成高效分工，有助于推动产业升级和产业协同发展。工业经济阶段，粤港澳大湾区非常重视推动城市群的协同发展。大湾区城市群内各城市发展阶段各有差异，广州、深圳、香港和澳门已步入发达经济阶段，经济发展逐渐以科技创新为主；珠海、东莞、惠州等城市正处于工业化后期阶段，正在不断提升自身制造业水平和科技创新能力；

江门、肇庆则仍处在工业化中后期阶段。珠三角城市群生产性服务业高度集中在内圈层的核心城市，广州、深圳、珠海依托粤港澳大湾区的南沙、前海、横琴三大国家级新区打造现代服务业新高地，外圈层的江门、惠州和肇庆等城市则接受内圈层中心城市的技术溢出，提升传统产业的层次（向晓梅、吴伟萍，2018），通过推动城市群协同带动粤港澳大湾区产业协同集聚发展。

（二）数字经济时代粤港澳大湾区城市群产业协同集聚模式

随着互联网和信息技术的发展，数据与劳动力、土地、资本和技术传统要素并列，成为第五大生产要素。原有的城市要素将进行重塑和整合，城市空间互动和产业发展发生了颠覆式变化，数字化成为城市群产业协同集聚的重要动力。本部分重点探讨数字经济时代粤港澳大湾区城市群业态创新、产业协同集聚的新模式。

1. 数字经济新业态带动引领产业集群向全球价值链高端攀升

在数字经济时代，通过数字技术自身的产业化和创新扩散，生产数字技术产品或提供数字服务的行业得到发展壮大，数字经济新业态成为城市群经济发展的战略性新兴产业。云计算、大数据、5G、人工智能、物联网等新一代信息技术产业快速发展，并通过纵向一体化和横向一体化的产品和技术迭代升级，不断孵化出新产业和新业态，带动相关产业细分行业走向国际前沿，成为引领大湾区城市群经济社会高质量发展的新动力。以深圳经济特区为例，电子信息产业的深度发育，催生了数字要素和传统要素的共生融合，不断孵化出数字融合型新产业和新业态，从跟随模仿式创新向源头创新、引领式创新跃升，推动高新技术产业持续升级，构筑在全球价值链中的竞争新优势（吴伟萍等，2020）。

2. 从单一地域产业集群向多地域产业集群网络转变

随着数字化水平的提高，"互联网＋"应用领域在粤港澳大湾区城市群不断拓展和延伸，加快了交易速度，减少了中间环节，推动了要素组合方式和企业生产方式发生重大变革，使产业间区位选择和互动机制表现为不同于工业经济时代的新模式。粤港澳大湾区城市群产业数字化推动了数字与实体深度融合、物质与信息耦合驱动的新型发展模式，有效提升了全要素生产率，并创新了城市间的产业组织形态和商业模式。互联网和通信技术的快速发展，特别是人工智能、大数据和区块链等前沿技术与工业互联网平台的融合应用，催生了智能化制造、个性化定制、服务化延伸、数字化管理等新模式、新业态，使珠三角制造业与港澳服务业有机联动起来，推动产业链由"链式"向"网状"转变，构建了高效协同、安全稳定并富有弹性和韧性的新型产业链供应链体系。产业集群数字化转型推动了粤港澳大湾区制造能力共享和服务能力共享，实现了产业从垂直一体化向垂直专业化转型，将传统单一地域的产业集群扩展为多地域的产业集群网络。

3. 城市群产业互动和协同向虚拟网络空间转化

大湾区城市群内产业在充分利用分工网络的基础上，会借助数字信息平台缩减不必要的中间环节，以精简化的产业价值链衔接终端企业和消费者，降低产业生产运营成本。互联网使企业基于虚拟组织，通过跨界、跨区域，及时调整与其他企业功能模块的组合，满足了瞬息万变的市场需求，灵活性较大。数据的闭环流通打通了产业链上下游、协作主体之间的信息系统"孤岛"，建立了高效的信息交互管道，实现了业务、管理、运营流程的全面集成和高度柔性化。同时，生产过程中的数据驱动推动了供应链上下游实现协同采购、协同制造、协同物流，能够与市场终端开展低成本的充分有效沟通，准确掌握需求变化动态，灵活调整产能和库存，实现柔性生产和定制化生产。虚拟网络空间扩大了粤港澳大湾区城市群产业互动的范围，使中心城市和非中心城市的制造业与生产性服务业突破地理边界并加强联系，从而实现产业协同和价值增值。例如，广州、深圳充分发挥软件产业与电子信息产业发达的优势，加快推动软件与电子信息产业集群赋能制造业数字化转型，并加强与港澳开展合作，实现城市群产业协同集聚发展。

第二节　粤港澳大湾区城市群产业协同现状特征

一　粤港澳大湾区城市群产业协同的现状及互补性分析

（一）三次产业结构的互补性

从粤港澳大湾区城市群产业结构来看，2010～2020年，产业结构不断优化，以服务业为主导的现代产业体系基本确立。2020年，大湾区三次产业结构由 2010 年的 1.42：36.01：62.57 调整到 1.40：32.77：65.83，第二产业占比总体呈现下降趋势，第三产业占比稳中有升（见图 5-2）。第三产业成为拉动粤港澳大湾区经济增长的主要力量。

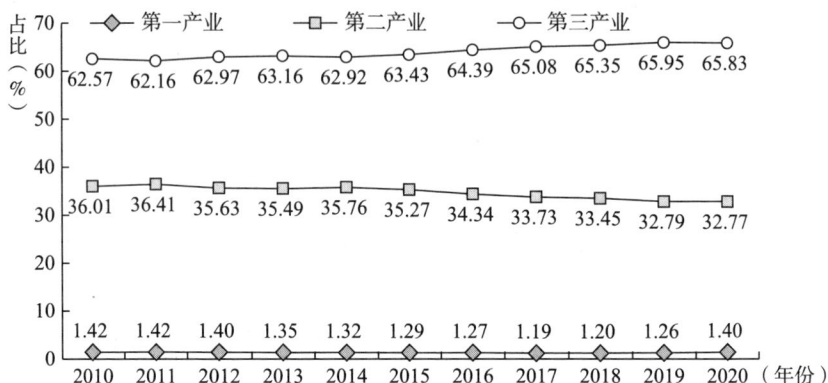

图 5-2　2010～2020 年粤港澳大湾区城市群产业结构变动情况

资料来源：根据 2011～2021 年《广东统计年鉴》、香港特区政府统计处、澳门统计暨普查局的数据计算整理得出。

从粤港澳大湾区城市群内部来看，地区间产业结构存在较大差异，表现出多阶段、混合性特征（见表 5-1）。2020 年，在珠三角 9 市中，广州、深圳、珠海的第三产业占据主导地位，其中广州、深圳第三产业的占比在 60% 以上，已经迈入服务经济阶段；珠海第三产业占比超 50%，处于工业经济向服务经济过渡阶段；佛山、东莞、中山、惠州以第二产业为主导，迈入工业化后期阶段；江门和肇庆产业发展较为滞后，第一产业占比仍相对较高，处于工业化中后期阶段。香港和澳门的产业结构与珠三角地区不同，三次产业发展极度不平衡，服务业优势突出，占比均超 90%，而农业、工业基础薄弱，门类单一。产业结构及工业化阶段的差异为粤港澳大湾区各城市间产业优势互补提供了可行空间。

表 5-1　2020 年粤港澳大湾区各城市产业及经济发展情况

城市	产业结构	GDP（亿元）	人均 GDP（元）
香港	0.1：6.4：93.5	22801.47	319564
澳门	0.0：8.7：91.3	1765.20	259073

城市	产业结构	GDP（亿元）	人均 GDP（元）
广州	1.2 : 26.3 : 72.5	25019.11	135047
深圳	0.1 : 37.8 : 62.1	27670.24	159309
珠海	1.7 : 43.4 : 54.9	3481.94	145645
佛山	1.5 : 56.4 : 42.1	10816.47	114157
东莞	0.3 : 53.8 : 45.9	9650.19	92176
中山	2.3 : 49.4 : 48.3	3151.59	71478
惠州	5.2 : 50.6 : 44.3	4221.79	70191
江门	8.6 : 41.7 : 49.8	3200.95	66984
肇庆	18.9 : 39.0 : 42.1	2311.65	56318

资料来源：根据《2021 广东统计年鉴》、香港特区政府统计处、澳门统计暨普查局的数据整理得出。

（二）细分行业内部结构的互补性

目前，粤港澳大湾区城市群已经形成以制造业和服务业为主体的门类齐全、规模庞大的现代产业体系。其中，珠三角 9 市以战略性新兴产业、先进制造业和现代服务业为主体，香港、澳门以服务经济为支柱。珠三角地区和港澳地区服务业发展各具特色。

1. 制造业

粤港澳大湾区的制造业主要分布于珠三角地区，香港、澳门制造业门类单一，空心化问题较为严重，缺乏制造业产业链条。珠三角地区是粤港澳大湾区乃至全国范围内重要的制造业基地，具有发展先进制造业的坚实基础。2020 年，珠三角地区制造业增加值为 25906.63 亿元，其中超 80% 来自深圳、佛山、东莞、广州，占比分别为 30.67%、17.09%、16.63%、15.81%，先进制造业增加值为 16357.94 亿元，占制造业增加值的 63.14%，其中深圳占 37.27%，远高于其他城市（见图 5 – 3）。这表明珠三角地区制造业已经形成集群化生产模式。

珠三角地区制造业增加值约为广东省的 80%，广东省 2017～2020 年规上工业增加值中先进制造业细分行业占比变动情况可以反映珠三角先进制造业内部结构的特征。在六大先进制造业行业中，高端电子信息制造业和

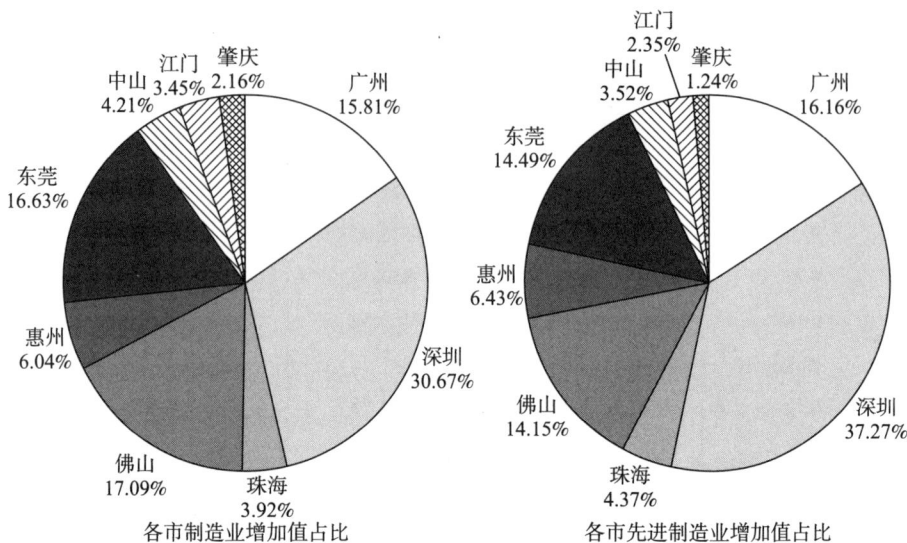

图 5 - 3 2020 年珠三角地区制造业及先进制造业空间分布情况

资料来源：根据《2021 广东统计年鉴》数据计算得到。

先进装备制造业占比一直保持在 15% 以上，是广东省重要支柱产业，生物医药及高性能医疗器械制造业增加值占规上工业增加值的比重最低，仅为 2% 左右，但呈现稳步增长态势，具有较大的发展空间（见图 5 - 4）。

2. 服务业

粤港澳大湾区是亚太地区重要的现代服务业中心，具有较强的国际竞争力。由于产业基础、社会制度等因素的差异，珠三角地区和港澳地区服务业发展各具特色。

（1）珠三角地区服务业结构特征

从总量来看，2020 年，珠三角地区现代服务业实现增加值共计 35986.86 亿元，服务业规模不断壮大，地域优势明显。从地区构成来看，2020 年，核心区深圳和广州领跑整个珠三角地区，分别实现增加值 13084.35 亿元、11801.21 亿元，分别占珠三角地区的 36%、33%，其他城市现代服务业的占比均在 10% 以下（见图 5 - 5），高端服务业向中心城市聚集趋势明显。深圳和广州的现代服务业发展具有不同的侧重点，深圳在新兴信息技术服务、金融服务、科学研究和技术服务业发展方面具有比较优势，而广州在租赁和商务服务业、健康服务、文化创意和设计服务等方

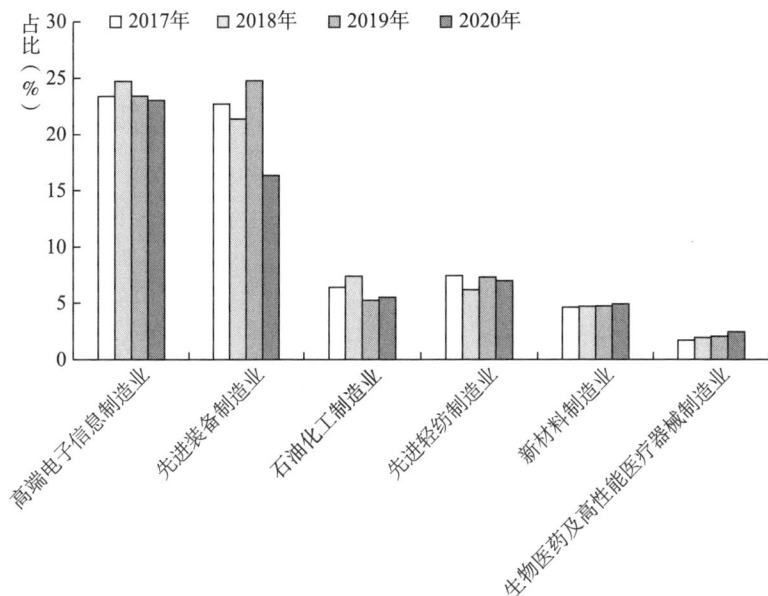

图 5 - 4　2017~2020 年广东先进制造业细分行业占规上工业增加值比重情况

资料来源：根据《2021 广东统计年鉴》数据计算得到。

面更具市场竞争力。外部竞争优势与内部结构差异为服务业区域合作创造了有利条件。

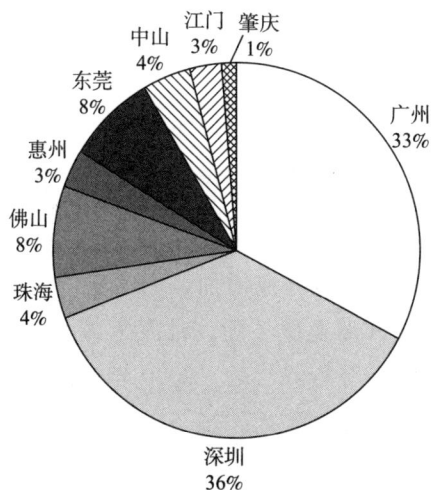

图 5 - 5　2020 年珠三角地区现代服务业增加值的地区构成情况

资料来源：各市《2020 年国民经济和社会发展统计公报》。

（2）香港服务业结构特征

香港是国际性金融、贸易和航运中心，服务业高度发达。香港四大服务业中，旅游业增加值占比较小，2010～2018年旅游业增加值占GDP的比重保持在5%左右的水平，2020年受疫情影响严重，占比仅为0.4%。其他三大服务业均为生产性服务业，2010～2020年，贸易及物流业、金融服务业、专业服务及其他工商业支援服务业增加值占GDP的比重合计始终保持在50%以上，是支撑香港经济发展的核心力量。其中，2018年及以前，贸易及物流业的占比居各类服务业之首；2019年起，金融服务业的占比超过贸易及物流业，成为香港服务业中的核心产业（见图5-6）。

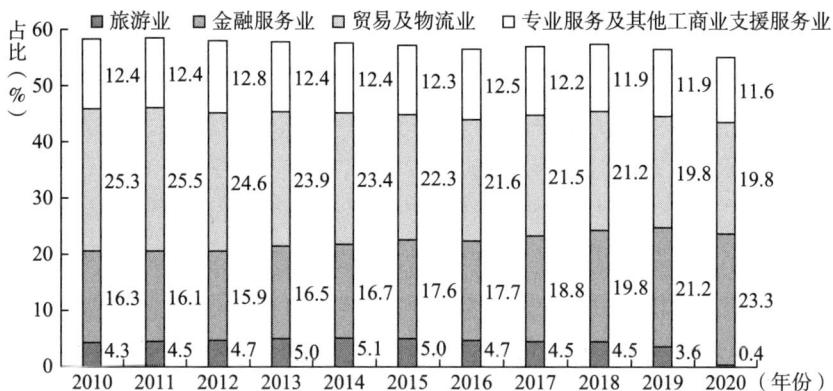

图5-6 2010～2020年香港四大服务业增加值占GDP比重情况

资料来源：香港特区政府统计处网站。

（3）澳门服务业结构特征

澳门是中国内地对外联系的重要窗口和桥梁，服务业在澳门经济增长中发挥主力作用。从服务业内部结构来看（见图5-7），2016～2019年，博彩及博彩中介业增加值占服务业增加值的比重一直保持在50%以上，金融保险、不动产、租赁和商业服务业，批发零售、酒店及饮食业，公共行政、社会服务及个人服务等行业次之。2020年，博彩及博彩中介业受到新冠疫情的严重冲击，增加值比重降到25.57%；批发零售、酒店及饮食业占比也略有下滑；而金融保险、不动产、租赁和商业服务业，公共行政、社会服务及个人服务，运输、仓储及通信业的占比则有不同程度的上升。

综上分析，粤港澳三地间产业结构和产业空间分布的差异为大湾区内

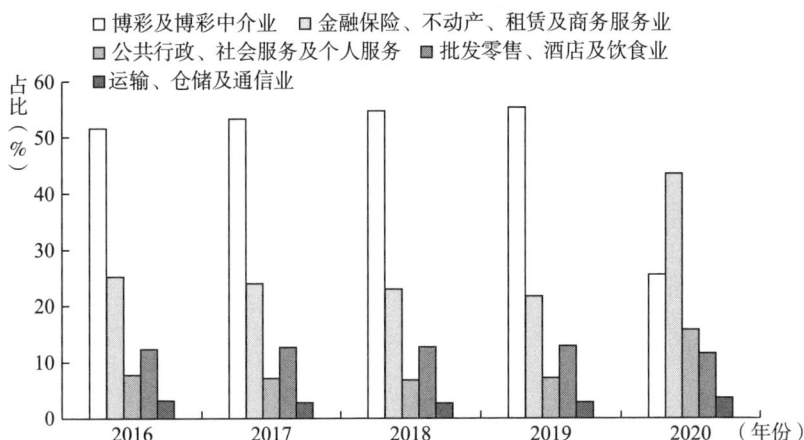

图 5 - 7　2016～2020 年澳门服务业主要行业增加值占比

资料来源：根据澳门统计暨普查局数据整理得出。

产业互补协调发展奠定了基础。2021 年 9 月，《横琴粤澳深度合作区建设总体方案》和《全面深化前海深港现代服务业合作区改革开放方案》的印发，为粤港澳大湾区城市群产业协同发展建设注入新动力。横琴粤澳深度合作区以粤澳合作中医药科技产业园为中医药产业发展的核心载体，充分发挥澳门在中医药创新发展、质量控制层面所具备的资源优势，进一步释放粤澳地区中医药产业内在发展潜能。前海深港现代服务业合作区扩区后，能够更好地发挥香港以金融业为核心的现代服务业以及在国际资源与网络等方面的优势，并使香港与深圳经济特区在制度创新和科技创新方面的优势互补，进而提升深港合作能级，助力香港经济发展。

二　粤港澳大湾区重点产业集群的产业链分工格局

粤港澳大湾区城市间产业梯度明确，具有产业协同集聚基础。从各城市优势产业来看，广佛肇经济圈在工业制造方面基础雄厚，在电商创新服务业和智能科技制造业方面的优势明显；深莞惠经济圈在高端制造业和科技服务产业等方面的优势明显，已形成新一代电子信息产业集群；珠中江经济圈的化工产业、装备制造业、临港加工以及航空港口等现代物流业较为突出；作为粤港澳大湾区的金融服务高地，香港在资金、制度、管理等方面的优势明显，同时在科研创新、研发设计等方面也具有优势，主要占据数字创意、新一代电子信息等产业的价值链两端；澳门不仅在休闲旅游服务方面具有比较优势，在半导体及集成电路研发设计方面的优势也很明显，已建成超大规模集成电路国家重点实验室（宋玲、王赟，2021）。

（一）数字创意产业集群

数字创意产业是以数字技术为主要驱动力，围绕文化创意内容进行创作、生产、传播和服务而融合形成的新经济形态，主要包括数字创意技术和设备、内容制作、设计服务、融合服务四大业态，是广东省战略性新兴产业集群之一（广东省工业和信息化厅等，2020a）。粤港澳大湾区内城市在数字创意产业价值链环节中各具优势，有较强的产业互补性，已初步形成"创作生产—传播运营—消费服务—衍生品制造"产业链。

珠三角地区依托自身雄厚的制造业基础与完备的基础设施，侧重于产品制造与基础设施建设环节，能够快速渗透和有效支撑产业发展。2021年，广东数字创意产业集群企业上半年实现营业收入2257.07亿元，增长24.5%。其中，数字创意技术设备制造业为281.21亿元，增长44.7%；数字文化创意活动为1500.06亿元，增长15.8%；数字创意与融合服务为350.02亿元，增长59.1%（张建梅，2021）。从各城市分工来看，广州、深圳两市在5G、人工智能、云计算等数据技术发展方面具有领先优势，能够发挥极点带动作用，促进大湾区数字创意产业高质量发展；佛山在影视制作、工业设计等方面具有优势，能够提供良好的创作内容以及优质的产品。文化及创意产业是香港最具活力的经济环节之一。2020年，香港文化创意产业增加值为1161.72亿港元，占本地生产总值的4.5%，占总就业人数的6.2%（香港特区政府统计处，2021）。香港主要占据数字创意产业价值链两端，在内容创作和研发、专业服务及国际市场营销能力方面优势明显。作为世界级金融、贸易、会展中心，香港为创意产业的融资和海外市场的开拓提供了良好的平台，也是华语影视、流行音乐作品的重要生产和出口基地，其品牌管理、设计服务在亚洲占据重要位置。澳门是多元文化交融的城市，是与西方交流的重要窗口和桥梁。与葡语国家长期以来良好的经贸合作关系使澳门具备海外市场推广的独特优势。粤港澳三地在数字创意产业中的创意、生产、运营、服务等环节各具比较优势，为推动大湾区创意产业链全链条发展奠定了坚实的基础。

（二）新一代电子信息产业集群

新一代电子信息产业集群包含计算机制造、通信设备制造、广播电视设备制造、雷达及配套设备制造、非专业视听设备制造、智能消费设备制造、电子器件制造、电子元件及电子专用材料制造、其他电子元件制造等9个细分行业。珠三角地区是中国 ICT（信息与通信技术）产业最为密集的地区，2020 年前三季度，珠三角 9 市新一代电子信息产业集群实现增加值8629.98 亿元，占全省该产业集群的比重高达 97.0%（见表 5 - 2）。深圳是大湾区电子信息产业发展的先锋，深莞惠城市圈带动了东莞、惠州电子信息产业的快速发展，已形成以深圳为研发中心，东莞、惠州等市为生产基地的珠江口东岸电子信息产业集聚区。作为资本密集型和技术密集型产业，新一代电子信息产业发展需要金融投资、技术创新等方面的支撑，港澳地区自身在运营管理、金融服务等方面的优势有助于将粤港澳大湾区打造成为"东方硅谷"。

表 5 - 2　珠三角地区及各城市新一代电子信息产业集群增加值及其占比情况

单位：亿元，%

区域	2018 年		2019 年		2020 年前三季度	
	增加值	占比	增加值	占比	增加值	占比
珠三角 9 市	5965.21	96.7	9042.00	96.8	8629.98	97.0
广州	304.58	4.9	475.53	5.1	370.70	4.2
深圳	3706.31	60.1	5527.91	59.2	5585.81	62.8
珠海	151.61	2.5	209.04	2.2	203.65	2.3
佛山	120.23	1.9	178.53	1.9	179.77	2.0
东莞	1017.06	16.5	1704.47	18.2	1374.27	15.4
中山	97.97	1.6	139.03	1.5	160.40	1.8
江门	77.14	1.3	98.36	1.1	76.45	0.9
惠州	456.59	7.4	657.68	7.0	639.00	7.2
肇庆	33.72	0.5	51.45	0.6	39.93	0.4

资料来源：根据广东省统计信息网、中商产业研究院相关数据整理得到。

新一代电子信息产业集群主要集中在通信设备制造业，2020 年前三季度，广东通信设备制造业实现增加值 3367.03 亿元，增长 6.1%，占新一代电子信息产业的比重为 51.9%（中商产业研究院，2021）。从产业链角度来看，上游产业链包括芯片供应商、零部件和元器件供应商，粤港澳大湾区以深圳为核心发展前端设计、解决方案和应用软件，广州则主要发展新型显示器件和电子元器件，港澳地区在集成电路设计、微电子研究等领域具备强大的研发能力；中游产业链包括通信设备组装制造企业，大湾区主要以东莞、惠州等城市为重点发展整机制造；下游产业链包含运营商及设备终端消费者。

（三）半导体及集成电路产业集群

广东在中国电子信息产业领域名列前茅，消费电子、通信、人工智能、汽车电子等领域竞争优势明显，占据国内半导体及集成电路应用最大市场份额（广东省发展和改革委员会等，2020）。粤港澳大湾区的半导体及集成电路产业主要分布于珠三角地区。依托广州和深圳两个国家级集成电路设计产业化基地，珠三角地区形成了以广州、深圳、珠海为核心，带动佛山、东莞、中山、惠州等地协同发展的产业格局；而香港以分销为主；澳门高等院校的科研水平世界领先。粤港澳三地已形成了各自的产业优势。

从半导体及集成电路产业链来看，粤港澳大湾区企业主要活跃在中游 IC（集成电路）设计、制造、封装测试等环节。其中，大湾区 IC 设计业处于领先地位，尤其是深圳的 IC 设计业发展迅速，从 2013 年起深圳 IC 设计业销售规模一直居全国首位，拥有海思半导体、中兴微电子、汇顶科技等龙头企业；大湾区在 IC 制造环节相对薄弱，芯片制造企业大多集中在广州、深圳；佛山、惠州、东莞、中山、江门等城市在封装测试、半导体材料、特种装备及零部件、电子化学品等领域具有一定优势；港澳地区高等院校在半导体及集成电路设计等领域具有强大的研发能力，香港中文大学、香港科技大学等有关半导体及集成电路的研究成果名列亚洲前茅，澳门模拟芯片设计、微电子研究在全球遥遥领先，澳门大学拥有模拟与混合信号超大规模集成电路国家重点实验室，该实验室已成为亚洲研究成果排名前列的机构之一。

（四）智能机器人产业集群

智能机器人产业是广东战略性新兴产业之一，其中，在工业机器人领域，广东已经在关键零部件及系统集成环节培育了一批自主品牌，产量约占全国总量的 1/4；在服务机器人领域，广东在教育娱乐、医疗康复、家政服务等领域的产品处于全国领先水平（广东省工业和信息化厅等，2020b）。
目前，粤港澳大湾区已形成了从关键零部件到整机和应用，从研发、设计
到检测的较为完整的智能机器人产业链及产业集聚生态，产业主要集聚在
广州、深圳、珠海、佛山、东莞、中山等珠三角核心区。2020 年前三季度，
珠三角核心区智能机器人产业集群实现工业增加值 75.17 亿元，占全省该产
业集群的比重高达 98.65%。其中，增加值最大的是深圳，达到 61.5 亿元，
占珠三角核心区的 81.81%，其余占比较大的地市为东莞、惠州、佛山（见
图 5 - 8）。广州、深圳、珠海、佛山、东莞等地在工业机器人、服务机器
人、关键零部件、系统集成、无人机（船）等细分领域上各具优势，已初
步形成产业集聚态势（王慧艳，2020a）。

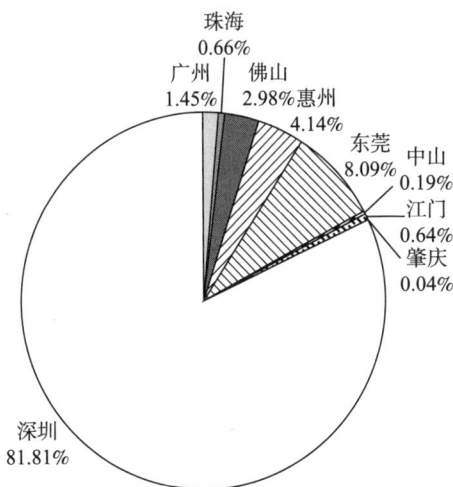

图 5 - 8 2020 年前三季度珠三角核心区智能机器人产业集群增加值占比情况

资料来源：广东省统计信息网。

从产业链角度来看，广州、深圳、香港和澳门在产业链上游的核心零
部件、人工智能等领域具备强大的科技研发能力，广州拥有广州数控、启
帆、长仁等骨干企业；深圳互联网企业云集，还拥有深圳大学、香港中文
大学（深圳）、香港大学（深圳校区）等多所高校，科研资源集聚，能够为
打造人工智能平台提供有力支撑；香港中文大学、香港科技大学等高校在
新一代人工智能基础理论、新型人机交互技术与设备、面向健康和无障碍
的智能技术等领域的研究取得重大进展；澳门大学、澳门科技大学等高校

在电子元器件、集成电路、传感器等核心零部件领域的优势明显，研究实力名列亚洲前茅。依托前海合作区和横琴粤澳深度合作区，港澳地区在研发设计、基础零部件等方面的科研成果能够得到内地科研转化团队和规模化厂商的支持，有助于打造大湾区产学研深度合作模式。佛山、珠海凭借雄厚的制造业基础，在产业链中游的机器人本体制造方面具备显著优势；惠州、肇庆等市重点是做好智能机器人的产业配套，共同推进机器人产业发展。智能机器人产业链下游包括系统集成应用等方面，东莞在面向电子信息、电子机械及设备等制造行业的集成应用方面具有显著优势，已孵化出拓斯达、伯朗特等工业机器人企业，在系统集成应用方面处于行业前列。

（五）生物医药与健康产业集群

生物医药与健康产业主要包括生物药、化学药、现代中药、医疗器械、医疗服务、健康养老等领域，具有"四高一长"的发展特点，即高技术、高投入、高风险、高收益、长周期，是广东战略性支柱产业之一（广东省科学技术厅等，2020）。近几年，粤港澳大湾区生物医药产业集聚效应日益显现，大湾区生物医药产业市场规模处于高速稳定增长状态，2016～2020年大湾区生物医药产业市场规模增速均保持在11%左右（见图5-9），已形成以广州、深圳"双核"为驱动，香港、澳门、珠海、佛山、中山为支撑，东莞、惠州、江门为依托的发展格局（见图5-10）。

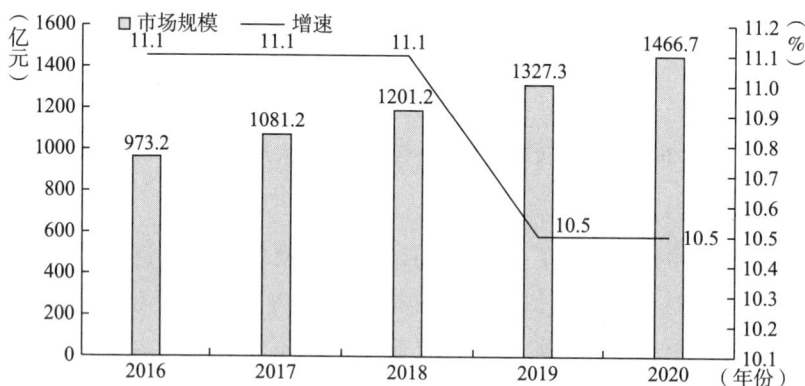

图5-9　2016～2020年粤港澳大湾区生物医药产业市场规模及增速

资料来源：火石创造数据库。

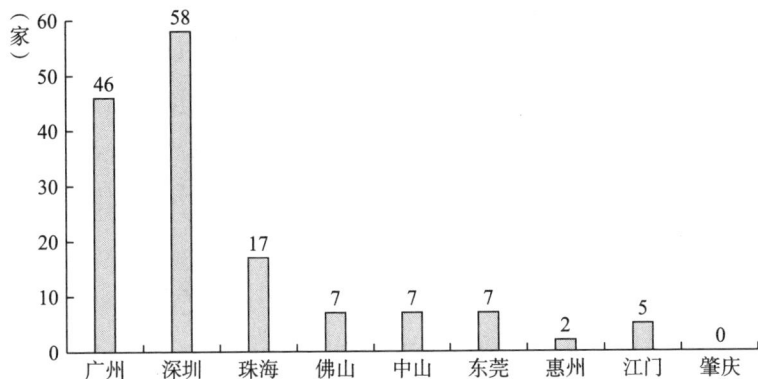

图 5 - 10　2020 年珠三角地区上市生物医药企业数量

资料来源：火石创造数据库。

从区域分工来看，广州和深圳依托广州科学城、白云生物医药健康产业基地、深圳国际生物谷，以及坪山国家生物产业基地等生物医药产业集聚区，在高端医疗、高性能医疗器械、健康安全等产业方面具有一定的优势，在完善产业链的基础上打造新的创新和研发中心。珠海、中山、佛山中医药和医药制造的区位熵均大于 1，借助医药制造基础，着重进行科技成果转化和创新能力提升。东莞和惠州发挥制造业优势，打造研发制造基地。江门和肇庆是主要的医学动物实验基地和南药健康产业基地。港澳地区凭借高校和人才优势，在基础研究和研发领域具有显著优势。其中，香港汇集多所高等院校，在生物医药研发领域优势明显，依托扩容后的前海合作区，香港在生物医药方面的研发优势与宝安中心区基础雄厚的制造业形成互补，有助于将香港生物医药方面的研发转化为产业，为深港优势产业提供更广阔的发展空间；澳门在中医药创新发展、质量控制层面具备资源优势，依托粤澳合作中医药科技产业园，构建了系统的研发、检验、认证、注册、审批、海外销售服务体系，有效推动了粤澳地区中医药产业化、高端化和国际化。

（六）　软件与信息服务产业集群

粤港澳三地的软件和信息技术服务业处于不同发展水平，差异化发展特点显著。广东省软件与信息服务业发展迅速，2021 年，全省软件业务收入 1.57 万亿元,同比增长 15.4%,规模居全国第二;[①] 产业基础雄厚,已形成以广州、深圳两个中国软件名城为中心,以珠三角地区为主体的产业发展格局。港澳地区处于稳定发展期,香港市场化程度较高。依托高校的科研创新优势,香港与珠三角地区尤其是深圳构建了产学研深度融合的科研平台,吸引各类高水平科研人员和机构集聚,促进知识创新溢出和技术研发,进一步提升了粤港澳大湾区核心城市协同创新水平。

从区域分工来看,广州和深圳依托两个中国软件名城的引领带动作用,在云计算、大数据、人工智能、工业互联网等新技术、新业态方面实现迅速发展,涌现出一批细分领域的领军企业和国家级试点示范项目;东莞依托电子信息制造、工业互联网等产业基地在新型工业软件、嵌入式软件方面具有一定优势;珠海的集成电路设计、办公软件等产业发展领先,惠州、佛山、中山、江门和肇庆在装备制造、信息服务和配套产业方面具有优势;香港市场化程度较高,咨询及通信科技服务业稳步增长;依托国际自由港的服务贸易优势,港澳地区推动软件服务业走向国际,一些专用软件公司通过本地经销商进军海外市场,同时为进军海外市场的香港公司提供软件开发服务以及向其他国家输出服务。

三 粤港澳大湾区城市群产业协同发展面临的问题与挑战

（一）大湾区内多元化制度在一定程度上制约了产业要素自由流动

产业协同发展要求突破行政边界的约束,跨区域配置要素资源,而粤港澳大湾区三地属于"一个国家,两种制度,三个关税区",要素流动存在"大资金、小流通""玻璃门、弹簧门"等问题（申明浩等,2019）。经济体制、行政层级的差异性导致人员、货物、资金等要素在大湾区内不能完全自由流动,人员跨境流动不畅,职业技术资格、能力测试结果等不能互认,以及医疗、教育福利等不能同等享受等问题,极大地阻碍了跨境人力、信息资源等流动。以广州港为例,广州港下辖的作业港区由广州海关和黄

[①] 《2021 年软件和信息技术服务业统计公报》,工业和信息化部官网,2022 年 1 月 21 日,https://www.miit.gov.cn/gxsj/tjfx/rjy/art/2022/art_7953d1abafe14f00a1b 24e693ef73baa.html。

埔海关监管，商品和货物在过关时需要两次报关、转关，且口岸费用计征标准不一，负担的财务成本和时间成本较高，从而降低物流通关效率，不利于三地货物高效便捷地流动；珠三角地区实行的资本管制，与港澳的自由资本市场之间有所冲突，交易规则不一、移动支付障碍、货币系统差异等问题都会增加粤港澳三地经济往来的结算成本。

（二）　部分产业同质化现象突出，区域空间生产效能难以提高

大湾区内的珠三角城市间产业结构较为趋同，2020年珠三角城市间产业协同灰色关联度基本在0.95以上，说明产业同质化程度较高。同时珠三角制造业发展低梯度地区存在产业转移承接能力不足的问题，产业融合发展水平不足又进一步制约协同发展；港澳地区发达的服务业使实体经济受到挤压，尤其是澳门经济发展和公共财政高度依赖文娱体业的发展。2020年澳门教育和文娱体业区位熵达到6.32，资本和资源均向具有高回报率的文娱体业转移，对其他产业产生了明显的挤出效应。产业同质化现象在一定程度上影响了粤港澳大湾区内区域空间生产效能的提高，各城市间产业竞争大于产业互补，易导致产能过剩、缺乏核心竞争力等问题，难以有效发挥产业协同效应。

（三）　跨区域产业链协同配合不够，难以发挥产业协同效应

在粤港澳大湾区，目前广深"双城"的联动和引领能力不足，两地在产业协同发展领域的合作仍需深化，产业链对接程度有待加深。比如，两地产业联动领域关注智能网联汽车、智能装备、生物医药三大产业，而对新一代信息技术、芯片与半导体等战略性新兴产业的关注较少（韩永辉等，2021）。同时，前海、横琴、南沙3个合作区的产业链协同有待加强。虽然港澳两地的服务业发展均达到国际一流水平，但其制造业空心化现象明显，且与内地在制造业产业链各个环节协同配合不够。比如，新一代电子信息产业、半导体及集成电路产业虽是广东省战略性产业集群，但在全球价值链中所处的位置仍相对较低，在核心技术、高性能通用芯片等关键领域存在"卡脖子"问题。港澳地区受创新空间限制，科研成果转化效率有待提高，中介服务平台有待完善，科技创新合作领域不够深入，对产业协同发展造成了障碍。在高端生产性服务业方面，港澳与珠三角地区尤其是广州和深圳缺乏利益共享的产业价值链以及存在功能布局等问题，较大程度地

影响了大湾区生产性服务业集聚效应的发挥。

（四）数字经济产业链协同及产业融合亟待加强

近年来，大湾区着力打造世界级"数字湾区"，数字经济虽发展迅速，但大部分产业仍处于发展初期，产业链上下游缺乏深度合作，同时数字技术与产业发展融合度也有待提高。从产业数字化来看，数字经济在三次产业细分行业的融合程度存在差异，比如，广东传统制造业领域普遍面临生产端和消费端数字化融合不均衡、供应链上下游数字化融合水平偏低等问题。从数字产业化来看，珠三角地区信息基础设施建设完备，拥有一大批实力较强的研发机构，并具有应用场景丰富的优势，但人工智能、工业互联网、区块链等新兴领域的产业集群化发展优势不突出，产业链上下游发展不均衡，难以在整个产业链条上齐头并进。其中，新一代电子信息产业虽在规模、研发创新等方面发展速度较快，但与产业发展相配套的基础性行业如集成电路制造尤其是半导体产业发展滞后。截至 2019 年，广东省集成电路制造业规上工业企业共有 171 家，超 10 亿元的企业仅 17 家，行业整体呈现"小""散"特点（王慧艳，2020b）。

第三节　粤港澳大湾区城市群产业协同实证研究

通过前文分析可以看出，无论是产业结构、产业空间分布，还是重点产业集群产业链协作，粤港澳大湾区内城市在产业发展基础和主导产业布局方面都各具特色，具有协同发展的基础。本节通过实证研究，揭示各城市产业发展的优势和短板，探讨粤港澳大湾区产业协同发展的方向。

一　大湾区城市间产业互补性的区位熵分析

在分析粤港澳大湾区城市间产业协同发展方向之前，我们首先需要明确各城市的优势产业，根据比较优势来探讨城市之间的产业互补性。

（一）研究方法

本节采用区位熵来判断某城市某一产业在所属地区的专业化程度，具体的计算公式为：

$$LQ_{ij} = \frac{L_{ij} / \sum_{j=1}^{m} L_{ij}}{\sum_{i=1}^{n} L_{ij} / \sum_{i=1}^{n} \sum_{j=1}^{m} L_{ij}} \tag{1}$$

其中，i 代表第 i 个城市（$i = 1, 2, 3, \cdots, n$）；j 代表第 j 个行业（$j = 1, 2, 3, \cdots, m$）；L_{ij} 表示第 i 个城市第 j 个行业的就业人数；LQ_{ij} 表示 i 城市 j 行业的区位熵。若区位熵等于 1，代表 i 城市 j 行业的发展程度与粤港澳大湾区整体相同行业的平均发展程度相当；若区位熵小于 1，表示 i 城市 j 行业在粤港澳大湾区整体同行业中欠缺比较优势；若区位熵大于 1，表示 i 城市 j 行业的发展程度在粤港澳大湾区城市群中具有比较优势。

（二）　实证结果分析

本节选取 2000 年和 2020 年粤港澳大湾区 11 个城市 16 个产业[①]的就业人数数据，计算各城市各产业的区位熵。数据来源于《广东统计年鉴》、各市统计年鉴、香港特区政府统计处及澳门统计暨普查局网站。

1. 大湾区各城市细分行业的互补性分析

表 5-3 列出 2000 年和 2020 年粤港澳大湾区各城市 16 个产业的区位熵。我们从中可以清晰地看出，粤港澳大湾区各城市的产业发展基础和发展方向呈现差异化特征，具有不同的比较优势。

香港的产业优势集中于服务业，产业门类齐全，发展均衡。即使在全球服务业因新冠疫情蔓延受到严重影响的情况下，香港的交通运输、仓储及邮电通信业，社会服务业，卫生、体育和社会福利业，科学研究和综合技术服务业仍表现出较大优势，2020 年区位熵分别达到 2.07、3.72、2.94、1.70，均高于大湾区内其他城市，金融、保险业区位熵为 1.73，仅次于广州。澳门服务业也表现出显著优势，尤其在房地产业与教育、文化艺术及广播电影电视业，区位熵分别高达 2.33 和 6.32，领先优势明显，但金融、保险业，科学研究和综合技术服务业，通信及商业服务业发展较弱。港澳

[①]　由于 2001 年和 2021 年《广东统计年鉴》的产业统计口径发生调整，为对比分析跨年度的变化趋势，本节按照 2001 年统计口径，将相关产业统一调整为 16 个产业。其中，批发和零售贸易、餐饮业包括批发和零售业及住宿和餐饮业，教育、文化艺术及广播电影电视业包括教育、文化、体育和娱乐业，通信及商业服务业包括租赁和商业服务业以及信息传输、软件和信息技术服务业。

地区第一产业和第二产业发展普遍滞后，缺乏产业发展基础，但在建筑业的发展上一直保持领先优势，2000 年和 2020 年区位熵均保持在 1 以上，与广州、深圳、珠海齐头并进。

与港澳地区不同，珠三角 9 市产业发展的比较优势集中于制造业领域，除江门、肇庆工业化水平较低外，其他城市基本以制造业为优势产业。值得注意的是，广州制造业区位熵从 2000 年的 1.09 下降到 2020 年的 0.49，制造业发展优势消失，这可能是因为在数字经济时代广州传统制造业竞争优势减弱，数字化转型尚待有效推进，但是广州在服务业领域取得较大突破，在服务业各领域普遍具有发展优势。其中，广州在交通运输、仓储及邮电通信业，金融、保险业，科学研究和综合技术服务业，通信及商业服务业领域具有显著优势，区位熵分别为 1.34、1.94、1.56、1.41，领跑珠三角地区。深圳服务业发展优势较穗港澳三个中心城市有一定差距，优势产业主要是批发和零售贸易、餐饮业，房地产业，科学研究和综合技术服务业，通信及商业服务业。珠三角其他城市服务业发展均有较多短板，尤其是佛山和东莞，在多数服务业领域不具有发展优势，相比 2000 年，2020 年佛山、惠州在科学研究和综合技术服务业的发展优势明显弱化，区位熵降到 1 以下，这可能是因为大湾区中心城市的虹吸效应使这些地市大量人才等要素流失，对产业发展的支撑作用减弱。因此，鼓励生产性服务业发展、推动制造业与服务业跨界融合、补齐发展短板是这些城市的发展方向。

表 5 - 3　2000 年、2020 年粤港澳大湾区城市群的分行业区位熵

城市	年份	产业															
		农、林、牧、渔业	采矿业	制造业	电力、煤气及水的生产和供应业	建筑业	地质勘查业、水利管理业	交通运输、仓储及邮电通信业	批发和零售贸易、餐饮业	金融、保险业	房地产业	社会服务业	卫生、体育和社会福利业	教育、文化艺术及广播电影电视业	科学研究和综合技术服务业	国家机关政党机关和社会团体	通信及商业服务业
香港	2000	0.02	0.00	0.23	0.77	1.56	0.00	2.07	1.90	2.79	4.47	0.00	0.00	3.44	0.00	0.00	0.79
	2020	0.00	0.00	0.07	0.95	1.55	0.00	2.07	1.30	1.73	1.03	3.72	2.94	1.69	1.70	0.00	1.09

续表

城市	年份	产业															
		农、林、牧、渔业	采矿业	制造业	电力、煤气及水的生产和供应业	建筑业	地质勘查业、水利管理业	交通运输、仓储及邮电通信业	批发和零售贸易、餐饮业	金融、保险业	房地产业	社会服务业	卫生、体育和社会福利业	教育、文化艺术及广播电影电视业	科学研究和综合技术服务业	国家机关政党机关和社会团体	通信及商业服务业
澳门	2000	0.00	0.00	0.64	0.79	1.38	0.00	1.65	1.47	1.86	2.73	0.90	2.33	2.64	0.00	4.42	0.00
	2020	0.00	0.00	0.05	0.72	1.73	0.00	1.19	1.27	0.75	2.33	2.41	1.70	6.32	0.00	3.19	0.00
广州	2000	1.11	1.23	1.09	1.02	1.04	1.23	1.09	0.88	0.58	0.29	1.66	1.45	0.61	2.66	1.24	0.66
	2020	1.49	0.12	0.49	0.84	1.19	1.29	1.34	1.06	1.94	1.19	0.72	1.07	1.04	1.56	1.21	1.41
深圳	2000	0.07	0.86	1.76	0.93	0.49	0.63	0.50	1.13	0.62	0.62	1.45	0.87	0.24	0.77	0.83	1.11
	2020	0.03	1.42	1.01	0.48	1.15	1.03	0.97	1.09	0.69	1.28	0.90	0.61	0.75	1.06	0.77	1.34
珠海	2000	0.85	0.86	1.11	0.75	0.39	0.84	0.52	1.53	0.61	0.21	2.43	0.73	0.28	0.83	1.35	0.59
	2020	0.90	0.52	1.00	1.19	1.57	1.69	0.81	0.95	1.27	0.79	0.80	1.05	0.82	1.01	1.01	1.27
佛山	2000	0.04	4.75	1.43	4.47	1.26	5.53	1.02	0.40	2.75	0.46	0.94	3.97	1.85	1.39	4.02	0.12
	2020	1.09	0.18	1.44	1.27	0.57	0.75	0.69	1.10	0.58	0.61	0.71	0.66	0.75	0.61	0.97	0.50
江门	2000	2.41	0.33	0.63	0.91	1.37	0.98	0.62	0.53	0.41	0.09	0.40	0.72	0.37	0.27	0.81	1.65
	2020	7.72	4.40	0.88	1.56	0.67	0.76	0.58	0.68	0.52	0.52	0.99	1.20	0.66	0.24	1.14	0.72
惠州	2000	0.13	4.52	1.82	3.31	0.74	6.51	0.66	0.31	1.26	0.62	0.67	2.74	1.47	1.06	4.22	0.14
	2020	0.02	1.24	1.95	3.72	0.33	1.06	0.55	0.89	0.55	0.84	0.09	1.75	1.65	0.27	3.77	0.23
东莞	2000	1.13	0.15	1.44	4.40	0.62	0.95	0.54	0.58	1.17	0.21	0.91	1.65	0.52	0.51	0.85	0.79
	2020	0.22	0.48	1.85	1.08	0.58	1.04	0.56	0.78	0.37	0.55	0.63	0.53	0.81	0.50	0.64	0.45
中山	2000	1.08	0.59	1.35	0.36	0.55	0.50	0.66	0.94	0.53	0.11	1.21	0.85	0.36	0.37	0.68	1.07
	2020	0.02	0.00	1.89	2.26	0.28	1.74	0.45	0.25	1.04	1.05	0.14	1.89	1.67	0.35	2.54	0.26
肇庆	2000	2.68	2.15	0.51	0.69	1.07	0.89	0.67	0.44	0.22	0.07	0.34	0.67	0.36	0.23	0.89	2.05
	2020	0.32	11.24	0.69	2.36	0.99	1.14	0.62	1.53	0.60	0.79	1.21	1.57	1.68	0.88	3.08	0.62

资料来源：课题组经计算得到。

2. 珠三角城市群制造业九大产业互补性分析

鉴于香港、澳门制造业比重较低且缺乏细分行业统计数据，而珠三角地区是粤港澳大湾区制造业的主体，我们以珠三角城市群制造业的九大产业为代表，对粤港澳大湾区城市群制造业的产业互补性进行分析。本节选取 2000 年和 2020 年珠三角 9 市九个制造业产业为研究对象，采用规上工业总产值作为就业人数的替换数据，数据来源于《广东统计年鉴》，计算各城市制造业细分行业的区位熵。

从表 5-4 结果可以看出，珠三角 9 市制造业的发展各具特色，呈现差异化的比较优势，具有产业链协同发展的潜质。江门、肇庆在传统产业门类方面具有明显的比较优势，其中，2020 年，江门在食品饮料和森工造纸领域的区位熵分别高达 4.08 和 3.89，显著高于其他城市，在纺织服装领域的区位熵为 2.04，仅次于佛山，肇庆在这三个行业的区位熵分别为 1.97、1.87、1.93，发展优势明显；在建筑材料领域，2020 年肇庆和江门保持传统发展优势，区位熵分别为 6.44 和 2.36。此外，佛山、东莞在传统产业上也保持着发展优势，制造业表现出均衡发展态势，其中，东莞于 2020 年在森工造纸领域的区位熵达到 2.52，仅次于江门。从先进制造业来看，2020 年，珠三角集群发展特征明显。电子信息产业发展优势地位被深圳、东莞、惠州牢牢占据，3 市在电子信息领域的区位熵分别为 1.68、1.35、1.10，深莞惠城市圈带动了东莞、惠州电子信息产业的快速崛起，以深圳为研发中心，东莞、惠州为生产基地的产业集群化生产优势显著。电子机械行业主要集中分布于中山、佛山、珠海，3 市在电子机械领域的区位熵分别为 2.17、2.11、1.75，是珠三角地区重要的机械制造加工基地。广州因其深厚的产业基础和完整的产业链条，在汽车制造领域具有绝对发展优势，区位熵高达 4.42，而其他城市均低于 1。2020 年，石油化工和医药制造在珠三角城市间发展相对均衡。在医药制造领域，除珠海的区位熵达到 3.52，具有明显发展优势外，广州、中山、佛山、肇庆的区位熵大于或等于 1；在石油化工领域，除深圳和东莞区位熵小于 1 外，其他城市均具有发展优势。各城市可以基于在制造业细分领域的比较优势，开展产业链分工协作，实现优势互补、协同发展。

表 5-4 2000 年、2020 年珠三角 9 市制造业九大产业区位熵

| 城市 | 年份 | 产业 | | | | | | | | |
		食品饮料	纺织服装	建筑材料	森工造纸	石油化工	医药制造	电子机械	汽车制造	电子信息
广州	2000	1.70	1.21	0.33	1.27	3.04	1.76	0.77	2.86	0.34
	2020	1.59	0.89	0.82	0.50	1.86	1.79	0.54	4.42	0.34

城市	年份	产业								
		食品饮料	纺织服装	建筑材料	森工造纸	石油化工	医药制造	电子机械	汽车制造	电子信息
深圳	2000	0.66	0.44	0.18	0.65	0.20	1.35	0.65	0.60	2.34
	2020	0.33	0.30	0.32	0.20	0.16	0.87	0.71	0.27	1.68
珠海	2000	0.87	0.99	0.10	1.28	0.65	2.31	1.83	0.58	0.39
	2020	1.11	0.33	1.01	0.86	1.94	3.52	1.75	0.27	0.59
佛山	2000	0.65	0.65	3.06	0.50	0.35	0.29	1.21	0.36	0.17
	2020	1.47	2.51	2.17	1.16	1.22	1.19	2.11	0.91	0.12
惠州	2000	0.25	0.66	0.13	0.29	0.23	0.23	0.87	0.67	2.34
	2020	0.39	0.37	1.13	0.32	3.42	0.28	0.69	0.33	1.10
东莞	2000	0.78	1.49	0.24	2.02	0.66	0.27	0.94	0.19	1.58
	2020	1.08	1.12	0.65	2.52	0.43	0.17	0.78	0.15	1.35
中山	2000	1.67	1.98	0.32	1.86	1.39	1.24	1.27	0.20	0.68
	2020	0.79	1.73	1.09	1.38	1.08	1.29	2.17	0.45	
江门	2000	1.71	2.49	0.46	1.85	0.93	0.59	1.30	1.24	0.34
	2020	4.08	2.04	2.36	3.89	1.37	0.64	0.91	0.48	0.38
肇庆	2000	1.64	1.53	1.12	1.40	1.04	1.00	0.34	1.01	0.90
	2020	1.97	1.93	6.44	1.87	1.92	1.00	0.54	0.97	0.26

资料来源：课题组经计算得到。

二 粤港澳大湾区产业协同发展的灰色关联分析

如何实现粤港澳大湾区产业协同发展是本节研究的重点。我们进一步采用灰色关联分析法对大湾区产业协同发展水平进行测度，判断粤港澳大湾区产业协同发展的方向（陈燕、林仲豪，2018）。

（一）研究方法

用灰色关联分析法研究产业协同关系是对区位熵方法的进一步深化，具体计算方法包括四个步骤。

第一步，确定参考序列和比较序列，并计算两者的绝对差。以粤港澳大湾区整体分行业在全国的区位熵为参考序列 $LQ_0(j)$，粤港澳大湾区各城市分行业的区位熵为比较序列 $LQ_m(j)$，则两者的绝对差表示为：

$$\Delta(j) = | LQ_0(j) - LQ_m(j) | \qquad (2)$$

第二步，计算两级最小差和两级最大差。$\min_i \min_j \Delta(j)$ 为两级最小差，$\max_i \max_j \Delta(j)$ 为两级最大差。

第三步，计算区位熵灰色关联系数 ξ。其中，ρ 为分辨系数，且 $\rho \in [0, 1]$，通常取 0.5。

$$\xi m(j) = \frac{\min_i \min_j \Delta(j) + \rho \max_i \max_j \Delta(j)}{\Delta(j) + \rho \max_i \max_j \Delta(j)} \qquad (3)$$

第四步，计算得到粤港澳大湾区各城市的灰色关联度 $R(i)$，以及各行业的灰色关联度 $R(j)$。

根据关联度模型的解释，某一城市的灰色关联度越大，表示该城市的产业结构与区域整体的产业结构越相近，相差越小；反之，则表示该城市的产业结构与区域整体的产业结构差异越大。

$$R(i) = \frac{1}{n} \sum_{i=1}^{n} \xi_j(i) \qquad (4)$$

$$R(j) = \frac{1}{m} \sum_{j=1}^{m} \xi_i(j) \qquad (5)$$

（二）测算结果分析

1. 大湾区各城市产业结构的灰色关联度分析

表5-5是按照上述公式计算出的 2000 年和 2020 年大湾区各城市产业协同的灰色关联度。2020 年，香港、澳门、东莞、江门、惠州、中山的产业协同灰色关联度小于平均灰色关联度 0.961，说明这些地区的总体产业结构与区域整体产业结构存在较大偏离，发展领域过于集中。其中，香港和澳门第一、第二产业基础薄弱，产业链条缺失，发展过度依赖服务业，产业结构单一；东莞虽然制造业发展势头强劲，但从区位熵的分析结果来看，除了在电子信息、森工造纸领域的发展具有较大优势，在纺织服装、食品饮料领域具有一定优势，在服务业领域处于劣势，产业发展联动性较弱；江门仅在传统制造业和第一产业等低附加值环节具有比较优势，产业发展基础较差。

表 5-5　2000 年和 2020 年粤港澳大湾区各城市产业协同的灰色关联度排序

年份	排序	1	2	3	4	5	6	7	8	9	10	11
2000	城市	深圳	东莞	广州	中山	珠海	江门	肇庆	惠州	澳门	佛山	香港
	关联度	0.965	0.962	0.961	0.957	0.951	0.950	0.945	0.935	0.919	0.918	0.895
2020	城市	珠海	佛山	深圳	广州	肇庆	中山	惠州	江门	东莞	澳门	香港
	关联度	0.990	0.983	0.979	0.977	0.973	0.953	0.950	0.946	0.943	0.941	0.941

资料来源：课题组经计算得到。

相比 2000 年，2020 年大湾区各城市产业协同的灰色关联度排序发生较大变化，排名波动最明显的是佛山和东莞，两地都以发展制造业为主攻方向，但佛山更加注重产业均衡发展。2020 年，佛山除了电子信息（0.12）和汽车制造（0.91），其他制造业行业的区位熵均大于 1。这说明近年来佛山通过广佛同城化，积极参与广佛肇清云韶都市圈建设，与周边城市开展产业协作，制造业发展取得很大进步。香港、澳门、东莞、江门、惠州、中山的灰色关联度相对较低，说明这些城市的产业结构与区域整体的产业结构存在很大差异。这为城市之间开展产业合作奠定了基础，这些城市可以通过加深与其他城市的产业协作实现优势互补。

2. 大湾区城市群细分行业的灰色关联度分析

本节进一步计算粤港澳大湾区城市群各行业的灰色关联度，分析各细分产业的协同发展现状，揭示大湾区产业协同发展的方向。

表 5-6 是大湾区城市群 16 个行业的灰色关联度，相比 2000 年，2020 年大湾区各产业灰色关联度排序发生了较大变化。2000 年，在均值（0.942）以下的产业包括教育、文化艺术及广播电影电视业，金融、保险业，房地产业，经过 20 年的发展，这三个产业在大湾区城市间的协同发展水平已经得到显著提升。2020 年，大湾区 16 个行业的灰色关联度均值为 0.962，批发和零售贸易、餐饮业，社会服务业，农、林、牧、渔业的灰色关联度分别为 0.951、0.846、0.783，在平均水平以下，说明这三个行业与大湾区整体产业发展的协同度较低，具有差异化特征，粤港澳大湾区城市间产业协同发展在这三个领域存在较大的提升空间。

表 5 - 6　2000 年、2020 年粤港澳大湾区城市群 16 个行业的灰色关联度排序

排序	2000 年		2020 年	
	行业	关联度	行业	关联度
1	采矿业	0.997	采矿业	0.999
2	农、林、牧、渔业	0.989	电力、煤气及水的生产和供应业	0.994
3	建筑业	0.983	国家机关、政党机关和社会团体	0.993
4	通信及商业服务业	0.982	地质勘查业、水利管理业	0.992
5	交通运输、仓储及邮电通信业	0.976	建筑业	0.992
6	科学研究和综合技术服务业	0.971	卫生、体育和社会福利业	0.992
7	地质勘查业、水利管理业	0.971	教育、文化艺术及广播电影电视业	0.988
8	电力、煤气及水的生产和供应业	0.967	交通运输、仓储及邮电通信业	0.985
9	制造业	0.953	金融、保险业	0.983
10	批发和零售贸易、餐饮业	0.953	房地产业	0.980
11	国家机关、政党机关和社会团体	0.951	科学研究和综合技术服务业	0.970
12	社会服务业	0.950	制造业	0.969
13	卫生、体育和社会福利业	0.948	通信及商业服务业	0.967
14	教育、文化艺术及广播电影电视业	0.917	批发和零售贸易、餐饮业	0.951
15	金融、保险业	0.897	社会服务业	0.846
16	房地产业	0.662	农、林、牧、渔业	0.783

资料来源：课题组经计算得到。

3. 珠三角地区制造业九大产业的灰色关联度分析

对于制造业而言，2000 年珠三角地区制造业九大产业中低于制造业平均灰色关联度（0.847）的行业有建筑材料、电子信息，其灰色关联度分别为 0.732、0.577，到 2020 年，建筑材料的灰色关联度已经提高到 0.826，但电子信息的灰色关联度仍然最低，为 0.574。当前粤港澳大湾区电子信息产业发展集中于深莞惠都市圈，其他区域发展较弱。电子信息产业是高技术产业，具有高附加值特征，市场前景广阔，但由于存在较高的技术壁垒，产业协同发展程度一直较低，是粤港澳大湾区制造业协同发展的重要方向。此外，2020 年森工造纸的灰色关联度仅为 0.680（见表 5 - 7）。这说明珠三角地区在电子信息、森工造纸等领域发展的差异较大，二者可以作为未来珠三角地区制造业协同发展的重点。

表 5 – 7　珠三角地区制造业九大产业的灰色关联度排序

排序	2000 年		2020 年	
	行业	关联度	行业	关联度
1	纺织服装	0.916	医药制造	0.872
2	食品饮料	0.915	食品饮料	0.862
3	汽车制造	0.914	石油化工	0.845
4	医药制造	0.913	建筑材料	0.826
5	石油化工	0.911	纺织服装	0.806
6	电子机械	0.894	汽车制造	0.768
7	森工造纸	0.848	电子机械	0.723
8	建筑材料	0.732	森工造纸	0.680
9	电子信息	0.577	电子信息	0.574

资料来源：课题组经计算得到。

综上所述，通过计算区位熵和产业灰色关联度，可以得到如下结论。第一，从区位熵结果来看，粤港澳大湾区各城市在服务业和制造业各细分行业的区位熵具有差异化的比较优势，具备产业链协同发展的潜质。第二，从灰色关联度结果来看，在区域层面上，香港、澳门、东莞、江门、惠州、中山的产业发展结构与区域整体存在很大差异，这些差异为城市之间开展产业合作奠定了基础。在产业层面上，粤港澳大湾区城市群的批发和零售贸易、餐饮业，社会服务业，农、林、牧、渔业等行业存在较大的提升空间；在电子信息、森工造纸等领域具有很强的互补性，二者可以作为未来粤港澳大湾区城市群产业协同发展的重要方向。

第四节　粤港澳大湾区城市群产业协同的路径选择

粤港澳大湾区城市群已呈现由港口经济、工业经济向服务经济、创新经济演化的产业发展格局，但城市群内部仍存在一些制约产业发展的因素。在构建"双循环"新发展格局的背景下，粤港澳大湾区城市群的产业协同应聚焦破除三地体制机制上的壁垒，深化城市间产业链及产业集群的分工合作，推动产业协同发展从基础要素互补的"前店后厂"合作模式逐步向城市间产业链和创新链双向交互融合的新型竞合模式转变。

一 加强顶层设计，创新区域产业协同发展模式

（一）完善产业顶层规划机制

针对粤港澳三地在产业总体规划、产业政策协调实施方面存在"玻璃门"现象，城市产业多边合作存在壁垒等问题，本书建议建立由大湾区"9+2"政府部门相关负责人参与的粤港澳大湾区产业发展联席会议制度，负责大湾区城市群产业的顶层设计和统筹协调、规划政策的实施和监督，高效推进大湾区城市群产业协同发展和一体化进程。针对城际产业协同发展中可能遇到的障碍，本书建议以横琴、前海、南沙3个合作区为新平台，探索建立广州、深圳、珠海与香港、澳门直接对话机制，通过制度化、常态化的议事机制和决策机制推动高水平产业规划与合作。

（二）构建重大产业项目协调机制

粤港澳大湾区城市群包含了香港、澳门、广东三个省级行政区。对于跨区域的重大产业项目，大湾区应在地区利益平衡的前提下，立足整体区域利益最大化目标，建立重大项目沟通协调机制，实现跨地区合作、跨地区推动。本书建议以横琴、前海、南沙3个合作区为试点，探索建立粤港澳三地产业协作项目咨询评估机制，强化项目实施管理，完善政策导向机制，营造良好的投资环境，推动重大产业项目的实施。

（三）构建"双循环"新发展格局下的大湾区产业链协同新模式

在以国内大循环为主体、国内国际双循环相互促进的新发展格局下，大湾区城市群应依托港澳的金融开放、信息开放、贸易开放、投资开放的国际化平台，巩固广东十大战略性支柱产业集群的发展优势，培育十大战略性新兴产业集群核心竞争力，在粤港澳大湾区打造安全可控的产业链供应链体系；以横琴、前海、南沙3个合作区为新发展平台，探索建立"港澳资本+全球技术+创新人才+合作区载体"的产业合作新模式。粤港澳大湾区城市群内城市应探索实施"链长制"，引导培育一批控制力和根植性强的链主企业和生态主导型龙头企业，打通设计研发、生产制造、软件开发等领域的产业链条，构建核心技术自主可控的产业生态。

二　依托重点产业集群，深化城市群产业协作

（一）　着力推动数字创意产业集群协同发展

粤港澳大湾区城市群不同城市之间的比较优势明显，应探索沿着数字创意产业价值链上下游以及水平方向，以重点产业、重点项目、大型国际性节庆活动为抓手，进行互补性联动合作发展；应充分发挥香港、澳门、广州、深圳的核心引擎作用，辐射带动数字创意产业高质量发展。香港每年举办数十场盛事活动，包括香港艺术节、香港国际电影节、香港科学节等，国际化程度高，同时对初创数创企业的扶持政策较为成熟，应着力发展服装设计、数字技术、影视传媒等产业；澳门数字创意产业发展基础好，应着力发展创意设计、文化展演、艺术收藏、数码媒体等产业；广州应以举办中国国际漫画节、中国（广州）国际纪录片节、广州大学生电影节等国际性、全国性活动为抓手，着重发展数字印刷、动漫游戏、创意设计等产业；深圳应依托龙岗区在珠宝、眼镜、包装、标识、建筑、室内、环艺设计等创意设计方面的基础，鼓励岭南特色文化元素、传统手工艺与时尚设计、现代科技相结合，大力发展复合型创意设计产业；珠海、东莞应重点发展游戏动漫、演艺娱乐、数字会展等产业；佛山应重点发展影视制作、工业设计等产业；汕头应重点发展玩具、服装等衍生品制造产业；中山应重点加快游戏游艺设备业数字化转型，着力建设国际设计港。

（二）　着力推动新一代电子信息产业集群协同发展

港澳创新研发能力和金融资本雄厚，广州、深圳等地新一代电子信息产业链齐全，因此要进一步加强粤港澳大湾区城市群的新一代电子信息产业协作，积极引导城市群内重点城市承接国际新一代信息技术产业转移。对标国际电子信息产业发展先进区域，大湾区城市群应在内部重点打造珠江口东岸电子信息产业发展带，其中，广州、深圳应利用在新一代电子信息产业上完备的产业链，着力打造以广深为核心的高端化智能终端产业集聚区。大湾区城市群应建立完备的新一代电子信息产业链，推进电子计算机整机及零部件、计算机外接设备及耗材产品的研发和产业化生产，组织协调城市群上下游企业针对行业内的重难点问题展开协同攻关，着重突破芯片、应用服务器等方面的技术难关。大湾区城市群应加快在5G通信、云

计算、人工智能、工业互联网、物联网等方面的新型基础设施建设，以智能制造为核心技术推动 NB – IoT、LTE Cat. 1、5G 等技术在制造业全产业链的深入应用。

（三） 着力推动半导体及集成电路产业集群协同发展

在集成电路方面，港澳拥有雄厚的集成电路科研资源，珠三角 9 市拥有完备的半导体生产工业体系，因此应加强港澳与珠三角城市在半导体及集成电路产业领域的合作，加快科研成果的落地转化。广州、深圳、惠州应着力发展有机发光半导体、柔性显示、石墨烯显示等新型显示产业；香港应利用其雄厚的资本和先进的运营市场能力，为半导体及集成电路产业拓展海外市场，做好市场分销工作；澳门应着力发展模拟芯片设计，集中优势科技资源重点突破信号链芯片和电源管理芯片领域的发展瓶颈。

（四） 着力推动智能机器人产业集群协同发展

在智能机器人领域，香港是国际化窗口，广州拥有成熟的技术和大量的人才储备，深圳拥有良好的创新环境，东莞等城市具备完善的下游制造业链条，粤港澳大湾区城市群合作潜力巨大。具体来说，香港要加强对无人驾驶技术、人机交互技术、制造自动化与智慧工厂、智能城市、城市智能家居等领域的研究，同时进一步提高标准化、检验检测、技术培训、信息咨询等公共服务能力；广州要加大对机器人核心技术的研发力度，加快推动智能机器人核心技术在汽车、船舶、航天工业等领域的应用，加快建立智能机器人研发中心；深圳要将服务机器人、特种机器人和无人机产业作为主要的发展方向，建设人工智能创新平台，通过人工智能信息化平台进一步推动人工智能技术和机器人的深度融合；珠海应充分利用现有的机器人制造基础，着力依托格力智能装备技术和国机智能制造产业园，重点发展智能机器人产业链中工业机器人本体及核心零部件制造；佛山应结合自身产业发展优势，推进工业机器人在家电制造、陶瓷加工等行业的工业生产应用。

（五） 着力推动生物医药与健康产业集群协同发展

粤港澳大湾区城市群应着力发展中医药、生物药、高端医疗器械、生物医用材料、体外诊断、医疗服务、公共卫生等产业，汇集港澳优势力量专注于攻克精准医学与干细胞、生物安全、生物制造等方面亟须解决的难题，推动粤港澳大湾区建设世界一流中医药生产基地和创新高地。具体来说，珠海横琴应聚焦化学药转型升级、生物药关键技术突破、现代中药标准化国际化、高端制剂产业化研究应用、中高端医疗器械研发和产业化、"医药养"大健康产业创新融合，推进澳门中成药在大湾区内城市上市售卖的审批流程，尝试探索对澳门研制符合规定的新药实施优先审评审批；广州应建设一批在生命科学、高端医疗、健康养老等领域具有领先优势的产业集群；深圳应利用其研发优势，在高性能医疗器械、生物信息、细胞与基因治疗等领域取得突破；佛山、中山应利用自身区位优势，打造粤港澳大湾区城市群生物医药科技成果转化基地；香港应利用其先进的医疗诊断和研发技术以及雄厚的资金实力，重点推动高端医疗仪器、分子诊断、干细胞疗法及先进疗法等领域的研发。

（六）　着力推动软件与信息服务产业集群协同发展

广州、深圳在软件产品服务、信息技术服务、嵌入式系统软件、信息安全服务等领域优势明显，应加快研发具有自主知识产权的操作系统、数据库、中间件、办公软件等基础软件，重点突破计算机辅助设计、计算机辅助制造等工业软件，推动大数据、人工智能、区块链等新兴平台软件实现突破和创新应用，同时进一步加强与港澳的合作，引领粤港澳大湾区城市群软件与信息服务产业高质量发展；东莞应立足于毗邻深圳的优势，大力推进软件与信息服务业配套产业的发展，着力在嵌入式软件、新型工业软件等领域投入更多的资源；珠海、惠州、佛山、中山应加强与大型平台企业的合作，发展平台化、SaaS化软件和新型信息服务，为工业信息软件提供应用场景；肇庆应以新型信息基础设施为核心发展方向，为大湾区城市创新成果的转化提供应用场景。

三　强化要素集聚，激发大湾区城市群产业创新活力

（一）　聚焦推动大湾区城市群产业要素流动

积极推进人才要素协同。利用港澳高精尖人才优势和广东完善的工业体系优势，打破三地高等教育交流合作的体制壁垒，推进粤港澳三地合作创建世界级高水平的"大学联盟"，打造三地人才培养及引进平台。共建大湾区劳动力市场数字化信息平台，将获得大湾区人才资格的人才信息和企

业需求信息录入系统，为企业和求职者提供精准的岗位匹配信息，加速大湾区人才要素流动。

推动完善产业服务体系。引进港澳完善的金融及经济监督机制，探索设立粤港澳大湾区城市群科技基金，采用创新券、创业券等方式为企业提供优质服务，并推动创新券、创业券跨地区使用。大力发展科技金融，鼓励发展天使投资、股权投资和重大科技专项投资基金，撬动更多社会资本投入具备发展潜力的科技企业，完善粤港澳大湾区城市群产业服务体系。共建大湾区城市群技术转移网络，选择有条件的高校、科研院所建设专业化的技术转移机构，推动创新成果跨地区转化应用。营造大众创业、万众创新的良好生态，共建一批创新服务机构和创新服务联盟，推动产业要素加快流动。

（二） 加快推动大湾区城市群数据要素流动

加快数字基础设施建设。加快大湾区城市群数字基础设施的建设，以数据中心为基础支撑，加快构建"边缘计算＋智算＋超算"多元协同、数智融合的算力体系，为大湾区城市群的工业发展提供充足的算力资源。加快支撑数字经济发展的绿色数据中心建设，出台绿色数据发展的专项规划，使大湾区城市群数据要素可以自由流动。在大湾区内部城市建设存算一体的边缘计算资源池节点，持续提高大湾区城市群算力承载力，将大湾区打造成为人工智能、自动驾驶等新兴产业的计算应用高地。

推动公共数据服务平台建设。进一步加快粤港澳大湾区数据平台的建设，综合应用大数据、云计算、工业互联网、人工智能等技术，为社区治理提供智能化技术支撑，提高社会治理专业化水平，为大湾区城市群要素流动提供服务平台。服务平台的建设应保证信息传达的准确性与及时性，并成为连接大湾区中各城市的"中枢"数据库，让大湾区所有企业都可以共享这一数据库，提升大湾区城市群的公共服务能力。

四 加强互融互通，着力构建国际化、 法治化营商环境

（一） 推动大湾区居民专业资格互认

就执业标准而言，粤港澳大湾区人才互认仍然是一个需要解决的问题，需要继续推进执业资格制度改革，为人才的流通扫清障碍。建议推广"横琴经验"，针对大湾区城市群现阶段急缺的行业建立目录清单，面向大湾区

居民开展资格认证，拥有目录清单内执业资格证书的居民在大湾区联合监管部门备案后可以直接在大湾区城市群内执业，无须参加额外的资格考试。

（二）推动建立统一的金融监管标准

应借鉴欧盟经验，建立统一的金融市场准入和监管标准。参照港澳金融市场准入和监管标准，支持建立粤港澳大湾区城市群银行信贷咨询委员会和证券保险咨询委员会，获得咨询委员会认证的金融机构即可在大湾区城市群开展业务。港澳金融机构只需获得港澳金融监管部门认证即可前往珠三角城市群执业。

（三）推动建立一体化医疗监管体系

为鼓励港澳医疗机构进入大湾区内地城市并实现良性发展，建议针对大湾区的港澳进口药品及医疗器械实行报备制。对尚未通过内地医疗机构审批但在港澳已获批准上市的药物，经广东省药品管理机构检验批准即可在大湾区城市群内销售使用。对尚未通过内地医疗机构认证但已在港澳医院临床应用的诊疗方法，可以在大湾区城市群的三甲医院推广临床应用。

第六章
粤港澳大湾区城市群创新特征及演化路径

城市群能够依托集聚经济和范围经济，整合并调动全球流动的创新资源。创新型城市群是中国创新发展战略的重要空间载体。湾区因湾而聚，靠海而兴，天然就具有高度开放、创新引领、区域融合、海陆统筹等基因与特性，作为一个相对完整、紧密的经济系统，其中的资源与要素能够自由流动和配备。资源的趋利性流动形成"极化"效应，极点由近域扩张演化为均质增长，是湾区经济均衡发展的关键。美国东北部大西洋沿岸城市群、北美五大湖城市群、日本东海道太平洋沿岸城市群、欧洲西北部城市群、英格兰城市群等世界发达的城市群均呈现比较明显的湾区集聚特征。湾区型城市群经济结构开放、资源配置效率高、集聚外溢功能强、国际交往网络发达，是引领创新、集聚辐射的核心载体，成为带动全球经济发展的重要增长极和技术变革的"领头羊"。本章从城市群创新视角切入，研究以粤港澳大湾区城市群为代表的中国城市群的创新特征及演化路径。首先，在粤港澳大湾区城市群发展背景下，探讨开放式创新下城市群持续推进创新演化的动力机制，从创新生态、高端创新要素集聚、产业链与创新链融合及创新空间拓展等维度构建城市群创新的理论框架。其次，依托新发展格局下中国几大城市群的战略定位，多维度分析粤港澳大湾区城市群进行开放创新并整合全球创新资源的现状，从中总结出粤港澳大湾区城市群创新的比较优势。最后，从构建粤港澳大湾区区域创新协同体的角度，探讨构建集研究型大学、中介机构、企业以及政府"四位一体"的区域协同创新体系的路径。

第一节　开放式创新下城市群创新演化的动力机制

创新是区域经济发展的根本动力。本节首先通过对有关创新型城市群基本概念、重要内涵及基本特征文献的梳理，厘清城市群创新系统、创新空间、创新网络之间的关系；然后从理论上探究城市群创新优势的构成要素，推导出城市群创新演化的动力及传导机制，并分析城市群走向创新型城市群的一般路径。

一　创新型城市群概念、内涵及特征

Hall（1998）提出"创新型城市"的概念，将其界定为"处于经济和社会的变迁中，许多新事物不断涌现并融合成一种新的社会形态、具有创新特质的城市"。2010年，科学技术部印发的《关于进一步推进创新型城市试点工作的指导意见》指出，创新型城市是指自主创新能力强、科技支撑引领作用突出、经济社会可持续发展水平高、区域辐射带动作用显著的城市。之后，关于创新型城市、中心城市、城市群的研究逐步融合，城市群内部的创新单元和创新要素由在中心城市的"垄断式"集聚转向中心城市与周边城市的"共享式"扩散，形成创新型城市群。由此可见，创新型城市群是由一个或几个创新能力较强的核心城市，基于创新资源和创新要素的自由流动，与规则制度相通、社会文化相融、地理位置相邻的周边城市共同组成的。同时，在产业分工和创新资源布局的引导下，创新资源富集和创新要素密集的空间域形成不同层级的创新主体和创新节点，创新节点之间的互动和融合带来创新成果的跃迁，引领城市群形成网络状的开放创新系统。

创新型城市群既是创新型城市在地域空间上的扩大，也是传统城市群在创新功能上的提升。具体而言，其特征可概括为以下几个方面。

（一）创新型城市群将创新模式的时间演进转化为地域上的协同演进

区域创新模式通常是沿着从模仿创新到集成创新再到原始创新的路径演进（乐婉华，1987）。对于单个城市而言，其在经济发展初期，该城市以模仿创新为主，依托低廉的劳动力和土地成本等优势，学习模仿外来的适用技术和制度；随着创新主体吸收能力的提升，各类创新主体进行优势互补，将创新要素交叉融合，使不同领域的知识能够集成到一个相对稳定的产品模型中，形成集成创新能力，集成创新成为重要的创新模式；随着经济的发展，该城市与技术前沿的距离越来越小，在基础科学和前沿技术领域提出具有原始性和唯一性的研究思想和研究方法，向以原始创新为主的创新模式转型。创新型城市群中创新能级不同的城市之间自然形成创新模式的不同梯度，更有利于创新节点城市接受创新中心城市的技术转移和知识溢出。一方面，创新节点城市通过"干中学"的渐进式创新形成内生技术能力，突破资源环境约束；另一方面，它若能抢抓技术变革机遇，突破既有技术范式的路径依赖和技术锁定，将形成新的创新型枢纽城市，完成由模仿创新向原始创新模式的跳跃式转型。

（二）创新型城市群形成要素配置的"多尺度、跨区域"特征

创新型城市群形成多层次、循环式、网络状的开放创新网络，不同行政区域内参与技术创新和扩散的企业、高等院校、研究机构、中介服务机构形成协同创新网络，更有利于创新要素在广域的城市群范围内的共享和优化配置，形成"创新要素多区位、创新活动多区域、创新主体多层次、创新链条多环节"的"多尺度"特征。不同行政区划的创新主体和创新要素突破行政区划的限制，形成超越行政区域边界、组织边界、社会边界和产业边界的网络，既可以整合外部资源为其所用，也可以向外输出知识和创新成果，使创新要素按照市场经济规律在城市群内自由流动。

（三）创新型城市群形成合作竞争的"动态创新联盟"

城市之间的创新协作以及空间组合的演变呈现复杂的空间网络特征，出现众多的创新圈、次级创新城市（钟书华，2007；陆天赞等，2016）。创新型城市群各个创新节点为实现整体以及个体创新效益的帕累托改进，可建立区域创新合作博弈行动逻辑及合理的利益补偿分享机制，形成合作竞争的"动态创新联盟"，构建从创新投入到基础研究再到科技成果最后到技术转化与产品市场化的"全创新链"。创新节点之间依托创新能力的梯度差进行互动，实现优势互补和技术的扩散溢出。随着创新节点创新效率的跳跃式提升，其在创新网络中的位置也会发生相应变化。

（四）　创新型城市群形成共生竞合的创新生态

创新生态系统是在特定时间、空间范围内由创新要素、创新主体和创新环境共同组成的创新生态圈。在一个充满活力、可持续的创新生态系统中，世界级创新企业与创新企业集群会不断涌现，强化其所在城市或地区的国际科技创新中心地位，形成良性循环（廖明中、吴燕妮，2019）。原创性、启发性的技术创新在城市群创新网络中具有战略性作用，但任何配套技术的欠缺、任何创新主体的明显缺失、任何制度设计的不完善都有可能导致技术生产和应用的困难，导致创新系统运转低效。创新具有不稳定性、集聚性和周期性，创新的复杂性导致创新过程存在大量的市场失灵领域和系统失灵领域，政府需要多角度、多领域地介入创新活动，如公共知识和共性技术的生产、重大技术的联合研发、科技成果的转化、初创企业的孵化等。因此，创新型城市群通过物质流、信息流的传导，对各个创新节点城市中的知识创造主体和技术创新主体进行资源整合和调配，形成以大学、企业、研究机构为主体，以政府、金融机构、中介组织、创新平台、非营利性组织为辅助的共生竞合、动态演化的开放创新生态系统。

二　城市群创新演化的动力及传导机制

在城市群创新网络中，各个创新节点城市具备不同的创新资源禀赋，形成各城市的创新比较优势。各城市依托自身比较优势进行创新分工和合作，带动创新要素自由流动，形成多维协同关系网络。同时，由于创新型城市群内部的创新扩散成本极低，各个创新节点城市的创新成果得以快速扩散，形成巨大的溢出效应，加速耦合城市群内创新资源的累积，带来整体创新，驱动创新型城市群由低级向高级演化。

（一）　城市群创新演化的动力要素

在"地方空间"维度上，城市群内部一致或相似的政治、经济、文化、制度和生态环境形成城市群创新的环境基础。在"流空间"维度上，城市群内创新要素和创新资源的自由流动形成人才、资金、技术、信息等的统一市场。创新型城市群协同创新能力的经济表征和落脚点是产业，具有突破性的技术创新克服了区域产业发展的路径依赖。在"产业"维度上，创新型城市群形成产业链和创新链的双向互动。在以下四个核心要素的相互配合下，城市群创新活动不断推进。

1. 创新生态

创新生态是包括创新主体、创新文化、制度政策、基础设施及城市历史基础在内的创新网络体系，是创新型城市群"地方空间"的具象化。由企业、产业及研发机构等构成的创新组织是创新的主体，也是价值链创新的"发起者"和商业模式创新的"组织者"。解放思想、敢于创新、宽松自由、包容分享的文化环境是创新发展的肥沃土壤。勇于创新的政府体制机制创造公平竞争的市场机制和服务体系，降低交易成本和开拓市场空间，与创新文化形成良性互动，为创新提供良好的制度保障。大型基础设施与较高的信息化水平使创新型城市群突破地理空间距离的限制，在互联互通的创新网络环境下获得新的创新资源，提高创新效率。

2. 高端创新要素集聚

创新要素包括自然资源、科技资源、产业资源、人力资源等，开放式创新系统打造出创新要素跨区域乃至跨国流动的"流动空间"，不同行政区划的创新主体和创新要素突破行政区划的束缚，按照市场经济规律在区域内自由流动，通过不同创新要素在城市群内部的深度融合，形成知识、技术、资金向创新中心城市正向流动以及创新节点城市向创新中心城市反馈创新需求的互通式创新链条。创新型城市群通过引进高端创新要素促进要素培育，发挥要素的集聚效应、溢出效应和关联效应，提升要素层级，并结合研究和开发实现技术创新，从而推动创新结构和质量的动态演进。

3. 产业链与创新链融合

产业链条的延伸和创新链条的完善是同步推进的。随着城市群的不断扩张，在创新中心城市的引领下，从创新投入到基础研究再到科技成果最后到技术转化与产品市场化的"全创新链"在创新型城市群内部形成合理分工。依托产业链与创新链在地域上的延伸及布局上的优化，产业链与创新链实现精准对接，产业集群与创新集群在区域空间上的融合不断深化，城市群内的创新资源合理配置，创新分工体系持续完善。新的技术创新引致新的需求，从而提供新的有效触发产业扩张的机制，加速产业新形态的形成，形成城市群内部科技导向型产业链，促进创新链条上的各个主体和各个环节整合到城市群的开放协同创新网络中，共同推动城市群创新体系建设。

4. 创新空间拓展

在城市群尺度展开的创新活动呈现核心引领模式、多点并行模式、外部合作模式、内部创造模式等创新模式（张秋凤、牟绍波，2021）。对比京津冀、长三角、珠三角三大城市群创新联系网络结构，我们发现，京津冀城市群呈放射状发展，长三角和珠三角城市群已由单中心驱动模式转变为多中心均衡发展模式（盛彦文等，2020）。城市群创新空间的拓展体现在充分利用中心城市腹地资源优势和挖掘国际市场，形成规模庞大的国内外大市场，为新技术、新企业、新业态的产生提供良好的土壤。此外，在开放式创新背景下，参与全球分工，嵌入全球创新链，可进一步促进创新效率的改善。城市群中的创新中心城市依托虹吸效应不断集聚创新资源，形成规模优势。在创新活动中，创新中心城市与周边城市因为地理邻近、上下游产品运输成本低、各类基础设施共享以及知识和技术溢出形成创新协作，构建宏观层次以各级城镇为节点、中观层次以各类产业集群为节点、微观层次以各类创新主体及创新基地为节点的城市群区域创新网络的复合空间结构。

（二）城市群创新的辐射和传导路径

创新中心城市具备知识创造、技术创新等核心功能，在创新能力梯度差的推动下，吸引创新要素集聚，通过虹吸效应形成创新策源地。基于地理邻近性，创新策源地通过纵向协同、横向协同与周边创新节点形成创新子群。依托知识溢出、技术转移、基础设施对接、创新生态融合等路径，创新子群进一步扩大辐射半径，完成与各层次创新节点之间的协同创新，形成创新型城市群的"枢纽—节点"动态协同创新网络。

一是通过知识溢出推进跟随型创新。知识溢出指通过信息交换得到的知识，而没有对知识的生产者给予直接的补偿或补偿不足（Caniels，2000）。创新中心城市依托一流的科研院所和企业创新组织，增加社会整体知识存量，而知识的准公共物品属性使创新的想法在创新型城市群内流动和扩散。多数研究认为，由于存在需要依靠面对面交流、会议以及社会资本传播的隐性知识，知识溢出受到空间范围的限制，呈现区域集中的特点（Audretsch and Feldman，1996；Amin and Cohendet，2004；Cowan et al.，2004；叶静怡等，2016）。创新是一种学习的过程，学习则依赖隐性知识的分享和多样化知识的结合，创新型城市群多样化的环境恰好提供了多样化知识和更多的传播渠道。创新型城市群中，各层级的创新节点基于共有知识量进行合作，通过不同渠道的知识交流，与创新中心城市邻近的创新节点城市更便于获取知识，展开跟随型创新活动。

二是通过技术转移推进模仿创新和集成创新。创新型城市群中的创新中心城市利用科技创新优势，通过产业转移、技术贸易、人员交流和模仿学习等途径实现技术转移。这些技术包括科研生产上的创新、市场开拓上的新方法和制度设计上的新观念。创新节点城市在学习模仿外来的适用技术和制度的同时，随着学习吸收能力的不断提升，从单纯的模仿阶段过渡到消化吸收再创新阶段，逐渐拥有集成创新能力。

三是通过基础设施对接推进创新范围经济。地理邻近性是创新网络演化的重要基础，创新主体的地理邻近和开放学习的观念是获取外溢知识和技术的重要条件。创新中心城市凭借较强的知识基础和创新体系，对知识和技术的创造、吸收、转化能力强于城市群内其他地区，虽然知识与技术存在溢出效应，但溢出的知识与技术多数为隐性的。技术越复杂，隐性知识的含量越高。隐性知识的获取依赖面对面的交流与传播，且可能随距离衰减，通信与网络技术尚不足以完全替代面对面沟通。创新型城市群依托交通网络等基础设施的对接形成地理邻近性，通过共享、匹配与学习过程形成积极的溢出效应，带来城市群内的创新范围经济。

四是通过创新生态融合强化创新网络韧性。创新生态是影响区域创新战略方向选择以及建立创新型网络、提升城市群创新能力的深层次重要力量。王缉慈（2002）认为，区域创新系统强调内生因素以及产学研一体化、根植性、信任、制度厚度对促进企业创新、地方创新合作网络发展起决定作用，解释了创新空间的黏性。创新生态的融合有助于创新主体之间共享信息、采取互利行动，而不需要严格的合同约束，在创新主体之间形成高度本地化的信任网络，降低知识溢出过程中的交易成本和交易风险，抑制创新主体的机会主义行为，强化创新型城市群的创新网络韧性。

综上，粤港澳大湾区城市群创新的辐射机制见图6－1。

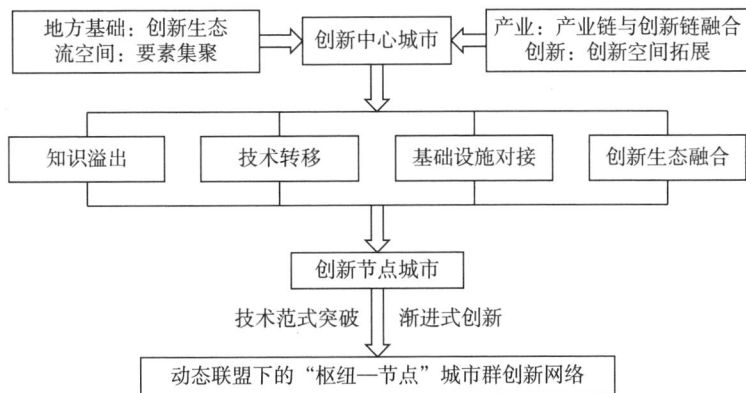

图 6 - 1　粤港澳大湾区城市群创新的辐射机制

资料来源：课题组绘制。

第二节　粤港澳大湾区城市群创新的现状特征

一　粤港澳大湾区城市群创新现状

本节从创新要素、创新产业、创新协同、创新环境、创新效益 5 个维度考察粤港澳大湾区城市群的创新能力，并与长三角城市群、京津冀城市群进行横向对比。

（一）创新要素不断集聚

创新要素包括创新人才、创新资本、创新平台等。创新要素的不断集聚和合理配置为城市群创新提供了基础保障，体现了区域资源对创新主体的支撑能力。

1. 创新人才

创新人才的集聚是城市群创新的重要保障。为集聚创新人才，珠三角 9 市实施与港澳趋同的境外高端紧缺人才所得税优惠政策，持续引进高端科技创新人才。据统计，2020 年，珠三角 9 市累计发放 23.9 亿元个税补贴，引进近 9000 名境外创新人才，规模以上工业企业 R&D 活动人员数量由 2014 年的 500920 人增长至 2019 年的 784013 人（见图 6 - 2）。同时，广东与港澳合作共建 13 家青年创新创业基地，吸引港澳青年创业团队近 600 个，从业人员超过 4000 人。

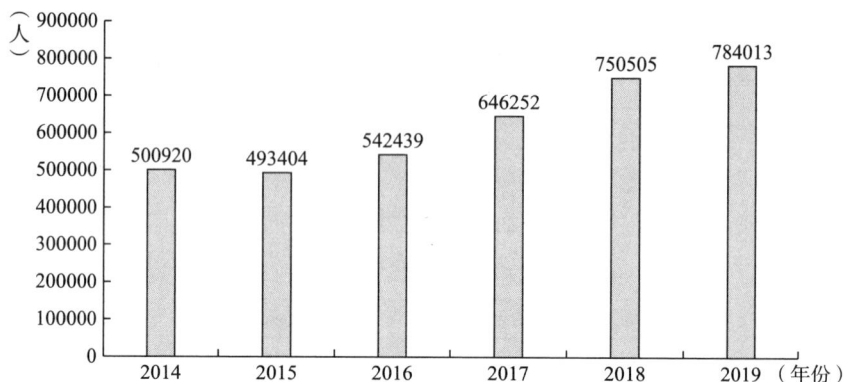

图 6 - 2　2014 ~ 2019 年珠三角 9 市规模以上工业企业 R&D 活动人员数量

资料来源：广东省科学技术厅。

粤港澳大湾区城市群①不断集聚创新人才，尤其是以企业为主体吸引了大批创新人才。香港研发人员数量由 2007 年的 23644 人逐年增长至 2017 年的 28946 人。珠三角 9 市规模以上工业企业 R&D 活动人员数量由 2014 年的 500920 人逐年增长至 2019 年的 784013 人，2017 年、2018 年 R&D 活动人员数量增长迅速，增速分别达 19.14%、16.13%。具体到各市，2019 年，深圳规模以上工业企业 R&D 活动人员数量达 302042 人，占珠三角 9 市规模以上工业企业 R&D 活动人员数量的比重为 38.53%，位列第一；东莞规模以上工业企业 R&D 活动人员数量达 124459 人，占珠三角 9 市规模以上工业企业 R&D 活动人员数量的比重为 15.87%，位列第二；广州规模以上工业企业 R&D 活动人员数量达 99979 人，占比为 12.75%，位列第三（见图 6 - 3）。

与此同时，以政府研发机构为平台集聚的创新人才队伍不断壮大。珠三角 9 市县级及以上政府部门研发机构科技活动人员数量在 2019 年达到 20722 人，较 2015 年增加 4055 人，增长 24.33%（见图 6 - 4）。其中，2019 年，广州县级及以上政府部门研发机构科技活动人员数量为 16221 人，在珠三角 9 市中的占比为 78.28%，位列第一；深圳县级及以上政府部门研发机构科

---

①　由于港澳与珠三角 9 市数据统计口径不同，且《澳门统计年鉴》未披露科技创新活动相关数据，本章粤港澳大湾区数据以珠三角 9 市为主。

技活动人员数量为 2756 人，在珠三角 9 市中的占比为 13.30%，位列第二；东莞县级及以上政府部门研发机构科技活动人员数量为 598 人，在珠三角 9 市中的占比为 2.89%，位列第三（见图 6－5）。

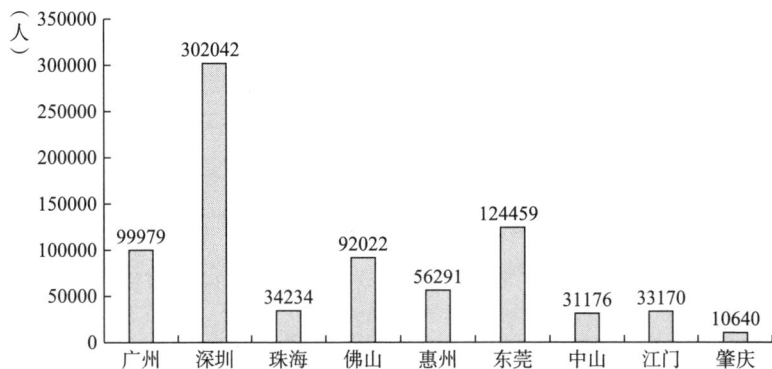

图 6－3　2019 年珠三角 9 市规模以上工业企业 R&D 活动人员数量

资料来源：广东省科学技术厅。

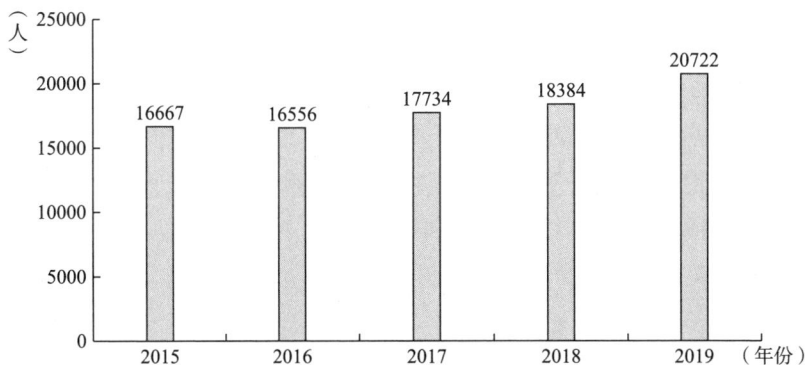

图 6－4　2015～2019 年珠三角 9 市县级及以上政府部门研发机构科技活动人员数量

资料来源：广东省科学技术厅。

从横向来看，三大城市群中，长三角城市群①研发人员数量最多。2019年，长三角城市群规模以上工业企业 R&D 活动人员数量为 1332712 人，在三大城市群中位居第一；粤港澳大湾区城市群规模以上工业企业 R&D 活动

---

①　由于数据难以获取，长三角城市群数据统计范围涵盖了浙江省、江苏省全部城市。

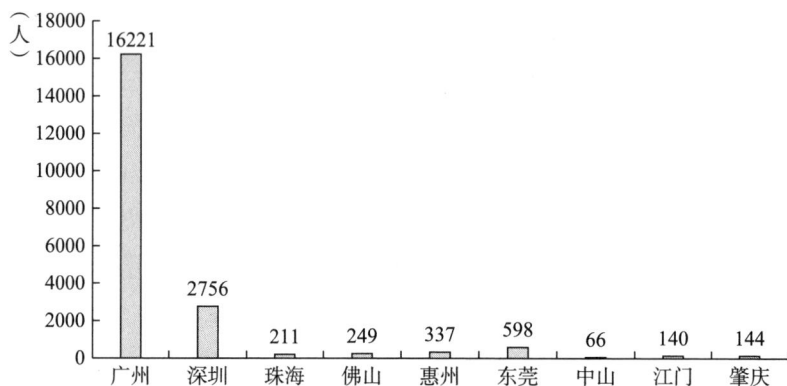

图 6 - 5　2019 年珠三角 9 市县级及以上政府部门研发机构科技活动人员数量
资料来源：广东省科学技术厅。

人员数量为 784013 人，在三大城市群中位居第二；京津冀城市群规模以上工业企业 R&D 活动人员数量为 214411 人，在三大城市群中位居第三（见图 6 - 6）。

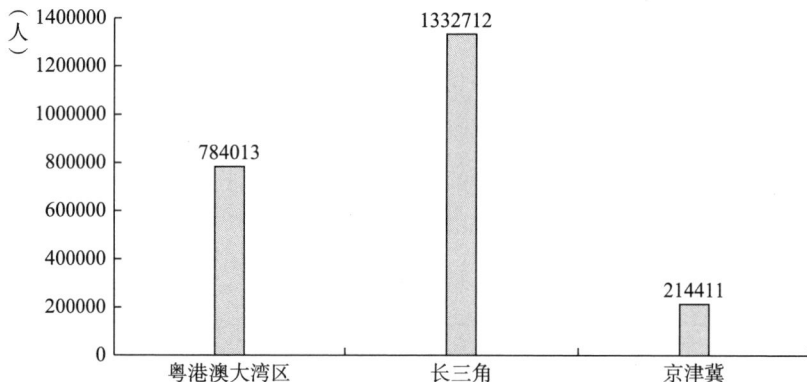

图 6 - 6　2019 年三大城市群规模以上工业企业 R&D 活动人员数量
资料来源：根据各省市统计年鉴计算整理得出。

2. 创新资本

创新资本投入体现了城市群科技创新的能力与水平，是衡量区域创新发展的重要方面。近年来，粤港澳大湾区创新资本投入持续大幅增长。2019年，珠三角 9 市全社会 R&D 经费达 2962.36 亿元，较 2016 年增加 1030.59 亿元（见图 6 - 7）。2016 ~ 2019 年全社会 R&D 经费保持较大幅度的增长，年均增速达 15.32% 。

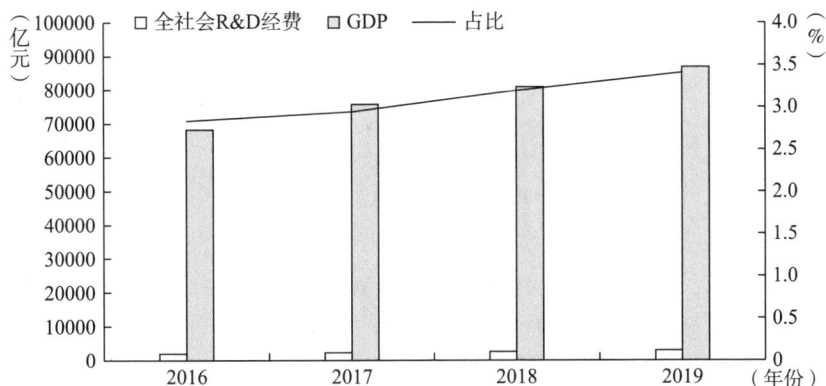

图 6 - 7　2016 ~ 2019 年珠三角 9 市全社会 R&D 经费及投入强度

资料来源：根据各年度《广东统计年鉴》计算整理得出。

　　分地市来看，2019 年，深圳全社会 R&D 经费为 1328.29 亿元，在珠三角 9 市中的占比为 44.84%，位列第一；广州全社会 R&D 经费为 677.74 亿元，在珠三角 9 市中的占比为 22.88%，位列第二；东莞全社会 R&D 经费为 289.96 亿元，在珠三角 9 市中的占比为 9.79%，位列第三（见图 6 - 8）。

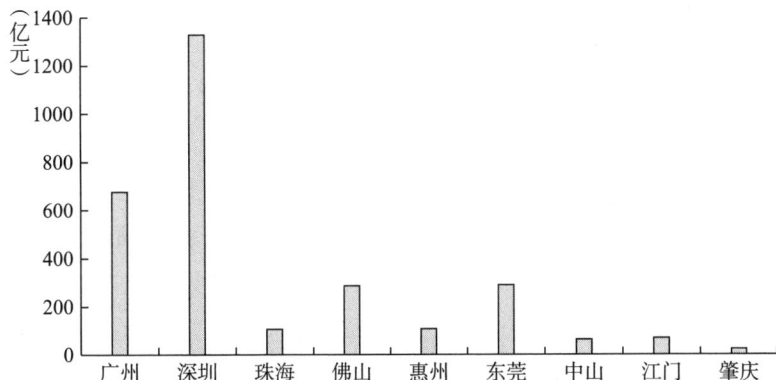

图 6 - 8　2019 年珠三角 9 市全社会 R&D 经费

资料来源：根据《2000 广东统计年鉴》计算整理得出。

　　从研发经费投入强度来看，粤港澳大湾区全社会 R&D 经费投入强度领先全国。2016 ~ 2019 年，全社会 R&D 经费投入强度（即全社会 R&D 经费占 GDP 比重）持续增大，由 2016 年的 2.83% 逐步提高至 2019 年的 3.41%

（见图 6 - 7）。具体来看，2019 年，深圳全社会 R&D 经费投入强度为
4.93%，在珠三角 9 市中位列第一；珠海全社会 R&D 经费投入强度为
3.15%，在珠三角 9 市中位列第二；东莞全社会 R&D 经费投入强度为
3.06%，在珠三角 9 市中位列第三（见图 6 - 9）。香港特区政府于 1998 年
公布创新及科技发展蓝图，注资 50 亿港元成立创新及科技基金。香港创新
及科技局发布的《2017 年香港创新活动统计》显示，2017 年，香港本地进
行的内部研发活动总开支为 212.80 亿港元，占本地生产总值的比重为
0.80%，其中，高等教育界的内部研发总开支为 108.37 亿港元，工商机构
的技术创新活动总开支为 94.12 亿港元。

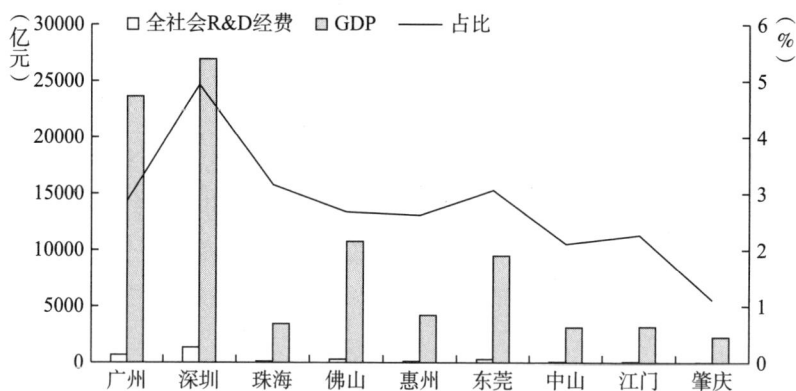

图 6 - 9　2019 年珠三角 9 市全社会 R&D 经费及投入强度

资料来源：根据《2000 广东统计年鉴》计算整理得出。

横向对比三大城市群的创新活动经费投入情况，长三角城市群的研发
经费投入规模最大，粤港澳大湾区城市群的研发经费投入强度最大。2019
年，长三角城市群规模以上工业企业 R&D 经费内部支出为 4529.25 亿元，
粤港澳大湾区城市群规模以上工业企业 R&D 经费内部支出为 2197.63 亿元，
京津冀城市群规模以上工业企业 R&D 经费内部支出为 961.13 亿元；规模以
上工业企业 R&D 经费内部支出占 GDP 的比重由高到低依次为粤港澳大湾区
城市群、长三角城市群和京津冀城市群，分别为 2.53%、2.02%、1.09%
（见图 6 - 10）。

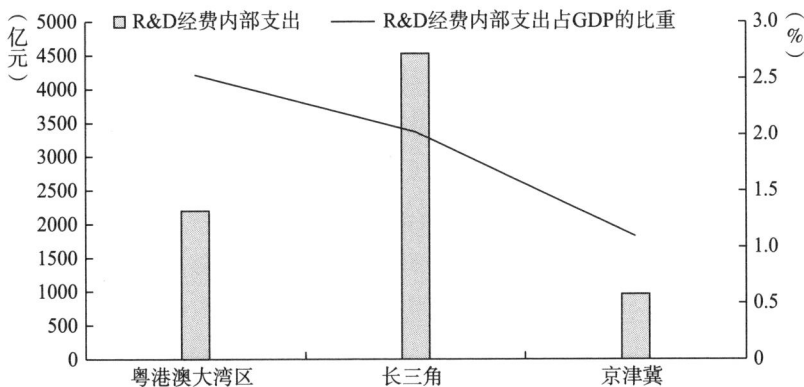

图 6 – 10　2019 年三大城市群规模以上工业企业 R&D 经费内部支出及其占 GDP 比重

资料来源：根据各省市统计年鉴计算整理得出。

3. 创新平台

创新平台是支持创新、开展创新、构建创新网络的重要载体。2019 年，广东省科学技术厅认定 6598 个省级以上重大创新平台，其中，5545 个位于珠三角城市群，占比达 84%，包含了广东全部的国家重点实验室和 90% 以上的国家工程技术研究中心。同时，广东与港澳合作新建 20 多个联合实验室，并向港澳开放 1 万多台大型科学仪器，累计跨境拨付财政科研资金 1.5 亿元。[①]

2019 年，粤港澳大湾区拥有县级及以上政府部门研发机构 168 家。其中，广州的县级及以上政府部门研发机构数量最多，达到 94 家；其次是惠州，有县级及以上政府部门研发机构 21 家；再次是肇庆，县级及以上政府部门研发机构为 14 家（见图 6 – 11）。

在三大城市群中，长三角城市群创新平台最多，科技创新优势明显。长三角城市群拥有上海张江和安徽合肥两个综合性国家科学中心，布局了全国约 1/4 的"双一流"高校、国家重点实验室及国家工程研究中心；长三角城市群公共科技服务一体化程度高，"长三角大仪网"集聚了 2.7 万余台（套）大型科学仪器设施，大数据交易平台、"创新券"通用通兑机制、科技成果转化平台、知识产权保护协作机制已经初步建立。从国家级高新

———————

① 数据来源于广东省科学技术厅。

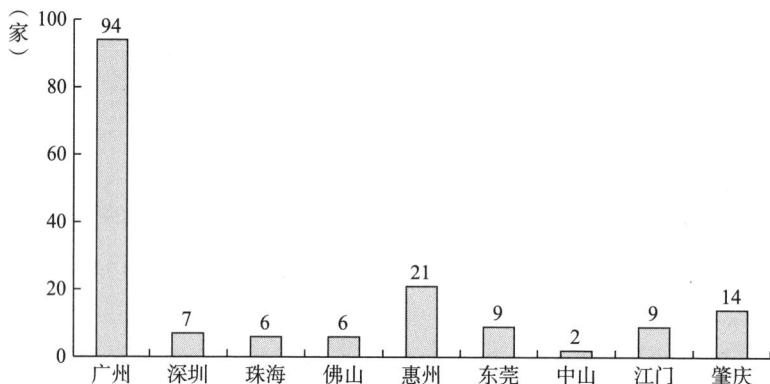

图 6 - 11　2019 年珠三角 9 市县级及以上政府部门研发机构数量

资料来源：广东省科学技术厅。

区在三大城市群的布局来看（见图 6 - 12），在全国 170 家国家级高新区中，长三角城市群有 23 家，聚集的企业数合计达 29903 家，吸引了从业人员 4678813 人，创造的营业收入为 82932.23 亿元；粤港澳大湾区城市群拥有 9 家，聚集的企业数合计达 17941 家，吸引了从业人员 2944124 人，创造的营业收入为 47989.68 亿元；京津冀城市群拥有国家级高新区 7 家，聚集的企业数合计达 32196 家，吸引了从业人员 3427927 人，创造的营业收入达 76802.32 亿元。

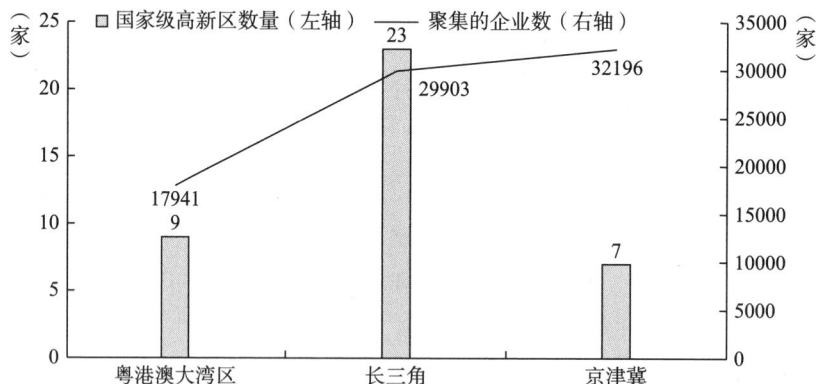

图 6 - 12　2019 年三大城市群国家级高新区数量及聚集的企业数

资料来源：根据各省市科学技术厅资料整理得出。

（二）　创新产业日益强大

1. 高新技术企业

截至 2020 年底，广东全省共有 5.3 万家国家级高新技术企业，其中深圳高新技术企业达 18694 家，在全省排名第一（见图 6 – 13），在全国大中城市中排名第二，取得了一批重大科技创新成果。

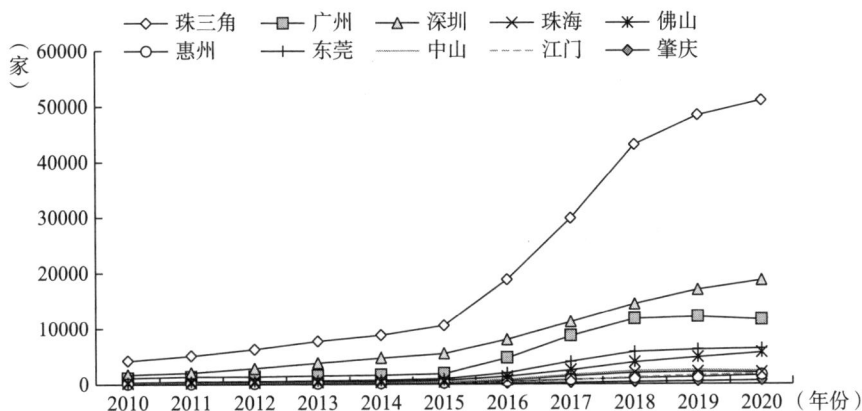

图 6 – 13　2010 ~ 2020 年珠三角及各市国家级高新技术企业数量

资料来源：广东省科学技术厅。

与 Top 500 优势创新机构相比，2014 ~ 2018 年粤港澳大湾区优势创新领先行业头部集聚效应更加明显。新兴科技产业仍是粤港澳大湾区创新优势最明显的行业，其中，超 7 成新兴科技创新机构集中在广州、深圳。制造业创新优势仅次于新兴科技产业，深圳、佛山、广州、东莞在粤港澳大湾区制造业优势创新机构数量中排名前四。

2. 产业基础

截至 2019 年，粤港澳大湾区拥有 300 多个特色产业集群、43 个国家重点实验室和 173 所世界 100 强大学①，在先进制造业、消费类电子产品制造领域拥有多项国内外领先的专利成果，已形成大湾区西岸以格力、美的、广汽等企业为代表的技术密集型装备制造业集群，大湾区东岸以华为、腾讯、大疆等企业为代表的知识密集型高科技产业集群，以及沿海地区生态

---

①　数据来源于广东省科学技术厅。

环保型重化工业带，产业基础雄厚，产业体系完备。

分城市来看，广州以汽车制造业、电子制造业、石油化工制造业等为支柱产业，传统产业占比较大，高新技术产业相对薄弱。深圳拥有文化创意产业、高新技术产业、现代物流业、金融业等四大支柱产业，但拥有的科研平台及高校资源较少。香港以金融服务、旅游、贸易及物流等服务业为主，拥有良好的创新生态环境和强大的知识创新能力，但缺乏制造业支撑，产业链条不完善，近年来，其创新成果产出有所下降，科研成果得不到有效转化。澳门以博彩旅游业为主，产业较为单一，专利产出较少，产业创新能力较弱。

从横向来看，三大城市群产业集群各有特色。长三角城市群产业基础雄厚，门类齐全，产业总体偏轻、偏新兴、偏外向，拥有纺织、服装、食品、日用品等工业，对外贸易、服务业非常发达，重点聚焦集成电路、智能制造、新材料、新能源汽车等领域，其中，集成电路产业规模约占全国1/2的份额，软件信息服务产业规模约占全国1/3的份额，在电子信息、生物医药、高端装备、新能源、新材料等领域形成一批具有较强国际竞争力的创新共同体和产业集群。粤港澳大湾区城市群制造业产业较为丰富，大湾区西岸、东岸特色产业差异化发展，具备完善的产业基础和完备的产业链。京津冀城市群产业总体上以冶金、采矿、化工、建材等重工业和传统产业为主，近年来计算机、通信和其他电子设备制造业，汽车制造业等产业协同化程度不断提高。

（三）创新协同不断增进

粤港澳三地创新合作基础厚实、前景广阔、潜力巨大，粤港澳知识产权合作持续深化，已开展粤港合作项目239个、粤澳合作项目43个，合作涉及科技创新、人才培养、创新创业、医疗卫生、文化研究等多个领域。城市群内部已形成广州—深圳、广州—佛山、深圳—东莞、香港—深圳、澳门—珠海等创新协同子群，其中，广深两地跨城市专利合作率达6.59‰，广佛两地跨城市专利合作率达6.89‰，深莞两地跨城市专利合作率达4.54‰，港深跨城市专利合作率达46.68‰，港深成为粤港澳大湾区内合作最紧密的两大创新城市。[①]

① 数据来源于广州日报数据和数字化研究院（GDI智库）2020年11月17日发布的《粤港澳大湾区协同创新发展报告（2020）》。

长三角城市群依托一体化协同发展优势，创造出全国近 1/3 的科技输出，聚集了中国实力最强、影响力最大的一批民营企业，数字化转型活跃。京津冀城市群依托总部企业构建首都"高精尖"经济结构，天津、河北充分发挥了创新引领、辐射带动作用，初步形成以京津为核心城市、以石保廊为节点城市的协同创新网络。

（四）创新环境日益完善

创新环境包括创新政策和创新文化等方面，是城市群创新升级的重要基础和保障。

1. 创新政策

粤港澳大湾区涉及三种法律制度、三个关税区、三种货币，近年来，三地大力推动规则、制度、机制的"软联通"，不断拓展商事规则衔接、职业资格互认、标准对接的领域范围，充分发挥粤港澳大湾区城市群的制度优势。据新华社报道，2019 年 2 月至 2021 年 4 月，中央和地方各级政府陆续出台 231 部涉及粤港澳大湾区的政策文件，为粤港澳三地突破差异、实现协同发展提供了良好的机制保障。在 231 部相关政策文件中，科技创新的关注强度位列第三，占比达到 11%。前海累计注册港资企业 1.1 万多家，推出制度创新成果 610 项；横琴加快促进澳门经济适度多元发展，引进澳资企业超过 4000 家（马兴瑞，2021）。

2. 创新文化

港澳发挥国际领先的科技优势，与珠三角地区加强合作，不断完善官产学研资介相结合的创新体系，建立起完整的产业链和创新链，形成开放、多元、包容的创新创业文化，为粤港澳大湾区城市群创新协同营造良好的生态环境。

（五）创新效益显著提高

创新效益是城市群创新活动的中间产出与经济社会结果，体现了区域创新产出能力和创新整体实力，包括发明专利申请量和授权量、新产品销售收入等。

1. 发明专利申请量和授权量

发明专利是衡量一个国家或地区创新能力的重要指标。2020 年，珠三角 9 市发明专利授权量为 6.9 万件，有效发明专利拥有量为 33.9 万件，均占广东省的97%；PCT国际专利申请量为2.8万件，占广东省的99%；商标有效注册量为455.5万件，占广东省的84%。具体到各市，2015～2019年，粤港澳大湾区PCT国际专利申请总量保持上升趋势，广州、深圳、东莞、佛山PCT国际专利申请总量位居前列。[①]

从横向来看，国内三大城市群中，2019年长三角城市群创新产出能力最强，专利申请量和专利授权量均位于三大城市群之首，并且有效发明专利数占全国的1/3左右。2019年，长三角城市群专利申请量达826735件，其次是粤港澳大湾区城市群，专利申请量为729368件，京津冀城市群专利申请量为424769件；长三角城市群专利授权量为700324件，粤港澳大湾区城市群专利授权量为470624件，京津冀城市群专利授权量为247607件（见图6-14）。

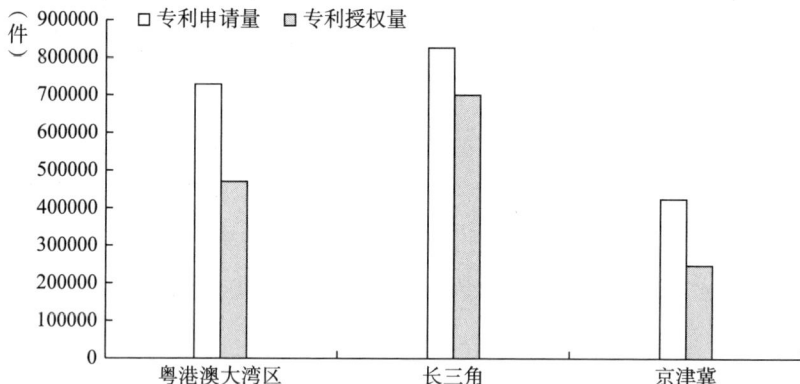

图6-14 2019年三大城市群专利申请量和专利授权量

资料来源：根据各省市科学技术厅资料整理得出。

2. 新产品销售收入

珠三角9市的新产品销售收入连年增长，由2015年的21488亿元增长至2019年的40561亿元；随着新产品销售规模的不断扩大，新产品销售收入增速不断下降，由2016年的29.71%逐年降至2019年的9.85%（见图6-15）。具体而言，2019年，深圳新产品销售收入最高，达到14238亿元；东莞次之，新产品销售收入为9155亿元；广州排第三位，新产品销售收入为5643亿元（见图6-16）。

---

① 数据来源于2021年4月26日广东省政府新闻办召开的知识产权工作专题新闻发布会。

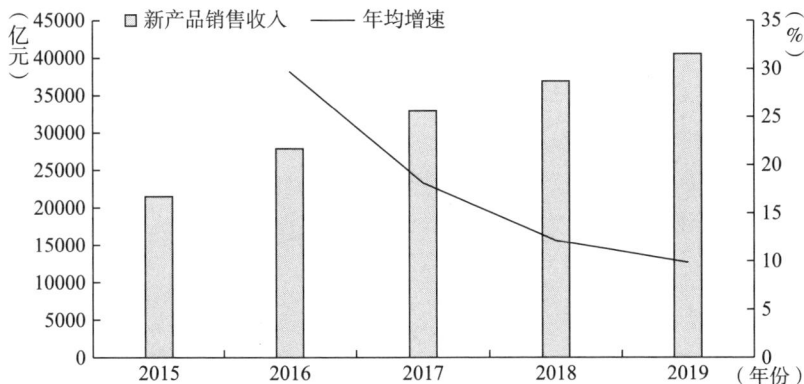

图 6 - 15 2015 ~ 2019 年珠三角 9 市新产品销售收入及增速

资料来源：根据各年度《广东统计年鉴》整理得出。

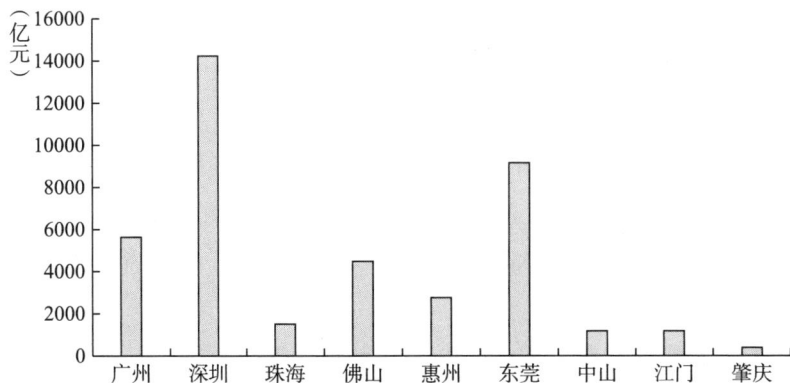

图 6 - 16 2019 年珠三角 9 市新产品销售收入

资料来源：根据《2020 广东统计年鉴》整理得出。

从横向来看，三大城市群中，长三角城市群创新产出能力最强，粤港澳大湾区城市群创新活动对区域宏观经济的影响最显著。就创新产出能力而言，2019 年长三角城市群实现规模以上工业企业新产品销售收入 74204.29 亿元，粤港澳大湾区城市群实现规模以上工业企业新产品销售收入 40561.12 亿元，京津冀城市群实现规模以上工业企业新产品销售收入 15773.71 亿元。就创新活动对区域宏观经济的影响而言，粤港澳大湾区城市群新产品销售收入占 GDP 的 46.68%，长三角城市群的占比为 33.14%，京津冀城市群的占比为 17.94% （见图 6 - 17）。

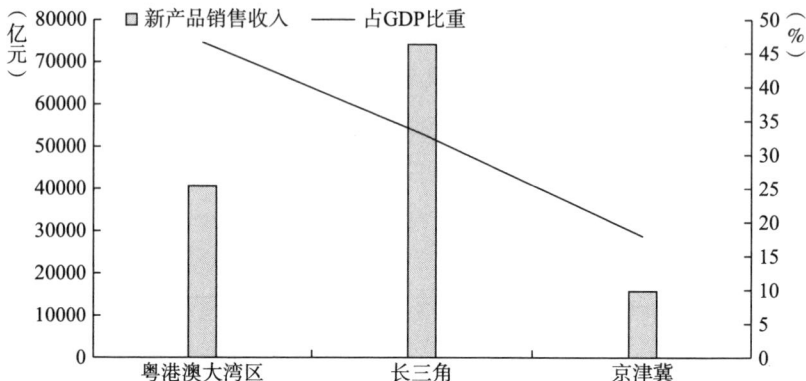

图 6 - 17　2019 年三大城市群规模以上工业企业新产品销售收入及其占 GDP 比重

资料来源：根据各省市统计年鉴整理得出。

二　粤港澳大湾区城市群创新枢纽城市分析

（一）广州

英国《自然》杂志增刊《2020 自然指数—科研城市》显示，2019 年广州位列全球科研城市 20 强（排名第 15 位），也是大湾区城市群中唯一进入 20 强的城市。相较粤港澳大湾区城市群其他城市，广州具备较为明显的创新基础优势。

一是科技教育资源丰富。作为广东省省会城市，广州是华南地区重要的经济和科教中心，拥有 36 所本科院校，包括中山大学、华南理工大学和暨南大学等多所"双一流"高校，集聚了广东 80% 的高校和 97% 的国家重点学科，科技资源与人才资源的数量、质量均居全国前列，2020 年高新技术企业总数突破 1.1 万家。[①]

二是创新平台众多。近年来，广州加快建设人工智能与数字经济试验区、南沙科学城、中新广州知识城、广州科学城等创新平台，拥有全省 70% 的国家重点实验室、63% 的省重点实验室及 40% 的国家工程技术研究

---

① 数据来源于广州市科技创新委员会。

中心等，创新平台总量占全省的29%，形成以国家级创新平台为龙头、省市工程中心为支撑、企业研发和成果转化为主体的完善的技术创新体系。

三是知识创新产出较强。香港城市大学发布的《2018年大湾区科研创新综合分析及展望报告》显示，2018年广州科技人员发表的科技论文总数和高被引论文数居珠三角9市首位，甚至高于其他各市数量总和；在《全球创新指数报告》中，2017年广州在全球创新集群百强中排第63位，2019年跃升至第21位；2019年广州26个项目获国家科学技术奖，占广东省的52%。

四是技术交易市场活跃。2018～2020年广州连续3年技术市场成交合同数和成交金额大幅领先珠三角9市中的其他城市。其中，2020年广州技术市场成交合同金额达2256.53亿元（见表6-1），在珠三角9市中的占比为65.36%，在全国的占比为7.99%。

表6-1 2018～2020年珠三角9市技术市场成交合同金额

单位：万元

年份	珠三角9市	广州	深圳	珠海	佛山	惠州	东莞	中山	江门	肇庆
2018	13794413	7193802	5769330	408967	74653	31906	183248	33954	96465	2088
2019	22689302	12733644	7050187	359147	120055	56158	2220675	36834	94624	17978
2020	34525395	22565290	10363044	400956	224060	112006	695261	78401	56276	30101

资料来源：广东省科学技术厅。

（二）深圳

深圳依托粤港澳大湾区国际科技创新中心和中国特色社会主义先行示范区的"双区驱动效应"，充分发挥在全省创新驱动发展中的核心引擎作用，优化创新生态环境，提升企业竞争力，着力促进科技成果转化，创新驱动取得显著成效，是珠三角9市中技术创新能力和科技成果转化能力最强的城市。

一是具有良好的创新生态环境。《2020年中国大中城市营商环境评价报告》显示，在全国35个直辖市、副省级城市和省会城市的营商环境排名中，深圳蝉联首位，具有良好的创新环境、市场环境、法治环境，企业活跃程度高。20 世纪八九十年代，深圳在全国率先提出实施自主创新战略，党的十八大后，又相继出台多项鼓励和支持科技创新的政策文件（深圳市统计局，2018），不断完善"基础研究 + 技术攻关 + 成果产业化 + 科技金融 + 人才支撑"的全过程创新生态链，构建起"以企业为主体、市场为导向、产学研资深度融合"的技术创新体系。

二是创新资源集聚能力强。依托深交所，深圳集聚了大批风投创投机构，为企业创新提供了从创业投资、科技孵化、债权融资、银行贷款到上市辅导等全方位的科技金融服务，通过银政企合作、科技保险、股权投资、研发费用后补助等方式，推动资本市场各种要素资源投向科技创新。2009 ~ 2019 年，深圳 R&D 研发经费投入总量及投入强度均居广东首位，2019 年 R&D 经费支出达 1328.28 亿元，占深圳 GDP 的 4.93%，占广东省 R&D 经费总量的 42.87%，几乎是居第二位的广州的 2 倍，是居最后一位的肇庆的 53.4 倍。同时，深圳着力推进"鹏城孔雀计划""鹏城英才计划"等，持续引进高端科技创新人才，2009 ~ 2019 年 R&D 活动人员数量持续领先粤港澳大湾区城市群内其他地市。[①]

三是民营高科技企业发达。尽管深圳科技创新平台数量、科技人才、科技企业数量略低于广州，但深圳创新创业氛围浓厚，既有腾讯、华为、比亚迪、大疆等一批世界顶级科技企业，也孕育了众多中小型科技企业。2020 年，深圳高新技术企业总量达 18694 家，在全省排名第一，在全国大中城市中排名第二。2019 年，深圳高新技术产品产值 26277.98 亿元，占全省的 34.9%。[②] 截至 2020 年底，深圳获评国家制造业单项冠军的企业达 28 家，占全省总数的 50% 以上（深圳市工业和信息化局，2020）。

四是科技成果转化能力强。深圳拥有前海城市新中心、深圳湾超级总部基地、香蜜湖新金融中心、光明科学城、河套深港科技创新合作区、西丽湖国际科教城等一批智造高地和智创高地，高新技术产品产值、专利授权数量、高技术制造业增加值占规上工业的比重多年来一直位居粤港澳大湾区城市群榜首，技术合同成交数和成交总额居计划单列市第 1 位。截至

---

① 数据来源于深圳市工业和信息化局。
② 数据来源于《2020 广东科技统计数据》。

2020 年底，深圳拥有各类创新载体 2693 家，其中国家级创新载体 129 家，省部级创新载体 967 家，PCT 国际专利申请量达 20209 件，在全省的占比达 71.92%。深圳科技创新能级持续提升，创新成果领先城市群内其他城市。2019 年，深圳每万人发明专利拥有量为 106 件，约为全国平均水平的 8 倍；全社会研发经费投入为 1328 亿元，占 GDP 的比重达到 4.93%，保持全国领先地位。

（三）东莞

2019 年以来，东莞以全面建设国家创新型城市为统领，携手港澳、深圳、广州等周边城市共同建设广深港澳科技创新走廊，利用供应链理念及智能化技术改造传统优势制造业及工业企业，持续提高先进制造业和高技术制造业占比，成为全球通信设备制造与消费电子行业的主导城市之一，成功蜕变为一个新兴的创新型城市。2009～2019 年，东莞 R&D 经费投入强度由 1.10% 上升到 3.06%，R&D 活动人员数量由 18524 人增加到 99116 人，创新资源投入不断增加，创新能力同步改善。2020 年，东莞专利授权量为 74303 件，居全省第 3 位；PCT 国际专利申请量为 3787 件，高新技术产品产值为 12183.94 亿元，均居全省第 2 位。

一是围绕"制造立市"形成以产业、企业为核心的创新体系。东莞是全国知名的"制造之都""国际制造名城"，具备强大的制造业基础，是广东省制造业供给侧结构性改革创新实验区。作为全国仅有的只设镇不设区的 4 个地级市之一，东莞着力打造"一镇一品"，2019 年，31 个镇街共获得 36 个"省级技术创新专业镇"称号（其中有 5 个镇街均拥有 2 个不同产业的专业镇称号），数量位列全省第 3。[①] 同时，自 2017 年开始，东莞将"倍增计划"作为市政府一号文，大力推进创新型企业建设。2019 年国家高新技术企业、科技型中小企业分别达 6217 家、1957 家，均居全省地级市第一位，[②] 具备较强的科技成果转化能力。

二是高端创新人才快速集聚。自 2011 年起，东莞实施"人才东莞"战略，2018 年启动"技能人才之都"建设，推动实施"十百千万百万"人才

① 数据来源于广东省科学技术厅。

② 数据来源于《2020 东莞统计年鉴》。

工程，引进和培养了大量高端人才，大力培养技能劳动者。截至 2019 年底，全市人才总量超过 235.5 万人，其中高层次人才 15.6 万人。

三是重大创新平台载体快速发展。自 2005 年起，东莞陆续吸引华中科技大学、电子科技大学、中国科学院等院校参与校地共建新型研发机构，创造了建设新型研发机构的"东莞模式"。2018 年，全球第四台、全国首台散裂中子源建成并向全球用户开放，东莞成为粤港澳大湾区基础研究的重要基地，加之松山湖材料实验室、南方先进光源等重大基础研究装置与平台项目的相继建设，带动松山湖科学城成为大湾区综合性国家科学中心先行启动区。2020 年，东莞拥有国家级高新技术企业 6381 家，国家级孵化器 23 家，省级工程中心 439 家，省级新型研发机构 26 家，[①] 取得了一批重大技术创新成果，如广东华中科技大学工业技术研究院单模块 3KW 工业级光纤激光器、全自主无人艇等智能装备填补了国内空白；东莞先进光纤应用技术研究院的新型保密通信系统采用全新技术路线，彻底解决了传统光纤通信存在的信息安全隐患。

四是"双区"建设为国内国际创新资源集聚带来重大红利。东莞毗邻港澳，是广州与深圳、香港之间的交通要道与重要经济走廊。国家建设粤港澳大湾区以及深圳建设中国特色社会主义先行示范区，为东莞打造原始创新策源地带来重大政策红利，有助于东莞携手深港科技创新合作区、光明科学城、南沙科学城共建粤港澳大湾区综合性国家科学中心，汇聚国内、国际高端创新资源，利用"广深港研发 + 东莞转化""香港服务 + 东莞智造"等模式最大化发挥大湾区背景下东莞的科技创新功能，以松山湖科学城和松山湖高新技术产业开发区为核心，打造大湾区源头创新、技术创新、科技成果转化新高地。

（四）香港

香港作为连接东西方创新的枢纽与全球研发中心，拥有国际领先的用户市场、一流的智慧财产权保护环境、丰富的高校科研资源，在对接全球科技创新体系、吸引世界优秀创新人才、集聚国际资本、提供国际化专业创新服务、促进创新成果转移转化等方面具有内地城市无法比拟的优势。

———————————

① 数据来源于东莞市工业和信息化局。

《2020 年全球创新指数报告》显示，2020 年，中国香港全球创新指数（GII）排名第 11 位，相较于 2019 年的第 13 位上升了 2 位，且是 2020 年排名首位 GII 指标数量最多的经济体。

一是创新生态环境较为完善。香港是世界著名的国际贸易中心和国际航运中心，服务业发达，基础设施完善，更是世界三大金融中心之一，资本市场成熟，金融工具齐全，具有便捷的全球化融资渠道和低成本产业发展资金，容易吸引和对接全球创新资源。世界银行发布的《2020 年营商环境报告》显示，中国香港的营商环境在全球排名第 3 位。在全球创新指数排名评估中，中国香港的"市场成熟度"高居榜首，"商业成熟度"排名第 24 位，被认为是全球最开放、最具活力、最具竞争力的经济体之一。在《2020 年全球创新指数报告》评估的"制度"项中，中国香港位列全球第五，具有较完善的支持创新的制度。

二是高校已成为研发活动主体。2009～2019 年，香港 R&D 人员中高等教育机构占比呈逐年递增趋势，工商机构占比呈逐年递减趋势，2019 年高等教育机构人员占比达 58.3%；R&D 经费也主要投向教育机构，2019 年 R&D 经费中 47% 投向高等教育机构。2022 年 QS 世界大学排名显示，香港有 5 所全球 100 强高校，即香港大学、香港科技大学、香港中文大学、香港城市大学、香港理工大学，其排名分别为第 22 位、第 34 位、第 39 位、第 53 位、第 66 位，另外还有 2 所全球 600 强高校，即香港浸会大学（第 287 位）和岭南大学（香港）（第 581～590 位）。香港拥有的 16 个国家重点实验室、6 个国家工程技术研究中心均隶属于各个香港高校，中国科学院公布的 20 名香港院士、中国工程院公布的 7 名香港院士大部分也在香港高校任职。

三是基础研究领域优势明显。《2018 年大湾区科研创新综合分析及展望报告》显示，在粤港澳大湾区中，虽然香港科技人员发表科技论文的总数少于广州，但是香港的高被引论文数位列第一，是第二位（广州）的 1.2 倍，总论文下载量和总论文引用量也位列第一，远超大湾区其他城市。

但香港科技创新仍存在创新资源投入不足、技术创新产出能力较弱等问题。2009～2019 年，香港 R&D 经费、R&D 经费投入强度、R&D 人员折合全时当量等创新资源指标值（见表 6 - 2）远低于珠三角各市。2019 年，香港的专利授权总量仅高于珠三角 9 市中的肇庆。在《2020 年全球创新指数报告》中，中国香港"知识和技术产出"项排名第 54 位，远低于香港的综合排名。根据表 6-3，"本地专利申请""本地专利授权"数据分别为申请人地址为"香港特别行政区"的专利申请数量和专利授权数量，在某种程度上可以代表香港当地的自主技术创新能力，"总专利申请""总专利授权"数据分别为香港知识产权署每年接到的专利申请总量和批复的专利授权总量，代表香港整体技术创新能力。可以看出，虽然香港当地专利申请量的增加速度快于香港整体的专利申请量，但整体占比仍较小。

表 6-2　2009~2019 年香港 R&D 经费及 R&D 人员折合全时当量相关数据

年份	R&D 经费（亿港元）	R&D 经费投入强度（%）	R&D 人员折合全时当量（人年）	各部门占比（%）		
				工商机构	高等教育机构	政府机构
2009	128.33	0.77	23281	45.0	52.2	2.8
2010	133.13	0.75	25174	43.3	54.2	2.5
2011	139.45	0.72	25698	43.1	54.6	2.4
2012	148.16	0.73	26517	42.9	54.7	2.4
2013	156.13	0.73	27524	41.6	56.3	2.1
2014	167.27	0.74	29169	41.6	56.1	2.2
2015	182.71	0.76	30110	40.6	57.1	2.3
2016	197.13	0.79	31282	39.4	58.0	2.7
2017	212.80	0.80	32355	39.5	57.7	2.8
2018	244.78	0.86	33577	39.2	58.0	2.8
2019	263.33	0.92	35416	38.8	58.3	2.9

注：香港按照国际指引，在 2018 年、2019 年 R&D 经费中新增了研发设施的隐含使用成本。
资料来源：《香港创新活动统计》。

表 6-3　2009~2019 年香港本地专利申请/授权量及总专利申请/授权量

单位：件

指标	2009 年	2010 年	2011 年	2012 年	2013 年	2014 年	2015 年	2016 年	2017 年	2018 年	2019 年
本地专利申请	2362	2775	2780	2888	3015	3235	3296	4229	4043	4868	3530

指标	2009年	2010年	2011年	2012年	2013年	2014年	2015年	2016年	2017年	2018年	2019年
本地专利授权	2117	2516	2427	2550	2652	2777	2791	3478	2950	3394	2402
总专利申请	12408	12316	14108	13633	14468	13131	12914	14854	13992	16777	17323
总专利授权	6099	6099	5875	5567	5550	7102	6458	6183	7253	10414	7300

资料来源：IncoPat 专利数据库和《香港统计年鉴》。

（五）澳门

澳门地处珠江口的西岸，与香港隔海东望，北接珠海，在连接珠三角、葡语国家方面具有不可替代的平台纽带作用。2019 年，澳门人均 GDP 达 660903 澳元，·位居全球前列。2009～2018 年，澳门 R&D 经费从 0.93 亿澳元上升到 8.96 亿澳元；R&D 经费投入强度从 0.05% 上升到 0.20%。专利申请数量和专利授权数量快速增加，分别从 2009 年的 40 件、28 件增加到 2019 年的 281 件、193 件（见表 6-4）。截至 2019 年底，澳门已相继建立中药质量研究国家重点实验室（2010 年）、模拟与混合信号超大规模集成电路国家重点实验室（2010 年）、月球与行星科学国家重点实验室（2018 年）、智慧城市物联网国家重点实验室（2018 年）等四个国家重点实验室。在 2020 年 QS 世界大学排名中，澳门大学上升至第 322 位，澳门科技大学新增上榜，排名在第 651～700 位。近年来，澳门特区政府大力推动科技创新发展，与内地多个城市联合建立葡语产业园区，形成以葡语、平台、葡语国家关系网为支撑的中国内地—中国澳门—葡语国家产业协同创新体系，形成独特的创新优势。

一是自由贸易港为湾区科技型企业投资葡语国家提供便利。澳门与香港一样，是典型的国际自由港，国际化水平高，属于独立关税区，实行简单及低税率的税制，资金进出自由，易于吸纳国际创投资金。在美国智库传统基金会公布的 2019 年《全球经济自由度指数》报告中，中国澳门居亚太地区第 9 位（43 个经济体）、全球第 34 位（180 个经济体），连续 11 年被评价为"较自由"的经济体。

二是具有引进转化国外先进技术的区位和人文优势。澳门自古以来就是海上丝绸之路的重要节点，是中国最早对外开放的城市之一，与东盟国家以及葡语国家联系密切。多年来，澳门特区政府致力于打造中葡商贸合作服务平台，2021年6月19日在澳门召开的内地与澳门科技合作委员会第十五次会议上，科技部副部长黄卫表示，未来要加快建设"中国—葡语国家科技交流与成果转化中心"，充分发挥澳门独特的平台优势；进一步支持澳门发展科技产业，促进成果转移转化。

表6-4 2009~2019年澳门R&D经费与专利相关数据

年份	R&D经费 （亿澳元）	R&D经费投入强度 （%）	专利申请量 （件）	专利授权量 （件）
2009	0.93	0.05	40	28
2010	1.13	0.05	25	21
2011	1.31	0.04	35	28
2012	1.65	0.05	57	46
2013	2.11	0.05	132	107
2014	3.85	0.09	83	61
2015	4.91	0.14	205	190
2016	8.47	0.23	228	205
2017	6.96	0.17	243	154
2018	8.96	0.20	272	182
2019			281	193

资料来源：世界银行和IncoPat专利数据库。

总体而言，在粤港澳大湾区城市群中，各城市拥有自身独特的创新资源优势，城市群内部已形成广州—深圳、广州—佛山、深圳—东莞、香港—深圳、澳门—珠海等创新协同子群，但基本存在于区位邻近、产业协同的经济发展水平较高的几个城市间，创新中心城市表现出较强的创新虹吸效应，其余城市的创新协同效应较弱，大湾区城市群创新协同网络尚不完善。在珠三角9市中，广州创新基础资源和科研成果丰富，但缺乏大型科技龙头企业，企业技术创新能力相对较弱；深圳科技创新企业规模庞大，既有多个全国性科技龙头企业，也不缺乏小型国家制造业单项冠军企业，技术创新能力强，但源头创新能力有待提升；东莞地理位置优越，有利于承接广深港外溢的科研资源，制造业基础良好，科技成果转化能力较强，但自身创新能力不强；其余珠海、佛山等城市具有较好的产业基础，能够为广州、深圳、东莞的创新提供有力支撑，但缺乏直接与国际接轨的端口和通道。香港、澳门作为自由贸易港，与世界各国交流密切，基础研究能力和高校教育资源已达到国际水平，拥有良好的创新生态环境和强大的知识创新能力，但缺乏制造业支撑，产业链条不完善，产业整体创新不足。珠三角9市和港澳在优势互补和专业分工的基础上，能够建立"香港、广州知识创造—深圳知识转化—珠三角产品应用"的协同融合创新体系（陈广汉、谭颖，2018）。

三 粤港澳大湾区协同创新网络

社会网络分析方法常被用于网络特征分析的研究中，能直观展现网络整体、节点、子群特征。本节关注粤港澳大湾区城市间专利合作（即创新合作）情况，运用社会网络分析方法考察粤港澳大湾区城市群协同创新网络的结构及其特征，并与京津冀城市群进行横向对比。相关数据来源于Clarivate Analytics（科睿唯安）– Derwent Innovations Index（德温特专利情报数据库）。

（一）创新网络

为直观显示，本节利用 NetDraw 软件绘制二值数据的创新合作网络，若城市 i 与城市 j 存在专利合作关系，那么矩阵中对应的数据为1，否则为0。初步来看，粤港澳大湾区城市群创新合作网络中各节点间的连接是不规则的，其中连接数目较多的是处于网络中间位置的广州和深圳，可见广州和深圳在创新合作方面始终居于中心城市地位，是区域创新发展的核心引擎。

从纵向来看，2010年、2015年、2020年，粤港澳大湾区城市群中各城市的创新链接不断延伸拓展、创新合作关系日益深入密切。其中，2010年，广州与8个城市存在专利合作关系，深圳与6个城市存在专利合作关系，佛山、珠海均与4个城市存在专利合作关系，东莞、江门均与3个城市存在专利合作关系；2015年，广州与8个城市存在专利合作关系，与深圳存在专利合作关系的城市数量达到7个，与东莞存在专利合作关系的城市数量大幅增长至8个，与珠海、佛山、中山、惠州存在专利合作关系的城市数量也呈现较大增长；2020年，广州仍然与8个城市存在专利合作关系，而与深圳存在专利合作关系的城市数量已经反超广州，达到9个（见图6-18）。

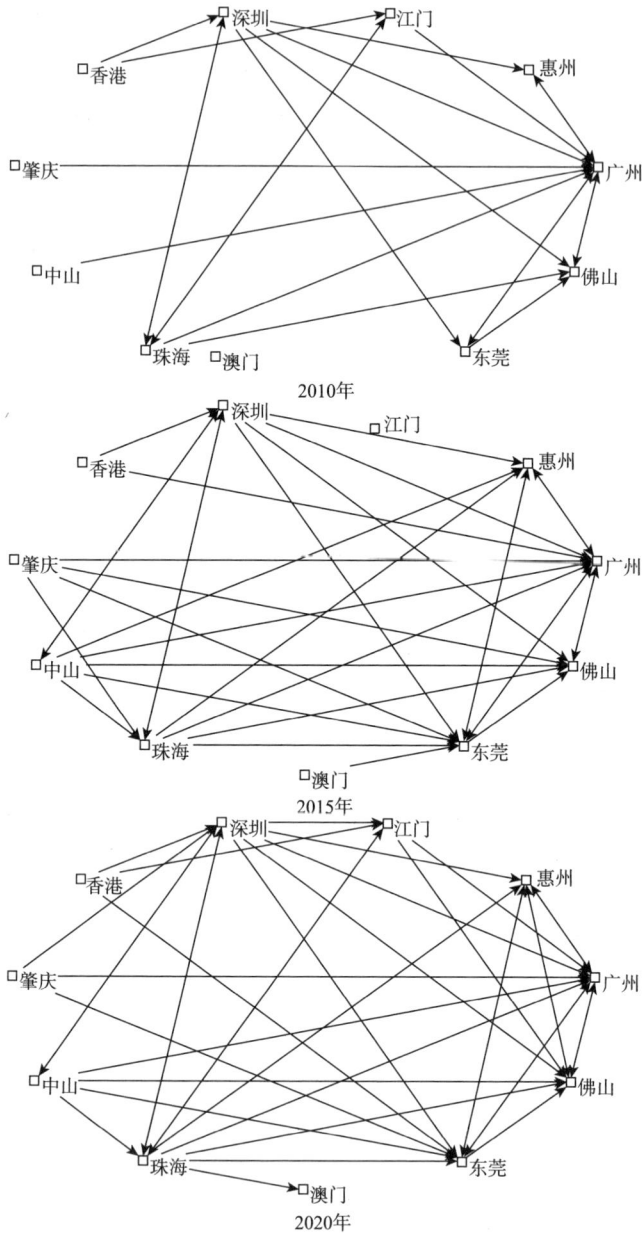

图 6 - 18　2010 年、2015 年、2020 年粤港澳大湾区城市群创新合作网络

资料来源：课题组绘制。

从横向来看，2020 年，粤港澳大湾区城市群中广州和深圳居于创新中心城市地位，京津冀城市群中北京和天津居于创新中心城市地位，并且京津冀城市群中心城市的创新引擎作用更明显，而粤港澳大湾区城市群其他城市间的创新合作关系更为密切。具体来看，在粤港澳大湾区城市群中，广州和深圳分别与其他 10 个城市中的 8 个城市和 9 个城市存在创新合作关系，合作率分别为 80% 和 90%；而京津冀城市群中，北京和天津分别与其他 15 个城市中的 14 个城市和 13 个城市存在创新合作关系，合作率分别为 93.3% 和 86.7%（见图 6-19）。与此同时，粤港澳大湾区城市群发生创新合作的次数合计为 60 次，平均每个城市发生创新合作的次数为 5.4545 次；京津冀城市群发生创新合作的次数合计为 71 次，平均每个城市发生创新合作的次数为 4.4375 次。

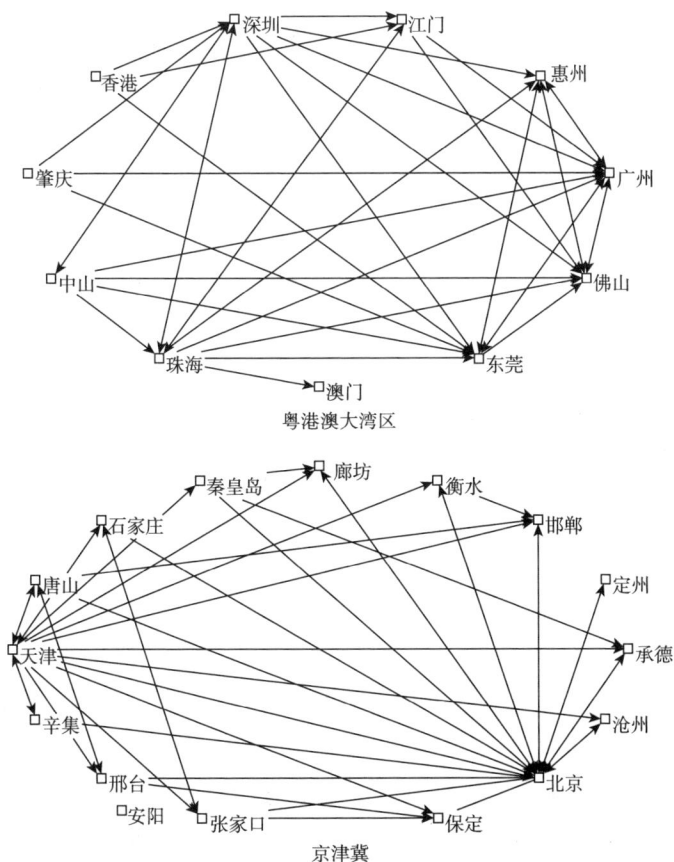

图 6-19　2020 年粤港澳大湾区城市群和京津冀城市群创新合作网络

资料来源：课题组绘制。

（二）中心性分析

城市的度中心性衡量与该城市有直接创新合作关系的其他城市的数目。如表6-5所示，2020年，度中心性最高的城市为深圳，其次为广州、珠海和东莞，即深圳与其他城市在创新合作上有最多的直接关联，在创新合作网络中居于中心地位，拥有较大的权力。2010年、2015年、2020年，粤港澳大湾区城市群整体网络度中心性最高的城市依次为广州、广州和东莞、深圳，即创新合作网络中居于中心地位的城市经历了广州—广州和东莞—深圳的变迁，可见深圳的网络链接不断延伸，创新合作权力不断增大，并取代广州跃居中心地位。

表6-5　2010年、2015年、2020年粤港澳大湾区城市群创新合作网络的度中心性

城市	2010年	2015年	2020年
广州	80.000	80.000	80.000
深圳	60.000	70.000	90.000
佛山	40.000	60.000	70.000
中山	10.000	60.000	50.000
珠海	40.000	70.000	80.000
肇庆	10.000	40.000	30.000
江门	30.000	0.000	40.000
惠州	20.000	50.000	50.000
东莞	30.000	80.000	80.000
香港	20.000	20.000	20.000
澳门	0.000	10.000	10.000

资料来源：课题组计算得出。

中间中心性衡量一个城市在多大程度上位于网络中其他城市的中间。如表6-6所示，2020年，粤港澳大湾区城市群中间中心性最高的城市为珠海，即珠海是最多居于其他两个城市创新合作的捷径（最短的路径）上的城市，对创新合作资源控制的程度最高。同时，2010年、2015年、2020年，粤港澳大湾区城市群整体网络中间中心性最高的城市依次为广州、东莞和珠海，即创新合作网络中对资源控制最强的城市经历了广州—东莞—

珠海的变迁,可见广州对创新合作资源的控制力在不断下降,而东莞、珠海分别依托毗邻深圳和香港、澳门的地缘优势,对创新合作资源的控制力不断增强。

表 6 - 6 2010 年、2015 年、2020 年粤港澳大湾区城市群创新合作网络的中间中心性

城市	2010 年	2015 年	2020 年
广州	43.704	11.185	6.926
深圳	15.185	7.111	16.926
佛山	0.741	1.111	2.111
中山	0.000	0.444	0.000
珠海	1.852	2.296	22.111
肇庆	0.000	0.000	0.000
江门	4.444	0.000	0.000
惠州	0.000	0.000	0.000
东莞	0.000	20.074	11.926
香港	0.741	0.000	0.000
澳门	0.000	0.000	0.000

资料来源:课题组计算得出。

接近中心性衡量一个城市与网络中其他城市创新合作的接近程度。如表 6 - 7 所示,2020 年,粤港澳大湾区城市群接近中心性最高的城市为深圳,即深圳与网络中其他所有城市的距离都很短,不受其他城市节点的控制,是最不依赖其他城市进行信息传递、创新合作的城市。2010 年、2015 年、2020 年,粤港澳大湾区城市群整体网络接近中心性最高的城市依次为广州、广州和东莞、深圳,即创新合作网络中最不依赖其他城市开展创新合作的城市经历了广州—广州和东莞—深圳的变迁。随着创新合作的日益密切、网络密度的不断增加,广州、东莞和深圳的接近中心性持续提升,对其他城市的依赖在不断降低,尤其是深圳与其他城市创新合作的依赖程度低于广州。

表 6 - 7 2010 年、2015 年、2020 年粤港澳大湾区城市群创新合作网络的接近中心性

城市	2010 年	2015 年	2020 年
广州	47.619	47.619	83.333

续表

城市	2010 年	2015 年	2020 年
深圳	43.478	45.455	90.909
佛山	40.000	43.478	76.923
中山	34.483	43.478	66.667
珠海	40.000	45.455	83.333
肇庆	34.483	40.000	55.556
江门	38.462		62.500
惠州	37.037	41.667	66.667
东莞	38.462	47.619	83.333
香港	34.483	35.714	52.632
澳门		34.483	47.619

资料来源：课题组计算得出。

特征向量中心性衡量城市与本身具有较高中心度的城市的相连情况。如表 6-8 所示，2020 年，粤港澳大湾区城市群特征向量中心性最高的城市为深圳，其后依次为广州、东莞和珠海，即深圳与最多的与本身具有较高中心度的其他城市相连，被最多的中心度更高的城市选择，在创新合作网络中具有较高的核心度，并通过高特征向量中心性提升了自身的中心度。2010 年、2015 年、2020 年，粤港澳大湾区城市群整体网络特征向量中心性最高的城市依次为广州、广州、深圳，即创新合作网络中具有较高核心度的城市经历了广州—广州—深圳的变迁，可见深圳取代广州被最多的中心度更高的城市选择，并由此获得较高的中心度。

表 6-8　2010 年、2015 年、2020 年粤港澳大湾区城市群创新合作网络的特征向量中心性

城市	2010 年	2015 年	2020 年
广州	72.246	56.493	54.854
深圳	63.832	51.768	57.119
佛山	53.655	48.211	51.457
中山	16.724	49.379	41.458
珠海	51.781	54.104	52.541
肇庆	16.724	34.260	25.408

续表

城市	2010 年	2015 年	2020 年
江门	33. 951	– 0. 000	33. 330
惠州	31. 501	42. 729	41. 458
东莞	43. 922	55. 325	52. 663
香港	22. 636	17. 321	16. 942
澳门	– 0. 000	8. 852	8. 109

资料来源：课题组计算得出。

（三） 小世界特征分析

创新合作网络是不是复杂网络，需要检验其是否具有小世界特征。根据表 6 – 9，2020 年粤港澳大湾区城市群创新合作网络的平均最短距离为 1. 667，表明从一个城市到另外一个城市只需要经过 1. 667 条边；创新合作网络的集聚系数为 49. 754，意味着网络中的城市节点倾向于集聚在一起，有成团的强烈倾向。较短的平均最短距离和较高的集聚系数表明网络中各城市节点关于创新合作的联系非常密切，具有小世界特征。同时，2020 年大湾区城市群网络密度相对较高，达到 27. 7818，说明这一创新合作网络对城市个体的创新发展会产生较大的影响。

从纵向来看，2010 年、2015 年、2020 年，粤港澳大湾区城市群创新合作网络的小世界特征越来越明显，在保持较短的平均最短距离的同时，集聚系数显著提升，并且网络密度大幅增加，表明粤港澳大湾区城市群创新合作网络的资源渠道日益丰富，有利于各城市密切开展创新合作。从横向来看，2020 年，虽然京津冀城市群具有较短的平均最短距离和较高的集聚系数，与粤港澳大湾区城市群的创新合作网络一样具有小世界特征，但京津冀城市群的创新合作网络的平均最短距离高于粤港澳大湾区城市群，集聚系数和网络密度均显著低于粤港澳大湾区城市群，网络中各类资源渠道的丰富性相对有限，对其城市创新合作的支持作用尚不及粤港澳大湾区城市群。

表 6 – 9　粤港澳大湾区城市群和京津冀城市群创新合作
网络的小世界特征分析

城市群	年份	网络节点数	网络密度	平均最短距离	集聚系数
粤港澳大湾区	2010	11	1. 6000	1. 491	1. 937

城市群	年份	网络节点数	网络密度	平均最短距离	集聚系数
粤港澳大湾区	2015	11	24.1273	1.422	44.372
粤港澳大湾区	2020	11	27.7818	1.667	49.754
京津冀	2020	16	6.0083	1.676	22.237

资料来源：课题组计算得出。

（四）核心—边缘结构分析

根据核心—边缘结构分析[①]，2020年粤港澳大湾区城市群创新合作网络位于核心区域的城市为广州、深圳，佛山、中山、珠海、肇庆、江门、惠州、东莞、香港、澳门9个城市则位于边缘区域。根据拟合的密度矩阵，核心区域密度高达236.000，表明核心区域内城市之间创新合作非常密切；边缘区域密度仅为2.250，表明边缘区域的城市创新合作较少；核心和边缘的区域间联合密度为67.278，大于边缘区域密度，意味着边缘区域的城市更倾向于与核心区域的城市开展创新合作（见表6-10）。

从纵向来看，2010~2020年，粤港澳大湾区城市群创新合作网络核心区域的城市由广州、深圳、东莞、香港4个缩减至广州、深圳2个，而核心区域密度和区域间联合密度均大幅提升，可见城市群创新合作网络的核心更为集中，并且核心区域内部的城市之间以及核心区域与边缘区域的城市之间合作日益紧密。

从横向来看，2020年，京津冀城市群创新合作网络核心区域的城市为北京、天津，其核心区域密度远高于粤港澳大湾区，即北京和天津之间的创新合作关系要比广州和深圳深入密切得多；而京津冀城市群创新合作网络区域间联合密度显著低于粤港澳大湾区城市群，即北京和天津与边缘区域的城市发生的创新合作相对较少。可见，京津冀城市群的创新合作更多地局限于北京、天津这两个核心城市之间，粤港澳大湾区城市群创新合作虽然也

---

① 在核心—边缘结构分析之前，粤港澳大湾区城市群2015年和2020年的创新合作网络矩阵的初始拟合优度均为0，重新定位之后的最终拟合优度分别为0.933、0.993，大于定位之前的拟合优度，说明核心—边缘测度是有效的。粤港澳大湾区城市群2010年和京津冀城市群2020年的创新合作网络重新定位后的最终拟合优度分别为0.645和0.999，与初始拟合优度一样，均大于0接近1，因此核心—边缘测度也是有效的。

以广州和深圳为主，但是这两个城市与其他边缘城市的创新合作更为密切且在不断深化。

表6－10　粤港澳大湾区城市群和京津冀城市群创新合作
网络的核心—边缘分析

指标	粤港澳大湾区			京津冀
	2010 年	2015 年	2020 年	2020 年
核心区域	广州、深圳、东莞、香港	广州、深圳	广州、深圳	北京、天津
边缘区域	佛山、中山、珠海、肇庆、江门、惠州、澳门	佛山、中山、珠海、肇庆、江门、惠州、东莞、香港、澳门	佛山、中山、珠海、肇庆、江门、惠州、东莞、香港、澳门	张家口、承德、秦皇岛、唐山、沧州、衡水、廊坊、保定、石家庄、邢台、邯郸、定州、辛集、安阳
初始拟合优度	0.645	0	0	0.999
最终拟合优度	0.645	0.933	0.993	0.999
核心区域密度	9.167	177.000	236.000	333.000
区域间联合密度	1.107	57.222	67.278	12.679
边缘区域密度	0.095	3.333	2.250	0.363

资料来源：课题组计算整理得出。

第三节　粤港澳大湾区城市群区域协同创新机制

粤港澳大湾区城市群要在"双区建设"和"双循环"新发展格局下迈向全球创新前沿，打造具有全球影响力的国际科技创新中心，应围绕创新生态培育、创新要素共享、产业创新链完善、创新空间拓展等重点领域，积极推进体制机制改革，为推动粤港澳大湾区城市群区域协同创新提供制度保障，进而提升粤港澳大湾区城市群在全球创新链的地位。

一　构建开放包容的创新生态

（一）共塑区域协同创新制度框架

建立粤港澳大湾区区域创新体系建设联席会议制度，完善粤港澳大湾区城市群各城市间的磋商机制，建立多边的直接协商机制，共同对跨地区的重大科技合作事宜和项目进行协商和统筹，形成畅通的对话交流与区域合作决策沟通机制。加强大湾区城市群科技创新规划的对接，联合编制科技创新规划，共同研究制定科技创新项目合作、合作平台开放共享、资金合作、人才交流、成果跨地区转化等管理办法。积极开展大湾区区域协同创新政策先行先试工作，共同探索出台科技资源共享、科研人员管理、科技体制改革等系列政策措施。

（二）打造法治化、便利化、国际化的营商环境

积极借鉴港澳与国际经验，推进粤港澳规则衔接，加强"放管服"改革联动，深化商事登记确认制改革，不断提升创新型企业办事便利度。完善所得税优惠政策，对符合条件的创新型企业、科技人才减免所得税。深化粤港澳税务部门、涉税机构的高水平合作，完善大湾区跨境涉税事项多方合作机制，精简优化纳税程序，提升创新型企业办税便利度。依托"数字政府"改革建设，打造"湾区通办"政务云平台，梳理增加"湾区通办"事项清单，探索线下"湾区通办"模式，全面深化大湾区政务服务一体化改革。深化大湾区知识产权合作交流，统筹制定知识产权保护政策，整合一批省、市知识产权保护机构，联合加强知识产权跨地区执法工作，支持中新广州知识城开展国家知识产权运用和保护综合改革试验工作。

（三）营造鼓励创新、宽容失败的文化环境

强化粤港澳合作，搭建粤港澳大湾区青年创新创业交流学习平台，建设一批粤港澳大湾区青年家园，组建粤港澳大湾区青年创新创业促进会，开展粤港澳大湾区青年创新创业计划，举办粤港澳大湾区大学生创业大赛、粤港澳大湾区青年创新创业主题论坛、粤港澳大湾区青年创新创业开放日等系列活动，组织大湾区青年创新创业训练营研学交流活动。鼓励高等院校、科研院所、行业协会以及其他组织举办创新创业培训、比赛、论坛、展会、创意征集等活动，支持中国创新创业大赛（广东赛区）及港澳台赛持续提升办赛水平。引导各类媒体加大对创新创业的宣传力度，营造人人关注创新、人人参与创新体验的新景象。建立健全创新容错纠错机制，大力营造支持创新、宽容失败、允许试错的良好环境，对创新过程中出现的合理失败给予更多理解、宽容、帮助，激励创新者敢于担当、勇挑重担。

（四）　培育多元化创新主体

完善技术创新市场导向机制，强化企业创新主体作用，加快培育创新型领军企业，支持发展"专精特新"企业，推动产业链上中下游、大中小企业融通创新，培育具有国际竞争力的创新型企业集群。以国际化视野和"双一流"标准引进国际领先的优质教学与研究体系，推动粤港澳三地办学资源的自由流动和集聚，建设全球一流的研究型高校，组建粤港澳大湾区城市群高校协同创新联盟。粤港澳三地共建一批高水平创新研究院，争取国家级科研院所、大型央企等在大湾区设立研究机构。强化各类创新主体的协同和联动，鼓励高校、科研机构和企业共建新型研发机构、创新联合体和产业技术创新联盟，搭建产学研协同创新平台，推动产学研深度融合发展。

（五）　推动基础设施互联互通

按照适度超前、合理布局、互利共赢的原则，加快粤港澳大湾区城市群重大交通基础设施和信息基础设施一体化建设，增强粤港澳大湾区城市群协同创新体系建设的支撑和保障能力。以综合交通运输体系为依托，加快跨区域交通基础设施建设，完善连接粤港澳大湾区城市群的综合交通运输网络，推动广州—深圳国际性综合交通枢纽、大湾区世界级机场群、快速轨道交通、高速公路网、港口群等重大项目建设。统筹推进新一代信息基础设施建设，高水平建设5G网络，加快推动粤港澳大湾区城市群高速无线宽带网络建设升级、网间互联宽带扩容和光纤固网互联互通，构建泛在互联一体化网络。

二　构建创新要素集聚与共享机制

（一）　构建科技金融体系

发挥香港国际金融中心优势，深化广东与港澳金融机构合作，联合打造世界科技金融之都。引导和鼓励国有银行、股份制商业银行等金融机构加大对创新型企业的信贷支持力度，开发符合创新型企业特点的贷款审查和管理模式，推广知识产权质押融资、科技贷款等业务。探索建立粤港澳大湾区城市群跨市联合授信机制，推动信贷资源流动。鼓励大湾区内设立并规范运作各类科技创新产业投资基金，加快发展天使投资、创业投资、风险投资等，为大湾区创新型企业提供多渠道融资支持。发挥多层次资本市场对创新的支持作用，建立大湾区创新型企业上市培育库，推动符合条件的创新型企业到港交所、深交所上市融资。整合大湾区科技金融资源，组建粤港澳大湾区科技金融联盟，携手打造"一站式"科技金融综合服务平台。

（二）构建人才支撑体系

紧扣大湾区科技创新和产业发展需要，实行更加积极、更加开放、更加有效的人才政策，加大人才引进政策的宣传力度，引进国际一流的科学家团队、科技领军人才和高水平创新团队，加强基础研究和技术创新领域的人才培养。加大优质公共服务资源供给力度，为人才提供安居、医疗健康、子女教育等服务保障，营造国际一流的人才发展环境。深化国际人才管理改革，实行更加开放便利的境外人才引进和出入境管理制度。加强大湾区创新人才的交流与合作，建立大湾区创新人才数据库，搭建人才服务与交流公共平台，积极开展人才互访和学术交流，共同合作研究、共建实验基地、共同申报科研项目。加快粤港澳大湾区内部在科技人才资质互认、科技人才居住证制度、区域社会保障制度等方面实现有机衔接，促进创新人才有序流动。

（三）建设科技创新平台

围绕粤港澳大湾区国际科技创新中心和大湾区综合性国家科学中心建设要求，联合推动一批重大科技基础设施布局建设，加快推进江门中微子实验站、加速器驱动嬗变系统研究装置和强流重离子加速器装置、未来网络试验设施（深圳分中心）、国家基因库二期、国家超级计算中心、新型地球物理综合性科学考察船、天然气水合物钻采船（大洋钻采船）等重大科技基础设施建设，打造世界一流的重大科技基础设施集群。鼓励粤港澳大湾区在科技前沿、共性关键技术和公共安全等领域集中优势科技资源，加快建设粤港澳大湾区国家技术创新中心，共建一批高水平科技创新基地，重点推动国家级和省级实验室、技术创新中心、产业创新中心、制造业创新中心、工程技术研究中心建设，夯实产业技术创新基础。

（四）搭建创新要素共享平台

深化粤港澳大湾区大型科学仪器协作共用网以及专业技术服务、资源条件保障等共享平台建设，完善利益分享机制，加快构建粤港澳大湾区城市群地区创新要素的网络化对接平台，推动科技资源开放共享与合理流动。联合举办粤港澳大湾区科技成果转化对接活动，促进科技要素跨区域高效流动。支持成立创新资源开放共享服务机构联盟，实现区域内创新资源的优化配置和信息服务共享。推动粤港澳大湾区数据开放共享和有序流通，支持深圳建设粤港澳大湾区大数据中心，支持广州南沙（粤港澳）数据服务试验区、珠海横琴粤澳深度合作区建设，探索建立"数据海关"。

三　构建产业创新链完善机制

（一）构建传统优势产业创新体系

围绕纺织服装、食品饮料、建筑材料、家具制造、家用电器、金属制品、轻工造纸等重点领域，强化技术工艺改造升级，深化工业云、大数据等技术的集成应用，促进技术创新、工艺创新、产品创新和营销管理模式创新，推动产业链条向高附加值的两端延伸。以提高产业链配套能力、增加产品附加值为重点，加大传统制造业研发投入力度，加快新技术、新工艺的推广应用。加快数字化、信息化、智能化升级改造，推进物联网、区块链、人工智能及大数据技术在传统制造业各生产环节的集成应用，大力培育个性化定制、柔性制造、云制造等新业态。主动适应市场需求，鼓励产品和服务"微创新"，增加中高端产品和服务供给。鼓励商业模式创新，支持传统制造企业通过直播电子商务、社交营销等新模式拓展营销渠道。

（二）构建战略性新兴产业创新体系

紧紧把握全球科技革命和产业变革重大机遇，围绕半导体与集成电路、高端装备制造、智能机器人、区块链与量子信息、前沿新材料、新能源、激光与增材制造、数字创意、安全应急与环保、精密仪器设备等十大重点领域，围绕产业链部署创新链，深化粤港澳创新合作，积极融入全球创新网络和产业生态。强化重大科技基础设施建设，培育国际一流的高水平大学和科研机构，联合开展前沿技术和颠覆性技术研究，以原始创新能力带动提升产业创新能力。依托产业创新中心、技术创新中心、制造业创新中心、工程研究中心等重大产业创新平台，加快突破产业核心技术，培育战略性新兴产业技术创新源。以市场需求为导向，组建粤港澳大湾区产业技术创新联盟，搭建产学研用协同创新平台，联合推动重大科技成果转移与产业化。

（三）构建现代服务业产业创新体系

依托港澳现代服务业高端化、特色化优势，加快推进粤港澳服务业创新合作发展，强化粤港澳在金融、商贸物流、专业服务等高端服务领域对接合作，重点推动南沙自贸试验区、横琴合作区、前海合作区等重大平台建设。加强粤港澳地区金融规则对接，扩大金融业对港澳开放与合作的范围，有序推进大湾区金融市场互联互通。突出香港全球金融中心优势，在人民币国际化、多层次资本市场建设等重大领域加强合作，大力发展跨境金融、绿色金融、数字金融、科技金融、航运金融、供应链金融、融资租赁等新业态、新模式，携手建设国际金融枢纽。发挥港澳作为国际自由贸易港的优势，培育壮大南沙进口贸易促进创新示范区，高水平推进南沙综合保税区建设，大力发展离岸贸易、保税展示交易、转口贸易、服务贸易、数字贸易等新型国际贸易业态，携手打造新型国际贸易枢纽。围绕港澳专业服务优势领域，引进一批港澳高水平专业服务机构，促进粤港澳在专业服务领域人才培养、资格互认、标准制定等方面加强合作，推动粤港澳大湾区专业服务创新发展。

四　构建创新空间拓展机制

（一）打造世界级创新枢纽城市

强化广州、深圳、香港、澳门中心城市的创新引领作用，打造粤港澳大湾区城市群协同创新核心引擎。发挥广州教育资源丰富、科技服务体系完善、人才集聚的优势，以国家创新中心城市、广州国家自主创新示范区建设为契机，以中新广州知识城、南沙科学城、广州科学城、广州人工智能与数字经济试验区、天河智慧城、南沙庆盛片区、南沙明珠科学园等创新节点为重要载体，以"1＋4＋4＋N"高端战略创新平台体系为引领，围绕人工智能、集成电路、智能网联汽车、生物医药、脑科学与类脑研究、新能源、新材料等关键领域开展核心技术攻关，培育壮大科技创新型企业，强化政产学研金协同创新，把广州打造成为国际科技产业创新中心。发挥深圳市场化程度高、体制机制灵活、开放创新程度高的优势，以制度创新为突破口，以深圳国家自主创新示范区、中国特色社会主义先行示范区建设为契机，加快建设重大科技创新平台和载体，加快提升知识创新和源头创新能力，聚焦集成电路、人工智能、生物医药、合成生物、新型显示、关键新材料、基础软件等领域开展技术攻关，形成世界一流的科技创新能力，把深圳建设成为国际化创新型城市和具有国际竞争力的创新创业创意之都。发挥香港、澳门高等教育发达、高端人才储备丰富、科技金融等现代服务业发达的优势，加大科研投入力度，与深圳、广州、东莞、中山等城市加强创新合作，探索"香港研发＋珠三角转化""港澳服务＋珠三角智造"等新模式。

（二）统筹粤港澳大湾区创新网络布局

发挥广深港澳四大中心城市辐射引领作用，以"广州—深圳—香港—澳门科技创新走廊"为依托，串联沿线高科技园区、创新合作区、创新镇等不同层级创新节点，通过推动创新要素跨区域流动、共同开展基础研究、联合开展技术攻关、联动促进科技成果转化，打造布局合理、分工明确的协同创新网络。一是推动地理邻近、关联度高的创新镇协同建设特色产业关键技术攻关和科技创新服务平台，组建产业技术创新联盟，联合开展产业关键共性技术攻关，合力推动技术转移和成果转化，携手构建跨区域创新网络。二是推动广州、深圳与周边腹地城市共建一批高科技园区，积极探索"一区多园"模式，发挥广州、深圳高科技园区的辐射和带动作用，全面统筹区域创新资源，加快推广高科技园区建设、创新创业、人才集聚等先进经验，共同打造技术创新平台、产业孵化平台、技术转移交易和知识产权运营平台，实现协同创新发展。三是建设深港科技创新合作区深圳园区、横琴粤澳深度合作区、广州创新合作区三大创新合作区，以体制机制创新为核心，探索协同开发模式，共同促进创新要素高效便捷流动、创新平台建设、创新成果转移转化和创新企业集聚，发挥创新合作区对腹地城市的统筹带动作用，把创新合作区打造成为中心城市的创新拓展区。

（三）建设横琴、前海、南沙等重大创新平台

发挥好横琴粤澳深度合作区、前海深港现代服务业合作区、广州南沙粤港澳全面合作示范区的重大创新平台作用，全面深化粤港澳科技合作。一是加快完善科技创新体制机制。更好地发挥三大合作平台改革"试验田"

和开放压力测试区功能，以制度创新为核心，积极促进粤港澳规则衔接和机制对接，争取国家授权开展创新要素出入境综合改革试点，加速人才、资金、信息、技术等创新要素在大湾区集聚与自由流动，优化创新资源配置。二是共建高水平科技创新平台。以横琴粤澳深度合作区、前海深港现代服务业合作区、广州南沙自贸区为载体，联合港澳高校和科研机构共建一批省级新型研发机构、省级实验室，争取中国科学院等国家重点科研院所在合作区设立创新研究院，打造粤港澳大湾区重大科技成果转化基地。三是创新人才引育模式。加快建设前海国际人才港，优化国外科技人才引进服务，推动科技人才分类评价改革，支持前海探索建设离岸创新创业平台和深港两地共建共享的人才发展执行平台。四是完善知识产权服务体系。加强前海合作区知识产权"一站式"协同保护平台建设，完善知识产权案件跨境协作机制。支持前海合作区加快打造国家版权创新发展基地，开展数字版权登记技术创新工作。鼓励前海合作区开展知识产权质押、知识产权证券化业务。

第七章
粤港澳大湾区海洋经济高质量协同
发展路径与策略

海洋经济的发展既能够通过自身的增长带动湾区城市群经济的增长，又能够通过海洋科技、海洋产业对其他产业的渗透和融合，带动国民经济其他部门的发展，进一步促进湾区城市群的经济增长，并增强湾区的综合竞争力。粤港澳大湾区拥有十分丰富的海洋资源，是中国海洋经济开放合作的重要先行区，也是引领中国海洋经济高质量发展的重要区域。"十三五"以来，海洋经济作为经济高质量发展的"蓝色引擎"，其发展速度不断加快，新兴产业快速发展，结构不断优化，发展质量进一步提升。但是大湾区海洋经济仍然存在发展速度与质量不平衡、创新驱动不充分、新兴产业规模较小、区域发展不均衡等问题，迫切需要共同拓展蓝色经济空间，支持广深联动建设全球海洋中心城市；共同建设海洋科技协同创新体系，迈向全球价值链的中高端；共建现代化海洋产业体系，推动其高质量协同发展。因此，粤港澳大湾区还需要在制度、政策衔接与硬件、要素、环保、文化协同等方面下功夫，以推进海洋经济高质量发展。

第一节　海洋经济与湾区城市群发展的理论机制

湾区是指由一个海湾或相连的若干个海湾、港湾、邻近岛屿共同组成的区域，具有天然的海洋属性。进入 21 世纪以来，以海洋为联系纽带的湾区城市群经济分工与合作持续活跃，对湾区城市群发展产生了重大影响。

海洋经济的发展既可以通过自身的经济增长带动湾区城市群经济的增长，又能够通过海洋科技、海洋产业对其他产业的渗透和融合，带动国民经济其他部门的发展，进一步促进湾区城市群的经济增长，并增强湾区的综合竞争力。总体上看，海洋经济的发展和海洋产业的集聚可以从规模效应、分工效应、外部效应和市场效应等方面对湾区城市群的发展产生直接和间接的影响。

一 湾区城市群海洋经济的发展效应

（一） 规模效应

海洋产业不断集聚，导致经济规模扩大，给区域经济活动的主体带来经济利益影响，这是海洋产业集聚效应的一个重要方面。海洋产业规模经济既包括在生产过程中单位产品成本随产量增加而递减，也包括消费领域中单位消费品的平均支出随着集聚规模的扩大而降低。海洋产业集聚的形成建立在资源集聚的基础上，产业集聚在形成过程中能够吸引其他相关资源集聚，从而形成互相促进、更加明显的产业集聚趋势。因为海洋产业的集聚具有高投入、高技术的条件限制，所以企业在从事海洋生产活动时要进行大量生产性投入，而这些投入具有不可分性，比如企业的固定成本、内部的技术培训成本、相关信息收集成本，以及各种设置成本等。海洋产业的集聚能够使企业增加产量，降低每单位产品的生产成本，从而实现生产的规模经济。随着规模经济的发展，海洋生产企业的生产、销售、服务、管理等方面的效率也随之提高。

（二） 分工效应

海洋经济发展和海洋产业集聚给区域经济主体带来了分工和专业化方面的影响。由于海洋产业发展具备多行业性和多学科性，海洋产业开发过程需要多行业、多学科的分工合作。海洋产业分工合作涉及地理、气象、水文、水产、航运、矿产等多个部门和行业。随着海洋相关技术的发展，海洋产业逐渐被划分成一系列关联性很强的生产环节，这种关联逐渐促使产业链的形成，集聚发展涉及的部门不断增多，由于单个企业无法独自应对如此复杂的环节，所以必须通过分工及专业化生产来促进企业的发展，进而提升经济利益。分工和专业化生产能够产生经济利益的原因是，分工和专业化生产可以促进劳动生产率提高，使生产程序变得简单易控，管理和经营效率提升，从而推动技术的创新发展，促使大规模的专业化生产变得可能，最终引导产业集聚的不断演化发展。

（三）外部效应

海洋经济发展和海洋产业集聚为区域经济活动的主体带来了外部经济效应，这种外部经济效应是海洋经济集聚产生的重要原因。在海洋经济活动不断集聚的过程中，各种经济要素在微观和宏观两个层次进行组合，逐渐形成了形式多样的产业链条。而海洋产业所特有的海陆联动发展特性，又使它具备广泛的关联性，从而使外部性的特征更加突出。海洋经济发展和海洋产业集聚形成的过程一方面能够带动海洋渔业、海洋船舶业、海洋化工业、海洋生物医药业和滨海旅游业等具有海洋特色的产业集聚发展，另一方面也能够带动海运行业、外贸行业、金融行业、服务行业等其他行业的发展。此外，海洋产业集聚还能够带动科技、人才等资源的集聚。而这些资源的集聚将形成更大的外部经济，使海洋企业可以获得更为良好的生产经营环境，从而提高生产效率。

（四）市场效应

海洋经济的集聚发展使一定市场空间范围内从事海洋经营活动的主体间的经济关联、技术关联和市场关联不断增多。在同一产业内部，企业间的关系体现为合作与竞争的关系；而不同产业的企业表现为竞争与互补关系；产业链的上下游企业之间体现为投入与产出的关系。在海洋经济集聚的过程中，不同行业之间的集聚效应比同一行业中企业的集聚效应更为明显，带来的市场关联效应也更为明显。正是这种前后向联系使企业可以相互获益。在海洋产业的产业链中，集聚效应可以使处于上游的海洋企业因市场空间的不断扩大而获益，也可以使处于下游的海洋企业因中间品成本的降低而获益。

二 海洋经济对湾区城市群发展的作用机制

（一）海洋产业能够直接拉动湾区经济的增长

海洋产业在湾区城市群中集聚和发展，产生了明显的规模效应，直接带动了湾区城市群经济的发展，这是海洋产业对湾区城市群经济发展最直接的作用。海洋渔业与服务业相结合，开发出旅游渔业、观赏渔业等娱乐性渔业；海洋船舶工业规模庞大，产生显著的集聚效应；海洋石油等矿产的开采促进了临海石化工业园区的建设；临港产业大力发展集物流贸易、运输、金融服务于一体的产业集群，逐渐发展成为临港新区。这些项目会形成集聚效应，不但能促进沿海城市群经济增长，还能增加沿海城市人口，为沿海地区积累大量的生产要素，扩大沿海城市群规模，成为推动湾区城市群经济和社会发展的重要推动力。

（二）海洋产业能够辐射带动湾区相关配套产业的发展

海洋产业的发展可以带动金融业、保险业、服务业等配套产业的发展。一方面，随着海洋船舶制造业、海洋能源业等临港产业在沿海城市集聚，海洋产业园区形成，随着临海产业工业园区的发展，相应的配套产业如生活服务业发展起来。另一方面，沿海城市借助本身的区位优势发展港口物流业务，而港口物流将带动与货代、船代等有关的金融业务的发展。此外，临港城市可以发展跨境贸易，成为对外交往的平台，从而辐射和带动更为多元和广泛的产业。

（三）港口的发展能够促进湾区对外贸易和临港产业的集聚

港口是水陆交通的枢纽和集结点，在海洋交通运输中起着十分重要的承载作用，同时，作为外贸进出口商品和物资的集散地，在对外贸易中也起到了重要的支撑作用。随着经济发展带来的需求增加，现代港口的功能不断增多。和内陆地区相比，现代港口无论是在输入还是在输出方面都更为便捷，特别是在中转运输方面具备强大的竞争力。此外，港口物流的发展可以吸引更多企业在港口附近投资设厂，从而形成更多的临港产业。临港产业不仅是物流业，而且已经发展成为集物流、运输、贸易、金融服务于一体的产业集群，不断产生集聚效应，进而发展成为临港新区。

（四）海洋经济的发展将带来湾区人口规模和城市规模的扩大

城市规模成为城市发展过程中衡量城市发展水平的重要变量。随着湾区城市群的经济发展，各海洋产业纷纷在湾区布局，创造了大量就业机会，除了吸引农村剩余劳动力迁入，还能吸引来自其他城市的劳动力。海洋产业在带来高效的经济发展的同时，也能推动沿海城市加快基础设施建设、提高城市发展水平。这种快速的经济发展和高效的城市建设，将进一步刺激资本、劳动力等生产要素的集聚，从而形成良性循环，使沿海地区的城市规模和人口规模快速扩张。

（五）　海洋经济的发展提升了湾区对外开放程度和国际影响力

海洋是国家和地区之间进行商品贸易和文化交流的重要通道。来自不同国家及地区的人们通过海上贸易，不但可以进行商品交换，还可以进行文化交流，因此海洋也成为人类文明和文化交流的重要载体。沿海城市交通便利、环境优美、气候宜人，有利于发展滨海旅游业，不仅能带来直接经济收益，还能促进与其他地区的文化交流，所以沿海城市也成为区域文化输出的重要源头。沿海地区由于区位优势，在对外经济关系中有独特的作用，经济活动通常表现为外向型特征，这在促进沿海城市间交流的同时，也使沿海城市更容易发展成为国际城市，不断提升自身国际影响力。

海洋经济推动湾区城市群发展的作用机制如图7-1所示。

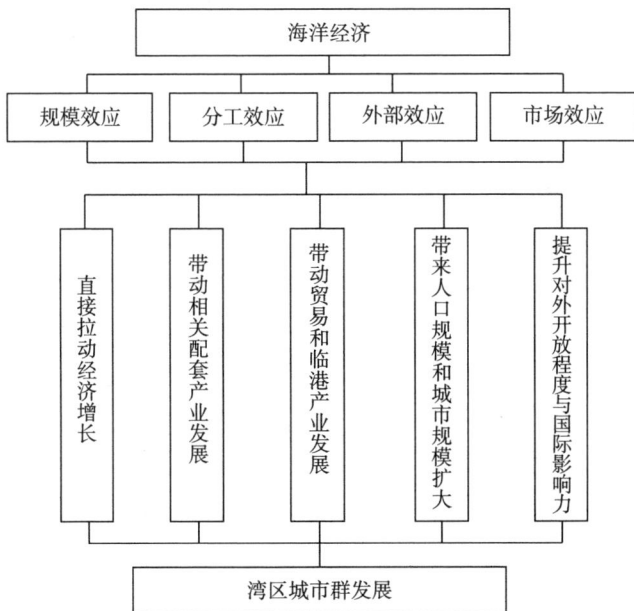

图7-1　海洋经济推动湾区城市群发展的作用机制
资料来源：课题组绘制。

三 湾区城市群海洋经济发展的动力机制

湾区城市群海洋经济发展的动力机制包括内生机制（内部动力）和外生机制（外部动力）。内生机制是指海洋经济发展的动力来自海洋经济内部，包括海洋资源要素、技术创新能力、资本供给、人力资本集聚程度等，是一种张力；外生机制是指海洋经济发展的动力来自海洋产业外部环境，是一种推力，主要包括政府政策及制度环境等。湾区城市群海洋经济的发展是在内外动力源的推动下，由政府、市场和企业三方共同推动实现的。

（一） 内部动力的影响因素

湾区城市群海洋经济发展的内部动力影响因素主要包括海洋资源要素、技术创新能力、资本供给、人力资本集聚程度等，是一种张力。

海洋资源要素是湾区城市群海洋经济发展的基础性因素。海洋资源禀赋的种类、储量与质量等级以及生态环境等对海洋经济的结构优化及空间布局有重要导向作用，甚至成为基础性因素。在进行海洋空间结构优化时，只有了解各类海洋产业对资源要素的具体需求，才能把各海洋产业布局到最适合的区域。

技术创新能力是影响湾区城市群海洋产业优化及布局的决定性因素。海洋开发相对于陆地开发需要更高的技术水平，海洋科技的进步对海洋经济的发展具有关键的基础性作用。海洋科技的发展使海洋研究领域不断拓展，使海洋开发强度不断加大。随着海洋卫星遥感技术、深潜技术、深海资源开发技术、海洋空间利用技术等的发展，人类对海洋的开发开始从近海走向深海，海洋经济也由简单的资源利用向高、精、深加工领域拓展。

资本供给是影响湾区城市群海洋产业发展的关键性因素。金融资本供给环境主要包括金融机构、金融监管及社会信用等要素。海洋经济具有高投入、高风险、高收益的特征，需要进行大量的资本投入和积累。融资障碍已成为部分地区海洋战略性新兴产业发展迟滞的主因。湾区城市群必须通过完善金融服务功能来扫清障碍，以助力海洋产业转型升级。

人力资本集聚程度是衡量区域海洋经济发展水平差异的重要标准。随着海洋经济的快速发展，涉海企业、科研机构、高等学校等机构对海洋方面的各种类型人才的需求更为迫切，人才成为海洋经济发展水平的重要影响因素。

（二）外部动力的影响因素

湾区城市群海洋经济发展的外部动力影响因素主要是指政府政策及制度环境等。与陆域经济相比，海洋经济具有投资规模更大、产业主题性更强、科技含量更高、生态要求更严、地质情况更复杂等特征，其开发与建设往往伴随大规模的基础设施配套建设和严格的环保要求，因此具有更强的政府导向性。海洋经济的发展既需要借助陆域经济所创造的大规模资金和先进的产业结构，又依赖政府海洋经济意识的形成和海洋运作模式的构建。海洋经济发展的制度创新根本是优化配置海洋经济发展的投入要素、得到最优化的产出水平与提升效率。由于存在市场失灵，海洋经济供给侧结构性改革存在外部不经济，需要政府建立法律法规，加强产业规制，减少海洋产业集聚的外部不经济，有效合理地布局海洋产业，合理配置海洋资源，实现海洋产业集聚区整体效益的最大化。

（三）湾区城市群海洋经济发展的动力耦合机制

在湾区城市群海洋经济发展过程中，内生影响因素和外生影响因素共同起着重要的决定性作用。由海洋资源要素禀赋所决定的比较优势较多体现在依托海洋自然资源、海洋岸线条件所形成的海洋交通运输、港口物流等海洋基础产业方面。随着开放型经济体系的完善，海洋城市通过完善的交通体系拓展发展腹地，吸引资本、技术、优秀人才、标准、品牌这些极易流动的高级要素集聚，形成庞大的市场空间和完善的产业链分工体系。海洋天生的开放性、高技术特性决定了海洋产业从初始就处于全球海洋科技创新生态链条中，开放的海洋科技创新体系形成海洋技术进步和海洋产业升级的持续动力。政府规划政策的导向和软硬件基础设施的完善形成提升海洋经济全要素生产率的制度环境保障。

湾区城市群海洋经济在内外动力源的推动下，通过政府、市场和企业三方的共同作用，实现了海洋要素的合理配置、海洋产业的升级和海洋空间布局的优化。其中，政府是海洋经济供给侧结构性改革的推动者与引导者。政府通过制定激励性产业政策，以顶层设计的方式影响海洋产业的结构优化与产业集聚；通过制定海洋经济布局规划，纠正市场失灵所造成的海洋经济空间结构失衡，从区域发展层面构建相对合理的地区间海洋经济分工体系，优化海洋产业在空间上的合理布局，提升海洋产业竞争力。市场牵引着各种海洋要素的自由流动，从而加速了海洋产业结构与空间布局优化的步伐。通过市场机制作用改善金融环境，海洋资源要素实现合理配置与动态均衡，推动海洋经济全要素生产率的提升，并由此协调推动海洋产业的优化升级与海洋经济空间的布局优化。企业是海洋经济发展的主体，企业的创新能力直接影响海洋经济全要素生产率及海洋产业发展水平，而海洋产业空间布局也必须充分考虑各地海洋高新技术企业在近岸城市、海洋产业园、港口等地区的空间集聚能力。

湾区城市群海洋经济发展动力耦合机制如图 7 - 2 所示。

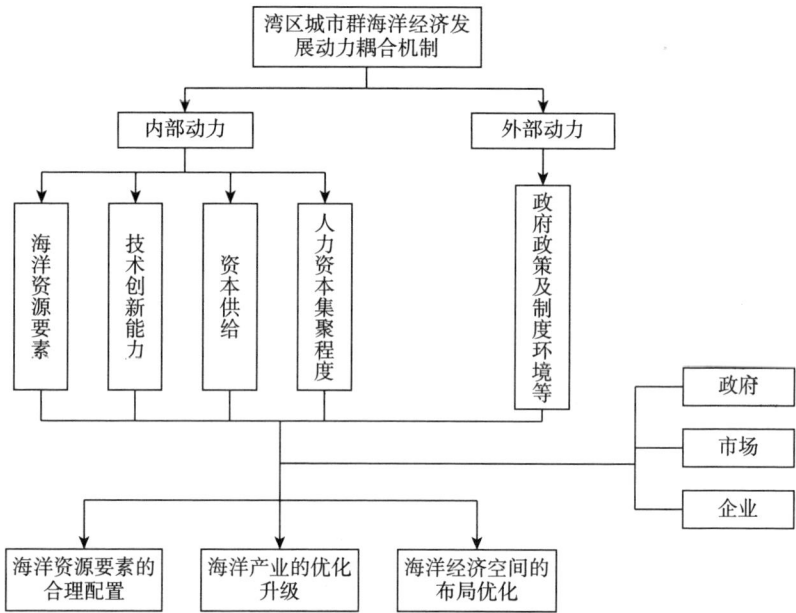

图 7 - 2　湾区城市群海洋经济发展动力耦合机制

资料来源：课题组绘制。

第二节　粤港澳大湾区城市群海洋经济发展现状

粤港澳大湾区海域面积达 20176 平方千米，占全国管辖海域面积的 0.67%。大湾区内广东所辖 7 个沿海市大陆岸线长 1479.9 千米（2008 年省政府批复岸线），海岛 1121 个，大部分海岛由基岩丘陵组成。大湾区主要海湾包括大亚湾、大鹏湾、广海湾、伶仃洋、高栏港、银洲湖、镇海湾等。大湾区海域广阔，岸线绵长，生物多样，生物区系复杂，近岸河海交汇，孕育了大量海洋生物和红树林、珊瑚礁、海草床等多种特殊生态系统，是多种经济鱼类、虾类、贝类的重要繁育场，以及海龟、中华白海豚等珍稀物种的生存地，是未来海洋经济高质量发展的重要基础和支撑。

一　大湾区海洋经济发展现状总体评估

粤港澳大湾区拥有丰富的海洋资源，是中国海洋经济开放合作的重要先行区，也是引领中国海洋经济高质量发展的最重要区域之一。"十三五"以来，大湾区积极稳妥地应对国内外复杂多变的形势，以海洋经济为经济高质量发展的"蓝色引擎"，坚持陆海统筹，积极拓展海洋经济空间，持续推进供给侧结构性改革，快速发展新兴产业，不断优化产业结构，进一步提升海洋经济发展质量。

（一）　海洋经济引擎作用不断增强，海洋产业结构不断优化

粤港澳大湾区海洋经济不断壮大。2020 年，广东海洋生产总值为 17245 亿元，占地区生产总值的 15.6%，占全国海洋生产总值的 21.6%，连续 26 年居全国首位。[①] 大湾区城市群联动优势逐渐显现，珠三角 9 市与港澳在海洋交通运输、海洋装备制造、邮轮旅游等领域的合作不断加强，引领优势明显。海洋经济已成为粤港澳大湾区经济发展新增长极。海洋产业结构不断优化，发展后劲持续增强。海洋渔业稳固发展，海洋油气、海洋能源等产业提质增效，海洋生物医药、海水利用、滨海旅游等海洋新兴产业加速发展，海洋产业实力不断增强。2020 年，广东海洋三次产业结构比为 2.8∶26.0∶71.2，第二、第三产业并驾齐驱，基本形成了优势突出、门类齐全的现代海洋产业体系。其中海洋渔业、海洋交通运输业、滨海旅游业、海洋油气业、海洋工程建筑业、海洋化工业是粤港澳大湾区海洋经济发展的支柱产业。

（二）　海洋科技创新能力不断增强，海洋新兴产业加速发展

粤港澳大湾区拥有完备的产业链、供应链和创新链，是世界重要的先

---

① 数据来源于《广东省海洋经济发展"十四五"规划》。

进制造业、高科技产业、航运物流业和金融服务业中心，为大湾区海洋经济创新发展奠定了良好的基础。粤港澳大湾区以科技创新引领海洋产业发展为主线，抓住广深科技创新走廊建设契机，充分发挥粤港澳三地涉海国家重点实验室、国家工程实验室、国家大科学装置以及创新型企业等创新主体作用，加快海洋科技创新平台建设，大力提升科技兴海服务能力。在规划建设海洋科技创新高地方面，深圳以大空港海洋新城为核心，开展海洋新城城市设计国际咨询工作，规划集聚全球海洋高科技企业总部，形成以海洋电子信息、海洋高端装备研发、海洋生态环保、海洋新能源为主的产业集群。珠海充分利用区位优势，加强与港澳高校、科研院所合作，共同合作设立海洋科研机构、创业创新中心等平台，进一步推动粤港澳海洋科技协同创新。广州南沙区是国家科技兴海示范基地，落户了国家级可燃冰科研产业总部基地、中国科学院南方海洋科学与工程广东省实验室、冷泉生态系统大科学装置等重大平台，成为国家发展海洋科技、促进可燃冰产业化的重要支撑。

（三）海洋经济集聚效应进一步增强，区域分工合作新格局逐步形成

粤港澳大湾区海洋经济的区域发展布局与大湾区建设及广东"一核一带一区"区域发展格局高度契合。大湾区内各沿海城市之间的合作不断加强，海洋经济协同发展的趋势越来越明显，基本形成以广州、深圳、香港、澳门为中心增长极城市，以点成线、以线带面，连接功能定位相同的增长极，向轴线周围扩散，逐步形成海洋产业合作互补网络结构。珠三角地区以发展海洋高端制造业和现代服务业为引领，加强与港澳在海洋运输、海洋装备制造、邮轮旅游等领域的深度合作，打造世界级现代海洋产业基地。沿海经济带东西两翼通过加快发展临海能源、临海现代工业、海洋交通运输业、滨海旅游业等，积极对接海峡西岸经济区、北部湾地区和海南国际旅游岛建设，持续加深港航、旅游、海事等领域的合作，成为大湾区海洋经济发展新增长极。2020年，沿海经济带创造了广东92.1%的生产总值，"湾＋带"联动优势明显。大湾区拥有广州、深圳、香港、珠海、东莞5个亿吨大港，其中，深圳港、广州港、香港港分别居全球集装箱港口吞吐量排名第4位、第5位、第8位。

（四）海洋经济体制机制创新全面推进，海洋生态效益显著改善

粤港澳大湾区全面推进体制机制创新。以企业为主体，组建了一批海洋技术创新联盟，进一步完善了"苗圃—孵化器—加速器"创新链条。设立创新创业载体，建设专项发展基金，建设海洋科技创新和新兴产业培育服务平台。积极加强海洋信息化体系建设，推进信息资源的统筹利用和共享，加快互联网、大数据、云计算等技术与海洋产业深度融合。围绕海洋新兴产业的发展需求，创新人才引进和培养模式。不断完善海洋生态文明建设制度体系，显著改善海洋生态效益。先后出台《广东省海洋生态文明建设行动计划（2016—2020年）》《广东省美丽海湾建设总体规划（2019—2035年）》等政策规划，划定海洋生态红线，探索海岸线精细化管控。从2019年起，广东省财政连续3年每年投入5亿元，实施海岸线整治修复、美丽沙滩等海洋生态修复"五大工程"，启动建设11个海岸带综合保护与利用示范区，有效提升了海岸带生态价值。

二　大湾区城市群内部各城市海洋经济发展与合作现状

（一）大湾区重点城市海洋经济发展现状

1. 广州

广州拥有世界一流的港口、丰富的海洋科教资源和完善的现代海洋产业体系，陆海要素兼备，文化底蕴深厚，在海洋强国战略实施方面一直发挥着主力军作用。2019年，广州市海洋经济生产总值为3138.75亿元，稳居全国第3位、全省第1位，占全市GDP的13.28%。国际航运中心发展指数由2015年的全球第28位跃升至2020年的第13位。2020年，广州港完成货物吞吐量6.36亿吨，集装箱吞吐量2351万标准箱，分别排名全球第4位和第5位，完成滚装商品汽车吞吐量150万辆，居国内港口第1位。广州港口型国家物流枢纽项目入选首批国家物流枢纽建设名单。广州是全国三大造船基地之一，集聚大型船舶企业40多家，以龙穴造船基地为核心，形成了造船、修船、海洋工程、邮轮及船舶相关产业集聚区。大型船舶企业入选广东省智能制造试点示范名单，具有较强的首台首套能力。滨海文化旅游和特色旅游发展迅速。南沙出入境邮轮自2016年起连续保持在国内邮轮产业"第一

梯队"。①

广州还集聚了华南地区大部分涉海机构、龙头企业和科技人才。南方海洋科学与工程广东省实验室（广州）、广州工业智能研究院、广东智能无人系统研究院、广州中国科学院先进技术研究所及广东腐蚀科学与技术创新研究院等涉海创新平台落户广州。冷泉生态系统研究装置、极端海洋动态过程多尺度自主观测科考设施等海洋大科学装置集聚南沙科学城。汇聚南海岛礁国家技术创新中心、天然气水合物勘查开发国家工程研究中心等国家级创新平台。"十四五"时期，广州被赋予打造全球海洋中心城市和世界海洋创新发展之都的使命。到 2035 年，基本建成陆海高度融合、海洋经济发达、科技创新活跃、生态环境优美、深度参与全球海洋治理、海洋治理体系和治理能力现代化的全球海洋中心城市。

2. 深圳

深圳是粤港澳大湾区中唯一一个全国海洋经济发展示范区。《粤港澳大湾区发展规划纲要》提出"支持深圳建设全球海洋中心城市"。"十三五"时期，深圳率先发布《关于勇当海洋强国尖兵　加快建设全球海洋中心城市的决定》，配套出台实施方案，开启了建设全球海洋中心城市的新篇章。深圳海洋经济发展进入新阶段。

2016～2019 年，深圳海洋生产总值由 2012 亿元增长至 2600 亿元，年均增速在 8.9% 以上；2019 年，深圳市海洋生产总值约占深圳 GDP 的 10%，海洋经济产业已逐步成为深圳的支柱性产业。2021 年上半年，深圳海洋经济生产总值增速达 30.9%，创近年来增速新高。从生产总值的构成来看，深圳主要海洋产业增加值占海洋生产总值的 70%，其中，滨海旅游业和海洋交通运输业的占比较大，均在 22% 以上。② 深圳初步形成了以高校、科研院所为创新源泉，涉海生物医药、生物制造为重点发展领域，高新技术园区为基地，骨干企业为主体的发展态势；拥有涉海重点实验室、工程中心、工程实验室、公共技术服务平台等各类创新载体共 34 个。海洋大学和国家深海科考中心、国家远洋渔业基地等也在筹建中。

---

① 数据来源于广州市规划和自然资源局。
② 数据来源于《中国自然资源报》，课题组整理。

3. 香港

香港作为国际金融、航运、贸易中心和国际航空枢纽，拥有高度国际化、法治化的营商环境以及遍布全球的商业网络，是全球最自由经济体之一。香港拥有优越的地理位置，凭借完善的港口管理制度及自由港政策，在发达的转口贸易助力下，成为世界最大的集装箱枢纽港，是重要的航运中心。作为全球最繁忙和最高效率的国际集装箱港口之一，香港港是全球供应链上的主要枢纽港。2020 年，香港港口货物吞吐量为 24930 万吨，较 2019 年下跌 5.3%。其中，抵港港口货物及离港港口货物分别为 16990 万吨及 7940 万吨，较 2019 年分别下跌 0.6% 及 14.1%。在港口货物中，2020 年海运及河运货物分别为 14920 万吨及 10010 万吨，较 2019 年分别下跌 7.5% 及 1.8%。在抵港港口货物中，2020 年进口货物为 10520 万吨，较 2019 年下跌 1.1%；而抵港转运货物同比上升 0.3%，达到 6470 万吨。在离港港口货物中，2020 年出口及离港转运货物分别为 1900 万吨及 6040 万吨，分别同比下跌 38.0% 及 2.2%。[①]

4. 澳门

《粤港澳大湾区发展规划纲要》指出，"支持澳门科学编制实施海域中长期发展规划，进一步发展海上旅游、海洋科技、海洋生物等产业"。这为澳门指明了未来海洋经济发展的方向和路径。作为粤港澳大湾区四大核心城市之一，澳门肩负大力发展海洋经济、拓展蓝色空间的使命。由于海洋经济活动范围受限，澳门海洋产业的选择和发展没有办法做到大而全，海洋经济规模较小。近年来，澳门海洋渔业持续萎缩，导致本地所需要的海产品主要依赖进口；海洋船舶制造业也面临逐渐衰落的局面，原有的一些造船厂已停止生产。与传统海洋渔业和船舶制造业的疲态不同的是，澳门滨海旅游业增长势头十分强劲。近 10 年来澳门入境旅客呈稳步上升趋势，滨海旅游业已经成为澳门海洋经济的支柱产业。2018 年，澳门入境旅客人数超过 3580 万人次，旅客总消费超过 600 亿元。[②]

粤港澳大湾区主要城市海洋经济发展情况如表 7-1 所示。

---

① 数据来源于香港特区政府统计处。
② 数据来源于澳门特区政府旅游局。

表 7 - 1　粤港澳大湾区主要城市海洋经济发展情况

城市	主要海洋产业	海洋经济发展亮点
广州	海洋交通运输业、海洋船舶工业、滨海旅游业、海洋生物医药业	广州拥有世界一流的港口、丰富的海洋科教资源和完善的现代海洋产业体系，陆海要素兼备，文化底蕴深厚，在海洋强国战略实施方面一直发挥着主力军作用。2019 年，广州市海洋经济生产总值为 3138.75 亿元，稳居全国第 3 位、全省第 1 位，占全市 GDP 的 13.28%。国际航运中心发展指数由 2015 年的全球第 28 位跃升至 2020 年的第 13 位
深圳	海洋交通运输业、海洋油气业、滨海旅游业高度集聚	海洋经济产业已逐步成为深圳的支柱性产业。2021 年上半年，深圳海洋经济生产总值增速达 30.9%，创近年来增速新高；初步形成以高校、科研院所为创新源泉，涉海生物医药、生物制造为重点发展领域，高新技术园区为基地，骨干企业为主体的发展态势；拥有涉海重点实验室、工程中心、工程实验室、公共技术服务平台等各类创新载体共 34 个。海洋大学和国家深海科考中心、国家远洋渔业基地等也在筹建中
珠海	海洋工程装备制造业、临港石油化工产业、临海航空产业、滨海旅游业和海洋会展业	2020 年，珠海全市规模以上涉海企业超过 500 家，海洋经济成为珠海国民经济的重要组成部分，约占 20%，海洋工程装备制造业已成为珠海海洋经济的"名片"。从海洋产业空间发展来看，珠海已初步形成"两极一带"、扇面发展的产业空间格局；横琴岛圈和高栏岛圈已成为珠海海洋经济发展的重要引擎
东莞	以海洋交通运输业、海洋渔业、滨海电力业和滨海旅游业为主体；海水利用业、滨海砂矿业、海洋船舶修造业、游艇旅游业等新兴产业	港口优势产业特色突出，东莞港已经进入全面开发阶段，2020 年港口吞吐量达 1.91 亿吨，集装箱吞吐量达到 342 万标准箱，集装箱吞吐量位居全国前 20。滨海湾新区建设提速，成为融入"一带一路"建设的重要载体
惠州	海洋渔业、临港工业、港口运输业、滨海旅游业	海洋产业迅猛发展，2020 年，全市海洋生产总值达 1100 亿元，占全市 GDP 的 24.7%，海洋经济成为引领全市经济社会发展的"蓝色增长极"。港口运输业迅速发展，开通了"惠州港—唐山港"航线，初步建立了专业的海洋运输体系和港口物流中心，海洋客货运输能力逐步增强。同时滨海旅游业发展强劲。海洋新兴产业发展势头良好，以清洁能源为主导的新兴产业逐步发展
江门	以临港装备制造业、滨海旅游业、滨海电力业、海洋船舶业、海洋渔业、海洋交通运输业为主导的海洋产业体系	2020 年江门市海洋经济总产值预计达 1379.26 亿元，增加值达 490.72 亿元。海洋产业结构持续优化，基本形成了由滨海旅游业、海洋生物医药业、海洋电力业、海洋渔业、海洋化工业、海工装备业、海洋船舶业等构成的海洋产业体系。大广海湾已成为国家重大合作发展平台，银湖湾滨海新区建设加速推进，为粤港澳大湾区（珠西）高端产业集聚发展区建设奠定了坚实的基础

城市	主要海洋产业	海洋经济发展亮点
中山	海洋装备制造业、港口物流业、滨海旅游业、海洋生物医药业	海洋装备制造业实现强势增长。开通深中通道海上游览线路，"海洋—海岛—海岸"旅游立体开发进程加快，中山华侨城欢乐海岸项目正式动工。中山翠亨新区生物医药智创中心加快建设。深中通道沉管隧道首节沉管顺利实现与西人工岛暗埋段对接。海上风电机组研发中心建成投运
香港	港口物流业、滨海旅游业	拥有优越的地理位置，凭借完善的港口管理制度及自由港政策，在发达的转口贸易助力下，成为世界最大的集装箱枢纽港，是重要的航运中心。作为全球最繁忙和最高效率的国际集装箱港口之一，香港港是全球供应链上的主要枢纽港
澳门	海上旅游、海洋科技、海洋生物等产业	澳门由于其海洋经济活动范围受限，海洋经济规模较小，海洋产业的选择和发展无法做到大而全。澳门滨海旅游业增长势头十分强劲，近10年来入境旅客呈上升趋势，已成为澳门海洋经济的支柱产业

资料来源：课题组根据相关资料整理。

（二）大湾区城市群海洋经济合作现状

长期以来，粤港澳三地在港口物流、海洋科技共同研发等方面建立了程度不一的合作关系，奠定了海洋经济合作的坚实基础。随着港珠澳大桥、广深港高铁的开通，大湾区城市间的基础设施日益完善，加上《内地与香港关于建立更紧密经贸关系的安排》《内地与澳门关于建立更紧密经贸关系的安排》《深化粤港澳合作推进大湾区建设框架协议》等一系列政策的出台，加快了资本、技术、劳动力等要素在大湾区城市间的合理流动及优化配置，进一步推动了大湾区市场的互联互通和海洋经济的快速发展。大湾区内的海洋经济合作主要体现在海洋新兴产业培育、海洋环境保护合作和港口物流等方面。

海洋新兴产业是未来海洋经济发展的重要领域。在海洋新兴产业发展方面，香港和澳门具有强大的科研基础和发达的金融系统，而广东拥有广阔的市场。"十三五"以来，三方在培育新兴产业方面进行了相关合作。当前合作基础主要有两个方面，一方面是南方海洋实验室，粤港澳三地都在此有一些合作基础和合作项目，并通过南方海洋实验室串联起一些海洋的基础合作；另一方面是大学，当前，粤港澳在科技和科研基础合作方面主要是依托大学进行科研交流。例如，在海洋生物医药产业方面，澳门科技大学、香港大学与广东药科大学等联合搭建交流平台、人才交流合作平台，与实验室研发合作。作为珠澳合作的主平台，横琴新区紧扣澳门具有的中医药产业传统优势，助推澳门产业适度多元化发展。

在海洋环境保护和治理方面，粤港澳三地进行了一系列的合作。一是推进海洋环境保护资源养护。粤港两地长期在珠江口中华白海豚领域开展技术交流与共同救护。二是加强打击非法捕捞联合执法工作。广东省渔政总队和香港渔农自然护理署定期在香港南面及附近的粤方水域共同行动，打击边界水域的非法捕捞活动，探索建立粤港联合打击非法捕捞长效机制。三是支持粤港澳社会力量参与海洋生态环境保护活动。连续多年举办广东珊瑚礁普查活动，粤港双方互派人员参与两地珊瑚礁普查，参与珊瑚礁保护。

在港口物流方面，粤港澳大湾区港口链也已经向"共生"发展。广东不断深化与港澳的合作关系，强化在港口运输、邮轮游艇、滨海休闲旅游、航运法律仲裁、航运金融等方面的合作共赢，推动港澳国际航运的高端要素优势与广州广阔的经济腹地优势有机结合。同时加强粤港澳大湾区港口、珠江—西江沿线港口、沿海港口合作，促进在港口航线、航运物流和航运服务等方面的协同发展。

三　面临的问题与挑战

（一）　海洋经济发展质量不平衡，深远海资源开发利用不足

粤港澳大湾区海域面积广阔、海岸线绵长、港口群密集，海洋生产总值不断增长，但海洋经济发展仍然存在大而不强的问题。海洋产业没有从根本上扭转海洋资源开发水平低、发展模式粗放的局面，仍处在以传统、粗放型海洋开发为主的初级阶段，集约化程度低，深加工产品、高附加值产品少。从海洋产业比较劳动生产率来看，海洋渔业、海滨砂矿业、海洋盐业等海洋传统产业的比较劳动生产率较低，生产技术相对落后，成为海洋产业进一步发展的瓶颈。大湾区海洋经济的发展亟待提升科技含量、革新生产方式，实现高效率、集约化发展。

（二）　海洋经济创新驱动不充分，海洋新兴产业规模仍然较小

粤港澳大湾区拥有的海洋科研机构数量居全国前列，但创新型海洋科

技企业、新型研发机构、研究型大学等高端海洋科技创新平台仍然较少，长期以来依靠国家在粤涉海研究机构，缺乏为海洋科研开发和产业化提供基础条件和公共服务、引领全省海洋科技创新的重要平台，还没有形成海洋经济产学研战略一体化联盟和创新集群，海洋经济的发展缺乏强有力的科技支撑。同时，海洋高技术产业风险投资和多元化投资机制还不完善，海洋科技成果转化周期过长，海洋科技贡献率低于50%，落后于上海、山东等省市。海洋新兴产业发展乏力。在海洋产业体系中，海洋渔业、海洋船舶制造业、海洋交通运输业等传统海洋产业仍居主导地位，海洋新能源、海洋生物医药、海洋新材料制造、海洋高技术服务等海洋新兴产业比重仍然较低，关键技术少，海洋精密仪器、深海资源勘探装备等设备仍需要进口。

（三）区域海洋经济发展尚不均衡，海洋区域发展格局亟待优化

粤港澳大湾区海洋资源丰富，大湾区各城市都有不同的海洋资源禀赋和特色。但大湾区内海洋经济发展尚不均衡，海洋资源利用过度集中。其中，广州、深圳、香港、澳门等城市由于经济发展外向程度高，集中了大湾区大部分的海洋经济产值。而其他地区虽然也具备丰富的海洋资源，但受到经济发展水平的限制，海洋基础设施建设相对落后，海洋经济发展仍然缓慢。此外，大湾区内海洋产业布局存在重复建设的问题，同质化无序竞争的情况比较普遍，这使得海洋产业难以发挥集聚效应，难以形成规模经济。如在"一城一港"政策指导下，湾区港口建设热情高涨，港口间的竞争激烈。广州港、深圳港、香港港年吞吐量超过2亿吨，东莞港、珠海港年吞吐量超过1亿吨，此外，佛山港、惠州港、中山港、江门港年吞吐量超过5000万吨，这些港口功能高度类似，同质化竞争激烈（见表7-2）。

表7-2　粤港澳大湾区内主要港口存在同质化竞争

港口	定位	主要经营货种
深圳港	集装箱枢纽港	集装箱、粮食、液体散货等
香港港	集装箱中转枢纽港	集装箱、少量干散货
广州港	综合性枢纽港	集装箱、煤炭、粮食、钢材、汽车、金属矿石等
湛江港	支线港	金属矿石、液体散货、煤炭等

续表

港口	定位	主要经营货种
珠海港	支线港	煤炭、液体散货、金属矿石等
东莞港	支线港	煤炭、液体散货、粮食等

资料来源：课题组根据相关资料整理。

（四）陆海统筹衔接不够，区域海洋空间布局与城镇融合有待深化

粤港澳大湾区海洋产业布局尚不科学，没有因地制宜、科学协调各种产业间的矛盾。从区域来看，在近岸海域，各产业竞争性用海问题日渐突出，海洋新兴产业发展空间受到限制；在城市建设和港口开发中产生大量围填海和海岸线硬化工程，天然海岸线、滨海沙滩和湿地有减少趋势；台风、赤潮等灾害对大湾区近岸海域和海底生态系统的破坏不容忽视。从海陆统筹来看，大湾区内陆海发展缺乏统筹，陆海经济关系不够协调。陆海规划之间缺乏有效衔接，在过去长期处于陆海分治、陆海脱节、多头管理和管理缺位并存的背景下，真正建立起陆海一体化的综合管理机制仍然任重道远。公众强烈的亲海意愿与狭小的公共海岸带之间矛盾突出。产业开发和人口过度集中在大湾区沿海地带，经营项目、房地产项目挤占公共海岸带资源，海岸线利用单位化、企业化程度偏高，导致公众亲水空间受到挤压。

（五）大湾区内海洋资源效率较低，资源管理体制有待完善

岸线资源利用粗放，岸线现状亟须更新。长期以来，大湾区内海岸带开发利用强度较大，自然岸线显著减少，亟须开展海岸线修测。海岛开发制度不完善，基础设施尚显薄弱。大湾区内海岛开发仍处于初级阶段，相关法律法规不完善，缺乏明确的海岛分级分类管理体系和常态化的海岛保护管理机制。航道开发缺乏规划，航道资源破坏风险加剧。当前大湾区沿海航道缺乏系统、全面的宏观规划，导致在指导航道建设、保护沿海航道资源及促进港航协调发展等方面缺少依据，沿海航道不能全面适应码头、船舶等大型化、专业化的发展要求。沿岸特色生态系统受损，修复难度较大。大湾区内海岸带开发利用方式粗放低效，围海造田、围海养殖、顺岸围填海、岸线截弯取直等不合理的开发方式直接占用了滩涂资源和滨海湿

地生境，造成红树林、珊瑚礁、海草床等特色海洋生态系统衰退。

第三节　粤港澳大湾区城市群海洋经济高质量发展的路径与重点

一　推动海洋经济空间优化，支持广深联动建设全球海洋中心城市

坚持陆海统筹、科学开发、错位发展，全力支持广深联动建设全球海洋中心城市，"串珠成链"，共同拓展蓝色经济空间，打造世界级沿海城市带、产业集聚带、滨海旅游带。

（一）　广深联动建设全球海洋中心城市

广州、深圳充分发挥"双城联动、比翼齐飞"效应，打造世界级海洋创新平台和增长极，重点搭建国际海洋科创中心、海洋科技成果转化中心和大湾区海洋人才高地等重大涉海发展平台，协同建设全球海洋中心城市。

深圳围绕建设全球海洋中心城市的目标任务，大力发展海洋生物医药、海洋电子信息等海洋新兴产业，促进融合型海洋经济高质量发展。促进海工装备产业智能化和高端化发展，建设智能海洋工程制造业创新中心。布局一批海洋领域基础研究、应用研究与成果转化等重大平台，高标准规划建设国家深海科考中心，建设海上试验场，建设全球海洋智库。创新发展海洋金融，筹建国际海洋开发银行。建设高品质滨海亲水空间，打造海城交融的西部创新活力湾区、中部都市亲海休闲活力区、东部山海生态度假区，构建世界级绿色活力海岸带。

广州根据打造全球海洋中心城市的战略目标，着力做强现代航运物流，继续提升海洋高端装备、海洋电子信息、海洋生物医药等优势产业竞争力，着力培育海洋高端服务业、海洋新能源等海洋新兴产业，建立现代海洋产业体系。重点突破深远海油气资源开发、高端船舶、海上风电等装备研究制造技术核心，建设海洋科技创新核心区。主动对接海南自由贸易港及港澳地区，建设对接大湾区和海南自由贸易港的产业合作中心，构建陆海统筹的海洋开发格局。

（二）　统筹湾区沿海经济带布局

广深打造全球海洋中心城市，需要珠海、惠州、江门等其他沿海城市

联动发展，形成由沿海岸线、港口和其他交通运输枢纽连接起来的带状空间经济体，打造强大的滨海产业集聚带，为其提供广阔的发展腹地。

珠海着力打造现代海洋城市，打造无人船产业发展高地，加快建设海洋生物医药产业集聚示范区，打造海上风电科技创新中心，建设世界级海洋工程装备制造基地和配套服务基地，打造享誉全球、富有特色、体验舒适、品质卓越的海洋旅游目的地，提升海洋产业竞争力。高标准编制海岛保护与利用规划，统筹岸线近海深远海开发利用，打造伶仃洋西部、万山群岛、磨刀门－黄茅海三大海域组团，形成海岸海岛有序开发、有机衔接、科学匹配的新格局。

惠州积极参与深圳全球海洋中心城市建设，打造深惠汕黄金海岸带。做大做强海洋交通运输、海水养殖、滨海旅游等海洋优势产业。培育发展海洋电子信息、海洋清洁能源、海洋生物医药、海洋高端装备等海洋新兴产业。江门着力打造具有区域影响力的现代海洋城市，主动对接港澳地区、北部湾地区和海南自由贸易港，参与构建粤桂琼海洋经济合作圈，构建"一带联三湾"海洋经济发展格局。大力发展船舶及海洋工程装备产业，培育滨海新能源、海洋高技术、海洋生物医药等新兴产业。高质量建设"蓝色粮仓"，发展高端滨海旅游业，建设休闲湾区。佛山加强与汕头、湛江两个省域副中心城市的海洋经济合作，加快发展海洋工程装备、海洋生物医药等战略性新兴产业。东莞着力推动海洋产业转型升级，大力提升海洋科技创新能力，推进海洋产学研协同创新，加快布局海洋电子信息、海洋生物医药等新兴产业，促进海洋装备产业智能化和高端化，推动新兴产业向海发展。中山重点发展海洋工程装备制造业。

通过粤港澳的融合，大湾区着重加强海洋资源开发利用、海上互联互通、海洋科技、海上公共服务等领域的深度合作，打造世界级海洋经济枢纽，拓展蓝色经济发展空间；加强与英语国家、葡语国家的联系，并加强对共建"一带一路"国家海洋产业和海洋资本输出，进一步深化全球海洋经济。

二 推动海洋科技协同创新，打造国际海洋科技创新中心

发挥涉海企业作为创新主体的能动作用，加强关键技术及重点领域创

新，通过共建海洋技术创新联盟，推动区域创新联动，从而完善大湾区创新服务体系，打造国际海洋创新中心。

（一）推动企业成为创新主体

在创新主体上，以大湾区企业为主体，提高创新主体地位，促进创新资源要素集聚，协同构建有利于企业创新的制度与政策体系。推动科技成果转化和产业化，联合大湾区重点实验室、工程中心及高等院校、科研机构、大型企业等，共建高水平技术研发机构和人才培养中心。鼓励科技人员、科研机构以成果入股、技术转让及创办科工贸企业等形式，合作开展产业共性技术和关键技术的研究与应用。

（二）加强关键技术及重点领域创新

在创新内容上，重点围绕海工装备、海洋电子信息、海洋生物、海上风电、海洋公共服务等领域，加强关键共性技术、先导性技术和核心技术的研发攻关，加快产业化和国产化进程，突破若干基础性与应用性技术。面向海洋科学前沿，开展战略性基础研究，持续深化深远海科技、海洋生态、海洋新能源等基础科技研究，增强源头创新能力。重点解决海洋战略性新兴产业的"卡脖子"问题，加快突破可燃冰开发、深海勘查和开发设备、深水钻井设备、水下机器人、海洋能源开发设备、深海养殖与捕捞设备制造技术，尽快突破深海开发中所需要的重大装备关键技术，由此带动海洋组织管理体制、经营模式、商业模式创新，推动实现协同发展、有机统一的海洋科技创新、制度创新与开放创新。

（三）共建海洋技术创新联盟

在创新载体上，推动大湾区合作共建高水平的海洋基础研究与技术产业化平台、海洋技术中试平台及海洋公共服务平台等，形成海洋战略性新兴产业发展策源地。整合高新区、科技基础设施和创新平台，依托互联网技术，打造创新合作共同体。构建由国家及地方海洋工程实验室、工程研究中心和企业技术研究中心等构成的联合创新平台体系。超前布局国际海洋技术转移中心网络体系，重点建设海洋科技成果展示中心、产权交易中心、交流中心、培训中心等平台，加速海洋科技成果转化和产业化。

（四）推动区域联动创新

在区域联动上，依托"广深港澳海洋科技创新走廊"，构建"海洋基础创新—开发应用—产业化"全链条协同发展的海洋科技创新链，共建大湾区海洋科技创新内循环的"大动脉"。充分发挥香港海洋技术基础研究及深圳全球海洋中心城市的优势，以及把握前海、南沙、横琴等重大合作平台的政策红利，以广东省涉海国家重点实验室与香港海洋污染国家重点实验室为支撑，推动建立大湾区海洋经济产学研创新联盟。以前海、南沙、横琴自贸片区等重点涉海平台为载体，建设一批特色海洋产业集聚区及创新平台，打造国家级海洋科技创新策源地。

（五）完善创新服务体系

在中介服务体系上，加快海洋科技创新资源与产业资本、金融资本的融合，打造"创新链""产业链""资本链"三链融合的海洋"创新生态链"。构建涵盖种子基金、天使基金、创业投资、担保资金和政府创投引导基金的全链条海洋科技金融服务体系，引导社会资本加大对海洋高新技术研发及海洋新兴产业的投资力度。支持发展海洋技术服务、投融资服务、工程咨询、人力资源、知识产权保护、法律咨询等涉海专业服务，建立以市场为导向的海洋技术服务体系，构建高效协同的海洋科技创新生态体系。

三 推动海洋产业融合发展，建设具有国际竞争力的现代化海洋产业体系

粤港澳大湾区应优化提升传统优势海洋产业竞争力，培育壮大海洋战略性新兴产业，加快建设现代海洋服务业集聚区，以提升现代海洋产业的国际竞争力。

（一）优化提升传统优势海洋产业竞争力

积极打造"粤海粮仓"，高标准建设海洋牧场、智能渔场、深水网箱等养殖基地，建设一批现代渔港经济区、国际水产品交易中心。打造国际航运中心，建设粤港澳航运中心及港口联盟，将香港港、广州港、深圳港打造成为国际门户枢纽港，带动东莞港、珠海港发展，加快推进粤港澳港口群协同发展，建设世界级港口群。壮大海洋船舶制造业，重点发展船舶设计、智能船舶制造，支持大型邮轮、大型 LNG 船等高技术船舶与特种船舶的生产制造。加快石化产业集群建设，推动传统石化产业向新型绿色石化产业升级转变。完善海上风电产业链，着力推进近海深水区风电项目规模

化开发，积极推进深远海浮式海上风电场建设。

（二）培育壮大海洋战略性新兴产业

着力发展海洋生物医药产业，积极开展重要海洋动植物和微生物基因组及功能基因、海洋生物药用功能基因等重要功能基因的技术研发，抢占海洋生物基因资源的制高点。着力推动新一代海洋电子信息产业发展，支持集成电路、5G、新型显示屏等海洋前沿科技发展，加快对船载智能终端及系统、海洋水声通信系统等高端海洋电子设备的研制开发。大力发展海洋工程装备制造业，重点发展智能水下机器人、水下潜器、工作母船、水上飞机、无人遥控水面救生艇等深远海智能海工装备制造业。积极发展天然气水合物产业，争取在深圳海洋新城、南沙自贸片区等区域设立天然气水合物综合研究开发基地。

（三）加快建设现代海洋服务业集聚区

推动大湾区合作共建海洋金融服务平台，探索设立海洋新兴产业创业投资基金，积极引进支持海洋新兴产业发展的投融资服务平台。加快组建国际航运金融租赁公司、国际海洋开发银行、国际航运保险仲裁快速理赔服务中心等航运金融机构。支持南沙、前海、横琴等自贸片区开展航运金融、航运交易、航运经纪及航运信息等海洋专业服务工作。大力发展邮轮旅游业，以珠江口湾区港口群为重点，加快推进邮轮母港建设，提升南沙、太子湾邮轮母港及停靠补给港和游艇俱乐部辐射力，建设以邮轮母港为内容的海洋主题公园，积极开辟海上丝绸之路旅游专线。依托滨海公路和交通枢纽，整合优质滨海旅游区和特色旅游资源，有序开发珠江水系内河航段和海岛之间的水上旅游线路，重点发展滨海文化休闲旅游、滨海康养游、游轮旅游、滨海体育运动旅游等旅游项目，联合推进"海洋—海岛—海岸"与跨海岛立体开发建议，打造高品位的国际滨海旅游经济带。

四 推动重大合作平台协同联动，深化粤港澳海洋经济高水平合作开放

发挥前海、横琴、南沙三大合作平台的积极作用与香港、澳门自由经济体的优势，联手加强在海洋领域规则标准制定、海洋科技研发攻关、海洋产业链及供应链协作、海洋生态环境治理等方面的深入合作，提升大湾

区海洋经济国际影响力及话语权。

（一）积极争取搭建中央层面的大湾区海洋经济合作平台

以前海、横琴、南沙为重要载体，联动大湾区其他海洋经济发展板块，在省级层面率先推动以"一区多片"的方式建设粤港澳大湾区海洋经济深度合作平台，切实挖掘粤港澳三地在海洋领域发展的潜力，重点在海洋科技创新突破、海洋新兴产业和未来产业发展、海洋新场景应用打造、参与全球海洋治理等方面率先发展，全面提升粤港澳大湾区海洋经济发展能级。积极争取上升为国家战略，争取中央层面就粤港澳三地海洋领域合作发展出台专门的政策文件。

（二）横琴合作区高水平建设横琴国际休闲旅游岛

发挥横琴拥有的海岛、海岸独特的天然优势，依托澳门雄厚的投资实力和成熟的旅游市场需求，深化与澳门旅游产业的合作关系，形成多元互补、多点支撑的海岛旅游新态势，共同促进大湾区海岛旅游业的发展。构筑"海岸—海水—海岛"海洋生态保护体系，重点推进横琴海岸带等海域的保护与建设；创新大湾区无居民海岛的保护和管理模式，生态化开发海岛资源。以发展海岛旅游业为重点，大力发展海上观光、邮轮游艇、海洋运动、海岛度假养生等新业态，释放海岛旅游业的潜能，打造海洋旅游业新增长点。同时积极发展海洋生物医药、海洋文化、涉海会展、海洋运输、海洋金融保险等海洋新兴产业与现代服务业。

（三）前海合作区力争打造海洋经济创新策源地

发挥深圳和香港的科技和资金优势，深化其在海洋药物、海洋功能食品等领域的创新合作，搭建一批海洋生物科技公共研发平台。依托科研院所和骨干海工企业，加快研发制造深海勘探开采设备、水下机器人、海洋遥感器等智能化新型海洋工程装备。突破海水综合利用的核心技术，在香港等地建立一批海水综合利用示范工程。大力发展海洋科技，加快建设现代海洋服务业集聚区，打造以海洋高端智能设备、海洋工程装备、海洋电子信息（大数据）、海洋新能源、海洋生态环保等为主的海洋科技创新高地。同时加强与香港合作，共建深港国际航运中心，打造分工协作、优势互补的世界一流港口群。加强在海洋金融方面的合作，探索建立国际蓝色金融改革试验区。

第四节　推进粤港澳大湾区城市群海洋经济高质量发展的对策建议

一　推动制度衔接，探索建立跨区域、跨部门的涉海合作机制

粤港澳大湾区因受"一个国家、两种制度、三个关税区、四个核心城市"的影响，内部协调难度较大。要加快建立将三地的制度差异转化为制度优势的顶层设计，精准对接港澳与珠三角地区的涉海政策、规则、标准等。在领导小组中组建专门负责大湾区陆海统筹、一体化发展的职能部门，负责优化海陆空间布局，推动各项规划与海洋功能区划、岸线规划、国土规划相衔接，协调海岸带、海岛、近海、深海等海域合理利用。探索建立跨区域、跨部门的合作机制，对大湾区海域进行统一规划、联动开发、协同管理，推动集约发展。合理安排各地市在海域使用、资源配置及生态保护方面的分工合作，实施负面清单准入制度，优化岸线城市群空间格局，构建优势互补的海洋产业分工体系。充分把握前海、南沙、横琴等自贸片区政策红利，落实"境内关外"等政策，整合区域港口资源，进一步优化口岸通关、外汇、税收等优惠政策。探索建立中国涉海管理制度创新区，推动与国际海事规则的充分衔接。推进三地海洋执法政策的衔接，避免"多头执法、多重执法"，共同维护海洋空间资源开发利用秩序。

二　推动政策衔接，构建一体化开发与管理框架体系

开展"粤港澳大湾区陆海经济一体化发展规划"的编制工作，从顶层设计上保证粤港澳大湾区陆海经济一体化的可持续发展。构建大湾区综合性陆海资源开发与管理政策体系，坚持陆海统筹原则，编制具体岸线规划和海洋主体功能区规划。建立和完善政策支撑体系，研究出台一批配套实施方案，指导涉海基础设施建设、重大海洋产业发展、滨海旅游开发、岸线海岛保护与利用等。建立海洋产业公共服务平台，搭建海洋产业投融资项目库，提升产融对接效率，建设完善的海洋产权流转、评估、交易体系。探索建立海洋经济高质量发展指标体系和监测评估体系，健全海洋经济统

计、核算制度，构建现代海洋经济统计调查体系。

三　推动硬件协同，强化对接"双区"的通道支撑

促进涉海硬件设施的互联互通，高标准共建深中通道、狮子洋通道、洪奇门特大桥等跨海桥隧、轨道，有效提升大湾区内的通勤效率。以港口为核心进行统一规划并推进世界级港口群建设，提高大湾区港口群的集疏运能力。推动无人机（艇）等技术设备应用，建设集海域动态监管、海洋环境监测、海洋执法、防灾减灾等于一体的海陆空立体监测网，共建共享海洋大数据平台。辐射带动海洋电缆、能源管道、海上风电设施、海洋油气设施、海底数据中心等海洋基础设施建设，畅通大湾区内各类海洋生产要素流动通道。

四　推动要素协同，促进陆海生产要素合理流动

促进资源、资金、技术、信息、劳动力等要素的陆海统筹，推动陆海产业协调、同步发展。完善粤港澳海洋科技人才交流合作机制，推动海洋科研人员参与国际大科学计划和大科学工程，鼓励大湾区海洋研究机构联合举办海洋经济创新创业活动。探索"领军人才＋产业项目＋涉海企业"模式，积极引进国内外海洋产业领军人才团队。通过股权众筹、技术众包、专利技术入股等形式，发挥粤港澳三地科技创新基金、产业投资基金引导作用。发展海洋金融，探索海洋信托基金、海洋经济创新发展基金运作模式，推动基金在港交所、深交所上市。支持珠三角地区涉海企业在港交所上市融资，形成港交所"海洋板块"上市公司。

五　推动环保协同，提升海洋生态环境综合治理能力

构建陆海生态环境合作治理机制，全面实施"湾长制"，建立大湾区多部门"沿海＋流域＋海域"协同管理的海洋环境综合治理体系，持续开展海岸线整治修复、魅力沙滩打造、海堤生态化、滨海湿地恢复以及美丽海湾建设等领域共建共治共享工作。建立多元化海洋生态环境补偿机制，完善海洋排污权、碳排放权交易市场，探索市场化的海洋生态银行、湿地银行，建立充分反映稀缺程度、代际公平的海洋生态环境补偿激励机制。推

动三地政府在海洋生态环境资源统计、核算制度上的相互衔接，形成公益性的海洋生态环境成本核算体系和数据库。推进大湾区重要生态系统保护和修复重大工程建设，构建以海岸带、海岛链和各类自然保护地为支撑的海洋生态安全格局，打造宜居、宜业、宜游的黄金海岸带和美丽家园。推进大湾区蓝色碳汇交易工作，积极在广州、深圳、珠海等市开展海洋碳中和试点和示范应用。

六　推动文化协同，共建开放创新的海洋文化圈

加强海洋题材文艺创作生产引导工作，讲好海洋故事、湾区故事。巩固提升"海洋日""航海日""南海开渔节""海事节""红头船文化节"等海洋主题宣传活动的影响力。开展海洋文化遗产普查和保护工作，加强对海洋文物古籍、自然遗产、非物质文化遗产的系统性保护。加强海洋文化交流合作，打造一批国际性的海洋文化演艺活动和海上体育品牌赛事，提升全面开放与合作水平。落实海洋文明理念，强化三地法律法规、制度、文化对接，促进陆海文化融合，构建绿色活力海岸带，彰显海洋文化特色，建设国际滨海旅游城市，建设世界级魅力湾区。突出大湾区海洋城市特色，提升海洋文化影响力和辐射力，努力建设生态优美、文化繁荣、保障有力，具有国际吸引力、竞争力、影响力的大湾区海洋城市群，打造粤港澳大湾区海洋命运共同体，建立海洋人文湾区。

第八章
人文湾区和世界级文化中心建设

世界级城市群应有世界级文化影响力。建设人文湾区既是粤港澳大湾区世界级城市群建设的必要过程，也是其必然结果。粤港澳大湾区只有通过人文湾区建设，打造成为世界级文化中心和全球人文灯塔，才能凸显大湾区软实力，为中国式现代化新道路和人类文明新形态贡献新力量。

第一节　人文湾区内涵与湾区软实力

《粤港澳大湾区发展规划纲要》提出要"共建人文湾区"，赋予粤港澳大湾区建设崭新使命。中国式现代化的一个重要特征和要求是物质文明和精神文明相协调。粤港澳大湾区既要在物质文明上引领全国现代化，也要在精神文明上引领全国现代化，要能够充分体现中国特色社会主义文化自信。"湾区"不仅是一个经济概念，还是一个文化概念。从全球范围看，文化是湾区"软实力"的重要体现。"文化立湾""文化兴湾""文化强湾"是建设国际一流湾区和世界级城市群的内在要求。

一　人文湾区的定义与多维解析

人文湾区是指湾区在经济社会活动中形成的区域性、群体性价值取向、文化特征和精神属性。"人文湾区"是相对于"经济湾区""产业湾区""科技湾区"等"硬实力"概念而言的"软实力"概念。从某种程度上讲，"人文湾区"的核心是文化，而文化的核心则是精神。因此，精神层面要素是构成"人文湾区"最重要、最高层次的要素。湾区人文精神属于现代中国人文精神的一种形态，是传统文化与现代文化、中国文化与西方文化、中华文化与地方文化等碰撞交融再创造的一种新的综合性精神状态。因此，湾区人文精神应该既体现中国人文精神的普遍性气质，又体现粤港澳大湾区独特的、稳定的、具有传承功能的精神气质。

理解人文湾区的定义，有以下四个维度。

一是极高的湾区人文凝聚力和共同价值。湾区人文凝聚力源于湾区的内部文化和社会认同，体现湾区共同的价值取向、文化认识、历史记忆、行为准则等观念意识。这种共同观念既由教育培养，也受环境潜移默化影响。粤港澳大湾区共同的人种、共同的历史、共同的生活习惯等形成的岭南文脉将一代又一代居民的精神情感联结起来，是渗透在日常生活中可感知、可理解的人文氛围，也是文化教育的场所最直接的"教材"。因此，湾区文化凝聚力的提升有赖于岭南文脉的传承，要求整体保护大湾区的历史建成环境，并重新激活其中丰富的物质文化与非物质文化遗产的价值，真正地延续历史文化氛围。

二是活跃的湾区文化和社会创造力。人文湾区得以向前发展的内在动力，是运用湾区文化资源进行新的内容生产、产品生产，进而提升整个湾区的创新能力。创造力的形成关键在人，一片具有文化创造力的区域需要有坚实的教育基础、搭建文化创造的平台、提供孵化创意的空间和形成文化创意人才的集聚。粤港澳大湾区建设人文湾区，就要推动建立文化产品转化、集中展示和推广的平台，通过文化设施的建设，推动传统文化"创造性转化和创新性发展"。

三是巨大的文化吸引力和精神感召力。湾区人文属性在外部被广泛地认可，实质上是外部就湾区人文特质达成共识，并形成对湾区的向往。一个地区是否吸引人，体现其区域文化和精神属性的外在形象与内在魅力显得尤为重要。粤港澳大湾区千年传承积淀的历史和代表卓越全球城市标准的世界城市已经形成岭南风貌与国际都会相融合的城市形象。在此基础上，大湾区应坚持提升湾区品质，注重传统岭南文化的当代化演绎，通过创新性、综合性的城市策划运营，向全球展现湾区魅力。

四是强大的湾区文化传播力和软实力。人文湾区以文化为载体，向外部区域辐射传播，形成文化影响和展示软实力的能力。粤港澳大湾区在历史、族群、语言、饮食等方面具有同根性，粤文化成为大湾区天然的文化黏合剂，这也是实现粤港澳大湾区建设的核心文化基础。凭借开放、开拓的岭南地域精神，讲粤语的华侨遍布全球，而随着经济实力的增强，粤文化更是通过经济活动、文化产品向全国、全世界传播推广。

二　人文湾区是湾区发展的高级阶段

综观纽约湾区、东京湾区、旧金山湾区等世界其他先进湾区的发展历程，湾区发展一般需经历贸易经济阶段、工业经济阶段、创新和文化经济阶段。创新和文化经济阶段是湾区发展的高级阶段。目前，纽约湾区、东京湾区、旧金山湾区都已经迈进创新和文化经济阶段，粤港澳大湾区总体上仍处于工业经济阶段。

（一）贸易经济阶段

湾区由于三面环陆、一面向海的地理特征，天然具有良好的港口条件和居住条件。尤其在航海时代的初期，运输船只体量较小，对避风港的要求更高，湾区率先成为最好的船舶停靠点。航运码头的发展溢出大量就业机会，吸引各地移民进入，港口周边开始集聚人口。随着贸易量的不断增大，移民数量也不断增加，人口规模不断扩张，湾区逐渐成为全球重要的贸易中心和新兴城市。17世纪，因为欧洲向北美移民，纽约大湾区在纽约建城时就开始进入贸易移民阶段。19世纪中叶，旧金山大湾区先是通过淘金热形成了初步人口集聚，再通过建设美国铁路、亚洲劳务贸易进口港的方式进一步提升人口规模，并形成了宽容、创新的多元文化基因。长期以来，东京所处的日本关东地区是日本最大的"粮仓"，京都是日本的政治文化中心。但随着1853年黑船敲开日本国门，幕府政权结束，为了更好地发展海洋贸易，日本把首都从内陆的京都迁到靠海的东京，东京逐渐成为日本的贸易中心和人口最多的城市。

（二）工业经济阶段

在通过港口发展贸易经济和完成初步人口集聚之后，湾区依托工业革命的扩散和渗透，开始在港口周边地区发展工业生产，建设工厂和工业园区。经济活动范围向港区外扩展，湾区由港口城市逐步转变成为制造业中心。同时，由于湾区经济实力的不断增强，教育尤其是高等教育的质量不断提升，逐渐成为科教中心。19世纪后期，欧洲的工业革命传到北美，纽约开始在贸易中心的基础上增强工业功能，一度成为美国重要的工业城市。同期，旧金山通过美国的西进运动，开始围绕港口进行工业布局，打下了一定的工业基础，成为美国西部沿海地区重要的制造业基地。日本东京随着明治维新的不断推进，开始飞速发展工业，进入20世纪后，涌现三菱、三井、住友、三和等一批工业企业，形成京滨、京叶两大工业地带。

（三）创新和文化经济阶段

湾区在工业化发展到后期的时候，人口的大量集聚导致城市地价不断提升，工业利润无法与之相抵，制造业开始逐渐迁出湾区，把土地留给具有更高利润的研发、金融、会展、设计等现代服务业，城市功能由制造中心向生产服务中心转移。创新和文化创意是现代服务业的核心竞争力之所在。二战后，纽约在把工业和制造环节转移到费城与五大湖地区之后，开始转型发展现代服务业，尤其是科技研发、金融服务、会展服务、设计服务和文化服务。世界七大文化产品制造和传播企业中的3家（时代华纳、迪士尼、维亚康姆）总部在纽约。旧金山通过引进大量科研技术人才，结合信息科技革命，集中发展研发服务，成为全球科技文化服务中心。东京在发展过程中并未转移工业，而是对工业进行技术和服务升级，发展高端精密工业，并为此培育与之相匹配的生产服务业和文化创意业。

粤港澳大湾区总体上处于工业经济阶段。与其他三大湾区相比较，粤港澳大湾区的优势产业在于制造业，集装箱吞吐量是其他三大湾区总和的4.5倍，但第三产业比重只有63%，远低于其他三大湾区85%以上的水平。粤港澳大湾区的研发、设计、金融、会展、创意等工业服务水平与国际一流湾区相比差距明显，文化对经济和产业发展的支撑力度不够。粤港澳大湾区缺乏具有全球灯塔和标杆意义的文化产品与品牌，文化国际影响力和吸引力不强，在走向国际一流湾区过程中，文化短板明显。

三　世界级文化中心是人文湾区重要标志

建成世界级文化中心是人文湾区建设成功的重要标志。只有具有世界级的文化高度，才能彰显人文湾区的精神和价值引领地位。只有使中华传统优秀文化与世界先进文化在湾区融合交汇，才能让人文湾区具有更强的文化意义和更广泛的人文关怀。

（一）世界级文化中心形成机制

文化地理学是研究世界级文化中心演化和变迁的重要工具。文化地理学认为文化地理是以空间重构为主要内容的文化变动，影响文化中心形成和迁移的主要因素是"3+1"，即政治因素、形态变革、开放接触和重大历史事件。

一是政治因素。文化的生产传播根据政治逻辑展开，统治集团牢牢掌控文化的主导权。同时，政治中心具有强大的资源汲取能力，文化资源尤其是文化群体内在向政治中心靠拢。在中国历史上，周取代商，使关中地区取代东部的殷商地区成为文化中心。东周迁都洛阳，文化中心也就东移到豫鲁地带。战国时期，不存在统一的政治中心，齐鲁地区成为文化中心。秦始皇推行书同文、车同轨、行同伦，汉武帝"独尊儒术"，都是欲以此改变政治中心与文化中心相分离的状况，文人纷纷流向京城求学，让关中地区文化地位上升。东汉迁都洛阳，长安的政治中心地位被替代，其兴盛的文化景象也随之衰落，文化中心不断东移。东汉灭亡后，政治纷乱不已，文化群体开始向南方迁移，文化大规模南传。唐定都长安，重新让关中地区成为文化中心。北宋定都开封，文化中心转移到开封、洛阳的东西轴线上。南宋定都杭州，文化中心也就南迁到江浙地区。

二是形态变革。从世界文化地理的演变看，影响文化中心变动的另外一个重要因素是文化形态变革。文化的内容和生产方式发生重大甚至是革命性变化，新兴文化更代表发展方向、更有生命力，新兴文化的发生地随之成为新的文化中心。最典型的是工业革命孕育了全新的资本主义文化，以宗教、神权为中心的文化结构被打破，现代文化的发生地西欧取代前现代的传统文化中心，成为新的世界文化中心。西欧文化中心地位的下降，也恰恰在于在文化向大众化转型过程中，西欧仍然投向古典音乐、后现代舞蹈、先锋诗歌等，远离大众市场；美国却率先大力推动大众文化发展，并于20世纪上半叶横扫欧洲。如今，技术革命推动新的文化形态转型，文化、互联网、科技、制造等相互融合，世界文化地理出现新的变动，一场"文化与传媒贸易的地缘政治的激烈转变"正在发生。

三是开放接触。通过开放接触改变一个地区的文化地理格局，本质上是新兴文化对传统文化的替代。只是，这种新兴文化并不是原生的新形态的文化，而是从外部输入的文化。这一文化地理变动发生的前提是，输入地与外部世界存在较大的"时代差"，外来新文化对当代具有强大的冲击力和吸引力，冲击着原有的文化结构。在这种情况下，最早接触外来文化的地区，具有鲜明的示范效用，成为新的文化中心。比如，广东在中国文化的现代转型中扮演重要角色，从而改变了南粤文化在中华文化中的边缘地位。

四是重大历史事件。重大历史事件具有放大效应，给文化中心的变迁带来影响。从中国历史来看，文化中心在南北之间发生变化。中华文明源于北方，曾是文化中心的齐鲁和关中地区，都属于北方范畴。西晋末年的"永嘉南渡"中，作为中原汉族文化精英的士大夫阶层以举家迁徙的方式大量转移到南方，由此揭开汉族文化大规模南移的序幕，历经几代战乱，极大地改变了中国文化的区域面貌，使中国南方尤其是江南地区逐渐成为中国的文化中心和经济中心，所谓"东南财富地，江浙人文薮"。新中国成立后，各地文化机构和资源纷纷迁到北京，确立了北京的文化中心地位。改革开放后，中国出现新的文化地理变动现象，南方的文化聚集、辐射能力上升。从世界案例来看，巴黎世博会对巴黎成长为世界级文化中心起到不可磨灭的重要作用，联合国总部设在纽约对纽约世界主义文化特质和世界级文化中心地位的形成起到关键作用，东京奥运会的举办在宣扬日本文化和东京大湾区的国际软影响力中起到很好的放大作用。

（二）　世界级文化中心的历史变迁与人文湾区建设

纵观世界历史，从 7 世纪的长安到 19 世纪的巴黎再到 20 世纪的纽约，世界文化中心总体上呈现不断西渐的趋势，21 世纪的中国将迎来中华民族文化复兴的历史性机遇。

从世界历史来看，公元前 500 年前后，人类社会出现雅斯贝尔斯所说的历史轴心期，东方和西方大约同时出现文化突破，延续了几千年古代文明。到 17 世纪、18 世纪，英、法等国家率先进入工业化阶段，西欧崛起，资本主义文化开始"无远弗届"，改变历史轴心期形成的文化地理面貌，巴黎成为世界级文化中心。二战结束，美国取代英国成为世界经济中心之后，纽约开始成为世界级文化中心。冷战时期，美国和苏联分别是资本主义、社会主义两大阵营领头者，纽约和莫斯科是各自的世界级文化中心。冷战结束，美国作为唯一的超级大国，处于"文化霸主"地位。进入21世纪，随着新兴国家的崛起，发展中国家尤其是中国在世界文化版图中的位置越来越重要。

回瞻世界文化中心演化历程，人类每一次历史性经济社会的飞跃变迁，都伴随世界级文化中心运行轨迹的转变。从东方到欧洲的文化变迁使世界文化资源聚合于西欧，造就了巴黎。从欧洲到美洲的文化变迁使世界文化资源聚合于美国，造就了纽约。随着科学技术革命的兴起及东升西降经济发展进程的不断加速，世界文化中心的再次转移将不可逆转。中华民族具有几千年光辉灿烂的文明历史，曾为人类文化做出过巨大贡献，无论是科学发现还是技术发明都曾取得辉煌成就。中华民族伟大复兴必将带来中华文化的复兴和世界文化中心的回归。

中华民族文化复兴是一场关系全局、影响深远的大事件。中国由于国土面积大、人口多、民族多，各地文化差异大，再加上历史上曾经经历过多次文化中心的地理迁移，需要多个世界级文化中心齐头并进。粤港澳大湾区是中国最早与国外接触的地区之一，是中西方文化互鉴的最前沿，是中国岭南文化的主要代表。广州是全国科教中心之一和岭南文化中心，深圳是中国改革开放新潮文化的策源地与现代时尚中心，香港和澳门的文化都具有世界性影响力。粤港澳大湾区具有建设成为世界级文化中心的基础和条件。

第二节　湾区型城市群的文化属性

综观国际先进湾区，无一不焕发灿烂的文化光彩，如旧金山湾区是世界著名的科技文化中心，纽约湾区、东京湾区均以发达的文化产业而闻名。正是鲜活的文化，赋予湾区人民强烈的湾区认同感和自豪感，支撑湾区成为引领全球经济发展和文化创新的重要空间载体。湾区虽然是因为历史和地理而呈现多姿多彩、各自不同的璀璨文化，但它们的文化都具有开放、包容、创新的属性和共同特质。

一　开放属性

湾区文化中的开放特质主要源于其地理环境。湾区临海，受海洋生活生产活动和文化的深刻影响。海洋文化本质上是一种开放性文化，根本原因在于海洋本身的开放性。海洋是一个公共空间，也称为公共大道，任何有能力的国家和民族都可以在公共海洋空间活动。海洋是全球连通的，连接着五大洲的大大小小的岛屿和陆地。海上航线把原本孤立的各个国家和民族联系在一起，构成了当今全球化发展的基本版图。对海洋开放性的利用，必然产生"天然"的开放性文化因子。随着全球化的深入推进，海洋经济越发达，湾区的海洋属性就会越强烈，在大量的海外信息过滤以及异域异质文化碰撞、冲击的过程中，湾区文化所表现出的外向辐射性与交流性特征越来越鲜明，呈现开放、传播以及全球交流的文化特点。

开放性是纽约湾区的最本质特征。纽约是全美乃至世界的金融、商贸、服务中心。纽约拥有肯尼迪（JFK）、纽瓦克（EWR）和拉瓜迪亚（LGA）三大国际机场。其中，肯尼迪国际机场和纽瓦克国际机场的货邮与旅客吞吐量均位于世界各大国际机场吞吐量前30。纽约的外商直接投资额也位于全美前列。纽约是跨国公司总部云集之地。在世界前50位金融跨国公司中，8家总部位于纽约；在世界四大会计师事务所中，3家总部或业务总部设在纽约；在全球十大公共关系公司中，8家总部设在纽约。

旧金山湾区是美国重要的开放枢纽。旧金山是美国与太平洋地区贸易的主要海港，素有"西海岸门户"之称。旧金山经济以服务业、商业和金融业为主，是美国西部金融中心，是太平洋岸证券交易所和美洲银行总部所在地。在世界五百强公司中，30家总部坐落于旧金山湾区内，其中包括谷歌、苹果等科技巨头。旧金山湾区共有7个海港，3个国际机场、2个联邦非民用机场及数个国内机场，区域内跨郡公交系统和铁路捷运系统完善。

东京湾区是日本开放门户。东京是日本进出口中心和商业流通中心，外贸进出口额占日本的1/5以上，商业所创造的产值在东京地区生产总值中的比重一直在20%左右。东京拥有51家世界500强企业，排名全球第1。在世界前100位非金融跨国公司中，日本企业有10家，其中，8家总部位于东京。东京拥有羽田和成田两个国际机场，这两个国际机场加上东京另外 6 个机场每年运送 9700 万人次乘客和 300 万吨货邮,是连接世界的重要桥梁。

二 包容属性

湾区文化中的包容属性主要源于移民社会多元化人口的构成。无论是纽约、旧金山还是东京,都是重要的国际移民城市,在其中几乎可以找到来自世界各地的移民。在传统社会中,个体的生活空间基本固定,个体身份认同往往比较简单,容易形成区域性文化保守主义。在流动移民社会中,传统身份认同所依赖的确定参照系被抽离,每一位移民都感受着文化差异带来的冲击,承认共同体内部成员文化身份的差异,要求更为开放的文化包容心态。他们各自的文化基因、生活习惯、价值观念在城市中聚集、碰撞、交融,为生机勃勃的移民文化发展提供了土壤,形成了兼容并蓄的精神特质。

纽约是国际移民城。纽约是一个典型的移民城市,几乎世界所有主要国家和地区都有移民在纽约。纽约外籍居民数量超过 300 万人,来自全世界 148 个不同的国家,外籍居民比例为 36.4%,外籍居民在纽约市的经济活动总值达到 2150 亿美元,约占纽约地区生产总值的 32%。美国学者雷蒙德·D. 加斯蒂尔在论述纽约文化时说:"由于具有这样人口或种族形势,纽约市在许多方面比美国其他地区更接近欧洲,更多样化,对许多美国人来说,更多姿多彩。"聚集千万人口的纽约市,多种族、多文化、多阶层共存。

旧金山湾区是美国民族大熔炉。旧金山是全美对移民最开放、最友善的城市,也是国际移民比例最高的城市。硅谷的科技人员来自世界各地,他们在语言、肤色、文化背景以及生活习俗方面风格各异。1/3 的硅谷初创企业由印度裔美国人创立。在硅谷,出生地在国外的人才中 64% 的人具备学士及以上科学与工程学位,占硅谷人口 51% 的人在家不讲英语。在旧金山市区,广东籍老华侨为数众多,东湾的佛利蒙市亚裔占比超过 60%(印度裔为首,华裔其次),南湾的库帕蒂诺也有 70% 的人口是亚裔。

东京湾区是东西方文化潮汐地。东京湾区会集 3800 万人口,占日本总人口的 30%。来自日本不同地区人员的大量流入,使东京演变成为一个东西方融合的国际大都市。东京时尚、繁华,却不失古朴传统;既是世界级的商业、金融中心，也是亚洲流行风潮的引领者，是一座艺术之城。东京拥有世界名街银座、充满奇趣幻想的迪士尼、樱花烂漫的上野公园、被誉为不夜城的新宿、保留了日本传统文化精华的浅草、年轻人新潮文化发源地涩谷、未来主义风格的台场，以及众多兼具自然风物和人文历史的公园绿地。每个人都能在这个"超级城市体"中找到自己的心灵归宿。

三　创新属性

湾区文化的创新属性主要来自流动带来的活力释放。人口迁移流动和空间动态性衍生出湾区发展的活力和创造精神。移民大多是相对年轻的人口，这在一定程度上起到改善人口年龄结构的作用。湾区不仅通过优化教育资源提升人口素质，也通过高新技术产业和高端服务业会集优秀人力资本。湾区复杂的人口族群带来城市产业活动的丰富性和社会经济活动的多样性，以及职业构成的多样性。同时，海洋文化的商业精神和冒险基因也对湾区创新文化的形成起到重要作用。海洋文化表现出对天文、气象、数学等科学知识更加重视和蕴含开放开拓、崇尚流动、不守常规、敢闯敢拼等文化因子。

纽约湾区实现老城市焕发新活力。纽约历史上一直都是美国重要的创新高地。自 2008 年全球金融危机以来，纽约逐步实现城市战略转型，从高度依赖华尔街向依靠科技创新转变，积极建设"全球科技创新领袖城市"，并取得良好效果。纽约人才资源丰富，集聚了全美 10% 的博士学位获得者、10% 的美国国家科学院院士以及近 40 万名科学家和工程师。科技业成为仅次于金融业的纽约第二大产业，位于曼哈顿的"硅巷"已经能够与旧金山的"硅谷"相抗衡。

旧金山湾区是全球创新圣地。自 20 世纪 80 年代开始，随着半导体、互联网、生物、空间、海洋、通信、能源材料等新兴技术的研究机构在旧金山汇集，硅谷逐渐成为美国高新技术的摇篮。旧金山湾区共有公立大学 34 所，私立大学 49 所，国家级研究实验室 5 个，拥有大大小小科技公司 1 万家以上，是名副其实的全球科教创新重地。硅谷是美国重要的电子工业基地，也是世界最为知名的电子工业集中地。以高技术从业人员的密度而论，硅谷居美国之首，每千名在私营企业工作的人里有 286 人从事高科技业。

东京湾区是日本创新之都。东京湾区从战后的传统工业城市群逐步转变为现代化的都市经济圈,通过工业(集群)+研发(基地)+政府(立法)的深度融合,打造成为制造业基地、金融中心、信息中心、航运中心、科研和文化教育中心及人才高地。东京集中了日本约30%的高等院校和40%的大学生,拥有全日本1/3的研究和文化机构,创新资源丰富,带动力强。东京积极培育"官—产—学—研"一体的科技创新体系,政府鼓励产业界与高校建立"共同研究中心",共同推动科技创新的发展。

第三节 粤港澳大湾区建设的人文基础

粤港澳大湾区不仅是一个经济合作区域,也是一个文化相似性、同源性程度很高的文化交流合作区域。粤港澳大湾区集中了具有岭南特征的文化资源,如广府文化、客家文化、潮汕文化和华侨文化等,也是中国近现代中西文化交汇地,现当代流行文化的发源地、体验先行者。这些文化属性的积淀、传承是人文湾区的文化基础。

一 大湾区传统文化特性

岭南文化是粤港澳地区共同的历史文化基础,在大湾区具有强大的文化影响力与凝聚力。岭南是由越城岭、都庞岭、萌渚岭、骑田岭、大庾岭组成的五岭以南区域的概称,包括现在的广东、广西、海南、香港、澳门两省三区。一般而言,岭南文化指的就是岭南地区的地方文化,它是岭南人民在长期的社会实践中创造的物质文化和精神文化的总和,是中华民族优秀文化的重要组成部分(左康华,2018)。粤港澳位处岭南地区的中心地带,自古以来地缘相连、历史相承、文化同源,依托经济、政治上的统辖力和影响力,成为岭南文化的核心区。岭南文化根植于岭南独特的自然地理与历史人文环境,经过长期的融合发展,形成了以古代中原文化为主体,兼有鲜明的百越土著文化胎记与海外文化元素,具有明显的移民文化、海洋文化特质的文化。在长达几千年的人口迁移及历史变迁中,岭南文化的内涵不断丰富,与中原文化高度融合,更在独特地理环境中形成地方特色,呈现多样性、一致性和独特性。

（一）多样性

粤港澳大湾区是岭南文化的核心区，将岭南文化的多样性特征典型地浓缩在这片区域之中。大湾区由广东9市与两大特别行政区组成，多种民系、民族甚至种族汇聚于此，兼受海外华侨及新移民影响，形成了内涵丰富、多元多样的文化资源。一是在悠久的发展历史中沉淀了文化品类的多样性。文学、学术、艺术、工艺、建筑、民俗、饮食等在大湾区均高度发达、形态丰富，在岭南、中国乃至海外都具有影响力和辐射力。二是多民系、多民族带来了文化资源多样性。粤港澳大湾区以广府、客家民系为主要人口构成，兼有瑶族、壮族等少数民族聚居点，历经上千年的发展，沉淀了丰富厚重的历史文化遗产和非遗文化资源。三是港澳因特殊历史背景，深受英国文化、葡萄牙文化影响，现仍有不少菲律宾、葡萄牙、印度尼西亚籍居民，呈现不同种族文化资源的交汇。广东作为海外侨民的祖源地之一，有着诸多的华侨文化资源遗存，如中国首个华侨文化世界遗产项目"开平碉楼与村落"、汕头陈慈黉故居、梅州南口龚氏家族的大围屋等，更有广州、佛山、汕头等地的骑楼建筑。四是改革开放以来，省内潮汕民系与湖南、湖北等各省人口快速迁入，带来了各式新移民文化，尤其是充实了大湾区的美食文化资源库。随着对外开放的扩大，外来人口及其风俗习惯将继续对大湾区文化资源样态产生影响。

（二）一致性

岭南文化从根脉上传承自华夏文明，与中华大地其他区域文化有着一致的根源，分享着同样的底色。秦汉以来，中原文化随着历代移民进入岭南地区，成为岭南文化的基本组成和重要基因。两宋时期，中原文化已成岭南文化的主流，大规模的移民"以南岭脚下的珠玑巷为据点，再广泛地迁入岭南各地。由此，岭南文化与中原文化的融合基本完成，作为中华传统文化有机构成的岭南文化基本成形"（刘斯奋、谭运长，2007）。

处于岭南地区的粤港澳大湾区，其文化资源呈现与中原文明一体化特征，不仅表现在思想道德、价值理念上，更表现在民俗、宗教、饮食、文学、艺术、工艺、建筑、园林等诸多方面。近代以来，珠三角地区在中华文化现代转型中充当"先锋队"、"排头兵"与"主力军"的角色，发生了诸多重要历史事件，成为全国革命文化和先进文化的重要起源地，是中国红色文化资源库的重要组成部分。

（三）独特性

粤港澳大湾区有着独特的历史地理背景，其文化资源的基因留存着珠江流域和五岭本土百越先民的印记，更在长年的海上商贸活动中深受移民文化、海洋文化的影响，相比其他地区有着独特之处。一是在建筑风貌上，广式建筑、园林呈现了独特的岭南风貌，陈家祠、西关大屋、清代四大名园展示出精巧别致、以小胜大的典型风格，骑楼商业街等反映了与南洋诸国商贸往来的悠久历史。二是在风土人情上，春节逛花街、花灯会、水上婚嫁等民俗活动展现了浓郁的地域特色，粤绣、粤菜、凉茶等折射了市民生活的优裕富足，基于民间信仰的各类民间庆典和狂欢活动传达出独特的地域风情和文化观念。三是在非遗技艺上，广东南拳、广东音乐、醒狮等展现了地方精神面貌，独特的语言环境催生出粤剧与汉剧等地方戏曲品种。四是在思想精神上，湾区人开放进取、包容创新、务实变通的精神反映在了物质及非物质的文化形式之中，成为挖掘湾区文脉、凝聚湾区认同、弘扬湾区精神的基本资源。

二 岭南文化与大湾区文化建设

（一）大湾区是岭南文化的核心区

大湾区包括广州、深圳、香港、澳门等重要城市，是中国古代"海上丝绸之路"的发祥地、近现代革命的策源地、改革开放的前沿地，更是岭南文化的中心地（甄人，2007）。大湾区主要为广府文化，"广府文化在岭南一直是主流文化和强势文化"（周峰，2016）。从政治历史脉络上看，广州在南越时期曾为封建古都，也是岭南地区历代郡、州、府、省的治所，自古以来便是岭南地区政治、经济、文化的中心。从文化教育上看，广州自汉代开始设置官学，宋代至明清兴建了大量的书院，一直为岭南地区的教育重镇，时至今日仍为华南地区教育资源最为集中的城市。大湾区还有香港、深圳、澳门等名校云集的城市，当下已是世界瞩目的一大教育中心。从文学艺术上看，广府地区为岭南文艺的创作基地，其影响遍及全国，享誉海外。"岭南画派"、粤剧和广东音乐作为岭南文化的三大特色，其创作演艺人才涌动之所、创新发展兴盛之地皆在广府地区。此外，在民俗文化、宗教文化、学术文化、饮食文化、建筑文化等方面，大湾区特色鲜明、影响广泛，"广彩""广雕""广绣"等工艺更是驰名中外。

自南越时期赵佗以番禺为都开始，南番顺地区便一直为岭南政治、经济中心，维持着对粤东西北地区的文化辐射力和引领力。随着广州成为世界闻名的东方港市，发达的海外贸易促使当地经济更加繁荣发展，至明中后期，广东得以跻身先进地区行列，对周边省区如福建、江西、广西、湖南的经济文化影响力大大增强（颜广文，2007）。近现代历史上，珠三角地区的主要城市更是中西文化交流和整合的前沿区域，一方面吸纳西方文化进行改造和创新，使其成为岭南文化新的构成，另一方面将自身吸纳与生成的中西融汇的文化辐射开去，影响整个岭南地区乃至中国内外（许桂灵，2007）。当前，大湾区兼容并蓄、开放务实的精神品格引领着岭南文化在新的时代背景中不断去芜存菁、开拓创新，持续地在全球视域中发挥影响力与辐射力。

（二）岭南文化资源支撑大湾区文化产业发展

岭南文化丰富多样、源自中原、富有特色，在文化产业蓬勃发展的当下展现出巨大的开发潜力。岭南文化资源是大湾区文化产业发展的资源宝藏和文化根基，是大湾区人凝聚共识、共同推进大湾区发展的文化纽带。

岭南文化是粤港澳共同的文化遗产，是大湾区文化产业创新发展的资源支撑、精神支持和合作纽带。粤港澳作为岭南文化中心区，积淀着丰富而独特的岭南文化宝藏，具有极强的可辨识性、源源不绝的生命力，是大湾区推动文化产业发展的沃土与重要支点。长期以来，岭南的移民文化、海洋文化、多元文化特质赋予的开放包容、开拓进取、务实创新的精神品质，引领着岭南人筚路蓝缕，提供了核心的文化精神支撑。岭南文化是粤港澳共塑湾区人文精神、共建人文湾区的基石，是维系3000多万粤籍华侨华人感情的文化纽带，对粤港澳大湾区凝聚共识、增进认同，促进民心相通相融，形成有机整体具有积极意义。在新的文化发展时期，岭南精神将持续为大湾区推进文化建设注入智慧与力量。在大湾区文化建设中，要继续充分发扬岭南文化开拓进取、引领潮流、开放包容、守信务实的传统（徐远通，2018），吸纳各方人才会聚大湾区、促进粤港澳多元文化交融创新、推进大湾区文化产业圈的建设、推动岭南文化走向世界。

（三）港澳文化发展基础

港澳地区是东西方文明交汇的中心，也是古代"海上丝绸之路"的重要港口，在传承湾区特色文化、促进特色文化产业发展、开展对外文化交流和传播方面具有独特的作用。

1. 香港文化资源与开发

香港地处岭南地区，在风俗习惯、宗教信仰等方面呈现岭南文化价值共性。因此，香港文化以岭南文化价值为内核，吸纳西方商业文化，既保留了香港地域文化价值个性，又呈现全球化的特点，并包含丰富的文化资源（其中重点文化资源见表8-1）。在自由市场体系的运作机制与世界一流的法治化营商环境的引领下，香港这种文化特性有力推动了文化产业的大发展。自20世纪70年代以来，香港音乐、影视等流行文化产业日趋发达，一度成为东亚和东南亚地区的文化娱乐中心，其工业设计、广告创意等产业具有较强竞争力。《中华人民共和国国民经济和社会发展第十四个五年规划和2035年远景目标纲要》明确提出，支持香港发展成为中外文化艺术交流中心，"文化"再次成为香港未来发展的关键词之一，香港文化产业迎来重大机遇。

表 8-1　香港和澳门的重点文化资源

文化资源	香港	澳门
非物质文化遗产	长洲太平清醮、"三栋屋"古建筑（香港历史最悠久的客家围村之一）、大澳端午龙舟游涌、古琴艺术、香港潮人盂兰胜会、全真道堂科仪音乐、大坑舞火龙、西贡坑口客家舞麒麟和黄大仙信俗	土生葡人美食烹饪技艺、土生土语话剧和土地信俗
重要民俗文化和民俗节日	潮人盂兰胜会（农历七月十五）、祭拜习俗、婚庆习俗（结合中式和英式文化习俗）、天后诞庆典（每年4月或5月祭拜妈祖）、年初二车公诞（每年农历初二）	土地诞（二月初二）、农历新年、清明"拜山"活动等
重要历史文化名人	电影界名人（李小龙、叶问、黄飞鸿、成龙）；文学界名人（古龙、金庸）；音乐界名人（黄霑等）；学术界名人（夏衍、梁漱溟等）；战争革命时期名人（柳亚子、邹韬奋、何香凝等）	战争革命时期人物（叶挺）；商界（赌商高可宁、澳门中华总商会会长何贤）；推动中外交流的知名人士（英国人金登干、葡萄牙人庇山耶）

续表

文化资源	香港	澳门
文化展览项目与重要基础设施	2003 年开启的"香港文化产业博览"活动；西九文化区	澳门历史城区

资料来源：课题组整理。

2019 年，香港文化及创意产业增加值为 1293 亿港元，就业人数为 237170 人。2008～2019 年，文化及创意产业的名义增加值的平均年增速为 6.1%，相对香港同期名义生产总值平均每年 5.2% 的增速较快，文化及创意产业就业人数由 2008 年的 191260 人增加至 2019 年的 237170 人，增长了 24.0%（见表 8-2）。但文化及创意产业增加值占本地生产总值的比重近年来呈下降趋势，由 2014 年的 5.0% 下降至 2019 年的 4.6%。香港文化及创意产业形成了包括"软件、计算机游戏及互动媒体""艺术品、古董及工艺品""出版"等在内的 11 个门类，产业配套设施较为完善。值得一提的是，香港作为亚洲艺术品交易中心的地位正不断巩固，香港在全球艺术品拍卖市场的份额从 2019 年的 17.5% 增加至 2020 年的 23.2%，首次超越伦敦，仅次于纽约。根据香港特区政府统计处的数据，2020 年香港的艺术品、收藏品及古董的进出口总值高达 336 亿港元。

表 8-2　2019 年香港文化及创意产业发展情况

单位：%，人

门类	增加值比重	从业人数	代表企业
艺术品、古董及工艺品	14.4	31940	周大福、周生生、老凤祥、六福
文化教育及图书馆、档案保存和博物馆服务	1.2	12660	—
表演艺术	1.0	5460	—
电影及录像和音乐	2.3	15410	邵氏、嘉禾、寰宇、美亚
电视及电台	4.4	6120	TVB、凤凰卫视
出版	11.1	36460	联合出版集团
软件、计算机游戏及互动媒体	43.6	64310	—
设计	3.7	18590	

门类	增加值比重	从业人数	代表企业
建筑	8.9	16480	香港贝铭建筑设计事务所
广告	7.7	19500	华商广告、国泰广告
娱乐服务	1.7	10240	香港迪士尼

资料来源：《香港统计月刊》，2020年6月。

从文化产业品牌上看，香港拥有香港国际电影节、香港电影金像奖、香港艺术节、香港书展、香港设计营商周、香港动漫节和巴塞尔艺术展等众多文化产业品牌活动，很多成为全球重要盛事。始创于1977年的香港国际电影节是亚洲一流的非竞赛类国际影展，被誉为"电影节的电影节"；创立于1982年的香港电影金像奖是香港及大中华电影界最重要的奖项之一；香港艺术节也是国际艺坛的重要文化盛事；备受关注的香港动漫节已经成为香港的一张城市名片；香港巴塞尔艺术展已经成为世界瞩目的文化艺术盛事之一。此外，香港的西九龙文化区正在积极建设中，戏曲中心和故宫文化博物馆相继落成，再加上已经运行成熟的香港艺术馆、香港历史博物馆与文化博物馆，有力扩充了中华优秀传统文化的展示空间。

从区域布局上看，香港文化产业也形成不同的集聚区。港岛的中西部主要集聚 IT、动画、广告产业；湾仔、中环或西区主要是设计行业；香港东部集中了印刷、影视产业；铜锣湾和北角主要集中了出版、广告和媒体公司；尖沙咀、荃湾区集中了影视、会展业等产业；新界沙田集中了文化体育场馆和博彩娱乐场所；新界大屿山和港岛南区黄竹坑分别建有颇具国际盛名的香港迪士尼乐园和海洋公园等文化旅游场所；港岛南区的香港数码港集聚微软、惠普等上百家文化创意和科技创新公司。

具体来说，香港文化产业的相关指标可见于表8-3。

表8-3　香港和澳门的文化产业相关指标

指标	香港	澳门
城市文化定位	中外文化艺术交流中心	以中华文化为主流、多元文化共存的交流合作基地

续表

指标	香港	澳门
文化基建	西九龙文化区（全球大型文化区之一，其中包括 M＋博物馆和香港故宫文化博物馆）、创意地标（元创方、大馆、星光大道、动漫海滨乐园等）、文化公园（香港迪士尼乐园、海洋公园等）	澳门文化中心、文化遗产古建筑（妈阁庙、港务局大楼、郑家大屋、大三巴牌坊等）、公共文化设施（澳门中央图书馆、博物馆等）
文化活动	香港文化节（始于 1973 年）、香港书展（始于 1990 年）、香港国际电影节、香港影视娱乐博览、香港设计营商周、各类国际性文化艺术展览拍卖（如国际性文化艺术展览拍卖）、世界三大艺术拍卖市场之一	中国与葡语国家文化论坛、澳门美食节
文化形式	电影、流行音乐、文学	电影、展会
主要产业	软件、计算机游戏及互动媒体，艺术品、古董及工艺品，出版，建筑，广告，电视及电台等	创意设计、文化展演、艺术收藏、数字媒体
资助基金	政府推动"融资扶持计划""设计智优计划"，设立专项基金"艺术及体育发展基金""粤剧发展基金"等提供额外资源	澳门文化发展基金
教育机构	香港演艺学院（2021 年 QS 世界表演艺术类大学学科排名亚洲第 1 位、全球第 10 位）	澳门演艺学院

资料来源：课题组整理。

2. 澳门文化资源与开发

澳门独特的地理位置和历史背景，使澳门文化既包含具有深厚传统内涵的中华文化，又包含以葡萄牙文化为主要特质的西方文化。两大文化体系在此交织、融汇、积淀，最终形成澳门特有的多元文化融合模式和中西文化交融的世界遗产，让澳门成为中西文化交流与共存的圣殿。在《澳门非物质文化遗产清单》中，既有广府地区最具代表性的粤剧、凉茶配制、咏春拳等传统戏剧和技艺，又有颇具欧洲异域风情的土生土语话剧和土生葡人美食烹饪技艺。在丰富多元文化资源的支撑下，发展特色文化产业成为促进澳门经济适度多元发展的重要选择。为此，澳门特区政府加强文化产业的组织管理工作，社会文化司成立"文化产业委员会"，文化局设立

"文化创意产业促进厅",非营利民间组织成立"创意产业协会",同步推动以数字媒体、创意设计为主的文化产业高质量发展。

从产业门类上看,澳门文化产业分为创意设计、文化展演、艺术收藏和数字媒体四个大类,具体包括设计、会展、表演艺术、视觉艺术、出版及动漫、电影录像、流行音乐等细分领域,其中设计、会展与视觉艺术是重点规划发展的行业。截至 2019 年底,澳门文化产业企业单位有 2454 家,从业人数达 13691 人(见表 8-4),文化产业的服务收益提升至 78.5 亿澳门元,增加值达到 29.8 亿澳门元,占澳门 GDP 的 0.7%。从发展现状看,澳门目前文化产业发展仍较为薄弱,受到长期占主导地位的博彩业的挤压影响,文化产业发展的瓶颈仍较为明显。令人欣慰的是,澳门特区政府对文化产业发展围绕各方面资源要素的扶持力度正在不断加大,并出台相应的支持政策,如《澳门文化产业发展政策框架(2020—2024)》,进一步明确了文化产业发展的方向、目标、布局和任务,致力于建设有特色的文化产业生态链条。

表 8-4　2019 年澳门文化产业发展情况

单位:%,人

门类	增加值比重	从业人数	主要活动
创意设计	29.4	4625	品牌设计、文化创意产品设计、展览设计、时装设计、广告设计、工业设计、建筑设计等,设置澳门创意馆
文化展演	8.5	3043	表演艺术制作、文化展演经纪等,澳门国际音乐节、澳门艺术节
艺术收藏	1.2	532	艺术品相关活动、摄影等
数字媒体	60.9	5491	资讯、电视、电台节目与电影等制作与发行

资料来源:澳门统计暨普查局官网。

（四）粤港澳文化产业合作基础

文化产业是人文湾区的重要因素,是大湾区文化传承和对外传播的重要载体。文化的同根同源为内地与港澳文化产业合作奠定了基础。粤港澳大湾区目前已形成了文化创意、新闻服务、出版发行和版权服务、广播影视、文化艺术、演艺娱乐、文化会展、网络文化服务和文化产品等门类比较齐全、产业链比较完整的文化产业体系，并逐步形成了以深、穗、港为中心的文化产业集群。

1. 文化产业合作政策与机制建设

早在 2002 年，粤港澳三地政府部门就以每年轮流召开粤港澳文化合作会议的形式建立了文化合作机制，其中文化创意产业合作是这一机制下发展的重要内容。然后在 2003 年，内地与港澳分别签署了《关于建立更紧密经贸关系的安排》，明确内地向香港承诺开放 26 个服务业领域，其中包括开放广告、视听、文化娱乐等文化产业，向澳门开放文化和旅游产业。在 2005 年和 2006 年，文化部分别与香港、澳门特区政府签署《更紧密文化关系安排协议书》，规划了内地与香港、澳门加强文化合作的领域和渠道，从机制上保证了内地与香港、澳门在文化艺术、文化遗产、文化产业、国际文化交流等领域的全面交流合作。

近年来，内地与港澳文化合作更加频繁。2019 年 2 月，中共中央、国务院出台的《粤港澳大湾区发展规划纲要》进一步强调构建粤港澳大湾区文化合作新机制，促进大湾区文化事业与文化产业协同发展。广东为此制订推进"粤港澳大湾区文化圈"建设三年行动计划，提出共建人文湾区目标，并从塑造和丰富湾区人文精神、全方位开展文化交流合作、建设具有国际竞争力的文化产业圈等方面制定了详细的措施。2020 年底，文化和旅游部主导出台的《粤港澳大湾区文化和旅游发展规划》提出建设大湾区重点文化产业园区、文化展会和文化创意发展项目，促进文化产业高质量供给，打造现代文化产业体系。这些政策有利于进一步发挥文化建设的引领支撑作用，构建内地与港澳互联互通、繁荣活跃的现代文化市场，共建具有国际竞争力的文化产业体系。

2. 文化产业合作平台建设

在文化活动组织方面，粤港澳三地政府部门成立了粤港澳大湾区文化艺术节领导机构，搭建起大湾区文化艺术交流平台，并成功举办首届粤港澳大湾区文化艺术节、"粤港澳大湾区戏剧展演周"、"粤港澳大湾区艺术精品巡演"等一系列文化交流品牌活动。在文化产业发展方面，广东省政府与文化和旅游部共同主办粤港澳大湾区文化合作论坛，为内地与港澳文企业和机构搭建深化文化产业合作平台。此外，文化和旅游部与香港贸易发展局合作利用"香港国际授权展"平台，帮助内地企业文化产业发展升级转型。在民间平台构建方面，2020年9月，粤港澳大湾区（广东）文创联盟在珠海成立，构建了粤港澳三地在文创领域的交流合作与资源共享平台。

3. 文化产业交流合作活动

内地与港澳通过举办各种活动来推进文化产业融通发展。在中国（深圳）国际文化产业博览交易会设立粤港澳大湾区文化产业馆，组织大湾区优秀文化企业和创意产品参展，展示三地文化产业合作成效。粤港澳三地联合举办"粤港澳大湾区文化创意设计大赛"，挖掘和培育创意设计人才。在广东国际旅游产业博览会设置港澳旅游目的地官方机构、景区景点、旅游企业展区，提供独特且新鲜的旅游资讯、旅游风貌和旅游服务。"深港设计双城展"、"深澳创意周"、深港城市建筑双城双年展、深港设计双年展、文博会澳门精品展等大湾区文化产业交流合作活动，提升了内地与港澳的文化产业合作水平。此外，粤港澳文艺界也开展密切合作。广东歌舞剧院与香港舞蹈团共同排演的舞蹈诗《清明上河图》参与"欢乐春节"活动，赴美国、加拿大演出；粤港澳三地组派优秀演出团赴巴林举办"海上丝绸之路"中国文化节活动。

4. 非物质文化遗产合作

非遗合作也正在以各种形式推进。由粤港澳三地联合申报"非遗"的粤剧，被联合国教科文组织列入人类非物质文化遗产代表作名录，联合申报的"凉茶"成功入选国家级首批非物质文化遗产项目。这正是三地对岭南传统文化合作保护的典范。2018年，港澳非遗项目的加盟将"广东非遗周"扩容为大湾区非遗展示的大平台。表8-5展示了粤港澳大湾区非物质文化遗产分布情况。2019年以来，以粤港澳三地丰富的历史文化遗产为依托，推动大湾区文化遗产游径建设，包括孙中山文化遗产游径、华侨华人文化遗产游径和海上丝绸之路文化遗产游径在内的5个项目已经开始建设。2020年，广东非遗保护中心联合港澳文化部门联合编著了《粤港澳大湾区非遗地图》，挖掘和汇集粤港澳大湾区内非遗项目，引导读者探索非遗魅力。

表 8 - 5　粤港澳大湾区非物质文化遗产分布

城市	国家级非遗项目
香港	粤剧、大澳端午龙舟游涌、西贡坑口客家舞麒麟、长洲太平清醮、古琴艺术、凉茶、全真道堂科仪音乐、大坑舞火龙、香港潮人盂兰胜会和黄大仙信俗等
澳门	粤剧、凉茶配制、南音说唱、鱼行醉龙节等
广州	七夕节（天河乞巧习俗）、灰塑、粤曲、粤剧、民间信俗（波罗诞）、传统中医药文化（潘高寿传统中药文化）、传统中医药文化（陈李济传统中药文化）、家具制作技艺（广式硬木家具制作技艺）、广彩瓷烧制技艺、玉雕（广州玉雕）、核雕（广州榄雕）、象牙雕刻、粤绣、广东木偶戏、广东醒狮、古琴艺术（岭南派）、广东音乐
深圳	下沙祭祖习俗、贾氏点穴疗法、平乐郭氏正骨法、松岗七星狮舞、坂田永胜堂舞麒麟、大船坑舞麒麟、沙头角鱼灯舞
珠海	外伶仃岛北帝诞、岭南苏裱技艺、唐家三庙神诞系列、斗门龙舟赛、莲洲赛农艇、小林咸水歌、三灶蚝油制作技艺、湾仔官酿梅子酒酿造技艺、三灶剪纸、造贝林九棍
佛山	粤剧、剪纸（广东剪纸）、佛山木版年画、石湾陶塑技艺、狮舞（广东醒狮）、龙舟说唱、彩扎（佛山狮头）、香云纱染整技艺、庙会（佛山祖庙庙会）、十番音乐（佛山十番）、龙舞（人龙舞）、灯彩（佛山彩灯）、中秋节（佛山秋色）、锣鼓艺术（八音锣鼓）、咏春拳（佛山咏春拳）
东莞	莞香制作技艺、龙舟制作技艺、彩扎（麒麟制作）、灯彩（千角灯）、赛龙舟、木鱼歌、樟木头麒麟舞、寮步香市、桥头镇莫家拳
惠州	中山咸水歌、惠东渔歌、罗浮山百草油制作技艺
中山	中山咸水歌、小榄菊花会、凉茶、醉龙舞、崖口飘色、六坊云龙舞
江门	中药炮制技艺（新会陈皮炮制技艺）、抬阁（芯子、铁枝、飘色）（台山浮石飘色）、灯会（泮村灯会）、白沙茅龙笔制作技艺、新会葵艺、蔡李佛拳、龙舞（荷塘纱龙）、广东音乐
肇庆	端砚制作技艺、悦城龙母诞、高要春社

资料来源：课题组整理。

5. 文艺精品合作

电影、粤剧、美术等文化产业领域合作不断深化。粤港澳三地互办电影展映、粤港澳电影交流考察、粤港澳电影创作投资交流会、中国（佛山）大湾区功夫电影周等活动连续多年开展。粤港澳合拍电影 10 余部，包括《我和我的祖国》《救火英雄》《拆弹专家》《中国机长》等优秀作品。2019年 4 月，国家广播电视总局出台措施，全面放宽港澳电影产业进军内地市场的限制，促进港澳电影产业在内地发展壮大。粤港澳三地粤剧团体联合打造了"粤港澳粤剧群星荟""粤港澳粤剧新星汇"等交流平台，共同排演粤剧大戏《胡不归》并开展三地巡演,展示粤剧自申遗以来三地共同保护传承的成果。广东美术馆举办《臆象——粤港澳当代水墨艺术谱系(2000—2020)》展览,展出港澳水墨艺术作品30余件。

第四节　粤港澳大湾区建设世界级文化中心

粤港澳大湾区建设必须继续发扬改革开放中形成的合作传统与敢闯敢试、敢为人先精神,以文化为纽带,共同化解新的问题与困难。粤港澳三地要携手扩大文化合作领域,使三地人民的文化同一性得到巩固和丰富,建设具有全球影响力的国际文化中心和世界级文化交流枢纽。

一　愿景:点亮中华民族文化复兴之路

全球性湾区必然要求打造有较高美誉度和较强吸引力、辐射力的世界级文化中心。粤港澳大湾区必须承担建设世界级文化中心使命。

全球主要城市也是文化繁荣城市,都有着应对未来的文化发展规划。纽约在面向2040年的《一个纽约——规划一个强大而公正的城市》中提出,文化发展重点是提升城市的文化素养。巴黎的"大巴黎计划"目标是在2030年建成世界之都,确保巴黎的全球吸引力。伦敦是世界上率先把创意产业作为核心产业的城市,在一系列市长文化战略规划,尤其是《文化都市:伦敦市长文化战略(2012年及未来展望)》中,着眼伦敦后奥运时代,提出要确保伦敦的世界文化中心地位。东京面向2030年的文化发展,对内强调市民对文化的接触,对外强调要在艺术和文化方面享有国际声誉。首尔的2030年规划主题是"充满沟通与关怀的幸福城市",基于此,它的文化愿景是打造快乐的文化城市。香港的2030年规划重在确保亚洲首要国际都会地位,其文化策略重在增强竞争力,确立自身特色和形象。北京的2030年规划意在强化首都功能,着力加强全国文化中心建设。上海从全球文明城市的定位出发,计划到2050年全面提升自身的国际文化地位(见表8-6)。

表 8 - 6 世界主要城市文化发展愿景规划

城市	目标年份/时期	目标定位	主要内容
纽约	2040	强大而公正的城市	1. 所有市民可轻易接触到文化资源和文化活动; 2. 创新产业就业岗位增至 20%
巴黎	2030	世界之都,确保具有全球吸引力	1. 扩大文化版图,提升艺术魅力,如新建 270 个文化设施; 2. 回归文化中心,激发创新活力
伦敦	后奥运时代	在文化领域的世界城市地位、卓越的创新文化国际中心	1. 维持全球卓越文化中心地位; 2. 增进文化财富和文化多样性; 3. 为创意产业提供有目的性的支持
东京	2030	在艺术和文化领域享有国际声誉	提升文化设施功能
首尔	2030	历史源远流长、快乐的文化城市	玩味首尔悠久历史,感悟城市景观管理,共创共享丰富的文化生活
香港	2030	亚洲首要国际都会地位,具有独特文化体验的世界级旅游目的地	1. 平衡保育与发展; 2. 创造地方特色
北京	2030	全国文化中心	建设三条文化带,加强文化遗产保护和利用
上海	2050	全球文明城市、国际文化大都市	2030:营造区域新文化; 2040:中外文化融合发展平台; 2050:世界文化交流展示中心

资料来源:课题组根据官方资料整理。

香港、广州、深圳作为粤港澳大湾区的主要城市,在文化建设和发展中承担核心使命。香港要继续增强文化国际影响力,建设亚洲文化之都。广州和深圳要发挥中心城市的文化引领和辐射作用,建设具有国际一流水准的标志性文化设施和文化服务平台,建设成为带动全省、辐射全国、影响东南亚的文化自主创新中心、区域文化中心和国际文化名城。广州要建设成为有文化底蕴、有岭南特色、有开放魅力的现代化国际大都市。深圳提出要建设全球先锋城市的新理想,文化层面主要聚焦创意经济。

二 目标:具有全球影响力的世界文化中心

粤港澳大湾区是中国文化多样性最为丰富的地区,也是文化国际化程度最高的地区,其中,香港是亚洲国际大都会,澳门是世界旅游休闲中心,粤港澳三地构成了有机的文化生态网络。依托具备的其他华语地区难以比拟的多元文化景观优势，粤港澳大湾区完全有能力建设成为全球性的文化要素聚集地与辐射地、世界性文化集散地、全球文化生产中心地、具有世界引领意义的标志性创意产业集聚区。

（一）全球文化资源的重要配置枢纽

能否成为文化资源要素的配置中心，是衡量一个地区是否是文化中心的根本标准。"中心"的核心含义是对资源要素的极强配置力，文化中心本质上就是文化资源要素的配置中心。改革开放初期，由于流行文化元素在广东汇集和扩散，广东成为流行文化资源要素的配置中心。后来，北京以其独有的政治资源与文化资源优势，成为文化资源要素的配置中心。粤港澳大湾区必须利用互联网对文化形态的重构，重新塑造和强化自己的资源要素配置中心地位。互联网形塑下的文化，其核心要素是技术和产业化能力，哪个地区的创新能力更强，更具有产业化可能性，资源要素就会向哪个地区汇集。所以，粤港澳大湾区建成国际文化中心，就意味着创新创意方面的人才、项目、资金在大湾区汇集、配置、交易、转化。

（二）中外文化交流的重要窗口与平台

毗邻港澳的地缘优势使广东在全国文化格局中具有鲜明特色，自近代以来成为中西文化交流的重要桥梁。改革开放以来，广东的这一文化特质得到进一步发展，广东成为中华文化走出去的重要先锋。历史的源流和文化地理路线决定了粤港澳大湾区在中华文化对外传播及中西文化交流中必然担负重要的特殊使命。在侨民的迁徙、语言的传播、境外旅游者的来访、日常媒体的报道、文化产品的出口、各种国际活动的举行以及对留学生的吸引等方面，粤港澳大湾区优势明显。如广东籍华人遍布世界，目前祖籍为广东的海外华侨华人约有2200万人，占全球华侨华人总数的80%。粤方言使用人口日益增多，具有一定的国际化色彩，世界使用粤语的人口已超过8000万人，海外使用粤语的人数约为900万人。所以，粤港澳大湾区在传播中华文化、打造中外文化交流的枢纽地方面，具有足够的潜力和能力优势。

（三）中国故事的讲述者和传播前沿地

随着中国硬实力的强大，话语权软实力的强大已经指日可待。在国际综合国力竞争更趋激烈的情况下，获取话语权日益成为大国博弈的重点目标之一。话语权越大，意味着设置议题、引导议程、控制舆论走向的能力越强，也就越能应对他人的话语攻势；缺乏话语权，就会"有理无处说""有理说不出"。因而，面对"西强我弱"的国际舆论格局，迫切需要从理念、内容、体裁、形式、方法、手段、业态、体制、机制等方面，全面加强国际传播能力建设，提升讲好中国故事、中国道路、中国理论的能力与水平。广东具有改革开放、中国道路的典型特征，能发挥突出的窗口效应，必须在讲好中国故事、中国道路、中国理论、广东故事、广东经验上下功夫。同时，大湾区又是文化新业态、新产品的中心，有条件以现代风格、科技手段、全媒体形式构建对外话语传播体系，引导国际社会更加全面客观地认识当代中国、理解中国特色。

（四）"三新文化"的引领地和策源地

现代新型文化的主要表现是新型文化业态、新型商业模式、新型市场组织等，他们孕育着互联网时代的文化经济增长点和增长极。就当前而言，"互联网＋文化"还处于初步开展阶段，产业要素、价值链条的革命性重组还在孕育，新的技术路线、组织模式、市场结构远未成形，未来处于重大不确定性中。在新一轮重大变革的孕育期，地区文化竞争不能局限于传统的已有的格局，而必须跳出存量，着眼增量，在增量领域领潮争先。粤港澳大湾区要建设国际文化中心，其地区活力的最主要表现就是新模式、新业态、新技术不断涌现，成为全国乃至全世界的变革风向标、"弄潮儿"。改革开放初期，广东引领潮流在于率先引进国外的现代文化，其"新"是对国内其他地区而言；未来，大湾区再次成为领潮者的关键，则在于自身的创新能力，其"新"是对于时代、对于世界而言，影响的不只是全国，更是全世界。

三 路径：三地文化跨境共建

立足中华优秀传统文化和岭南文化的创造性转化与创新性发展，建设面向世界、面向未来的开放型、创新型湾区文化形态，使湾区文化具有多样性和丰富性，文化要素流动通畅，文化事业繁荣兴盛，国际文化竞争力、影响力强劲。

（一） 增强三地文化共识

以中华文化为母体，以岭南文化为核心要素，推进形成并彰显湾区意识，促进文化认同。根据《粤港澳大湾区发展规划纲要》，细化出台粤港澳大湾区"人文湾区"振兴发展规划。开展湾区人文精神凝练活动，推动形成粤港澳"文化共生"和"文化融合"的广泛共识，提升大湾区发展的参与感和归属感。粤港澳三地政府部门和社科机构、高等院校携手共同举办粤港澳大湾区文化发展战略研讨会，向公众征集大湾区主题宣传广告语和形象标识，构建大湾区文化命运共同体，推进全社会在精神价值、生活方式、集体人格层面形成"湾区人""湾区意识""湾区认同感"。联合粤港澳三地专家学者共同开展中华优秀传统文化和岭南文化的历史文献挖掘、整理和数字化保存工作，开展相关学术研讨交流活动，编撰呈现"大湾区"历史和文化的通俗读物、教材等。在粤港澳三地学校共同开展"湾区主题"文化活动和夏令营，创作"湾区家园"舞台剧，开展粤港澳三地中小学校共建"姊妹学校"活动。加强大湾区传媒交流合作，积极利用网络平台，运用新媒体工具，营造"共建人文湾区"的文化生态和舆论环境。

（二） 推动三地文化合作

打造一批标志性的大湾区文化设施和文化工程。发挥粤港澳地域相近、文脉相亲的优势，联合开展重大文化遗产保护，文化遗产展览、展演活动，推进建成一批代表广东文化形象的重大文化设施项目，建立健全普惠型大湾区公共文化服务体系。建立大湾区博物馆、图书馆、艺术馆等公共文化设施联盟，鼓励和推动社会力量建设不同层次的专门性博物馆，在粤港澳的主要公共博物馆之间建立共同体机制。鼓励三地文化机构联合举办凸显大湾区融合的文化活动。推动和支持粤港澳三地开展岭南文化的国际传播、"海上丝绸之路"沿线国家文化研究等活动。促进和扶持大湾区文艺创作的繁荣和"走出去"。组建大湾区大学教育联盟，推动大湾区高端优质文化教育资源共建共享。

（三） 建设大湾区文化总部

构建大湾区文化带，建设大湾区文化总部，打造一批大湾区文化品牌。统筹大湾区文化规划与建设，整合大湾区资源要素，围绕打造大湾区文化品牌，建设枢纽城市、核心城市、节点城市相得益彰的大湾区文化带。构建粤港澳大湾区文化创意产业联盟，成立粤港澳大湾区文化产业振兴院，设立大湾区文化发展基金，建立文化合作项目资助制度，共同打造大湾区艺术节（音乐节、舞蹈节、戏剧节、电影节等）、大湾区演艺联盟、大湾区艺术精品巡演、经典粤剧大湾区巡演、大湾区非遗周、大湾区文化旅游节、大湾区图书展、大湾区动漫设计和文艺创作等一批具有国际影响力的大湾区文化品牌。借鉴旧金山湾区等国际一流湾区的做法，打造一系列面向全球的大湾区文化创意大赛，向世界输出大湾区创意文化。建设大湾区国际化文化传播人才培训基地，重点开展文化创意设计传播与 IP 版权交易等领域的专业培训。高水平规划建设一批大湾区重点文化产业项目，大力发展文化创意产业，重点包括大力发展国际时尚文化产业和新媒体文化产业；推进大湾区新闻出版广播影视产业发展，加强国家音乐产业基地建设，推动音乐产业发展，加强大湾区艺术院团、演艺学校及文博机构交流，便利艺术院团在大湾区内跨境演出等；大力发展文化会展，继续办好中国（深圳）国际文化产业博览交易会、中国（广州）国际纪录片大会、中国国际影视动漫版权保护和贸易博览会，推动三大节展与大湾区文化品牌的融合与创新，不断提升三大节展的国际影响力和国际辐射力；支持香港通过国际影视展、香港书展和设计营商周等具有国际影响力的活动，巩固创意之都地位；在大湾区核心地带打造若干个中国对外文化出口基地，培育一批现代文化产业集群。

（四）提升大湾区城市文明程度

着力提升城市文化品位、文化素养、文化品质，推动大湾区文明城市建设跃上新高度。推动大湾区城市群的碧水蓝天工程建设，厚植大湾区城市历史文化底蕴和人文土壤，把中华优秀传统文化和岭南文化因素融入城市建设景观和公共建筑设计中，推动人文风貌、文明意识在城市建设和城市管理中得到全面彰显。构筑大湾区"1 小时便捷生活圈"，提升公共文化设施与服务的便民性、亲民性。探索实施大湾区文化券制度，创新文化普惠的机制和措施，提升大湾区公共文化产品和服务供给质量。推动大湾区城市文明共建，提升大湾区人文明素质，树立大湾区人文明形象。加强大湾区社区文化建设，实施"三地一家亲"社区结对共建计划，培育心口相传的城市社区精神，推动三地社会服务深入合作。

（五） 增进大湾区青年交流

围绕就学、就业、创业等重点领域，深化大湾区青少年文化交流合作，促进交心交融。举办粤港澳青年创新创业大赛，拓展大湾区港澳新生代文化合作发展平台。以"同根、同源、同发展"为主题开展大湾区青少年系列文化交流活动，支持"粤港澳青年文化之旅"、香港"青年内地交流资助计划"等重点项目实施，推动开展青少年研学旅游合作和举办青年交流论坛等。整合现有志愿服务资源，打造大湾区青少年志愿服务平台和活动品牌，实施青少年志愿服务计划。

第九章

粤港澳大湾区城市群与广东 "一核一带一区"
区域发展格局建设协同

　　中国区域经济发展格局和空间结构正发生深刻变革，区域协调发展成为实现高质量发展的重要前提和内在要求。珠三角与粤东、粤西、粤北地区之间发展差距大、不平衡不协调是广东的基本省情，也是广东高质量发展、率先实现社会主义现代化的最大短板。2018 年 3 月，习近平总书记在参加十三届全国人大一次会议广东代表团审议并发表重要讲话时特别提到，广东发展不平衡不充分问题依然存在，粤东、粤西、粤北地区经济基础薄弱，内生发展动力不强；缩小粤东、粤西、粤北与珠三角发展差距，是广东区域协调发展的紧迫任务。2018 年 6 月，为贯彻落实习近平总书记对广东重要讲话精神，广东省委结合广东区域发展实际情况，在中共广东省委十二届四次全会上正式提出在全省构建由珠三角核心区、沿海经济带、北部生态发展区构成的"一核一带一区"区域发展格局。

　　粤港澳大湾区世界级城市群建设与广东"一核一带一区"区域发展格局构建在时空上交汇，战略上相互衔接。从区域发展理论视角来看，粤港澳大湾区世界级城市群建设是顺应"产业和人口向优势区域集中，形成以城市群为主要形态的增长动力源"的客观经济规律的战略举措，协同推进"一核一带一区"建设则是加快区域由不平衡向更高水平的平衡迈进的实践探索，最终实现区域在集聚中走向平衡，实现资源空间配置优化与区域共同富裕兼顾，实现效率与公平的辩证统一。

第一节　粤港澳大湾区城市群与"一核一带一区" 区域发展格局建设协同的现实背景

改革开放以来，珠三角与粤东、粤西、粤北地区之间经历了一个从以极化为主到极化与扩散相对平衡的演进过程。改革开放早期，珠三角地区充分利用毗邻港澳的地缘、人缘优势，吸引了全省乃至全国生产要素在此集聚，率先开启工业化和区域增长极极化的进程，珠三角与粤东、粤西、粤北地区的差距快速拉大，区域发展逐渐失衡。这种情况引起了政府的高度重视，进入 21 世纪以来，广东省以产业转移为区域协调发展主抓手，力图通过产业转移缓解珠三角地区的拥堵效应，带动粤东、粤西、粤北地区发展。随着实践的深入，尤其是在新发展理念的指导下，人们对区域协调发展的认识也不断加深，协调发展手段也日趋丰富和体系化，最终依据基础条件、资源禀赋和发展阶段确定各区域的功能定位，正式提出打造由珠三角核心区、沿海经济带、北部生态发展区构成的"一核一带一区"区域发展格局。

一　广东区域经济格局的历史演化

极化效应和扩散效应是推动广东经济版图演变的基本力量。在改革开放的前 20 余年，珠三角核心区的极化效应占主导地位，全省经济快速向珠三角核心区集聚。1979 年珠三角 8 市（当时未计入肇庆市）的 GDP 总计 102.7 亿元，只占全省 GDP 的 49.0%[①]，到 1985 年比重上升至 54.7%，1990 年该比重已提高到 60.9%（计入肇庆市则为 64.6%）。"十五"期间，全省经济向珠三角核心区集聚进一步提速，2000 年珠三角 9 市 GDP 占全省的比重达到 75.3%。

随着珠三角核心区经济密度不断上升，珠三角核心区的极化效应逐渐减弱，扩散效应开始发挥作用。珠三角核心区经济总量占全省经济总量的

---

①　这里的 GDP 历史数据是按现行行政区划进行调整后的数据，全省数据不包括海南，各市数据为当前行政区域范围内创造的 GDP。数据来自历年《广东统计年鉴》。

比重提升速度明显放缓。到 2005 年前后，珠三角核心区对粤东、粤西、粤北地区的扩散效应已经接近或超过极化效应，至此广东区域经济格局进入相对稳定的阶段。2005 年珠三角核心区经济总量占全省经济总量的 79.9%。此后十几年来，珠三角核心区经济总量占全省经济总量的比重一直在 80% 左右水平窄幅波动（见图 9 - 1）。

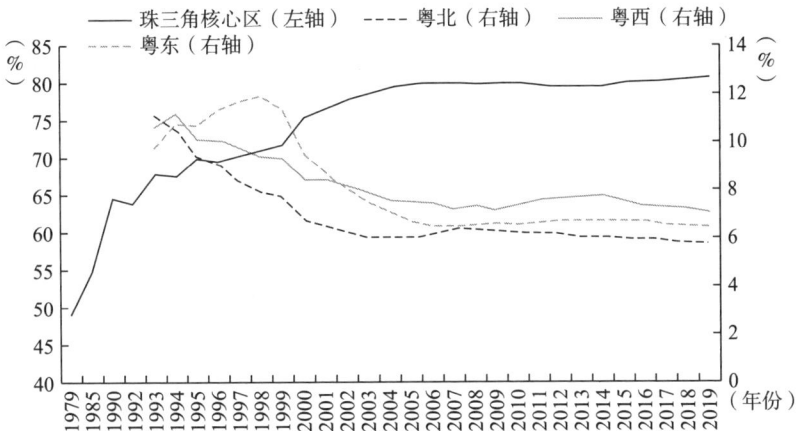

图 9 - 1　1979～2019 年广东四大地区经济总量占全省经济
总量比重的变化

注：1993 年以前的部分数据因无法获取而缺失。
资料来源：广东省统计局。

相较于经济总量差距已进入长期相对平稳的阶段，珠三角核心区、粤东、粤西和粤北四大地区及 21 个地级以上市的人均 GDP 差距均经历了一个先扩大再逐渐缩小的倒 U 形变化过程，转折点同样出现在 2005～2006 年。与区域经济总量差距从此进入长期稳定通道不同，全省 21 个地级以上市的人均 GDP 差距自此开始稳步缩小。根据广东省统计局数据，1980 年，全省 21 个地级以上市人均 GDP 极差比率（最大值与最小值之比）为 6.95，2000 年上升到 8.57，以 2006 年为拐点，到 2019 年该值已下降至 7.51，全省四大地区人均 GDP 极差比率也从 2005 年的 4.56 下降到 2019 年的 3.72。图 9 - 2 给出了 2000～2018 年广东省 21 个地级以上市和四大地区人均 GDP 的差异系数变化情况，同样表现出倒 U 形的变化趋势。这说明广东推进区域协调发展虽然任务很艰巨，但也确实取得了明显成效。

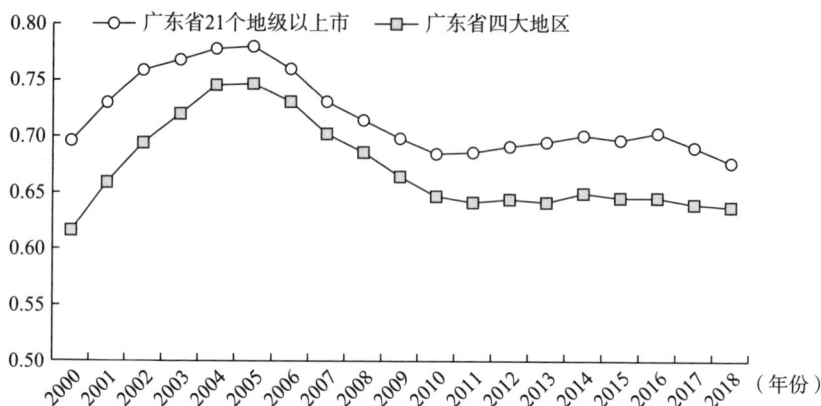

图 9 - 2 2000～2018 年广东省 21 个地级以上市
和四大地区人均 GDP 差异系数变化

资料来源：广东省统计局。

二 人口流动与产业转移趋势

在广东区域经济差距长期保持相对稳定的格局下，广东区域间人均收入差距缩小得益于劳动力的跨区域再配置。珠三角核心区是全省乃至全国的主要人口流入地。根据 2000 年以来的近三次全国人口普查数据，过去 20 年来人口加速向珠三角核心区集聚，粤东、粤西和粤北地区的人口占比持续下降。"五普""六普""七普"期间，珠三角核心区常住人口数量分别为 4289.8 万人、5611.8 万人、7801.4 万人，占当年全省人口的比重分别为 49.6%、53.8% 和 61.9%。粤东、粤西和粤北地区人口数量占全省人口数量的比重不断下降，2020 年三大地区常住人口数量占全省人口数量的比重分别为 13.0%、12.5%、12.6%，与 2010 年"六普"相比，分别下降了 3.2 个、2.1 个、2.8 个百分点，与 2000 年"五普"相比，分别下降了 4.1 个、3.1 个、3.7 个百分点（见表 9 - 1）。

表 9 - 1　2000 年、2010 年和 2020 年广东四大地区三次全国人口普查
常住人口数量及其占全省人口数量的比重

单位：万人，%

区域	2000 年		2010 年		2020 年	
	常住人口数量	占比	常住人口数量	占比	常住人口数量	占比
珠三角核心区	4289.8	49.6	5611.8	53.8	7801.4	61.9
粤东	1478.5	17.1	1687.4	16.2	1632.1	13.0
粤西	1345.5	15.6	1523.3	14.6	1575.8	12.5
粤北	1411.4	16.3	1607.8	15.4	1591.9	12.6
全省合计	8650.0	100	10430.3	100	12601.2	100

注：2000 年全省人口数据包含根据普查差误率推算的漏登人口数据。

资料来源：《广东统计年鉴》，广东省第六、第七次全国人口普查主要数据公报。

但是近年来，粤东、粤西、粤北地区的人口流出已经显著趋缓。珠三角核心区与粤东、粤西、粤北地区的人口差距拉大主要是因为国内其他省份的人口向珠三角流入的效应。"七普"数据显示，2020 年广东流动人口数量为 5206.6 万人，比"六普"增长 51.7%。其中，外省流入人口数量为 2962.2 万人，省内流动人口数量为 2244.4 万人；珠三角核心区流动人口数量为 4415.3 万人，占全省的 84.8%。珠三角核心区产业向粤东、粤西、粤北地区转移，为当地提供了更多就业岗位，是维持广东各大板块间经济差距不再拉大、将粤东、粤西、粤北地区人口留在当地的重要因素。

产业转移是广东省推动区域协调发展的主抓手。据广东省工业和信息化厅统计数据，2008 ~ 2015 年全省 83 个产业转移园区共落户企业 3714 家。其中，来自珠三角核心区 6 市的企业有 1550 家，占同期入园企业总数的 41.7%。珠三角核心区企业的大规模转入有力地推动了在此期间粤东、粤西、粤北地区的赶超式发展。但是，2015 年以后，来自珠三角核心区的产业转移速度开始放缓，粤东、粤西、粤北地区经济增速及工业总产值占全省的比重都出现明显回落（见表 9 - 2、表 9 - 3）。

表 9 - 2　2000~2019 年主要年份粤东、粤西、粤北地区及其各地市
工业总产值占全省比重

单位：%

地区	2000 年	2005 年	2010 年	2015 年	2019 年
粤东	4.7	4.1	5.6	8.2	6.0
汕头	2.8	2.1	2.2	2.4	2.1
汕尾	0.2	0.3	0.5	0.9	0.8
潮州	0.6	0.8	0.8	1.1	1.1
揭阳	1.1	0.8	2.1	3.9	2.0
粤西	5.7	4.3	4.0	5.3	3.7
阳江	0.5	0.6	0.8	1.6	0.8
湛江	2.2	1.8	1.6	1.8	1.5
茂名	3.0	2.0	1.6	1.9	1.4
粤北	3.9	3.6	6.3	4.9	4.0
韶关	1.2	1.1	0.9	1.0	0.8
河源	0.3	0.5	1.0	1.2	0.9
梅州	0.7	0.6	0.5	0.6	0.5
清远	0.6	1.0	3.4	1.3	1.4
云浮	1.2	0.4	0.5	0.9	0.4

资料来源：广东省统计局。

表 9 - 3　2008~2015 年广东省产业转移园区入园企业来源地情况

单位：家

年份	珠三角核心区 6 市	本地企业入园	承接地内转移	境外直接投资	外省转入	合计
2008	79	109	5	6	8	207
2009	129	148	12	17	9	315
2010	166	175	21	13	25	400
2011	189	187	18	14	25	433
2012	161	192	23	22	37	435
2013	258	274	17	17	40	606
2014	336	288	34	25	35	718
2015	232	253	26	23	66	600
合计	1550	1626	156	137	245	3714

资料来源：广东省工业和信息化厅。

来自珠三角核心区的产业转移在区位选择上呈现沿主要交通通道就近转移的显著特征。珠三角核心区经济最发达的深圳、广州、佛山等高梯度城市是粤东、粤西、粤北地区最大的转移企业来源地，2008~2015 年，三市转移进入全省产业转移园区的企业达到 1331 家，占 6 市转移入园企业总数的 85.9%。河源、清远、韶关、肇庆、江门、梅州、阳江、惠州等 8 市为承接珠三角核心区 6 市转移入园企业最多的地区，在这期间承接转移入园企业数达到 1366 家，占同期全省产业转移园承接转移入园企业总数的 88.1%，其中河源是承接转移入园企业数最多的地市，占总数的 21.5%。广州向粤东、粤西、粤北地区的产业转移主要流向清远、韶关、江门、肇庆，分别占广州转移企业数的 22.6%、16.9%、13.6% 和 10.3%；深圳企业主要流向河源、惠州、梅州、韶关，分别占深圳转移企业数的 48.7%、12.9%、9.7% 和 7.8%；佛山企业转入最多的是肇庆、清远、江门、阳江，分别占佛山转移企业数的 28.4%、22.8%、17.0% 和 7.3%；东莞企业主要往河源、韶关、梅州转移；中山企业主要往阳江、湛江转移；珠海企业主要转往阳江、茂名（见表 9-4）。

表 9-4　2008~2015 年珠三角核心区 6 市企业向全省各地市产业转移园区转移情况

单位：家

各地市	东莞	佛山	广州	深圳	中山	珠海	总计
潮州					3	1	4
河源	29	13	41	245	6		334
惠州	6		28	65	1		100
江门		58	66	13	10		147
揭阳		3	2	5		2	12
茂名	9		7	5	2	4	27
梅州	15	11	34	49	4	1	114
清远	3	78	110	16	5	1	213
汕头			1	1			2
汕尾	1	1		21			23
韶关	19	23	82	39	14	2	179
阳江	8	25	31	16	18	8	106
云浮	2	23	18	10	9		62

续表

各地市	东莞	佛山	广州	深圳	中山	珠海	总计
湛江	5	10	16	6	17		54
肇庆	5	97	50	12	7	2	173
总计	102	342	486	503	96	21	1550

资料来源：广东省工业和信息化厅。

三 需要解决的主要问题

在市场和政府的联手推动下，广东区域发展格局正由过去的核心—边缘结构向多极化、空间网络一体化过渡，全省范围内一个多核、多圈的网络化城市体系正在形成。但推进区域协调发展仍面临两个较为突出的制约因素。一是大中小城市协调发展格局有待建设，城镇规模结构和城镇功能分工有待进一步完善。广州、深圳等少数特大城市人口规模迅速扩张，"城市病"明显，住房、医疗、教育、社会保障等公共资源紧张；而粤东、粤西、粤北地区中小城市和城镇经济发展的新动力不足。二是地市间过度竞争制约了地区规模经济优势和比较优势的发挥。无论是珠三角核心区内部，还是粤东、粤西、粤北地区，围绕资本、人才等要素资源以及重点项目和企业的争夺战都越演越烈，由"行政区经济"导致的政府企业化、企业竞争寻租化、要素市场分割化、产业结构同质化、资源配置等级化以及邻域效应内部化等一系列问题在一定程度上仍存在，造成产能过剩和公共资源浪费等现象时有发生。这些因素影响了区域整体效率的帕累托改进，也成为广东区域经济差距居高不下的原因。要建成主体功能明显、优势互补的区域协调发展新格局，粤港澳大湾区城市群有待进一步加强与"一核一带一区"区域发展格局的建设协同。

第二节　粤港澳大湾区城市群与"一核一带一区"区域发展格局建设协同的实施路径

一 建设协同的基本思路

推进粤港澳大湾区世界级城市群与"一核一带一区"区域发展格局建

设协同是广东区域发展顺利实现由核心—边缘结构向多极化、空间网络一体化高级发展阶段过渡、协同发展的必由之路。要围绕 "一核一带一区" 区域发展格局的构建，紧紧抓住粤港澳大湾区和深圳中国特色社会主义先行示范区建设，以及横琴、前海、南沙 3 个合作平台建设的重大机遇，全力推动全省、全域深度参与和融入。珠三角核心区要发挥主阵地作用，以科技创新为核心在对接港澳的过程中不断做优做强，着力增强对粤东、粤西、粤北地区的辐射带动能力。沿海经济带要主动融入国家战略，接受大湾区的牵引带动，与大湾区实现高水平互动发展，加快构建贯通广东省东西两翼的跨区域产业链，形成 "湾带联动" 优势。北部生态发展区要在筑牢生态屏障的同时，积极对接、融入大湾区大产业、大市场，把生态优势转化为产业发展优势，走上 "绿色融湾" 的绿色协同发展之路。

首先，"强核优核"，增强 "一核" 辐射带动能力。中心区或核心城市的发展能级高低决定了其辐射范围和带动能力的大小。加强粤港澳大湾区城市群与 "一核一带一区" 区域发展格局的建设协同，必须提升珠三角核心区发展能级，进一步强化其在区域和国家发展中的龙头地位、辐射带动能力。要通过集聚高端要素推动产业结构高端化，形成高级职能的集聚地，重点提升创新、金融、贸易、物流、总部等职能级别。中心区只有形成高端化的产业结构，与周边地区保持产业梯度，才能向外延伸转移产业链条；只有形成强大的创新能力，才能不断孕育新的产业部门，推动技术和成熟产业持续向外扩散转移，对外发挥强有力的辐射带动作用；只有形成足够高等级的金融、贸易、物流等生产服务职能，才能保持中心区在区域发展中资源配置中心的主导地位。要深入推进粤港澳大湾区和深圳中国特色社会主义先行示范区建设，充分激发 "双区" 建设的乘数效应和辐射引领效应；推动广深双核合作与联动，汇聚全球高端要素，聚焦全球职能，提升双核在世界城市体系中的能级，强化广东区域发展核心引擎作用；加快粤港澳大湾区国际科技创新中心建设，整合区域科技创新资源，打造具有全球影响力的科技和产业创新高地，不断增强区域整体核心竞争力，为区域高质量发展提供不竭的动力源，辐射带动周边地区加快发展。

其次,"湾带联动",依托大湾区城市群壮大沿海经济带。强化沿海经济带东西两翼与珠三角核心区之间的协调联动,全面推进两者之间的基础设施、城镇化、产业发展、科技创新、公共服务、环境保护的对接协同。培育壮大汕潮揭、湛茂两大都市圈,着力增强都市圈的集聚力和辐射带动能力。推动汕尾、阳江分别加快融入深圳都市圈和珠江口西岸都市圈,强化两市连接珠三角核心区与东西两翼的战略支点功能,与珠三角核心区串珠成链,推进形成全省多极化、一体化的空间网络体系。强化汕头与深圳、湛江与广州"核+副中心"的深度协作,加快汕头、湛江两大省域副中心城市建设,打造现代化沿海经济带重要发展极、全省区域协调发展重要引擎。推进汕头、湛江全国性综合交通枢纽建设,加快大湾区城市群联系东西两翼的快速运输通道建设,畅通沿海经济带贯通东西,连接华东、华中、大西南和东盟的交通大通道。坚持陆海统筹发展,发挥海洋资源优势,加快建设滨海产业集聚带、滨海旅游带。依托东西两翼钢铁、石化、电力能源、风电装备等重大项目,加快引进配套产业,延伸产业链条,建设临港产业集聚区,强化全省产业发展主战场地位。

最后,"绿色融湾",推动北部生态发展区绿色发展。北部生态发展区是粤港澳大湾区的重要生态屏障,要践行"绿水青山就是金山银山"的理念,以区域主体功能为引领,突出生态优先、绿色发展原则,重点提升生态保障和绿色发展能力,进一步打造生态经济发展新标杆。抓好生态保护和生态建设,以提供生态产品为首要任务,加强区域重要流域上中游的水源保护,强化生态保护与水源涵养功能。按照"面上保护、点上开发"原则,优化北部生态发展区城镇和产业布局,提升城市综合承载力和人口集聚能力,引导人口和产业集聚发展。推进产业生态化和生态产业化,对接粤港澳大湾区大市场,依托区域重大产业园区、基地和发展平台,加快构建以生态农业、绿色工业(生物医药、清洁能源、数字经济)、生态旅游为主体的区域生态产业体系,着力增强产品和服务供给能力,高水平建设区域"米袋子""菜篮子""果盘子""水缸子""茶罐子""后花园"和数据中心。

二　大湾区城市群与 "一核一带一区" 区域发展格局建设协同的重点领域

(一) 加快城市群与都市圈建设, 推进区域一体化

1. 加快构建现代化都市圈

城市群和都市圈已经成为中国城镇化的主要形式, 也是新形势下构建高质量发展动力系统的重要空间组织形态。都市圈是城市群的重要支撑, 都市圈内部以超大特大城市或辐射带动功能强的大城市为中心、以 "1 小时通勤圈" 为基本范围, 区域之间的联系更加密切, 公共服务一体化程度更高, 能够充分发挥中心城市辐射带动作用, 解决区域协调发展问题。广东 "十四五" 规划提出培育壮大五大都市圈、构建现代化都市圈体系的重要战略举措, 大力推进都市圈内城市的分工协作和共建共享。五大都市圈包括广州都市圈、深圳都市圈、珠江口西岸都市圈、汕潮揭都市圈和湛茂都市圈, 范围覆盖广东全部 21 个地级以上市。

五大都市圈建设为大湾区城市群与 "一核一带一区" 建设协同发展提供了有力的抓手, 在 "核带区" 之间创造了新的纽带和桥梁。以广州都市圈和深圳都市圈为例, 广州都市圈中的广州、佛山、肇庆属于珠三角核心区, 而清远、云浮、韶关属于北部生态发展区; 深圳都市圈中的深圳、东莞、惠州属于珠三角核心区, 汕尾属于沿海经济带, 河源属于北部生态发展区。由此我们可以看到, 长期以来困扰广东的珠三角核心区与粤东、粤西、粤北地区区域发展水平不平衡问题, 通过都市圈建设, 找到了彼此联系、协同合作、一体化发展的解决方案, 通过完善都市圈内的基础设施建设、基本公共服务均等化发展、城市间的产业分工协作, 可以有效推动沿海经济带和北部生态发展区 "入珠融湾", 加快促进广东区域协调发展和区域一体化进程。

2. 依托 "双核 + 双副中心" 构建湾带联动发展新模式

2018 年 10 月, 习近平总书记视察广东时, 对广东的发展提出 "要加快形成区域协调发展新格局", "把汕头、湛江作为重要发展极, 打造现代化沿海经济带" 的工作要求。[①] 按照 "一核一带一区" 部署, 要把沿海经济带

---

① 《高质量加快构建 "一核一带一区" 区域发展新格局》, 奥一网, 2021 年 10 月 22 日, http://epaper.oeeee.com/epaper/A/html/2021－10/22/content_21561.htm。

打造成广东经济发展的主战场。为贯彻落实习总书记的指示精神，以及国家对广东省区域经济发展的战略部署，广东提出"探索推动广州、深圳与湛江、汕头深度协作，形成'双核＋双副中心'动力机制，建设汕潮揭城市群和湛茂都市圈"的建设思路。通过大湾区"双核"强大的辐射能力给"双副中心"赋能，培育壮大东翼的汕潮揭城市群和西翼的湛茂都市圈，破解东西两翼中心城市产业薄弱、辐射带动能力不足的难题。

构建"双核＋双副中心"动力机制，为促进湾带联动提供了平台支撑。2021年1月，深圳与汕头签署深度协作框架协议，两市将充分发挥比较优势，扛起新时代经济特区使命担当，坚持区域协调发展和高质量发展，加速形成"核＋副中心"动力机制，支持深圳建设中国特色社会主义先行示范区，推动汕头建设高质量的省域副中心城市，引领深圳都市圈与汕潮揭都市圈融合互动发展，为全省"一核一带一区"区域协调发展打造样板示范。同期，广州也与湛江签署了相关协议，深度协作支持湛江建设省域副中心城市。广州、深圳与湛江、汕头全面对接、深度协作，不仅可以有效补齐湛江、汕头发展短板，而且有利于深化大湾区与沿海经济带东西两翼城市群的对接与融合，推动沿海经济带制造业的转型升级和产业合理布局，带动东西两翼加快发展。

3. 加快建设互联互通的现代化基础设施体系

基础设施建设是区域一体化发展的基础和前提，构建互联互通的基础设施体系一直是大湾区城市群建设和"一核一带一区"建设的重要基础。这里的基础设施既包括城际交通体系、市域交通网络，空港、海港、河港体系，也包括5G网络、数据中心等新型信息基础设施，尤其是新基建，是高水平、高质量互联互通的一个重要标准。

在构建城际交通体系和市域交通网络方面，广东以大湾区为中心，实施轴带支撑、多向联通的综合交通布局，以建设"轨道上的大湾区"为重点，不断加快打造与沿海经济带、北部生态发展区联通融合的交通基础设施体系，构建高效、一体的现代化综合交通网络。2021年9月，广东省交通运输厅发布的《广东省综合交通运输体系"十四五"发展规划》提出，广东"十四五"期间重大交通基础设施项目总投资将达4.6万亿元，到2025年，要基本构建形成"12312"出行交通圈和"123"快货物流圈，即实现珠三角地区内部主要城市间 1 小时通达，珠三角地区与粤东、粤西、粤北地区 2 小时通达、与国内及东南亚主要城市 3 小时通达、与全球主要城市 12 小时左右通达的交通出行目标；物流省内 1 天送达、国内及东南亚主要城市 2 天送达、全球主要城市 3 天送达的货物运输目标。

在空港建设方面，广州白云机场和深圳宝安机场均已成为国际航空枢纽港，珠海金湾机场也是国际一级民用机场，此外粤东有揭阳的潮汕机场，粤西有湛江机场，粤北有韶关机场等。"十四五" 期间，广东提出将进一步完善建成 "3 + 4 + 8" 运输机场布局，即 3 个国际航空港、4 个地区性枢纽港和 8 个支线机场，进一步完善广东空港体系，构建高效便捷的交通网络。

在海港、河港建设方面，粤港澳大湾区是世界上沿海港口最为密集的地区之一，2020 年港口集装箱吞吐量超过 8000 万标准箱，位居世界四大湾区第一。除了深圳、广州等国际性枢纽海港，惠州、珠海、东莞、湛江、汕头等区域性海港，以及佛山、肇庆、云浮、江门等重要内河港口，共同支撑起了广东庞大的水路交通体系。

在新型信息基础设施建设方面，2020 年 11 月，广东出台了《广东省推进新型基础设施建设三年实施方案（2020—2022 年)》，提出到 2022 年，全省 5G 站址达 35 万个（含储备站址)，累计建成 5G 基站 22 万个，5G 用户数达 6000 万户。经过近几年的大力发展，广东 5G 技术创新能力已达到世界领先水平，开始形成世界级 5G 产业集聚区和 5G 融合应用区。5G 基础设施的发展，推动了信息化、数字化在工业、农业、教育、医疗等各领域的深度融合，再加上大数据中心建设、工业互联网创新基础设施建设、人工智能与数字经济实验室建设等，全方位赋能经济社会转型升级，成为广东区域高质量发展和区域一体化的重要保证。

（二）合作共建打造跨区域产业链

1. 发挥沿海经济区位优势，打造现代化海洋经济体系

习近平总书记提出 "海洋是高质量发展战略要地"。海洋经济在现代经济发展中占有重要地位。作为沿海大省和经济强省，广东海洋经济蓬勃发展，现已形成海洋电子信息、海上风电、海洋生物、海工装备、天然气水合物以及海洋公共服务产业等六大海洋产业。2020 年，海洋经济总产值达 1.72 万亿元，占广东 GDP 的 15.6%。海洋经济是推动全省经济高质量发展

的新动能和重要支柱。

作为广东经济发展的主战场，沿海经济带要进一步充分利用其海岸线漫长的区位优势，大力发展海洋经济，不断提升科技创新能力，优化海洋经济空间布局，通过湾带联动、合作共建打造跨区域产业链，构建现代海洋产业体系，打造具有国际竞争力的世界级现代海洋产业基地。

首先，以重大项目布局为引领，在广东东西两翼构建以海洋经济为主体形态的现代化支柱产业，为打造沿海世界级产业集群搭建高端产业骨架。目前，在东西两翼，包括湛江的巴斯夫（广东）一体化基地、廉江清洁能源等重大项目，东海岛世界级临港产业基地，茂名的石化和临港产业，阳江的世界级风电产业基地等一大批重大建设项目正在快速推进，贯穿沿海经济带的现代化海洋经济产业集群已经初具规模，为沿海经济带发展建设提供了越来越强大的产业驱动力。

其次，通过"双核＋双副中心"深度合作，湾带联动共建跨区域产业链。利用大湾区尤其是广州、深圳的高新技术产业、金融业、5G技术、文化创意产业等，带动东西两翼沿海地区实现产业高级化，优化产业结构，培育现代产业体系，并帮助东西两翼地区现有产业走向数字化、智能化，促进海洋经济高质量发展。充分利用广州、深圳"双核"的高科技创新平台、新一代信息技术以及现代服务业，全面对接东西两翼的海洋经济和先进制造业，增强对东西两翼产业的生产服务配套，帮扶东西两翼地区构建现代服务业体系，构建区域海洋创新体系，全面提升产业的附加值和竞争力。

2. 挖掘北部生态发展区禀赋优势，建设绿色产业体系

北部生态发展区是大湾区的绿色生态屏障，必须坚持在保护中发展的产业发展思路。在发展策略上，必须实行有别于沿海经济带的差别化产业政策，着眼于挖掘本地生态优势，合理规划产业发展门类，合理布局产业发展空间。在产业门类上，聚焦诸如现代农业、现代林业、生态旅游、健康养生、生物医药、低碳新型工业、大数据等现代绿色产业部门，在产业布局上坚持集聚发展思路，通过深度对接大湾区城市群的高端制造、智能制造和生产性服务业，建立"入珠融湾"的现代化绿色产业体系。

北部生态发展区的绿色产业体系建设，要避免一味走"铺摊子"式的

发展道路，注重发挥各地的资源禀赋和产业传统优势，发展地方特色产业。自 "十三五" 以来，北部生态发展区各地方政府都在积极探索符合自身条件的绿色发展路径，取得不少经验和成绩。例如梅州大力发展梅州柚、嘉应茶、寿乡水等特色农业品，大力抓好现代农业产业园建设，率先实现产业园升级改造全覆盖；云浮创建国家中医药产业发展基地；韶关大力发展优质稻、优质鱼、蔬菜、水果、畜禽等特色养殖；河源大力推进国家农业高新技术产业示范区创建，加快构建生态农业体系；清远大力推动清远鸡、英德红茶等特色农产品形成区域品牌，打造百亿元农业特色产业集群。北部生态发展区依靠地方资源禀赋发展特色产业，不但有力推动了农业产业规模化、品牌化发展，也保障了粤港澳大湾区 "米袋子" "菜篮子" "水缸子" "果盘子" "茶罐子" 的高水平建设。

北部生态发展区拥有大量得天独厚的自然资源、生态资源、特色农产品资源等，但是由于资金、人才、技术、市场等条件制约，未能创造出应有的财富与价值。北部生态发展区通过融湾战略，深入与大湾区展开合作，大力引进大湾区企业、资本、人才、技术，走向大湾区市场，打造 "湾区总部＋北部生态发展区基地" "湾区市场＋北部生态发展区品牌（生产）" "湾区设计研发＋北部生态发展区生产" 等多种模式，进行上下游产业链协作，实现合作共赢，取得丰硕成果。以清远的特色农产品连州菜心为例，清远通过与广州的江楠农业集团合作，依靠大湾区企业的营销平台走向大湾区，走向全国，进一步擦亮了连州菜心的品牌，扩大了产品影响力。大湾区企业与北部生态发展区合作共建产业链，对构建区域协同发展的绿色产业体系起到良好的支撑作用，有力推动了绿色发展迈上新台阶。

（三）加强科技创新协同，共建区域创新体系

1. 共建科技创新平台和载体

发挥粤港澳大湾区国际科技创新中心对粤东、粤西、粤北地区的创新引领带动作用，进一步加强广深港、广珠澳科技创新走廊沿线科技（学）城、高新区、高技术产业基地等创新平台与粤东、粤西、粤北地区高新区等创新平台的对接合作。建立完善珠三角核心区与粤东、粤西、粤北地区创新平台对口帮扶机制，积极开展园区、专业镇、孵化器、平台等精准帮扶和合作共建活动，共建协同创新平台、产业技术创新联盟。在粤东、粤

西、粤北地区以省级投入为主布局建设省级实验室等科技创新平台，重点支持汕头、湛江两大省域副中心城市依托钢铁、石化、装备制造等重大项目及地方优势特色产业基础建设省级实验室。创新全省实验室建设管理运行机制，大力推动珠三角核心区与粤东、粤西、粤北地区实验室建设以"核心＋基地＋网络"方式连点成网，实现全省实验室体系优化重组。发挥粤港澳大湾区科教资源高度密集优势，推动科技基础设施、专业技术服务平台、科技信息资源和大型科学仪器设备等向粤东、粤西、粤北地区开放共享，推动构建全省科技资源共享体系。鼓励和引导珠三角核心区和港澳地区高等学校、科研院所到粤东、粤西、粤北地区合作办学、设立新型研发机构。推进粤东、粤西、粤北地区国家级高新区建设，加快实现国家级高新区地市全覆盖，支持符合条件的专业性园区、产业转移工业园区转型升级为省级高新区。

2. 共同推进科技成果转移转化

加强政府引导作用，发挥粤港澳大湾区与粤东、粤西、粤北地区互补优势，努力突破科技创新合作障碍，构建深度对接的完整产业创新链条。依托粤东、粤西、粤北地区高新区、产业转移园区，探索"粤港澳大湾区研发、中试＋粤东、粤西、粤北地区产业化""粤港澳大湾区孵化、加速＋粤东、粤西、粤北地区产业园"等基于创新链上下游的合作共建模式，鼓励推动大湾区科技成果在粤东粤西粤北地区落地转化，打造一批科技成果产业化承载地。加强科技创新要素的双向交流，支持粤东、粤西、粤北地区在大湾区的科研院所或高新技术企业聚集区建设产业前端孵化器，同时引导大湾区高新技术园区到粤东、粤西、粤北地区设立科技企业孵化器、加速器，引进具有先进管理经验的运营团队，加强技术指导和培训服务，共建创新创业基地，不断健全粤东、粤西、粤北地区"研发—设计—孵化—加速—产业化"全链条科技创新与转化平台。

3. 共同培育壮大企业创新主体

突出企业技术创新主体地位，通过财政补贴等多种方式，加大创新主体培育力度，健全高新技术企业数据库和培育后备库，促进粤东、粤西、粤北地区高新技术企业加速发展，提升企业数量和质量，不断壮大高新技术企业集群。持续推进实施高新技术企业"树标提质""增效"等创新能力建设行动，全面推动企业研发机构建设，支持企业建设研究院、工程技术中心等各类研发机构。引导推动粤东、粤西、粤北地区 "专精特新" 中小微企业在新技术、新产业、新业态、新模式等方面创新发展，快速成长。推动规模以上工业企业通过加大研发投入和技术改造力度，升级成为高新技术企业。鼓励和引导粤东、粤西、粤北地区企业参与大湾区行业龙头企业、链主企业组建的产业技术创新联盟、产业共性技术研发基地，共同承担重大科技项目。推动大湾区与粤东、粤西、粤北地区产业链上下游、大中小企业融合协同创新，形成有机耦合的跨区域协同创新生态圈。

（四）以资源共享共建公共服务优质生活圈

1. 公共服务的共建共享

目前，在 "一核一带一区" 区域发展格局与都市圈一体化发展带动下，共建公共服务优质生活圈不仅是粤港澳大湾区的建设目标，也成为东西两翼和北部生态发展区城市的共同目标。区域一体化和区域协调不仅仅是经济协调发展，也包括了民生事业协调发展，共建公共服务优质生活圈作为民生发展的主要载体，对促进区域协调发展和区域一体化具有重要意义。

由于地区之间存在政府财力差异，实现民生协调发展不能仅仅依靠各地政府各自行动，必须依靠公共服务共建共享。尤其是要充分发挥大湾区城市的资源和资金、技术优势，大力推动与粤东、粤西、粤北地区其他城市的共建共享。在医疗方面，积极推进医疗机构改革，推动基层医疗卫生机构的一体化规划、统一标准的医疗基础设施建设与财政保障的稳定运行，提升医疗信息服务水平，实现卫生医疗信息一体化。在教育方面，积极推动义务教育阶段学校基础设施的均衡配置、促进教师资源的合理流动，大力支持粤东、粤西、粤北地区新建高校、提供高水平专业和职业教育培训，构建高技能人才培养体系。在公共就业服务体系方面，实行统一制度、统一管理、统一信息系统，提高公共就业服务的专业化、标准化水平，并在补偿标准等方面向粤东、粤西、粤北地区倾斜以进行扶持，增强人才吸纳能力。在社保、医保体系建设方面，在信息互通的基础上，进一步提高共建共享水平，实现资源共享、服务共享。

2. 推进区域人才交流与服务业合作

人才与资本是产业发展的重要推动力，大湾区城市群与 "一核一带一区"建设协同发展，必须创建适宜人才、资本能够畅行无碍的市场环境和生活环境。东西两翼、北部生态发展区城市和大湾区城市开展人才交流与合作，通过公共服务均等化以及产业的合理分工布局，建立适宜人才流动的就业环境；通过交流、培养、培训合作，优化人才结构，壮大人才队伍；通过引进大湾区金融资本与金融服务，深化对接合作，提升金融人才水平和服务实体经济能力，促进产业发展。要紧抓粤港澳大湾区建设世界重要人才中心和创新高地以及建设粤港澳人才合作示范区的机遇，借助粤港澳专业服务业之间的合作，大力吸引海外高端人才，完善建立大湾区相关人才政策，实现人才在大湾区及粤东、粤西、粤北地区城市工作更便利、来去更自由。搭建产业人才资源共享平台，加大对粤东、粤西、粤北地区的扶持力度，实现基本公共服务均等化，促进人力资源协调发展。

（五）完善生态联防联治，推动绿色发展

完善生态环保联防联治机制是解决区域环境保护问题、实现绿色发展的重要举措。根据广东省委、省政府于 2019 年 7 月印发的《关于构建"一核一带一区"区域发展新格局 促进全省区域协调发展的意见》，北部生态发展区的主要任务是加快构建和巩固北部生态保护屏障，大力推进发展方式向绿色发展转型，形成符合主体功能定位的生态安全格局，打造"绿水青山就是金山银山"的广东样本。为保障北部生态发展区的绿色发展，广东以生态补偿政策为切入点，依托"四个机制"全局谋划推进生态环境保护工作，实施生态环保联防联治。主要包括保护区生态补偿机制、流域上下游横向补偿机制、多元生态补偿机制和生态保护发展长效机制等。

1. 完善保护区生态补偿机制

将完善保护区生态补偿需求和政策相衔接，确保广东财政补偿转移支付范围实现对生态发展区、生态保护红线区、禁止开发区及国家级海洋特别保护区全覆盖。建立"生态账户"，建立信息共享和监督平台，引入市场激励机制，建立常态化、严格科学的补偿机制和补偿标准；建立完整的相关自然资源资产管理制度和生态保护区管理运行机制，提高管护人员的素质、能力和相关待遇，实现专业化管理和生态保护。

2. 探索流域上下游横向补偿机制

积极探索更具互利性的流域上下游横向补偿机制，建立"受益者补偿，保护者受益"的生态补偿政策。近年来，广东在这方面已经做出积极的尝试，取得显著的成效。2015～2020 年，广东合计拨付广西、江西、福建等跨省份补偿资金 15.65 亿元，各跨省份流域考核断面水质均稳定达标，达到 Ⅲ 类水质标准，并且各年度、月度水质达标率均为 100%。2020 年 8 月，广东出台《广东省东江流域省内生态保护补偿试点实施方案》，进一步推进省内重点流域上下游横向生态补偿试点，广州、深圳、东莞、惠州等下游地市按照行政区域内流域面积、国家重点生态功能区数量等因素补偿上游河源、梅州及韶关市。下一步，仍需要进一步加强流域上下游横向补偿机制的顶层设计，协调不同省市的相关权益，进一步设置实施细则，弘扬"环境有价"理念，增强生态补偿的自觉性。建立补偿资金分配机制，合理分配资金，提高使用效率，并大力完善监督管理机制和提升绩效考核实效。

3. 发展多元生态补偿机制

充分发挥市场在资源配置中的决定性作用，着力完善生态环境治理和保护的市场化机制，引导银行机构加大对节能减排环保行业绿色项目的信贷投放力度，推动形成具有广东特色的绿色金融体系；积极推进碳排放交易制度，建立碳排放权有偿使用交易体系、林业碳普惠的生态补偿机制和碳排放权抵质押融资体系；开展排污权有偿使用和交易试点，规范排污权有偿使用和交易价格管理，促进排污权交易，形成排污权有偿使用和交易政策框架体系。

4. 完善生态保护发展长效机制

落实河长制、湖长制、林长制，加强山水林田湖草系统治理，制订支持万里碧道建设一揽子资金扶持计划，立足碧道建设的整体性和系统性，从流域层面统筹生态、安全、文化、景观和休闲功能，促进区域经济绿色发展和人居环境改善。

进一步提升生态公益林补偿标准，按区域实施生态公益林的差异化补偿政策，在政府财力允许的前提下，逐步提高补偿标准，充分协调各利益相关主体之间的关系，不断提高全社会在生态保护和生态发展中的主动性、积极性。推动生态保护修复与文化产业发展相结合，在加大政府相关投入的同时，积极引进社会资本，探索生态资源与文化资源相结合的文化产业开发模式，稳妥推进在充分保护生态资源前提下的科学开发利用，寓保护于发展之中。

第三节　粤港澳大湾区城市群与"一核一带一区"区域发展格局建设协同的保障机制

一　建立区域建设协同战略统筹协调机制

建立健全多层次、多主体参与的区域建设协同协调组织和管理机构。在广东省区域协调发展领导小组和广东省推进粤港澳大湾区建设领导小组的基础上，建立健全珠三角核心区、沿海经济带、北部生态发展区以及全省五大都市圈等多个次区域多样化的建设协同协调机制。借鉴长三角等地区一体化发展的组织协调机制建设经验，从决策层、协调层到执行层，形成三级运行、统分结合、多方参与的协同架构和机制。在决策层方面，省区域协调发展领导小组统筹协调和研究解决全省区域建设协同的重大问题；次区域层面的相关地市党政主要领导联席会议在省区域协调发展领导小组的领导下统筹指导本区域的一体化建设协同，研究解决本区域建设协同的重大问题，督促落实重大事项。在协调层方面，建立次区域范围内地市级领导层面的常态化协调会议机制，设立区域合作办公室，各市选派人员、合署办公，协调解决联席会议决议事项推进中遇到的问题。在执行层方面，分别设立多个专题合作组，如规划、交通、产业、环保等专题合作组，负责联席会议决议事项的具体推进和落实。

二　加强顶层设计和规划协调

强化规划引领和规划衔接。发挥全省国民经济和社会发展总体规划的纲领性作用，以主体功能区规划为基础，突出各地区功能定位，统筹协调重大产业项目、重大基础设施、重大区域合作平台布局，推动区域建设协同加快推进。做好区域规划、专项规划等各类规划与总体规划的协调衔接，市县规划与上级规划衔接，确保总体规划的战略意图和战略任务得以贯彻落实。同时还要强化市与市、县与县等地区之间的规划衔接，以推进地区之间的协同融合一体化发展。更好地发挥区域发展政策对区域建设协同的推动作用。针对不同主体功能区域，实行差别化的产业、投资、财税、土地、人才等发展政策，推动地区之间经济优势互补、差异化协同发展。粤北山区的重点生态功能区和国家级农产品主产区适用北部生态发展区的发展政策，沿海经济带的东西两翼地区主要适用重点开发区域发展政策。粤北山区只有地级市市区、县城及各类省级以上的产业园区等少数点状片区，在严控开发强度和环保准入门槛的前提下，才适用重点开发区域的发展政策。发挥政绩考核的重要 "指挥棒" 作用，完善政府考核激励机制。要充分考虑各地实际，建立分类指导、科学合理的各级政府考核机制，避免 "一刀切"。在区域建设协同推进过程中，各地的目标及任务存在较大差异，遇到的实际困难和约束也不同。针对不同地区、不同阶段的特点赋予不同的评分标准和权重结构，重点考核地方政府推动区域协同和经济高质量发展的工作实绩，并将考核结果作为领导干部选拔任用的重要依据。

三　完善财政转移和生态补偿机制

完善省级财政转移支付制度。以功能区为引领，以区域均衡为目标，完善保工资、保运转、保基本民生的省级财政基本保障托底转移支付制度。加大省级财政对原中央苏区、革命老区、少数民族地区和边远山区等欠发达地区的支持力度，提高补助标准，建立稳定增长机制，增强地方财政保障能力。欠发达地区开发项目逐步削减地区配套资金，加大中央和省级财政投资补助比重。对东西两翼地区和北部生态发展区的重点开发片区产业园区建设与产业共建项目实行普惠性财政奖补，推进区域建设协同。健全完善生态保护补偿转移支付制度，加快形成生态损害者赔偿、受益者付费、保护者得到合理补偿的运行机制。进一步加大对重点生态功能区与农产品主产区的政策支持和财政转移支付力度，健全生态公益林补偿标准动态调整机制，完善重点生态功能区、禁止开发区的生态补偿机制。探索实施生态补偿与环境质量改善、生态功能等级与生态补偿标准挂钩的激励约束制度。完善多元化横向生态补偿机制，推广生态受益地区与生态保护地区、两地交界河流流域上下游地区资金补偿、对口协作、产业转移、人才培训、共建园区等多种生态补偿模式。探索建立市场化的多元生态补偿机制，支持北部生态发展区发挥生态优势，与珠三角核心区绿色金融改革创新试验区联动开展绿色金融创新，积极开展碳排放权、水权、林业碳汇等生态资源产权交易。

四 完善优化区域帮扶协作机制

深入实施新一轮对口帮扶工作，总结推广广清经济特别合作区、深汕特别合作区等帮扶经验，进一步完善协作机制，加强共享制度设计，推动珠三角核心区与粤东、粤西、粤北地区从对口帮扶转为全面合作融合发展，加快融入粤港澳大湾区城市群都市圈同城化建设。以产业梯度转移和产业共建为重点，按照全省一盘棋和区域建设协同的要求，推动产业、企业在珠三角核心区和粤东、粤西、粤北地区之间跨区域布局，促进产业链跨区域对接融合，形成更紧密、更合理的区域产业分工体系，加快实现粤东、粤西、粤北地区与珠三角核心区同一水平发展。完善产业园区合作共建机制，积极探索扶持共建、股份合作、托管建设等共建模式，按共同开发、利益共享的原则，完善共建双方的园区建设管理责任分担以及经济指标统计、财税收入分成制度，形成责任共担、利益共享、合作共赢的长效机制。推进帮扶领域全覆盖，重点在基础设施建设、社会民生事业、科技创新等领域加大帮扶力度，增强对口帮扶的全面性和针对性。推动珠三角核心区大型医院与粤东、粤西、粤北地区医院建立对口支援、巡回医疗和远程医疗制度。鼓励珠三角核心区医院、学校、科研院所等到粤东、粤西、粤北地区创建分支机构，带动相关领域发展。

五 创新支撑区域协同发展的人才政策

适度倾斜，创新人才政策，强化区域协同发展的人才支撑。实施粤东、粤西、粤北地区人才发展帮扶计划，加大省财政对粤东、粤西、粤北地区培养引进创新创业团队、高层次人才和其他紧缺拔尖人才的资助补贴。支持大学生和专业技术人才到粤东、粤西、粤北地区就业创业。实施粤东、粤西、粤北地区人才知识技能提升工程，推进实施竞争性扶持市县重点人才工程和科技专家服务团、人才驿站项目，促进创新人才向粤东、粤西、粤北地区集聚。加强珠三角对粤东、粤西、粤北地区各类人才培养开发的支持，加大智力帮扶力度，通过干部交流、业务培训、定向培养、访问进修、跟班学习等多种形式，提升粤东、粤西、粤北地区人才专业知识水平和技术技能水平。鼓励本省高等学校选派优秀教育人才对口支持粤东、粤西、粤北地区高等学校发展建设。完善专业人才支持老区发展的激励机制，推动教师、医生、科技人员等专业人才到粤东、粤西、粤北地区交流轮岗和对口服务，为粤东、粤西、粤北地区振兴发展提供智力和人才支撑。推动珠三角核心区与粤东、粤西、粤北地区之间职业教育机构、行会商会等合作开展劳动力培训活动，以远程职业培训为重点，探索跨区域培训合作模式。创新人才评价机制，建立向区域协同发展重大战略倾斜的人才评价绿色通道，适度下放粤东、粤西、粤北地区的人才评审权，对业绩突出、业内和社会认可的优秀人才，适度放宽学历、资历、年限等要求。对基层教育、卫生、农业、工程等领域的人才实行"定向评价、定向使用"的基层专业技术职称制度。

第十章
粤港澳深度合作共建世界级城市群

城市群的本质是区域一体化过程在城市空间形态上的表现。城市群区别于其他城市形态的重要特征是设施同城化、市场一体化、功能一体化、利益协同化等。正因为如此，各个城市之间的政府合作和协同治理就显得十分必要。

第一节　粤港澳大湾区的制度特性与世界属性

区别于其他国家战略乃至世界其他湾区，粤港澳大湾区最大的特点在于"一国两制""三个关税区""三种法律体系"的多元化制度环境。如何在"一国两制"制度框架下推进城市群协同发展、提升大湾区城市群整体竞争力是粤港澳大湾区建设的重要命题。

一　粤港澳大湾区"一国两制"制度框架

"一国两制"是全球化时代中国国家治理理论和治理实践的伟大创新，是探索国家治理体系和全球治理体系的典型样本。改革开放以来，世情、国情、港情、澳情等发生很大变化，"一国两制"对内地与香港特别行政区和澳门特别行政区的健康持续高效发展发挥了极为重要的作用。进入新时代，中央继续支持香港、澳门融入国家发展大局，全面推进内地同香港、澳门互利合作。建设粤港澳大湾区是新时代推动形成全面开放新格局的新举措，也是推动"一国两制"事业健康发展的新实践（刘金山，2019）。

（一）"一国两制"在香港、澳门的成功实践

中华民族 5000 多年的文明史，记载着先民在岭南这片土地上的辛勤劳作。鸦片战争以后的中国近代史，记载着香港被迫割让的屈辱，更记载着中华儿女救亡图存的抗争。中国共产党团结带领人民进行的波澜壮阔的百年奋斗的历史，记载着港澳同胞做出的独特而重要的贡献。有史以来，港澳同胞始终同祖国风雨同舟、血脉相连。1997 年 7 月 1 日，香港回到祖国怀抱，迈出了实现祖国完全统一的重要一步。1999 年 12 月 20 日，澳门回归，中国人民在完成祖国统一大业的道路上树立了又一座丰碑。香港、澳门回归祖国后，开启了发展的历史新纪元。20 多年来，香港、澳门经济取得长足发展。在祖国全力支持下，在香港特区政府、澳门特区政府和社会各界共同努力下，"一国两制"实践在香港、澳门得到举世公认的成功。香港、澳门战胜国际金融危机、新冠疫情等各种严峻挑战，稳步前行。香港国际金融、航运、贸易中心地位不断巩固，澳门人均本地生产总值居全球前列，社会事业迈上新台阶。香港在国家改革开放的壮阔洪流中，发挥连接祖国内地同世界各地的重要桥梁和窗口作用，为祖国创造经济长期平稳快速发展的奇迹做出了不可替代的贡献，并积极融入国家发展大局、对接国家发展战略，继续保持高度自由开放、同国际规则顺畅衔接的优势，在构建中国更大范围、更宽领域、更深层次对外开放新格局中发挥着重要功能。[1] 事实充分表明，"一国两制"是解决历史遗留的港澳问题的最佳解决方案，也是香港、澳门回归后保持长期繁荣稳定的最佳制度安排。

（二）粤港澳大湾区建设是"一国两制"新实践

《粤港澳大湾区发展规划纲要》指出，建设粤港澳大湾区既是新时代推动形成全面开放新格局的新尝试，也是推动"一国两制"事业发展的新实践。粤港澳大湾区建设在"一个国家、两种制度、三个关税区、三种货币"的条件下进行，是世界区域经济发展史上前所未有的探索。港澳要积极融入国家发展大局，粤港澳大湾区建设正是港澳融入国家发展大局的具体体现和良好机遇。粤港澳大湾区建设是新时代丰富"一国两制"的新实践，

---

[1]　引自习近平总书记在庆祝香港回归祖国 25 周年大会暨香港特别行政区第六届政府就职典礼上的重要讲话，2022 年 7 月 1 日。

把坚持"一国"原则和尊重"两制"差异有机结合起来，把维护中央的全面管治权和保障特别行政区的高度自治权有机结合起来，把国家所需和港澳所长有机结合起来，实现香港、澳门的持续繁荣稳定。粤港澳大湾区建设是在坚持"一国两制"、"港人治港"、"澳人治澳"、高度自治的前提下，粤港澳各方依托自身优势，共谋国家发展的新举措，也是港澳融入国家发展的重要展示（张龙平，2019）。

粤港澳大湾区建设推动珠三角"地理湾区"转向粤港澳"战略湾区"。大湾区建设坚持"一个中心"，即"支持香港、澳门融入国家发展大局"，这是"一国两制"从国家统一理论向国家治理理论转变的具体实践。过去40多年，港澳是内地改革开放的见证者、参与者、受益者和贡献者，在以"国家治理体系和治理能力现代化"为总目标的新时代改革开放进程中，大湾区建设坚持"一国两制"大胆闯、大胆试，将为全面深化改革贡献特殊力量。从全球来看，二战之后逐步形成的全球治理体系正面临巨大的内在调整压力。在中国不断走近世界舞台中央的过程中，在坚持中国特色社会主义不动摇的前提下，必须处理好与外部资本主义体系的协调问题。粤港澳大湾区建设为此提供了局部实验平台。在"一国两制"下，内地实行社会主义制度，港澳实行资本主义制度，不断探索两地融合发展的路径和渠道，不仅有利于大湾区释放"两制"之利，也将为国家的制度型开放探索路径，为"全球两制"协调积累经验（黄卫挺，2019）。

二 香港、澳门凸显粤港澳大湾区世界属性

粤港澳大湾区发展定位于国际一流湾区、世界级城市群。获得世界性既是粤港澳大湾区建设的重要要求，也是粤港澳大湾区建设的必然路径。在全球城市体系中的控制力和影响力方面，香港和澳门依托其独有的经济特性和优势，有力提升了粤港澳大湾区的世界地位。

（一）香港：国际大都会

香港作为国际大都会的勃勃生机令世人为之赞叹。香港是全球最具竞争力的城市之一，在世界享有极高声誉，被 GaWC 评为世界一线城市。香港连续多年被评为全球最自由经济体，被国际货币基金组织（IMF）评定为全球规模最大及最先进的金融体系之一，是综合竞争力排名全球前列的国

际金融中心、国际贸易中心、国际航运与航空中心、国际旅游中心和重要的离岸人民币业务枢纽。香港是中国内地接入世界经济体系的重要窗口和链接枢纽，是中国重要的国际融资中心和资金池、重要的国际贸易和资本通道、重要的国际资本交易平台和稳定离岸人民币汇率的"压舱石"。在WTO中，中国内地的关税等级仍然比较高，而中国香港是WTO单独关税区，出口货物能享受更多的配额、更加优惠的税率。因此，香港是内地合法绕过各种贸易壁垒和金融管制的有效通道。在外资眼中，香港也是进入中国内地市场最重要、最可靠的通道和平台之一。

（二）澳门：世界娱乐城

澳门国际化程度和国际知名度非常高。澳门是自由港，可以自由进出人员、商品、资金和信息，经济运行模式与国际高度接轨，并实行低税制，在融资、进出口、税收和外汇方面处于有利地位。澳门拥有国际公认的开放和安全的营商环境，被世贸组织评为全球最开放的贸易和投资体系之一；根据美国智库传统基金会公布的2019年《全球经济自由度指数》报告，中国澳门经济自由度在亚太地区排名第9位，在全球180个经济体中排名第34位。中国澳门是WTO正式成员，是46个政府间与非政府间国际组织成员，近90个国际协议、公约的签约方。澳门是全球闻名的博彩、旅游、会展、娱乐中心。2021年，澳门博彩收入达到869亿澳门元。依托博彩业的快速发展，澳门文化旅游和娱乐业也得到迅速发展，已经成为亚太地区著名的文化娱乐中心。澳门既是中西方传统文化共存共融的交汇地，也是现代时尚文化的展示中心。建设世界旅游休闲中心是澳门对接"一带一路"倡议最具潜力和优势的领域。一个充满活力的澳门使粤港澳大湾区拥有更丰富的多样性，有力提升了大湾区的国际吸引力和影响力。

第二节　粤港澳经济合作的基础与条件

港澳地区与内地发展密切相关。改革开放之后，内地与港澳发展更是互相成就，携手并进。在市场经济发育程度和市场体系完善程度方面，内地与港澳地区呈现出从差异性到趋同性的发展态势，"一国两制"为粤港澳大湾区建设带来了丰厚的制度红利。

一 粤港澳经济合作历程

港澳从来没有隔离于内地而孤立发展。回归前，无论是明、清，还是民国时期，港澳都与内地唇齿相依、息息相关。在明朝中后期，澳门已经是最重要的开放口岸之一，是中国—欧洲、中国—美洲、中国—日本三条贸易航线上的重要枢纽，也是西方传教士来华的主要通道。清代后期，香港在被割让之后逐渐发展成为重要的通商口岸和贸易中心。19世纪末期，中国内地对外贸易进口额的一半左右对应的贸易经由香港进行。民国时期，香港与内地的经济联系进一步密切，金融业也开始兴起，一度成为支援大陆抗战的重要物资通道。新中国成立初期，西方国家对中国实施经济封锁。香港由于其特殊的历史地位和地理位置，几乎成为新中国与西方进行贸易的唯一窗口，香港经济也基于此迎来了几十年的高速发展。通过香港，新中国采购到社会主义建设必需的部分工业设备、紧缺物资和战略物资，得到大量急需的外汇。

港澳是改革开放的重要发展基点，最初的4个经济特区中有2个（深圳、珠海）是贴近港澳而设。在改革开放的滚滚春潮中，香港抓住了内地制造业起飞的契机，成为内地连接世界的重要桥梁和国际商贸、物流、航运、金融中心。澳门也在改革开放大潮中迎来了经济发展的大飞跃。改革开放以来，内地与港澳合作先后经历过三个阶段。

（一）第一阶段："前店后厂"的1.0时代

20世纪70年代末，香港在经过快速发展之后，制造业面临地价高企、劳动力成本上升、比较优势下降的巨大压力。其时恰逢中国实行对外开放政策，香港制造业得以向广东转移，将珠三角作为生产基地，既带动了珠三角的经济腾飞，也实现了自身的经济转型和发展。在多年的合作中，广东与香港逐渐形成了"前店后厂"的分工模式。由港澳提供技术和平台，利用流入广东的廉价劳动力进行产品生产，最终产品再借助港澳出口外销。在此过程中，香港逐渐转型为服务型经济体。广东则成为全球生产网络中不可或缺的加工贸易基地（刘家林，2012）。

（二）第二阶段：CEPA合作的2.0时代

1997年，香港在回归之初受亚洲金融危机的冲击和外部经济波动的影响，经济出现了暂时的困难，1998 年 GDP 负增长 5.5%。2003 年受"非典"疫情的冲击，香港经济再度受到严重影响，股市由 17000 点下跌到8000 点，楼市价格指数比 1997 年下跌 62%，通货紧缩，失业率高达 8.5%。为了支持香港的经济转型和发展，中央政府与香港特区政府于 2003 年签署了 CEPA，标志着内地与香港的经贸交流与合作进入一个崭新的发展阶段。CEPA 突破了单纯的制造业合作局限，推动内地与港澳合作向纵深发展，尤其体现在生产性服务业领域。广东与香港的贸易额从 2003 年的 592.56 亿美元增加至 2012 年的 5916.6 亿美元，增长近 9 倍。2008 年出台的《珠江三角洲地区改革发展规划纲要》进一步提出优先发展现代服务业的战略规划，以推动率先实现服务贸易自由化，增强粤港澳三地的发展动力。

（三）第三阶段：粤港澳大湾区建设的 3.0 时代

随着粤港澳大湾区上升为国家战略，内地与港澳合作进入粤港澳大湾区建设的新时代。粤港澳大湾区建设是国家重大发展战略，是立足全局和长远做出的重大谋划，也是保持香港、澳门长期繁荣稳定的重大决策。粤港澳大湾区建设是新时代广东改革开放再出发的重大历史机遇，对促进广东产业转型升级和实现"四个走在全国前列"具有举足轻重的作用。以2017 年 7 月 1 日《深化粤港澳合作，推进大湾区建设框架协议》的签署为标志，2022 年正是粤港澳大湾区建设五周年。从 2019 年的《粤港澳大湾区发展规划纲要》《中共中央 国务院关于支持深圳建设中国特色社会主义先行示范区的意见》，到 2021 年的《横琴粤澳深度合作区建设总体方案》和《全面深化前海深港现代服务业合作区改革开放方案》，再到 2022 年的《广州南沙深化面向世界的粤港澳全面合作总体方案》，几乎一年一个政策、一年一个利好，体现了中央对粤港澳大湾区建设的高度重视。五年来，粤港澳三地按照"中央要求、湾区所向、港澳所需、广东所能"的要求，克服新冠疫情带来的不利影响，着眼于深化新一轮改革开放、构建新发展格局、推进高质量发展，推动大湾区建设不断破浪前行、行稳致远。国际科技创新中心建设扎实推进，基础设施互联互通水平明显提升，跨境要素流动更加高效便捷，重大合作平台和产业项目加快建设，国际一流湾区和世界级城市群建设取得显著成效。

二　内地与港澳的经济互补性

珠三角9市与港澳之间的经济互补性较强。珠三角的优势主要在于完善的产业链、充沛的劳动力、广阔的发展腹地和不断提升的居民消费能力等。港澳的优势主要体现在畅通便捷的国际联系网络、完善的产业服务、较高的市场化运作及管理水平、发达的物流系统以及与国际对接的法律规章制度和办事准则等。

（一）经济地理同一单元

粤港澳大湾区整体上处于珠江口冲积平原上，拥有约5.6万平方公里的陆地面积和7200万人的常住人口。各市拥湾而立，都具有河口经济、海洋经济的特征和属性，共同组成了全球规模最大的城市连绵区。凭借靠近"欧洲—印度洋—马六甲—太平洋西岸"这一世界黄金航道的交通便利优势，深圳、广州和香港发展成为规模庞大的世界级港口群，成为全球重要的航运枢纽，是"双循环"新发展格局的重要战略支点。正是基于共处同一经济地理单元的独特条件，珠三角和港澳地区的经济和产业结构呈现一定的均质性，更容易在产业上形成叠加的规模效应。

（二）发展水平梯度分布

粤港澳大湾区内部各城市之间在经济发展水平和层次上表现出明显的梯度分布态势。香港是世界级城市、全球三大金融中心"纽伦港"之一，现代服务业发达。香港和澳门人均GDP遥遥领先于内地，属于发达经济体。尤其是澳门，曾经在2019年达到人均8万美元，位居全球第一，只是近年来受新冠疫情影响，回落幅度较大。深圳、广州是人口超千万的超大型城市，也是内地一线城市，城市影响力在国内排名前列。在GDP方面，2021年，香港、深圳、广州都处于2万亿~4万亿元等级，在国内仅次于上海和北京。东莞和佛山两市GDP均突破万亿元大关，在大湾区居于第二层次，也是大湾区制造业发展的中坚力量。惠州、珠海、中山、江门、肇庆5市则处于第三层次，GDP在5000亿元以下。珠海人均GDP接近16万元，在省内仅次于深圳，而江门和肇庆人均GDP低于全国平均水平（8.1万元）。梯度分布的发展水平有利于在大湾区内部形成合理的产业分工和发展序列，有利于提升协作的黏合度（见表10-1）。

表 10 - 1　2021 年粤港澳大湾区各市 GDP 对比

指标	香港	澳门	深圳	广州	东莞	佛山	惠州	珠海	中山	江门	肇庆
GDP（亿元）	23740	1929	30665	28232	10856	12157	4977	3882	3566	3601	2650
人均 GDP（万元）	32.01	28.38	17.46	15.12	10.37	12.80	8.24	15.9	8.07	7.51	6.44

资料来源：珠三角 9 市数据来自《2021 年广东省国民经济和社会发展公报》，香港数据来自《香港 2022 年施政报告》，澳门数据来自《澳门 2022 年财政年度施政报告》。

（三）产业结构互为补充

粤港澳大湾区内部产业结构呈现互为上下游、内部小循环的基本特点。香港、澳门和深圳、广州的现代服务业发展水平较高，尤其是金融、研发、会展、物流、商贸和数字经济、总部经济十分发达，既能够支撑大湾区制造业和现代农业的服务需求，也有利于吸聚其他地区的经济要素和资源为大湾区服务。东莞、佛山、惠州、中山、珠海、江门等市制造业发达，是珠三角"世界工厂"的基石，能够提升大湾区的产业"硬度"。澳门的旅游娱乐业和肇庆的现代农业是大湾区产业多元化的重要补充。粤港澳大湾区的珠江口东岸地区以深圳为中心形成的深圳都市圈电子信息产业发达，深莞惠电子信息产业集群在全球的创新能力和产业竞争力仅次于硅谷。北部地区以广州为中心形成的广州都市圈正在不断地推进同城化。珠江口西岸地区的先进装备制造业快速发展，珠中江三城合作日益紧密。

（四）合作转型的共同需求

珠三角地区和港澳地区目前都处于产业转型升级的关键时期，拥有共同的转型诉求。经过 40 多年的改革开放，珠三角地区在经济快速发展的同时，各项要素成本也在不断提升，土地成本高企，人口红利趋弱，环保压力增大，劳动密集型产业竞争压力加大，迫切需要通过产业转型升级，把发展动能由要素推动转向创新驱动，以实现经济高质量发展。香港的三大主导产业——贸易、金融和航运也都面临转型压力。传统贸易面临互联网的巨大冲击，传统金融面临科技金融和内地资本市场的巨大挑战。在内地航运业兴旺和新冠疫情冲击的背景下，香港航运业举步维艰。如果不能加快实现产业转型升级，香港经济发展将面临巨大压力。自 2010 年至今，香港一直在努力推动传统产业提升与再工业化，聚焦先进制造技术、汽车配件、中药研究与制造、通信技术、电子消费品、数码娱乐、显示技术、集成电路设计、物流/供应链管理应用技术、医疗诊断及器材、纳米科技及先进材料、光电子、纺织及成衣等领域，推行清洁能源计划，但成效尚不够显著。澳门正在努力推动经济多元化，努力摆脱博彩业一家独大带来的产业风险。共同的转型需求有利于推动珠三角地区和港澳地区在经济发展上实现同频共振、协作发展。

三 内地与港澳合作成效

改革开放以来，从"前店后厂"到 CEPA 合作再到粤港澳大湾区建设，内地与港澳的经济关联度不断提升，已经形成了自成体系的产业生态和合作网络，成为一个联系紧密的经济综合体。

（一）产业协作不断深化

改革开放 40 多年来，香港一直是广东最重要的贸易伙伴、最大的境外投资来源地和对外投资目的地之一。根据《2021 广东统计年鉴》，2020 年，广东与香港的进出口额占广东全省进出口总额的 14.2%，来源于香港的投资额占全省外商在广东投资总额的 60.1%。随着粤港澳三地经济联系的不断加强，尤其是 CEPA 的实施，广东与香港、澳门之间的服务业合作快速推进，从传统的房地产业、商业、餐饮业、交通运输业领域拓展到专业服务、科研合作、工业设计等领域。2019 年，来自香港的实际投资额约为 1051 亿美元，约占广东全省实际利用外资总额的 69.1%。来自澳门的实际投资额为 101 亿美元，占广东全省实际利用外资总额的 6.6%。

（二）城市连接更加密切

随着广州都市圈、深圳都市圈和珠江口西岸都市圈规划和建设的不断加快，大湾区内部各城市之间的联系也日益紧密。从大湾区空间地理角度看，广深港澳科技创新走廊也是粤港澳大湾区城市群的中轴线，沿着珠江主出海口连接广州、佛山、东莞、深圳、中山、珠海和香港、澳门，形成一条创新要素聚集、空间联结、产业联动的创新经济带，聚集了包括广州中新知识城、广州国际创新城、东莞松山湖科技园、深圳光明科学城、香港科学城等在内的一批重大产业创新平台。由广州南沙、东莞滨海湾新区、深圳西部沿海地区、中山翠亨新区、珠海东部沿海地区和香港、澳门共同形成的 100 公里"黄金内湾"正在打造成为粤港澳大湾区的"湾中湾"、城市群的 CBD。随着粤港澳三地人员和经济往来日渐频繁，港澳企业到内地投资的数量与规模也不断提升。在港资企业的城市分布中，深圳数量最多，广州和东莞位居其后。澳资企业则是珠海数量最多，深圳和广州位居其后。从城市之间的产业关联看，联结强度最大的是深圳—香港区域，广州—东莞—深圳—香港的联结也正不断增强。

（三）要素流动日渐畅通

随着粤港澳大湾区建设的推进，大湾区营商环境进一步优化，内地与香港、澳门之间的人流、物流、资金流、信息流等流动更加频繁和通畅。2018 年，广东省发布新"外资十条"等积极利用外资的政策措施，优化外商投资办事流程，不断推动投资便利化，持续打造便利化投资营商环境。广东全力做好 CEPA 项下港澳服务提供者投资备案工作，进一步提升利用港澳地区外资水平，鼓励更多世界 500 强企业和跨国公司到粤港澳大湾区设立地区总部和研发机构。粤港澳之间联合搭建面向国际的粤港澳大湾区投资贸易交流合作平台，举办粤港澳经济技术贸易合作交流会，吸引了大量欧美地区及共建"一带一路"国家（地区）企业参会。香港举办"一带一路"高峰论坛，澳门举办澳门国际贸易投资展览会，在论坛和展览会期间会同广东联合举办粤港澳大湾区推介交流会。

（四）科研合作不断增多

建设具有全球影响力的国际科技创新中心是粤港澳大湾区建设的重要目标和方向。广东省积极引进港澳高校、科研院所的科技成果到珠三角地区转移转化。香港中文大学等 6 所香港高校在粤设立 70 多个科研机构。根据《广东省科学技术厅关于广东省十三届人大二次会议第 1027 号代表建议答复的函》，截至 2019 年 6 月，广东建立国家超算广州中心南沙分中心、珠海分中心，分别开通与香港科技园和澳门间的网络专线，服务港澳地区用户近 200 家；根据《广东省科学技术厅关于广东省十三届人大三次会议第 1631 号代表建议会办意见的函》，截至 2020 年 4 月，建成广东省科技资源共享服务平台（粤科汇），汇聚了全省大型科学仪器 8354 台（套），已向多所港澳高校、科研院所提供科研仪器设施共享服务。广东与港澳发起成立粤港澳大湾区科技馆联盟，并已启动粤港澳中小学生互访研学活动。广东科学中心举办港澳地区科普交流系列活动和科普联展、科普论坛、科学表演秀等活动，参与公众累计超百万人。

（五）政府合作更加紧密

随着粤港澳大湾区建设的加快推进，广东省政府与香港特区政府、澳门特区政府之间的官方合作更加紧密。广东省政府与香港特区政府、澳门特区政府之间已经形成了定期会晤机制，就三方共同关注的问题及时协商、共同解决。广东省出台了一系列文件和优惠政策，吸引香港、澳门企业和人才融入大湾区发展大局。2021年《横琴方案》、《前海方案》以及2022年《南沙方案》的正式公布，标志着横琴、前海、南沙建设进入全面施工、全面推进的新阶段。广东省政府印发的《广东省人民政府印发关于进一步促进科技创新若干政策措施的通知》着力构建更加灵活高效的粤港澳科技合作机制。新冠疫情防控时期，广东省与香港、澳门之间开展联动防疫工作，取得良好成效。

第三节　全面推进粤港澳深度合作

粤港澳大湾区建设没有任何先例可循，没有现成模式可套用，具有极强的开创性和挑战性。大湾区"9＋2"个城市合作要在坚持"一国两制"方针、遵循中央顶层设计的前提下，大力弘扬敢闯敢试、敢为人先的改革精神，大力推动创造型、引领型改革，大胆破除体制机制障碍，使改革创新精神贯穿大湾区建设始终，为大湾区建设不断释放改革红利、制度红利。

一　提升粤港澳大湾区协同治理效能

协同治理体系创新关乎粤港澳大湾区世界级城市群建设的治理效能。"一国两制"下粤港澳大湾区城市群是一个跨境和跨制度治理的城市群，因而需要既借鉴吸收国际经验又兼顾中国国情和粤港澳区域治理的特殊情境，来不断优化协同治理体系（杨爱平，2021）。

（一）坚守"一国"之本，善用"两制"之利

"一国两制"是前无古人的伟大创举。"一国两制"的根本宗旨是维护

国家主权、安全、发展利益，保持香港、澳门长期繁荣稳定。"一国两制"是经过实践反复检验了的，符合国家、民族根本利益，符合香港、澳门根本利益，得到14亿多祖国人民鼎力支持，得到香港、澳门居民一致拥护，也得到国际社会普遍赞誉。贯彻"一国两制"方针要坚持两点，一是坚定不移，确保不会变、不动摇；二是全面明确，确保不走样，不变形。在坚守"一国"之本的基础上，尊重和善用"两制"之利，充分发挥不同制度有机结合的灵活优势，是推进粤港澳大湾区建设的国家治理生动实践。

香港、澳门回归祖国，重新被纳入国家治理体系，建立起以"一国两制"方针为根本遵循的特别行政区宪制秩序。全面准确贯彻"一国两制"方针将为香港、澳门创造无限广阔的发展空间。中央政府对特别行政区拥有全面管治权，这是特别行政区高度自治权的源头，同时中央充分尊重和坚定维护特别行政区依法享有的高度自治权。要把特别行政区管治权牢牢掌握在爱国者手中，这是保证香港、澳门长治久安的必然要求。①

在此基础上，保持并充分发挥香港、澳门的独特地位和优势，巩固香港的国际金融、航运、贸易中心地位和澳门的世界娱乐中心优势，维护自由、开放、规范的营商环境，保持普通法制度，拓展畅通便捷的国际联系，让香港、澳门加快融入国家发展大局，为全面建设社会主义现代化国家、实现中华民族伟大复兴做出更大贡献。要辩证地认识和看待粤港澳大湾区制度多元化问题，并灵活运用现有条件，促进制度差别之难化为制度差别之利、制度刚性化为制度弹性、制度成本化为制度红利。一方面，两种制度的存在为相互学习借鉴提供了条件。香港、澳门的国际一流营商环境为内地提供了近距离的国际标准参照系，改革开放以来内地经济建设的不少做法和经验也可为香港、澳门经济发展提供有益借鉴。另一方面，两种制度的存在为开展各类试验创新提供了有效载体和平台。有些试点可以在珠三角地区先行先试，而有些试点则可以借助港澳在另一种制度环境下进行探索试验。各种利弊得失都能进行检验衡量，为治理模式创新提供了广阔的空间和良好的试验场。

---

① 引自习近平总书记在庆祝香港回归祖国25周年大会暨香港特别行政区第六届政府就职典礼上的重要讲话，2022年7月1日。

（二）对标国际促进城市群协同治理

粤港澳大湾区定位于全球一流湾区、世界级城市群，为此，需要对标世界先进湾区、城市群和欧盟、北美自贸区等区域经济一体化先发地区，借鉴其在协同管理、市场和产业共建、城市协调、制度对接等方面的有益经验。

粤港澳大湾区城市群合作治理应积极对标世界先进湾区和城市群。纽约湾区、旧金山湾区和东京湾区发展较为成熟，在跨界管理、城市合作、产业协同等方面拥有丰富的经验。纽约湾区的纽约 + 3 市（波士顿、费城、巴尔的摩）"一核三港"格局，旧金山湾区的 3 市（旧金山、圣荷西、奥克兰）+ 硅谷"三核一谷"格局以及东京湾区的东京 + 两大工业带（京叶、京滨）"一核两带"格局都涉及多城市结构的协同治理问题（张胜磊，2018a）。

顶层设计强化区域规划治理。无论是纽约湾区、旧金山湾区，还是东京湾区，都十分重视整体顶层设计。通过编制湾区和城市群的愿景规划，湾区和城市群向着共同的方向和目标前进。纽约湾区在近百年的时间里先后进行过 4 次顶层设计工作，旧金山湾区顶层设计的代表是旧金山《湾区规划 2040：区域可持续发展策略》（*Plan Bay Area 2040：Strategy for a Sustainable Region*），东京湾区则通过超前制定相关法律法规、经济发展战略和专项规划对湾区发展进行引导（王圣军、田军华，2012）。

设立协调机构和协调机制统筹治理。通过设立跨城跨界的事务性管理机构，对湾区共同关注的问题进行多元参与的有效管理。纽约湾区由区域委员会和大都市圈规划组织（MPO）分别负责湾区经济发展和交通建设的规划协调，纽约大都市交通委员会（NYMTC）负责评估湾区整体交通建设方案、统筹长期交通发展规划、推动一体化交通基础设施项目实施。旧金山湾区通过组建半官方性质、松散型的地方政府自愿联合组织来解决湾区发展中遇到的矛盾和问题，相关机构包括旧金山湾区政府协会、大都市交通委员会、海湾地区空气质量控制局、湾区保护和开发委员会、区域水资源质量控制委员会以及海湾地区可持续发展联盟等。东京湾区开发管理的协调机构是东京湾港湾联协推进协议会，这个协议会由日本政府的国土交通省关东地方整备局港湾空港部牵头，东京湾区所有地方政府一起参加。此外，还成立了由海运公司和港区开发公司、沿港企业共同参与的东京都港湾振兴协会等。

地方政府相互合作共商共享发展。要实现湾区城市群整合发展，就必须协同处理湾区内各成员城市之间的关系。湾区通过构建联合委员会机制等措施，可以保证各城市之间的有效沟通，推动发展政策在区域内落地实施。美国纽约湾区和北美五大湖城市群建有由地方政府自愿联合组成的组织，即地方政府协会。旧金山《湾区规划2040：区域可持续发展策略》倡导组建更加综合、更加高效的区域共治平台——联合政策委员会和湾区区域协作组织。这类半官方性质的组织优点在于容易被地方政府接受，具有较强的协调、协商功能。东京湾区采取自上而下、集中治理的做法，尽量发挥具有中央集权性质的首都建设委员会、国土综合开发厅等机构的功能和作用，确保首都圈资源共享分配、均衡增长。

签订政府行政协定以完善约束机制。城市群协调合作的一个重要方向是消除地方产业要素流动和交易壁垒，提供无差异的公共产品，以推动区域一体化。各城市政府之间通过签署行政协定的方式建立跨界发展机制，可以实现政府与社会相结合、地方自治和中央宏观协调相结合、总体协调与专业协调相结合等方面的多维治理。为了防止地方政府利用行政权力为了维护自身利益构筑城市壁垒，美国利用州际协议和城市行政协定工具来约束，为地方政府增加一定的与行政权力对应的责任和义务，强化合作、避免冲突，这在纽约湾区、旧金山湾区和五大湖城市群都表现得十分明显。

联合执法推进区域综合治理。东京湾区、纽约湾区和旧金山湾区在跨界治理实践过程中，都重视法律法规保障建设，依法依规进行跨界综合治理。旧金山湾区注重发挥法律法规作用，为区域内的相关机构赋予对应的法定权力和参与区域内管理、治理等权限。此外，各机构不仅有相应权限，还有被监督的义务，区域内的社会多方主体会监督其资金来源、资金使用、内部决策、组织管理等活动。随着各类跨边界治理工作的推进，典型的如跨界犯罪、贸易争端、知识产权保护、核污染、传染病、恐怖主义等问题不断出现，纽约湾区、东京湾区打破行政区划的界限，走出跨界联动、依法保障的治理路子，并依法成功解决诸多跨区域公共问题。

粤港澳大湾区城市群合作治理应积极对标欧盟、北美自贸区。粤港澳大湾区虽然与欧盟、北美自贸区是由多个主权国家组成的联盟体不同，是由一个主权国家下多个地区组成的联合体，但在推动经济合作、共同市场发展、共建共享、制度对接等方面仍有很多共通之处。欧盟是全球公认的经济一体化走在最前面的区域合作组织，其从欧洲煤钢共同体起步，一直到欧元的正式流通，合作层级不断提升，成员国之间的贸易障碍逐步得到消减，交易成本不断降低，资本自由流动加速，区域资源配置不断优化。北美自贸区通过推进贸易自由化、投资自由化、劳务合作、知识产权保护、环境保护等一系列政策安排以及灵活、有效的争端解决机制，实现了区域内垂直分工，促进了美加墨三国贸易发展。学习借鉴欧盟和北美贸易区的经验做法，探索各方互信中的"最大公约数"，可以有效推动粤港澳大湾区建设加快进行。同时，也应注意到，欧盟和北美自贸区没有高于主权国家的组织，各国都不愿放弃它的主权，近些年内部也出现了一些问题。粤港澳大湾区是在一个主权国家下的区域合作，具有欧盟、北美自贸区不可比拟的制度优势。因此，粤港澳大湾区有更优越的制度条件来加快推动经济和市场一体化进程。

（三） 创新大湾区城市群协同治理模式

粤港澳大湾区作为不同尺度的制度、政治、经济、社会和文化的综合功能空间，超越了自然地理概念上的空间，很多政策只能通过城市间协作治理来进行推动（张树剑，2020）。粤港澳大湾区要打造世界级城市群和优质生活圈，就必须提升区域内政策、治理、协调等顶层设计体系效能，构建多区域、多维度的城市群协调共治机制，有效解决制约区域经济一体化发展的资源共享、设施互通、要素流动等问题，扫清协同发展的"路障"，打造"共建共治共享" 城市群治理的重要实践平台，将"一国两制"制度优势充分转化为治理效能，为提升中国特色社会主义现代化城市群社会治理协同发展水平提供可复制推广的经验借鉴（黄亚兰，2019）。

粤港澳大湾区可借鉴世界先进湾区和城市群的有益经验，在现有高层会晤制度和已有办公机构的基础上，增设由中央领导的，国家、粤、港、澳四方联席规划顶层设计委员会。加强对机场、港口、铁路、桥梁、隧道等重大交通基础设施的统一规划，针对区域内跨界合作的广州南沙自贸片区、深圳前海自贸片区、珠海横琴自贸片区、落马洲河套地区、珠澳跨境工业区内的重大基础设施对接、产业合作问题提出前瞻性设计，打破各自为政的城市规划体系，强化城市群作为整体的竞争力和影响力，增强区域对周边的辐射效应。

粤港澳大湾区可借鉴美国、日本的经验和做法，遵循以人为本、服务为先的基本原则，构建大湾区内共享的跨城公共服务区，在诸如交通旅游、空气质量改善、污水处理、海岸保护等领域，跨越三地行政区域边界设立"粤港澳滨海旅游区""粤港澳空气质量控制区""粤港澳跨界水污染治理区"等跨界功能区，制定相对统一的规划和政策，实施统一管理。在粤港澳大湾区协同治理中，除了发挥政府的作用，还要充分吸纳市场力量，建立政府、市场共同参与、多元配合的协同治理新格局。

完善治理体系、提高治理能力、增强治理效能，是把香港、澳门建设好、发展好的迫切需要。香港、澳门地位特殊，条件优良，发展空间十分广阔。为此，要树立国家观念和提升国际视野，从大局和长远需要出发，积极谋划香港、澳门发展。中央全力支持香港、澳门同世界各地开展更广泛、更紧密的交流合作，充分释放蕴藏的巨大创造力和发展活力（李建平，2017）。

二　提升大湾区"软硬"联通水平

《粤港澳大湾区发展规划纲要》明确提出，到 2022 年要基本形成国际一流湾区和世界级城市群框架。其关键就是充分发挥基础设施"硬联通"和规则机制"软联通"的重要支撑作用，让"硬联通"和"软联通"搭建大湾区城市群主体框架，不断凝聚各方力量，共同推动大湾区建设。

（一）加快推进基础设施互联互通

着眼推动粤港澳大湾区更好地融入国内国际双循环，从更大格局、以更宽视野谋划交通布局，携手港澳统筹推进航空、港口、铁路、高速公路等重大基础设施建设，打造海陆空一体的现代化国际大通道。港珠澳大桥、南沙大桥、广深港高铁建成通车，珠江口东西两岸跨江通道陆续建成，极大地促进了港澳和内地人员往来和货物流通。南沙港铁路建成通车，打通了泛珠三角与内陆海铁公联运"最后一公里"。佛莞城际铁路、狮子洋通道、深江铁路、深中通道正在加快施工。大湾区铁路运营里程近 2500 公里，"轨道上的大湾区"加快形成，三地往来更加快捷，大湾区"1 小时交通圈、经济圈、生活圈"基本形成。

为了进一步加快粤港澳大湾区建设，推动内地与港澳深化合作与发展，要以世界眼光、全球视野，按照世界级标准加强基础设施建设，实现更高水平的互联互通。重点打通连接珠江口东西两岸的通道，加快推进深中通道、莲花山通道等跨江通道工程建设，积极完善以广深港、广珠澳和跨珠江口通道为主轴的内部快速交通网络，携手港澳打造畅通大湾区内外、连接全世界的立体化现代交通体系。完善港珠澳大桥、广深港高铁的运营管理和机制安排。

（二）深入推进规则衔接、机制对接

随着交通的完善提速，宜居宜业宜游的优质生活圈加快形成，更多港澳人才不断会聚广东的大湾区城市。为破解粤港澳大湾区多元化制度难题，要以规则、机制相互衔接、对接为重点，在确保"一国两制"基本制度不动摇、不变形、不走样的前提下，把中国特色社会主义的制度优势、中国集中力量办大事的体制优势、党的领导长期稳定的政治优势与港澳的独特优势结合起来，转化成大湾区建设的治理优势和发展动力。

促进货物便利流动。人流、物流、资金流、信息流的充分流动是推动大湾区"9+2"个城市深度合作的关键。只有要素充分流动起来，大湾区的城市合作才更有黏性。努力提升货物流通便利度和效率，推动邮政业融入大湾区世界级先进制造业集群。面向新材料、生物医药、高端装备、新一代电子信息等产业，建设一批科技品、工业中间产品快递物流集聚区。推动广东自由贸易试验区与香港、澳门之间实施快速联检邮件快件，简化清关手续，提高通关效率。推动港澳进口邮件快件在线清关、在线缴税，简化转口邮件快件清关流程（张紧跟，2018）。

加快实施"湾区通"工程。围绕提升市场一体化水平的要求，深入实施"湾区通"工程，重点从投资贸易、专业资格互认等方面的堵点入手，选准突破口，形成一批"一事三地""一策三地""一规三地"的创新举措。在内地与香港、澳门《关于建立更紧密经贸关系的安排》框架下在港澳应用更短的负面清单，基本实现粤港澳服务贸易自由化，港澳企业在法律、会计、建筑等领域投资营商享受国民待遇。

有序推动金融市场互联互通。随着"深港通"、债券"南向通"、"跨境理财通"等落地实施，人民币成为粤港澳跨境收支第一大结算货币。为此，要加快建设大湾区金融要素流转"枢纽站"，建立金融监管协调机制，大湾区共建金融政策统一发布平台，深化金融开放，扩大大湾区内人民币跨境使用范围，推进金融市场统一标准，构建统一的金融基础设施，丰富融资渠道和供给主体。开拓大湾区金融要素流通新渠道，搭建多元化金融交流"大平台"，激活大湾区国际金融枢纽建设新动能，探索大湾区金融政策发展新路径，提升大湾区在全球金融业中的影响力和国际知名度。

（三）加快推进营商环境均质趋同

营商环境是展现国际一流湾区和世界级城市群软实力、竞争力的关键所在。加快构建更具竞争力的稳定、公平、透明、可预期的市场化、法治化、国际化营商环境，建立与国际高标准营商环境相适应的制度规则。发挥好广州、深圳、汕头试点示范作用，对接港澳高水平营商环境，携手打造具有全球影响力的营商环境高地。

建立大湾区营商环境常态化议事机制。由广东省政府牵头，广东与香港、澳门联合成立湾区营商环境对接联合工作组，解决当前沟通渠道缺乏、对接不顺畅不及时的问题，为打破机制体制障碍提供平台，实现短平快互学互助、优势互补。结合专业研究机构力量，根据市场反馈及案例研究，追踪共性问题，搭建领域对接平台，推进市场统一标准，提出改革建议，在大湾区内有权限解决的，可协商出台区域性合作法规或统一发布管理办法。加大标准规范建设力度，调研并对接国际通行标准，对信用信息进行分类、分级，完善各领域红、黑名单认定标准，规范企业及个人信息采集标准，明确归集责任主体及时限。按影响范围分级开放查询及数据使用权限，大湾区内共享重要信息开放查询权限。

健全知识产权保护体系。探索联合执法模式，政府统筹管理和行业协会自律维权双管齐下，强化统筹协调，多部门分工协作，同时加强立法工作，结合港澳现行做法，完善知识产权保护地方司法体系，细化各领域打防结合的具体措施，加大打击力度，提高举报奖励金额标准，通过网络仲裁、简易诉讼等方法降低保护成本，加快纠纷解决进程，加大对外商投资企业的保障和法律服务力度。鼓励行业协会建立知识产权保护联盟，推进行业自律、联合维权及内部商讨，加强与执法人员的专业沟通，联合举办培训，宣传普及相关知识。探索形成大湾区内联合执法工作机制，针对重要领域的知识产权保护，三地协商形成统一的执法标准，明确侵权行为执法边界，做好衔接与合作工作。

三 合力推进大湾区国际科技创新中心建设

党的十九届五中全会提出要坚持创新在中国现代化建设全局中的核心地位，《粤港澳大湾区发展规划纲要》确定的重要定位目标之一就是要把大湾区建设成为国际科技创新中心。为此，要立足整个大湾区优化科技创新布局，对标全球主要科学中心和创新高地，做强广深港、广珠澳科技创新走廊，推进河套深港科技创新合作区等平台建设，打造空间分布集聚、优势协同互补的全球科技创新重要策源地。

（一）共建大湾区协同创新共同体

珠三角高新技术企业密度位居全国第 1，企业技术创新能力强；香港的法律、金融等服务业发达，又拥有一批高水平大学，基础研究能力强；澳门是联系葡语国家的重要纽带，在中药研发等领域具有特色优势。三地各有比较优势又协同互补的格局已经让"深圳－香港－广州科技集群"连续两年在全球创新指数中排第 2 位。粤港澳大湾区要打造国际科技创新中心，就必须充分发挥三地科研优势，紧密协作，共同提升大湾区作为一个整体的国际科技、产业、人才等的竞争力。为此，要把三地各自的科研教育和产业优势汇聚在一起，让它们发生化学反应。加快建设广深港澳科技创新走廊和综合型国家科学中心，大力推动粤港澳联合实验室、粤港澳产学研一体国际研究院等高水平创新平台建设。鼓励港澳地区国家重点实验室在珠三角 9 市设立分支机构。鼓励三方高校、科研机构和企业联合开展科研活动，共享科研设施和仪器，联合进行重大技术攻关，联合申报国家重点项目并推动科研成果转化。优化提升信息基础设施，提升网络安全保障水平，共同打造大湾区智慧城市群。

（二）携手打好核心技术攻坚战

建设综合性国家科学中心是打造大湾区国际科技创新中心的重点任务和关键举措之一。为此，要强力推进先行启动区建设，同步推动南沙协同发展区建设，发挥大湾区国际化、市场化优势，建设大设施、运行大平台，塑造创新发展新优势。推动创新载体沿广深港、广珠澳"两廊"和深圳河套、珠海横琴"两点"布局。"十四五"时期规划建设5个重大科技基础设施。携手港澳，强强联手，完善跨境产学研合作机制，选取新一代电子信息、生物医药等三地优势领域项目协同攻关。以高标准建设鹏城国家实验室为契机，带动粤港澳联合实验室体系提质升级，强化支撑协同攻关的战略科技力量。

（三）推动大湾区人才协同发展

习近平总书记在中央人才工作会议上要求粤港澳大湾区建设世界重要人才中心和高水平人才高地（习近平，2021）。粤港澳大湾区可以围绕人才政策融通、人才资源共享、人才平台共建等方面开展合作，健全大湾区人才政策体系，探索建立人才评定标准衔接制度，逐步实现"一地评定，两地互认"，推动人才同步享受三地扶持政策。继续推进粤港澳地区高等教育机构联合办学，引进国际著名大学和科研机构在穗设立教学点、培训处、分校，培养国际型人才。建立大湾区内高校联合会，打通高校教师交流任教渠道，整合优势资源，促进优质教育资源流动。加快建设高水平大学、国家重点实验室及工程中心，深化国际交流，激发高端人才的潜力。着力培养紧缺型、实用型产业人才，加大校企合作力度，促进产学研有效转化。定期组织产业高端论坛，并协助重点产业人才赴港澳台及其他先进城市学习。推进国际公认的职业资格认证体系构建，加快大湾区内专业资格互认工作，制定科学规范的人才评价标准。建立和完善高端人才引进工作网络，定期发布人才需求清单，搭建高端人才交流平台，促进海外人才引进的常态化。给予特殊优惠，吸引国际高端人才服务机构进入内地市场，引导带动内地行业标准建立和服务水平提高，建立国际化服务网络。

四　不断增强大湾区辐射带动效应

对内地的带动和辐射作用与对国际的联通对接作用是以习近平同志为核心的党中央长远谋划粤港澳大湾区发展的要点所在。粤港澳大湾区是中国经济最具活力、国际化水平最高的区域之一。在"双循环"新发展格局下，它既是国内大循环的重要腹地，也是连接国内循环和国际循环的关键枢纽。大湾区不仅在推动"双循环"中发挥着独特的作用，也受惠于"双循环"，成为引领中国经济高质量增长、高水平开放的新引擎。为此，要找准粤港澳大湾区在"双循环"新发展格局中所处的位置，充分发挥三地比较优势，积极探索有利于形成新发展格局的有效路径，携手深化对内经济联系、增加经济纵深。

（一）构建"内循环"重要发起地

"世界工厂+世界市场"是中国经济和产业的强大优势所在，世界级制造业基地与超大规模市场的结合是经济国内大循环的基础和依托。粤港澳大湾区既是"世界工厂"的代表，也是"世界市场"的重要构成部分，还是国内大循环的重要发起地。坚持把发展立足点放在国内，以供给侧结构性改革为主线，注重需求侧管理，从食品标准衔接等港澳优势领域入手，逐步建立大湾区标准化体系，引领供给体系质量提升，以高品质供给满足日益升级的国内市场需求。把港澳发达的金融体系、遍布全球的经贸网络优势与广东完备的制造体系和市场优势结合起来，加快建立统筹内外的贸易、投资、生产、服务网络，依托国内大循环形成集聚全球高端要素的引力场。要推动产业链、供应链优势叠加、优化升级。完善引导港澳同胞发挥投资兴业、双向开放重要作用的制度机制，更好地促进广东制造业与港澳现代服务业融合发展，逐步在大湾区构建起自主可控、安全高效的产业链、供应链。

（二）打造"国际循环"链接枢纽

推动更高水平对外开放，发挥自贸试验区"试验田"作用，共同谋划用好《区域全面经济伙伴关系协定》等带来的重大机制，不断深化与东盟、日韩、南太平洋岛国等地区的务实合作，打造成为"一带一路"建设重要支撑。

共同参与"一带一路"建设。打造成为"一带一路"建设的重要支撑是粤港澳大湾区的重要定位之一。粤港澳可协商制定推动三地包括金融机构、贸促机构、企业、运输货代、海关及其他经营实体"走出去"参与"一带一路"合作园区建设、设立实体、开展经贸、人才分享等方面的规章制度，使三地"一带一路"建设参与者开展合作时有章可循，促进要素流通和发挥各方积极性，减少合作障碍。建立大湾区"一带一路"建设协作服务体系。粤港澳三地政府、投资贸易促进机构可共同筹划赴第三方市场开展考察、推介、招商活动。鼓励资源共享，设立合作项目库。建立三地海外企业综合服务平台，开设大湾区"一带一路"信息网站以及金融、法律、市场、专业知识服务组织网络，定期举办大湾区"一带一路"合作论坛、大湾区"一带一路"国际合作高峰论坛、粤港澳"一带一路"博览会、粤港澳"一带一路"文旅产业发展合作洽谈会，成立大湾区"一带一路"新闻媒体国际联盟、大湾区"一带一路"智库国际联盟等，为大湾区开拓"一带一路"提供多方面的服务支持保障（蔡春林、陈雨，2021）。

共同开拓 RCEP 市场。在 RCEP 框架下进一步放宽市场准入，实施国民待遇加负面清单制度，消除市场一体化的制度壁垒。对标 RCEP 的高标准规则，取消或进一步放宽对东盟国家投资者的资质、持股比例、行业准入等限制，消除大湾区与东盟国家市场一体化的制度与政策性障碍，积极发展物流、信息、贸易、金融和跨境电子商务等现代航运服务业，提升国际化航运服务保障水平，实现大湾区与东盟国家在通关监管、贸易规则、金融服务等方面的有效对接（朱健齐、孙宾，2022）。

推动与葡语国家合作。澳门紧密联系 GDP 达 2.4 万亿美元、与中国有千亿量级贸易规模的葡语商圈，在国家"一带一路"倡议落地中肩负重任。自 2001 年中国加入 WTO 以来至 2020 年底，中国出口增长了 10 倍，对葡语国家的出口增长了 23 倍之多，尤其中国对安哥拉、莫桑比克的出口额在此期间增长了 100 多倍。澳门作为葡语国家和地区与中国之间的桥梁和纽带，扮演着交往窗口的角色。粤港澳大湾区应当推进澳门建设世界旅游休闲中心，打造中国与葡语国家商贸合作服务平台，建设以中华文化为主流、多元文化共存的交流合作基地，促进澳门经济适度多元及可持续发展。

（三）带动"一核一带一区"建设

广东省构建"一核一带一区"区域发展格局，与粤港澳大湾区建设在时空上交汇、战略上对接，为广东省全域深度参与大湾区建设创造了有利条件。广东各地在参与大湾区建设中各尽所能、各展所长。充分发挥珠三角主阵地作用，全力推动深圳中国特色社会主义先行示范区建设，深化广州、深圳"双城"联动，发挥"香港—深圳、广州—佛山、澳门—珠海"强强联合的引领作用，推进珠三角核心区深度一体化。强化"湾＋带"高水平互动发展，深化"双核＋双副中心"动力机制，强化重大项目导入，构建贯通东西的跨区域产业链。建设珠江口西岸高端产业集聚区，承载高端产业和提升"湾+带"产业层次。持续推动北部生态发展区以绿水青山"后花园"和"米袋子"、"菜篮子"、"果盘子"、"水缸子"、"茶罐子"为主导融入大湾区大市场，以供港澳标准为质量标杆，加快建基地、建品牌、建配送中心，搭建线上线下联动营销网络，使北部生态发展区与大湾区之间供需交流更加畅通。

五　着力推进大湾区民生领域合作

民生领域的融通最能让三地群众直接感受到大湾区建设成果。围绕建设宜居宜业宜游的优质生活圈，从支持港澳更好融入国家发展大局出发，从港澳普通民众最关心的身边事办起，不断提升粤港澳大湾区建设的人文关怀。

（一）推动港澳青年来内地创业就业

引领港澳青少年深刻认识国家和世界发展大势、增强民族自豪感和主人翁意识，帮助广大港澳青年解决学业、就业、创业、职业面临的困难。优化政策，完善配套，吸引各类港澳人才来内地创业和落户，为其提供高质量、国际化水准的生活服务。扩大保障房、人才公寓建设规模，加快建设进度，加大高端人才来穗安置补贴力度，降低落户成本。提升港澳青年人才生活便利度，在医疗、社会保险、子女入学、配偶安置等方面完善政策，具备条件的享受准市民待遇。加大港澳来粤创业青年服务力度，设立特殊人才生活服务咨询部，引导其较快适应环境，协助其解决各类问题。

（二）延伸港澳跨境养老公共服务

粤港澳大湾区三地都面临人口老龄化压力，其中港澳更面临基础设施供应与老龄人口猛增的双重压力。而广东省虽然在基础设施供应方面具有较大优势，但是养老护理类技术和软件水平有待提升。因此三地在跨境养老方面有很大的合作空间。把握粤港澳大湾区建设进程，引入港澳的资本、技术、人员参与大湾区跨境养老行业发展，有利于推动大湾区养老产业和服务的发展与进步。大湾区在跨境养老行业需要协同的主要是加强由市场组织的合作与管理、政府做好顶层规划与制度设计。协同一方面使港澳可以将养老公共服务延伸到内地发达地区，另一方面可以通过港澳的资本、技术和服务提升内地的养老行业服务水平，促使大湾区形成内部关系更加紧密的共同体模式（张树剑，2020）。探索建立固定的政府区域养老协作基金，让跨境就业者以及企业单位投保，方便大湾区内劳动力自由迁移。

（三）强化医疗合作

抗击疫情，彰显促进粤港澳医疗合作的重要性。对大湾区的医疗合作建设，需要建立医疗卫生联动机制，推动三地高水平医院紧密合作和支持深圳创新医疗服务体系，推进健康湾区建设。推动三地医疗服务机构在人才培养、临床研究、诊疗水平提升和社会服务等方面深度合作，建立大湾区医学人才协同培养机制、高层次医疗卫生人才库等。加强在开展国际前沿药品临床应用、探索完善医疗服务跨境衔接、建立与国际接轨的医学人才培养和医院评审认证标准体系、建设全新机制的医学科学院、完善重大疫情防控体制机制等方面的合作。

第四节　着力推进粤港澳合作重大战略平台建设

珠海横琴、深圳前海、广州南沙等重大战略合作平台是深化粤港澳合作的有力抓手。广东省坚持按中央要求、湾区所向、港澳所需、广东所能，全力服务"一国两制"大局，打造引领高质量发展的重要动力源和协同港澳、面向世界的重大战略性平台。

一　推动横琴合作开发，促进澳门经济多元化

"支持澳门推动经济适度多元化"是中央关于澳门发展的战略谋划和部署，也是保持澳门长期繁荣稳定的必然要求。2018年10月22日，习近平总书记第四次考察横琴，强调"建设横琴新区的初心就是为澳门产业多元发展创造条件"[1]。这一重要讲话进一步明确了加快推动珠澳融合发展、奋力推动珠海经济特区"二次创业"的战略任务。在粤澳两地共同努力下，围绕推动经济适度多元发展已形成了广泛的社会共识，并在从跨境工业园

---

[1]　《横琴新区：立足优势 始终不忘发展初心》，中国（广东）自由贸易试验区网，2018年10月26日，http://ftz.gd.gov.cn/rdgz215/content/post_918485.html#zhuyao。

区到合作开发横琴的各领域进行了一系列有益的探索。新形势下做好横琴粤澳深度合作区开发开放，是深入实施《粤港澳大湾区发展规划纲要》的重点举措，是丰富"一国两制"实践的重大部署，是为澳门长远发展注入的重要动力，有利于推动澳门长期繁荣稳定和融入国家发展大局（中共中央、国务院，2021a）。

（一）产业联动促进澳门经济适度多元发展

立足粤澳资源禀赋和发展基础，围绕澳门产业多元发展主攻方向，加强政策扶持，大力发展新技术、新产业、新业态、新模式，为澳门长远发展注入新动力。

发展科技研发和高端制造产业。建设"广州—深圳—香港—澳门"科技走廊，推动澳门产学研一体国际研究院建设，加快推进珠海澳大科技研究院、横琴先进智能计算中心、琴澳产学研示范基地、大湾区人工智能海洋科技创新中心等平台建设，推动与港澳创新资源共享，携手澳门、香港高校重点实验室等科研平台，在前沿技术研发方面重点布局，重点吸引海外归国高层次科技人才在横琴集聚，打造粤港澳科研成果转化基地，与澳门共建国际科技创新中心。发展科技创新产业，利用横琴建设"两廊两点"重大机遇，加快推动粤澳科技创新成果转移转化。

发展健康医疗业。加快建设粤澳合作中医药科技产业园，配合产业园开展国际交流合作，推进中医药产品海外注册公共服务平台（横琴）等项目的建设，联合澳门打造国际中药材信息中心、交易中心和定价中心，带动和服务澳门中医药产业发展。以内地丰富的中医药资源为依托，以澳门中医药文化底蕴为基础，充分发挥"中药质量研究国家重点实验室"在人才培养、创新引领、品牌带动上的积极作用，以粤澳合作中医药科技产业园为抓手，着力打造中医药国际交流合作平台、中医药研发转化基地、中医药国际贸易特色品牌，构建中医药产品国际市场标准化体系。加强中医药文化传播和学术交流，强化国家重点实验室的龙头作用，积极推进产业园建设运营和与内地的中医药产业合作，拓展中医药服务贸易市场。借助中医药产业优势，利用内地医生和医联体，推动横琴与澳门合作建立康养小镇，吸引澳门居民及华侨等人士，创建集中医医疗、养生保健、旅游博览、娱乐休闲、科技转化、健康产品研发等于一体的绿色、智慧、国际化的新型中医药健康旅游基地。

发展文旅商贸会展业。从支持和促进澳门会展业发展出发，通过"珠澳联办、一展两地"的模式，联合澳门打造国家级会展平台、举办中国（澳门）国际高品质消费博览会、合办大型经贸展会、相互组织企业参展参会、共同培训两地会展人才等，助力澳门建设中国与葡语国家商贸合作服务平台。高规格办好中国（澳门）国际高品质消费博览会。促进珠澳共同推动跨境商贸产业合作，发展强化粤港澳跨境保税仓储、转运物流功能，重点建设粤港澳物流园首期项目洪湾通关综合服务中心。探索放宽对部分专业领域资格认定、经营范围、管理主体等方面的限制。共同推动"一带一路"建设，推动横琴新区与澳门联手打造中拉经贸合作平台，推动中拉经贸产业园招商、中拉保税物流枢纽等项目建设，鼓励企业参加里斯本"澳门平台 对接中葡——部分省市和企业推介会"、"走进乌拉圭——拉丁美洲的商业门户"、"智利企业家中国横琴行"等推介交流活动。完善跨境电商服务体系，持续跟进一棵树、云集、菜鸟科技等在谈项目。协同各区引进跨境电商企业、物流企业、仓储企业、支付企业、信息化采集分析企业等上下游配套企业。推动珠港澳跨境电商交流合作，举办"粤澳跨境电商交流会"，合作建设珠澳跨境电子商务合作园，积极引进港澳优质跨境电商企业，打造珠港澳跨境电商生态圈。

发展现代金融业。全面深化珠澳特色金融合作，推动在珠海横琴加快建设跨境金融合作示范区，共建区域特色金融中心。加快发展私募股权、创业投资基金等特色金融业，引导私募基金加大对粤港澳大湾区及本地实体产业的支持力度，推动股权、创业投资产业集聚发展，打造粤港澳大湾区创业投资高地。发展金融科技，加快推动金融、科技和产业融合发展，打造创新驱动发展的金融加速器，服务珠海企业高质量发展。加快建设"珠海市金融科技中心（香洲）"和"横琴智慧金融产业园"，积极对接港澳金融科技资源。积极争取中央政策支持，以助力"中国与葡语国家商贸合作服务平台"及"一带一路"建设为发展目标。立足澳门金融发展现状，发挥具有国际竞争力的营商环境的优势，把握人民币国际化及金融业创新发展趋势，重点发展融资租赁、葡语国家离岸人民币业务和财富管理等特色金融服务业，并与已有的传统金融业协调发展，促进澳门金融业健康持续发展，为澳门经济适度多元发展提供强有力的金融支撑，推动建设第二大人民币离岸结算中心。

（二）载体共建推动横琴新区高质量发展

务实推进粤澳合作产业园、粤澳合作中医药科技产业园、横琴·澳门青年创业谷、中拉经贸合作平台建设，夯实粤澳产业合作发展平台。充分挖掘粤港澳大湾区制度创新潜力，用足用好澳门自由港和珠海经济特区的有利因素，加快提升合作区综合实力和竞争力，有力支撑澳门—珠海极点对粤港澳大湾区的引领作用，辐射带动珠江口西岸地区加快发展。

丰富"一国两制"实践的新示范。立足合作区分线管理的特殊监管体制和发展基础，率先在改革开放重要领域和关键环节大胆创新，打造具有中国特色、彰显"两制"优势的区域开发示范，加快实现与澳门一体化发展。用"两制"之利，加快探索具体问题的"一事三地""一策三地""一规三地"，推动对澳规则制度机制对接和创新。重点推动优化分线管理、合作查验、一次放行通关模式。营造趋同澳门的营商环境，以跨境办公、跨境金融、港澳人员子女内地入学、澳门医师内地执业、澳门居民试点购买内地社保、跨境法律服务、通关便利、医疗健康等领域为重点，探索更加灵活的政策体系、监管模式、管理体制。在粤澳跨境金融合作（珠海）示范区先行先试跨境金融政策，支持完善示范区金融发展相关配套，为港澳高层次金融人才提供通关便利，促进大湾区金融交流合作；支持在横琴特定区域，针对特定人群，在特定 IP 地址上，提供特定内容，为进驻横琴的境外金融企业提供便利化的国际互联网服务。借鉴博鳌、上海等生物医药产业的跨境资源自由流动试点的成功经验，以横琴为试点，开展生物医药产业的跨境资源自由流动政策探索工作。

便利澳门居民生活就业的新空间。推动合作区深度对接澳门公共服务和社会保障体系，为澳门居民在合作区学习、就业、创业、生活提供更加便利的条件，营造趋同澳门的宜居宜业生活环境。利用好横琴澳门青年创业谷，从场地、政策、资源等方面给予澳门青年创新创业更大的扶持力度，积极引进澳门青年创业平台公司，充分发挥澳门资本、内地"种子"、湾区人才和横琴服务的优势，打造跨境创业孵化服务平台，鼓励电子商贸、互联网＋工业、个性化定制、共享经济等领域的新业态、新模式发展，大力推广创新工场、创业媒体、创业社区等新型服务型孵化器，打造创业资讯平台。建立大中小企业信息交流平台，鼓励中小企业围绕产业链向专业化、精品化、特色化方向发展，走"小而专、小而精、小而特"的路子，发挥大企业在产业联盟和专业协作体系中的带动作用，促进中小企业产品进入大企业的产业链或采购系统，发挥大企业在开放合作中的引领作用。

打造中国与葡语国家合作平台。支持澳门打造中国与葡语国家金融服务平台，建设中国与葡语国家商贸合作服务平台综合体，在澳门设立中国与葡语国家双语人才培养基地，促进文化交流，推动澳门成为论坛与会国传统医药产业国际注册、认证、交易中心等。组织广东及澳门企业前往葡语国家及"一带一路"沿线国家与地区考察，邀请共建"一带一路"国家与地区及葡语国家企业参与澳门及广东的经贸活动。发挥中葡人民币结算平台的作用，引导内地企业在澳门和横琴设立面向葡语国家投资的资金运营中心和结算中心。借助"众创空间"等渠道，帮助创业青年拓展与葡语国家的合作交流。支持粤澳专业服务业的发展，积极探索开展粤澳及葡语国家代理、联合投保、咨询、客户信息沟通等方面的保险业务合作。促进粤澳与葡萄牙、巴西在资金、技术密集型产业及高新技术产业等领域的合作，促进粤澳与东帝汶、安哥拉、莫桑比克等亚非葡语国家分别开展在轻工、家电、建材等日用消费品，通信、生产资料等生产制造业，以及农林渔产业等领域的合作。

二　全面深化前海深港现代服务业合作区改革开放

开发建设前海深港现代服务业合作区是支持香港经济社会发展、提升粤港澳合作水平、构建对外开放新格局的重要举措。《全面深化前海深港现代服务业合作区改革开放方案》抓住"扩区"和"改革开放"两个重点，奋力打造全面深化改革创新试验平台和高水平对外开放门户枢纽，不断构建国际合作和竞争新优势。前海扩容不仅是土地空间的简单拓展、规模体量的简单扩张，更是改革优势、发展优势、产业优势的叠加、优化、提升，为香港和内地现代服务业合作发展、创新发展提供了更广阔的空间。

（一）打造全面深化改革创新试验平台

前海的扩容为合作区提升了发展能级，增加了发展空间，带来了更加丰富的产业业态，进一步促进高新科技、海洋科技、航空物流、会展业以及先进制造业等的发展和集聚。

推进现代服务业创新发展。按照深港共建全球性物流中心的目标，促进深港两地现代物流业深度合作，形成高端物流业的集聚区，打造亚太地区有重要影响力的供应链管理中心和航运衍生服务基地，强化对珠三角地区制造业生产组织服务能力。依托香港国际航运中心，推动深港两地海空港紧密合作，拓展港口服务功能，在前海打造港深国际航运服务平台，为香港航运经营者拓展国际航运服务提供便利。支持发展航空交易市场，提供航材租赁、航材交易、民用飞机融资租赁等多种创新服务。积极引进航运业务管理中心、单证管理中心、结算中心、航运中介等在前海设立机构、开展业务。推动航运航空金融创新发展，支持组建航运产业基金、航运金融租赁公司、航运保险机构，促进民用飞机及航材金融租赁业务的发展。允许注册在前海、有离岸国际贸易需求、经营业绩和信用良好的企业在境内银行先期开设离岸专用账户或特殊账户。支持在前海服务航空、航运的金融租赁公司进入银行间市场拆借资金和发行债券。统筹规划建设信息基础设施，发展软件和信息技术服务、信息内容服务，全面提升信息传输服务能力。加快推进网络经济与实体经济的融合发展，运用信息技术渗透引领制造业的升级发展。

加快科技发展体制机制改革创新。在前海汇聚科技服务和其他专业服务资源，构建区域性科技创新服务中心和生产性专业服务基地，为珠三角地区产业升级和自主创新提供有力支撑。以珠三角地区的创新需求为导向，积极推动深港科技服务合作。支持香港科研组织在前海设立附属机构，参与国家和地方科技专项，探索深港科技财政资金支持创新服务的新模式。支持提升深港跨境检验检测服务水平，探索海关监管新模式，为深港两地科技创新提供便利服务。大力发展高技术服务业，支持构建技术转移平台和创业投资平台，鼓励设立技术评估、产权交易、成果转化等科技服务机构，支持开展研发及工业设计、分析试验等研发设计服务活动，加快深港创新圈建设，促进珠三角地区技术转移和创新成果转化。发挥深圳设计之都的优势，制定深港合作发展文化创意产业指导目录，建设高起点、高水平、代表未来产业发展方向的文化创意产业园区，吸引国内外知名设计机构和知名文化中介服务机构入驻，推动文化创意产业发展，打造国际文化创意中心。

大力发展专业服务业。适当放宽准入条件，探索下放审批权限。积极推进规划、认证、管理、企业发展战略、企业形象设计、市场营销与品牌运作等高端咨询服务和会展服务发展，加快推动人才资源服务发展，鼓励促进建筑及工程服务发展，支持医疗卫生服务发展，支持香港服务提供者在前海以独资、合资、合作等多种形式设立专业服务机构，提供个性化和高端专业服务。研究优化审批流程，缩减审批期限，适度推动会计和法律服务发展。

打造国际一流营商环境。用好深圳经济特区立法权，研究制定前海合作区投资者保护条例，健全外资和民营企业权益保护机制。用好深圳区域性国资国企综合改革试验相关政策，加快国有资本运营公司改革试点，加强国有资本市场化、专业化运作能力。加强深港政府在公共服务领域的合作，共同推进前海服务业发展。加强深港在城市管理方面的交流与合作，提高城市管理的国际化水平。建设高效廉洁的服务型管理机构，减少和规范行政审批流程，在企业设立、经营许可、人才引进、产权登记等方面提供便捷高效的一站式服务。打造社会主义法治建设示范区，在全国人大授予的经济特区立法权限范围内，制定促进前海现代服务业规范发展的法规；加强深港商事民间调解机制的合作；按照国家法律法规，进一步健全有关法治工作机制。创建信用经济试验区，推进政府、市场、社会协同的诚信建设，在市场监管、税收监管、贸易监管、投融资体制、绿色发展等领域，推进以信用体系为基础的市场化改革创新。推进粤港澳跨境政务服务便利化，研究加强在交通、通信、信息、支付等领域与港澳标准和规则衔接。

（二）建设高水平对外开放门户枢纽

前海合作区积极探索高水平对外开放体制机制，发挥带动、增强、畅通国内大循环和联通国内国际双循环的功能。围绕服务贸易、金融、法律事务、国际合作等重点领域，加快推动制度型开放，打造世界级的内外循环链接平台。

深化粤港澳服务贸易自由化。前海合作区在服务业职业资格、服务标准、认证认可、检验检测、行业管理等领域，深化与港澳规则对接，促进贸易往来。前海合作区引进港澳及国际知名大学，开展高水平合作办学，建设港澳青年教育培训基地。在审慎监管和完善风险防控前提下，前海合作区打造面向海外市场的文化产品开发、创作、发行和集散基地。支持港澳医疗机构集聚发展，建立与港澳接轨的开放便利管理体系。推动对接港澳游艇出入境、活动监管、人员货物通关等开放措施（中共中央、国务院，2021b）。

扩大金融业对外开放。按照开放合作原则，在 CEPA 框架下和广东省先行先试范围内，研究探讨深入推进深港金融合作，适当降低香港金融机构和金融业务准入门槛，支持金融改革创新项目在前海先行先试。营造良好的金融生态环境，吸引各类金融机构在前海集聚发展。增强金融辐射服务能力，努力将前海建设成为国家对外开放的试验示范窗口。推动以跨境人民币业务为重点的金融领域创新合作。继续扩大跨境人民币业务试点，发挥深圳作为跨境人民币业务试点地区的区位优势，促进香港人民币离岸市场的发展。探索资本项目对外开放和人民币国际化路径，在 CEPA 框架下，由有关部门制定深港银行跨境贷款业务试点方案，在风险可控条件下，尝试开展试点。稳步推进深港资本市场合作。支持符合条件的在香港上市的内地企业到深圳上市；支持深港两地证券交易所分别推出跟踪对方指数的交易型开放式指数基金（ETF）等产品。支持保险改革创新项目在前海先行先试。探索在前海开展自保公司、相互制保险公司等新型保险公司试点，大力发展再保险市场。

高水平推进深港合作和国际合作。在粤港合作框架和粤港合作联席会议机制下，不断深化深港政府间合作，研究制定合作推动前海发展的政策措施、推广计划等。加强深港法律界的交流与合作。支持香港公益性法定机构在前海设立服务平台。支持探索香港人士参与前海管理的形式和途径。鼓励深港工商企业界和专业服务人士开展多种形式的交流合作活动。设立前海合作发展论坛，搭建探讨前海合作的开放性平台。发挥前海区域生产性服务业中心的优势，主动服务引领珠三角地区的产业发展和转型升级，积极推动深莞惠一体化进程，加强区域内交通等基础设施同城化建设。加强与国内经济中心城市的互动合作，进一步拓宽合作领域，促进国内服务业升级发展。加强与国际服务业发达城市的交流合作，积极承接国际产业转移，大力引进跨国企业的区域性总部。积极发挥前海作为国家与东盟合作重要载体的作用，大力发展服务贸易，不断创新合作形式，拓展合作领域和空间。

三　推动南沙打造协同港澳、面向世界的战略性平台

南沙位于粤港澳大湾区的地理几何中心，具有独特的区位优势。从南沙新区到自贸片区再到粤港澳全面合作示范区，从广州南部拓展区到广州副中心再到大湾区中心，南沙发展定位与能级不断提升，各种政策优势叠加，已经处在粤港澳大湾区建设的重要"C 位"。长期以来，粤港澳大湾区在经济地理上呈现明显的"东强西弱中空"现象，"中"即南沙。珠江口东岸与西岸发展不平衡，且中间缺乏有效的链接枢纽。南沙虽然位于大湾区的中心地带，但人口密度和经济密度都较低，无法起到资源配置的作用。南沙的"中部崛起"能够有效联动珠江口东西两岸的产业协作，带动粤港澳大湾区建设走向整体性、系统性、协调性发展。《广州南沙深化面向世界的粤港澳全面合作总体方案》提出要加快建设科技创新产业合作基地、青年创业就业合作平台、高水平对外开放门户、规则衔接机制对接高地和高质量城市发展标杆，将南沙打造成为香港、澳门更好地融入国家发展大局的重要载体和有力支撑。

（一）　立足湾区，面向世界

南沙新区承载了新时代引领广东走向世界的历史使命，突出为珠三角世界级城市群建设补位和服务的功能。随着国际分工的进一步演化，东盟及环太平洋西岸经济圈正处于由工业经济圈向知识—服务经济圈转化的阶段，逐渐由物质经济转向非物质经济。随着环太平洋西岸经济带产业价值链开始重构，作为该区域内产业分工重要功能节点的珠三角地区制造业基地开始加速向现代化世界级城市群转型。南沙新区是珠三角地区几何中心和珠江口东西两岸城市带的连接枢纽，也是珠三角地区中仅存的一块可供大规模成片开发的区域，独特区位条件决定了其在粤港澳世界级城市群建设中的重要作用。南沙新区承载着引领大湾区世界级城市群建设、引领广东走向世界的时代使命。

引进和发展战略性新兴产业。高端切入大湾区现行产业链中的薄弱环

节，重构产业链条，推动大湾区从全球加工贸易生产者向全球资源整合配置者转变。通过建成引领全球城市发展趋势的重要新兴城市、国际智慧滨海新城，南沙新区建设成为珠三角的"芯"，以此带动大湾区各市功能定位的对接和优化，让大湾区成为一个功能层层分解、布局错落有致、互补互赢的整体。南沙新区要通过全方位拓展粤港澳合作领域，建成大湾区资源配置和整合的重要枢纽，打造成为背靠全国、依托港澳、立足湾区、面向全球的服务中心、决策中心和共享中心，实现由珠三角地区几何中心向大湾区功能中心转变，建成大湾区世界级城市群的中央商务区，成为粤港澳合作的"桥头堡"、广东扩大开放的国际门户以及大湾区城市群走向国际的核心节点。

建设中国企业"走出去"综合服务基地。依托广州特别是南沙的产业和市场基础，携手港澳不断深化对外经贸合作。发挥外国驻穗领事馆集聚优势，深入对接共建"一带一路"国家和地区发展需要，整合珠三角地区优势产能、国际经贸服务机构等"走出去"资源，加强与香港专业服务机构合作，共同构建线上线下一体化的国际投融资综合服务体系，提供信息共享、项目对接、标准兼容、检测认证、金融服务、争议解决等一站式服务。集聚发展香港专业服务业，在做好相关监管的基础上，研究进一步降低香港专业服务业在内地提供服务的准入门槛。完善内地与港澳律师事务所合伙联营机制。推动建设粤港澳大湾区印刷业对外开放连接平台。

增强国际航运物流枢纽功能。按照功能互补、错位发展的原则，充分发挥香港国际航运中心作用及海事专业服务优势，推动粤港澳大湾区内航运服务资源跨境跨区域整合，提升大湾区港口群总体服务能级，重点在航运物流、水水中转、铁水联运、航运金融、海事服务、邮轮游艇等领域深化合作。加快广州港南沙港区四期自动化码头建设，充分利用园区已有铁路，进一步提高港铁联运能力。支持广州航运交易所拓展航运交易等服务功能，支持粤港澳三地在南沙携手共建大湾区航运联合交易中心。加快发展船舶管理、检验检测、海员培训、海事纠纷解决等海事服务，打造国际海事服务产业集聚区。遵循区域协调、互惠共赢原则，依托广州南沙综合保税区，建立粤港澳大湾区大宗原料、消费品、食品、艺术品等商品供应链管理平台，建设工程塑料、粮食、红酒展示交易中心，设立期货交割仓。

加强国际经济合作。全面加强和深化与日韩、东盟国家经贸合作，支持南沙高质量实施《区域全面经济伙伴关系协定》，率先积累经验。对标《全面与进步跨太平洋伙伴关系协定》（CPTPP）、《数字经济伙伴关系协定》（DEPA）等国际高水平自贸协定规则，加大压力测试力度。加强与欧盟和北美发达经济体的合作，推动在金融、科技创新等领域对接，进一步融入区域和世界经济，打造成为国际经济合作前沿地。促进与共建"一带一路"国家和地区以及全球主要自贸区、自贸港区和商会协会建立务实交流合作，探索举办"一带一路"相关主题展会，构筑粤港澳大湾区对接"一带一路"建设的国际经济合作新平台。办好国际金融论坛（IFF）全球年会等国际性主题活动，积极承办国际重要论坛、大型文体赛事等对外交流活动（国务院，2022）。

（二）　推动粤港澳全面合作

深化粤港澳合作是国家赋予南沙新区的重要任务，也是南沙新区提升产业层次的重要切入口。南沙新区应率先落实 CEPA 及其补充协议的政策措施细则，推动粤港澳合作由单向辐射向双向促进转变，由功能性整合向制度性整合推进，建设内地与港澳先进发展机制对接的先行实践区。在"一国两制"前提下，创新通关模式、合作模式、管理模式，构建多层次、多主体、多方式的粤港澳合作机制，促进粤港澳三地资金、人才、科技成果等全要素的交流，统筹引导粤港澳三地生产要素的高效流动和配置，构建粤港澳创新合作的核心优势，统领广东全省与港澳的合作。推动南沙与港澳在城乡规划建设和管理、休闲旅游、健康服务、航运物流、专业服务、文化创意、绿色农业等领域的合作取得新进展，为粤港澳三地构筑全方位的创新合作平台。

强化粤港澳科技联合创新。推动粤港澳科研机构联合组织实施一批科技创新项目，共同开展关键核心技术攻关，强化基础研究、应用研发及产业化的联动发展，完善知识产权信息公共服务。创新科技合作机制，落实好支持科技创新进口税收政策，鼓励相关科研设备进口，允许港澳科研机构科研、测试、认证检查所需的产品和样品免于办理强制性产品认证。加强华南（广州）技术转移中心、香港科技大学科创成果内地转移转化总部基地等项目建设，积极承接香港电子工程、计算机科学、海洋科学、人工智能和智慧城市等领域创新成果转移转化，建设华南科技成果转移转化高地。开展赋予科研人员职务科技成果所有权或长期使用权试点。

协同推进青年创新创业。进一步优化提升粤港澳（国际）青年创新工场、"创汇谷"粤港澳青年文创社区等平台环境，拓展服务内容。鼓励现有各类创业孵化基地、众创空间等开辟拓展专门面向港澳青年的创新创业空间。营造更优双创发展生态，整合创业导师团队、专业化服务机构、创业投融资机构等各类创业资源，加强创新创业政策协同，构建全链条创业服务体系和全方位多层次政策支撑体系，打造集经营办公、生活居住、文化娱乐于一体的综合性创客社区。支持符合条件的一站式创新创业平台按规定享受科技企业孵化器税收优惠政策。大力开展"创业导师""创业大赛""创业培训"等创新创业赛事和培训活动，发掘创业典型案例，加大对南沙创业投资政策环境的宣传力度，营造优质创新创业生态圈。

加强青少年人文交流。创新开展粤港澳青少年人文交流活动，积极开展青少年研学旅游合作活动，打造"自贸初体验""职场直通车""文体对对碰"等品牌特色项目。定期举办粤港澳青年人才交流会、青年职业训练营、青年创新创业分享会等交流活动。携手港澳联合举办多种形式的文化艺术活动，引导粤港澳三地青少年积极参与重大文化遗产保护，不断增强认同感和凝聚力。支持香港特区政府实施"大湾区青年就业计划"，为在南沙就业的香港大学生提供津贴。探索推动南沙事业单位、法定机构、国有企业引进符合条件的港澳青年人才。建设公共就业综合服务平台，进一步完善有利于港澳居民特别是内地学校毕业的港澳学生在南沙就业生活的政策措施，维护港澳居民在内地就业权益。加强就业配套服务保障，在住宿公寓、通勤、子女入托入学等方面提供便利条件，帮助港澳居民解决到南沙工作的后顾之忧。

稳步推进粤港澳教育合作。在南沙划定专门区域，打造高等教育开放"试验田"、高水平高校集聚地、大湾区高等教育合作新高地。支持依法合规引进境外一流教育资源到南沙开展高水平合作办学，推进世界一流大学和一流学科建设。深化粤港澳高等教育合作，充分发挥粤港澳高校联盟等作用，鼓励三地高校探索开展相互承认特定课程学分、实施更灵活的交换生安排等方面的合作交流。完善在南沙设立的大学对港澳考生招生机制，参考中山大学、暨南大学自主招生方式，进一步拓宽港澳籍学生入学渠道。鼓励港澳职业教育培训机构与内地院校、企业、机构合作建立职业教育培训学校和实训基地。从就医、购房跨境抵押、资格互认、创业支持等方面优化就业创业配套环境，实现教育、创新、创业联动和就学就业互促，增强对港澳青年学生就学的吸引力。

强化生态环境联建联防联治。加强节能环保、清洁生产、资源综合利用、可再生能源等绿色产业发展交流合作，在合作开展珠江口海域海洋环境综合治理、区域大气污染防治等方面建立健全环保协同联动机制。坚持陆海统筹、以海定陆，协同推进陆源污染治理、海域污染治理、生态保护修复和环境风险防范。实施生态保护红线精细化管理，加强生态重要区和敏感区保护。深入推进节能降耗和资源循环利用，加强固体废物污染控制，构建低碳环保园区。打好污染防治攻坚战，全面落实河长制、湖长制，消除黑臭水体，提升河流水质。实施更严格的清洁航运政策，减少船舶污染排放。

第十一章
粤港澳大湾区：从国际化大都市
到世界级城市群

粤港澳大湾区由"9＋2"个城市构成，这些城市的各自目标是建设国际化大都市，而共同愿景则是建设世界级城市群。从国际化大都市到世界级城市群，粤港澳大湾区要实现跨越制度文化差异、构建多中心城市联动机制、共同打造国际科技创新中心等战略目标，这本质上是一个区域协作、融合互动的进程。本章将从理论框架到实践路径，探讨粤港澳大湾区世界级城市群融合、创新、蝶变的发展历程和趋势，并提出相应的提升措施和政策建议。

第一节　从国际化大都市到世界级城市群：
粤港澳大湾区实现历史性跨越

一　跨越新都市圈时代：从城市时代到湾区时代

随着18世纪末工业化大发展带动欧美国家城市化浪潮，从英格兰北部到整个欧洲以及北美洲，大量人口蜂拥进入新兴城市。截至1900年，全世界有13％的人口成为城市居民，而在此后120年间，全球城市居民人口的占比从13％跃升至50％，联合国预计到2050年，全世界将近70％的人口居住在城市。1950年，只有纽约和东京能称作"大城市"，而到2020年，全球人口超过2000万人的大城市超过10座，仅中国就有北京、上海、成都、重庆 4 座城市人口超过 2000 万，超过 1000 万人口的城市更有 18 座之多。随着城市化进程日益加速，城市规模的不断扩张推动了经济增长以及生产率的提升，但城市化的弊端也逐步显现，例如交通拥堵、空间分割、无序竞争、行政壁垒等。为此，构建都市圈、打造超级城市群、建立城市协同机制成为新城市时代的必然趋势。在此背景下，2014 年，中共中央、国务院印发《国家新型城镇化规划（2014—2020 年）》，提出优化建设京津冀、长三角、珠三角世界级城市群，提升山东半岛、海峡西岸城市群，培育中西部地区城市群，发展壮大东北地区、中原地区、长江中游、成渝地区、关中平原城市群，规划引导北部湾、山西中部、呼包鄂榆、黔中、滇中、兰州—西宁、宁夏沿黄、天山北坡城市群发展，形成更多支撑区域发展的增长极。

在城市全球化和全球城市化的大背景下，一些处于湾区地带的城市利用其特殊的地理优势，带动周边城市共同形成湾区城市群，并取得举世瞩目的社会经济发展成就，使湾区成为世界区域经济发展的关键增长极和城市发展理念的变革风向标（马超平、林晓云，2020）。经济发达，产业结构完整，科技创新能力、金融实力都处于世界领先地位的东京湾区、旧金山湾区、纽约湾区被称为世界三大湾，它们代表世界城市区域发展的最高水平。我们通过考察三者的发展历程发现，世界级湾区的建设都经历了从以传统都市圈为核心理念的城市时代到以城市群之间共享、分工、协作、互补为核心理念的湾区时代的历史性跨越。三大湾区的发展成就证明湾区经济已经成为世界城市区域经济发展体系中最惹人注目的现象。

粤港澳大湾区由"9 + 2"个城市构成，经历了从各自的城市化时代到广佛肇、深莞惠、珠中江都市圈时代以及珠三角一体化时代的变迁。而进入湾区时代则从 1994 年时任香港科技大学校长吴家玮提出对标旧金山建设深港湾区开始，到国家战略的提出，历时 20 余年。2009 年 10 月 28 日，香港特别行政区发展局、澳门特别行政区运输工务司及广东省住房和城乡建设厅联合发布中国首个跨边界、跨制度的空间规划研究——《大珠江三角洲城镇群协调发展规划研究》，该规划研究提出构建"一湾三区"集聚、"三轴四层"拓展、"三域多中心"发展的整体空间结构，其中"一湾三区"则指珠江口湾区和广佛、港深、澳珠三大都市区。2015 年，国家发展改革委、外交部、商务部联合发布《推动共建丝绸之路经济带和21世纪海上丝绸之路的愿景与行动》，正式提出"打造粤港澳大湾区"的目标，将粤港澳区域合作的内涵提升到新的层次。2017年，在香港回归20周年之际，国家发展改革委提出启动大珠三角跨省域城市群规划编制，将大珠三角地区作为一个整体进行统筹规划。2019年，中共中央、国务院印发《粤港澳大湾区发展规划纲要》，正式明确提出要将粤港澳大湾区建设成富有活力和国际竞争力的一流湾区及世界级城市群，实现大湾区内人流、物流、资金流、信息流等互联互通，创造更宜居宜业宜游的美丽湾区。至此，粤港澳大湾区正式从城市时代进入湾区时代，成为代表中国参与全球竞争的重要载体和高地。

二 超越新区域主义：从"一国两制"到区域融合

区域经济一体化是二战后随着经济全球化的发展而出现的现象。1950年5月9日著名的"舒曼计划"倡议成立欧洲煤钢共同体，标志着区域经济一体化正式从思潮走向实践。区域经济一体化已经成为当今世界经济发展的主要趋势之一，越来越多的国家和地区以地缘关系为依托，积极构建区域经济一体化体系。同时，区域经济一体化的运作机制也呈现功能性整合和制度性整合并存的格局，"新区域主义"应运而生。"新区域主义"的概念介于"旧区域主义"和"公共选择理论"之间，由两者的概念发展而来。"旧区域主义"指在区域内部由单一的中央政府部门主导，自上而下地进行治理；"公共选择理论"引入市场竞争机制，指多个地方政府相互充分竞争以提供更好的公共产品和服务（李磊等，2020b）。在全球化、分权化和新自由主义的后冷战时代背景下，国际上主要国家和地区的发展模式以围绕中心地区聚合式发展为基调。Palmer最早提出"新区域主义"，这一概念试图在"旧区域主义"国家干预与"公共选择理论"市场调节的两难选择中找到一个均衡点，即在特定区域范围内由地方政府部门和社会机构等多元主体灵活协作，在国家干预和竞争合作中达到平衡。

关于国际上新区域主义理论的应用，英国主要通过出台区域联合政策对区域内的国家或地区进行整合，区域内各部门主体有针对性地进行治理，建立公共设施，以减少地区之间的社会经济差异；此外，成立非政府组织区域发展委员会，并进一步提出建立区域议会的构想。美国受城市扩张和逆城市化的影响，其新区域主义具体体现为公共服务由各种规模的非政府团体和社会组织来提供，以保证公共产品和服务供给的及时性与有效性（孙毓蔓，2013）。

在"一国两制"方针的政策背景下，粤港澳大湾区具有"三种税制、三种法律制度、三种货币"的制度框架，是跨越不同政治制度、法律制度、商事制度、监管体系等的区域经济体，相对于其他湾区及区域经济体具有明显的特殊性。因此，粤港澳大湾区要在"一国两制"的大背景下实现区域协同、融合发展，必须超越新区域主义。国际上的新区域主义意味着在区域融合中，势力较弱的地区在区域联合过程中做出的单方面让步，助长了较强地区对较弱地区利益的侵蚀，造成了区域之间的不对等性，势力较弱的地区在区域合作的过程中较为被动。而粤港澳大湾区既着眼于区域整体的利益，又考虑到各地自身的特殊性，根据 11 市区位特点和产业优势制定符合各地区定位的政策，并通过基础设施互联互通建设不断推进区域经济融合发展。粤港澳大湾区内部不同城市经济体间经济关系经历从"前店后厂""厂店融合"（倪外等，2020）到要素资源重新配置和经济关系结构性调整，不断增强产业分工协作的演化过程，既避免各地方产业的恶性竞争，又重视地方主体的需求，从而强化城市群的整体竞争力和影响力。与此同时，通过打造广州南沙自贸片区、深圳前海自贸片区、珠海横琴自贸片区等重大合作平台，建立跨境合作的有效机制，促进港澳与内地互利合作项目的落地实施。

粤港澳大湾区以市场规则、制度创新和互利合作消减意识形态差异造成的障碍，从而有效增强了各城市之间的认同与合作意识。随着内地经济发展与开放速度和力度的不断提升，通过建立"政府—市场—社会"多元行为合作主体，大湾区制度创新与跨境管理模式不断突破，粤港澳大湾区城市之间的内部分工趋于合理，联系趋于紧密，有力推动了粤港澳三地的协同融合发展。在深化改革和实施"一带一路"倡议的大背景下，湾区经济不仅是一种新的开放模式和发展理念，而且是继经济特区、自贸区后中国新一轮对外开放的区域引擎，还肩负着探索不同制度间区域合作可行模式，探寻不同城市间共享发展、经济融合的有效方式，拓展以开放促改革的制度创新路径的使命。

三 开创湾区新模式：从单一中心到多中心联动

综观世界三大湾区，东京、纽约、旧金山的工业集中度高，呈单极金字塔结构（张昱等，2018）。这些湾区内资源集中度高，主要以一个世界级大都市为核心向周边城市辐射。该世界级大都市城市功能齐全，产业体系相对完备，集中科技知识、人才、优质企业等高层次要素，形成湾区内资源要素配置中心。例如，东京湾区建立在首都东京向外扩散的基础之上，纽约湾区建立在金融中心纽约向外辐射的基础之上，旧金山湾区则是以硅谷为核心形成的科技湾区。

粤港澳大湾区则是具有"'一国两制'、三个关税区"特征的异质城市群，并不以单一城市作为发展核心，而是走多中心、国际化的发展路径。以香港、广州和深圳三大核心城市为经济增长点，形成了多中心、网络化的城市群空间结构（王世福等，2019），这也为粤港澳大湾区的发展带来了机遇和挑战。

香港是国际金融中心，拥有对外联系窗口的功能。改革开放以来，香港本土制造业综合考量劳动力成本、土地成本、物料成本上升以及结构调整、内地市场开发等因素，开始大面积向珠三角城市转移劳动力密集型产业，与珠三角地区形成了"前店后厂"的分工协作模式。在产业结构转型过程中，包括高端服务业、生产性服务业和现代服务业在内的第三产业的快速发展，使香港逐步确立并巩固了国际金融中心、国际贸易中心和国际航运中心的地位（裴广一、黄光于，2020）。未来，香港可凭借自身迥异于珠三角9市的经济运行制度，为粤港澳大湾区提供企业融资服务，继续引进国际投资，使大湾区科技创新能力进一步提升。

广州是广东省会和综合型中心城市，交通优势明显，商贸物流发达，城市综合功能完善。广州坐拥白云机场，是粤港澳大湾区的综合性交通枢纽，其枢纽带动力和网络连通性将直接决定广州的国际影响力和竞争力。建设的三大国际枢纽既是城市未来的重大基础设施，又是粤港澳大湾区产业、人才、技术等高端要素的强大吸附器和辐射源。此外，广州也是商贸物流中心、高等教育人力资源中心，在文化、教育、医疗等领域优势明显。

广州坐拥中山大学、华南理工大学、暨南大学等知名大学，聚集了广东省近 70% 的普通高校、科技人才，在华南地区的优势独一无二。作为大湾区的科教中心和先进制造业基地，坐拥众多一流高校、研究所，同时以汽车制造业、石化制造业、电子制造业为支柱，已成为华南地区最为重要的工业基地之一，为搭建产学研合作平台打下了坚实的基础（谢永琴等，2021）。

深圳作为经济特区和中国特色社会主义先行示范区，是中国制度创新和深化改革开放的重要试点城市，拥有华为、大疆、腾讯等一大批世界级高科技企业。深圳通过重点发展高新技术、现代物流、金融和文化创意四大支柱产业，逐步形成了国际科技孵化基地和粤港澳大湾区的创新高地与技术中心。未来，深圳将通过进一步深化与港澳的互利合作，深入对接"港澳所需"与"深圳所能"，切实发挥前海自贸片区、深港科技创新合作区等重大合作平台作用，推动并引领粤港澳大湾区融合发展。

粤港澳大湾区通过多中心城市的优势互补和辐射带动，成功地从香港辐射内陆的"前店后厂"模式转变为以香港、广州、深圳三大城市为核心的多维度复合新经济、新湾区模式，实现了区域内不同城市、不同类型产业群的分工协作，提高了人才、资本和信息等要素的配置效率，为建设世界一流湾区、打造世界级城市群和具有全球影响力的国际科技创新中心创造了更好的条件。

四　引领新发展格局：从开放窗口到双循环支点

回首中国的改革开放历程，从 1978 年开始改革到 1992 年邓小平南方谈话，广东凭借毗邻港澳的独特区位优势，发挥了窗口和"试验田"作用。港澳则作为全球资本投资中国和中国与国际接轨的特殊通道，发挥了投资向导和"超级联系人"作用。如今，作为中国的南大门，粤港澳大湾区既是"21 世纪海上丝绸之路"重要节点，也是世界各地直接了解中国的窗口。正如习近平总书记指出："广东既是向世界展示我国改革开放成就的重要窗口，也是国际社会观察我国改革开放的重要窗口。"（赵鹏，2018）

随着中国进入新发展阶段，世界百年未有之大变局加速演进，国内生产要素条件、需求结构、供给结构发生深刻变化，关键核心技术"卡脖子"、重要能源资源供应安全受威胁等问题凸显，特别是新冠疫情全球大流行使全球产业链、供应链的风险隐患进一步暴露。面对严峻复杂的外部环境和深刻变化的内部发展条件，习近平总书记指出，要准确识变、科学应变、主动求变；完善战略布局，做到化危为机，实现高质量发展；构建以国内大循环为主体、国内国际双循环相互促进的新发展格局（韩文秀，2021）。站在改革再出发的历史节点，粤港澳大湾区要实现从引领改革开放的窗口到引领新发展格局战略支点的跨越。

粤港澳大湾区要成为新发展格局的战略支点，关键是要充分发挥链接国内国际两个市场、聚合两种资源的独特优势，增强国内国际双向链接功能，提升全球资源配置能力。广东要携手港澳建立统筹国内外贸易、投资、生产、服务的网络，把广东完备的制造体系、市场优势与港澳发达的金融体系、经贸网络优势结合起来，共同谋划用好RECP等重大合作机制，不断深化与东盟等地区务实合作，强化对"一带一路"建设的支撑作用。第一，发挥粤港澳大湾区在全面改革、全面开放中的示范引领功能。在大变局中塑造粤港澳大湾区高质量发展新优势，在推进供给侧结构性改革的同时注重推进需求侧改革，形成需求牵引供给、供给创造需求的更高水平动态平衡，推动供给侧结构性改革与需求侧改革双向联动，使大湾区在改革开放中更好地发挥示范引领作用。第二，发挥联通国内国际市场重要节点的功能。粤港澳大湾区既深度接轨国际市场，又拥有颇具规模的内需市场，联通内外功能十分强大，要顺应全球大发展趋势，实现良性有效的循环互动。第三，发挥粤港澳大湾区吸引高端要素的集聚功能。在世界三大湾区中，纽约湾区是金融湾区，旧金山湾区是科技湾区，东京湾区是制造业湾区，而粤港澳大湾区要打造成为集三大湾区优势于一体的综合性一流湾区。大湾区将有力吸纳人才、产业、创新等高端资源集聚，促进经济要素高质量循环，有效联通国内国际市场，实现更高质量发展。

第二节　从国际化大都市到世界级城市群：粤港澳大湾区世界级城市群建设路径

城市为了获得更大的经济发展，就必须比其他城市竞争到更多的资源。城市竞争是现代经济发展过程中的必然现象。当前，中国已迈入都市圈城市群时代，地理位置邻近、城市功能互补的城市群正在加速构建。随着城市群的快速扩张，城市竞争有了新的要求，必须从对立竞争转变为合作竞争，最终实现"双赢"或"多赢"。良好的城市竞合关系不仅是实现城市融合发展的重要途径，也是提升城市群核心竞争力的必由之路。粤港澳大湾区城市群内各城市之间联系紧密，有着悠久的合作基础和传统，但客观上仍存在一定的竞争关系。如何推动粤港澳大湾区"9+2"个城市"良性竞争、积极合作"，已成为粤港澳大湾区世界级城市群建设的关键。粤港澳大湾区"9+2"个城市从各自建设国际化大都市到一体化建设世界级城市群，是实现区域一体化发展、打造世界一流湾区的关键。为此，大湾区"9+2"个城市必须从单一发展的"大都市"理念向族群化发展的"城市群"理念转变，通过发挥各自优势，强化资源共享、要素流通和政策协作，形成城市功能错位互补、层级分工明确的区域融合发展格局。

一　以基础设施互联互通为前提，夯实城市群深度融合根基

包括交通、通信、互联网在内的基础设施，是城市群内不同城市相互联系的纽带。提升基础设施的通达性和联结性，能够对大湾区内产业的转移、生产要素的流动产生促进作用，从而显著加速城市融合发展。在粤港澳大湾区世界级城市群建设过程中，大湾区应以基础设施互联互通为前提，加强交通与新一代信息基础设施建设，夯实城市群深度融合根基。

（一）打造内联外畅的一体化交通网络

城市群建设，交通先行。交通是城市群的"血脉"，国内外成熟的城市群无一不具有高度发达的交通网络。随着粤港澳大湾区城市群的快速崛起，其对交通网络提出了更高的要求，迫切需要便捷、承载力强的交通网络作为支撑。粤港澳大湾区应加强城市群内跨行政区域交通基础设施的综合规划和建设，以核心城市和周边城市互联互通为重点，增强交通基础设施联通性，形成多方式、多层次、一体化的互联互通交通网络，进一步缩短城市之间的时空距离。整合各市交通枢纽，加快建设广州、深圳国际性综合交通枢纽，持续提升重大交通枢纽功能，实现枢纽之间的便捷联通。织密城市群内部的城际轨道网络，加强城市间轨道交通、道路交通全面畅通和无缝衔接，打通城际"断头路"，拓宽"瓶颈路"，取消城际高速公路收费，

打造以轨道交通和城市快速路为主体的"1小时交通圈"。完善城际交通网络，优化城际公交线网，增开相关线路，推进城市群内城市公交"一卡通"互认互通。协同推动机场、港口航道建设，促进城市群内机场群和港口群合理分工、错位发展，合力打造世界级机场群和世界级港口群。

（二）建设智慧城市群

在新的历史条件和区域竞争格局下，基础设施互联互通不再局限于公路、轨道等交通基础设施，而是拓展到新一代信息基础设施，城市竞速迈入智慧城市时代，建设智慧城市群恰逢其时。在建设粤港澳大湾区世界级城市群过程中，大湾区应以推进新型智慧城市试点示范和珠三角国家大数据综合试验区建设为契机，打造世界级智慧城市群。以5G网络、高速光网、IPv6、移动物联网、工业互联网建设为重点，共同构建新一代信息基础设施，全面提升各城市新一代信息基础设施互联互通水平。加快各城市5G网络建设，统筹规划大湾区数据中心，推进区域信息枢纽港建设，实现数据中心和存算资源协同布局。共同推进IPv6规模布局，鼓励各市企业、机构共同开展IPv6升级，共同打造一批跨区域、跨行业、跨领域的工业互联网平台。探索建立统一标准，开放数据端口，建设互通的公共应用平台。加快大湾区电子签名证书互认，推动大湾区电子支付系统互联互通，降低粤港澳通信资费。联手推动城市智慧应用，共同提升传统基础设施的数字化、智能化水平。

二 以要素共享为基础，提升城市群深度融合效率

要素流动是形成城市群内城市融合发展的基础。只有人才、资本、数据等要素在城市间实现双向自由流动，城市之间才会形成密不可分的关系，才会形成紧密联系的城市群有机体，才能建设世界级城市群。粤港澳大湾区"'一国两制'、三关税区、四核心城市"的多元化特征，导致要素在大湾区内流通不畅，这已成为阻碍其建设世界级城市群的重要因素。要实现建设世界级城市群这一宏伟目标，大湾区需要找准制约要素自由流动的瓶颈因素，通过要素市场化改革，以打破地域分割、消除市场壁垒为重点，废除妨碍要素自由流动的规定做法，建立区域统一开放的人力、资本、数据等各类要素市场，推动要素自由流动与共享，实现城市间优势资源互补

互用、共同发展。

（一） 畅通劳动力和人才要素流动渠道

深化户籍制度改革，调整完善广州、深圳积分落户政策，在大湾区内探索户籍准入年限同城化累计互认模式，试行以经常居住地登记户口制度。全面推进 11 个城市在教育资源、医疗卫生资源、养老保障、住房保障等方面的联动发展，提升粤港澳大湾区基本公共服务均等化水平。全面落实粤港澳大湾区个人所得税优惠政策，完善粤港澳大湾区（内地）事业单位公开招聘港澳居民管理办法，推动粤港澳三地社保规则衔接和社会保障卡跨境通用。搭建港澳青年创新创业基地、粤港澳大湾区（广东）人才港等交流合作平台，畅通粤港澳大湾区人才有序流动渠道。

（二） 加速资本市场互联互通

以建设粤港澳大湾区国际金融枢纽为目标，深化金融改革开放，加快推动粤港澳金融市场对接，健全区域金融协作机制。充分利用前海、横琴两大合作区以及南沙自贸片区的重大平台优势，深化跨境金融改革，鼓励开展跨境人民币结算，资产和财富管理、债券市场、融资租赁等产业金融服务工作，加快推动大湾区移动支付服务跨境互联。加大银行、证券、保险等金融行业对港澳开放力度，降低港澳金融机构准入门槛，加快港澳金融机构落地落户。促进跨境贸易和投融资便利化，提升本外币兑换和跨境流通使用便利度。

（三） 推动数据有序流通

建设粤港澳大湾区大数据中心，推进广州南沙（粤港澳）数据要素合作试验区、珠海横琴粤澳深度合作区建设，探索建立"数据海关"，推动数据资源有序跨境流通。推动深圳中国特色社会主义先行示范区数据要素市场化配置改革试点，支持深圳建设粤港澳大湾区数据平台和数据交易市场。加快数据交易场所及配套机构建设，搭建数据交易平台。开展数据经纪人试点工作，探索建立数据经纪人管理制度，完善数据要素市场流通中介服务规范和标准。建立健全数据市场定价机制，探索建立数据产权制度，推动数据安全交易与流通。搭建数据流通监管平台，加强数据流动监测和交易安全监管。

三 以产业共生为抓手，增强城市群深度融合动力

城市群内城市融合的关键在于产业合作和联动发展。在中央政府以经

济建设为中心的地方政府考核指标体系引导下，各城市都试图建立完整的经济（工业）体系，从而导致产业结构雷同、重复建设、招商引资恶性竞争等问题，大大降低了城市之间的经济关联度，导致城市融合发展缺乏内在动力。当前，粤港澳大湾区各城市产业发展同质化，未能形成有效联动，亟须发挥各城市产业比较优势，从优化区域产业链、供应链、创新链的高度，以共建产业链和产业集群为主要抓手，整合各城市产业要素资源，促进产业联动发展。因此，粤港澳大湾区内各城市应充分发挥其特色产业优势，以各城市间专业化分工协作为导向，培育合理布局、各具特色的产业协作体系，共同推动产业基础高级化和产业链现代化，努力实现互补式发展。

（一）积极搭建产业合作平台

产业合作平台是推动城市间产业联动发展的重要载体。在粤港澳大湾区世界级城市群建设过程中，各城市应积极构建产业合作平台，以共建产业园区、产业合作区为重点，大力推进区域产业对接合作和联动发展。发挥重大产业合作平台推动产业协同发展的示范带动作用，推动区域重大产业合作平台的开发建设，探索"孵化＋产业化""总部＋基地""前端＋后台""研发＋制造"等产业合作新模式，实现跨区域的产业资源整合和优化配置。鼓励广州、深圳等中心城市的产业园区利用资金、管理、品牌等方面的优势，与粤东、粤西、粤北地区合作共建跨区域产业园区。充分发挥行业协会、商会的桥梁和纽带作用，组建产业园区合作联盟，推进产业园区建设的跨区域合作。

（二）推动产业链条跨区域协同发展

区域产业链的构建是产业合作的基础。在粤港澳大湾区世界级城市群建设过程中，应发挥各城市产业比较优势，强化产业分工协作和产业链共建，深入推动产业链空间布局的合理调整。世界级城市和城市群的衡量标准是现代服务业的占比。因此，广州、深圳等中心城市应主动逐渐退出一般性的，劳动密集型、能耗高的低端制造业，积极发展高端制造业、战略性新兴产业和现代服务业等产业。周边中小城市应不断提升生产加工能力和产业配套能力，主动承接中心城市的产业转移，推进产业链跨区域对接延伸，加速中心城市与周边城市联动融合、协调发展。

（三）　构建产业协同创新体系

粤港澳大湾区城市群产业协同发展要以协同创新为引领，加快产业发展动能转换，推动产业发展从要素驱动向创新驱动转变。以共建粤港澳大湾区国际科技创新中心为目标，加快对接利用全球创新资源，充分发挥广州、深圳等中心城市创新资源集聚和周边城市制造业发达、创新需求巨大的互补优势，加快建设广深港澳科技创新走廊，建立完善产业协同创新发展体制机制，推动形成区域协同创新发展格局。共建大湾区综合性国家科学中心，加强新型研发机构、重大项目实验室等科技创新平台共建共享，推动中心城市科技基础设施、专业技术服务平台、科技文献信息等科技创新资源向周边城市开放共享，构建城市群科技资源共享体系，加速创新要素自由流动、深度融合、集聚发展。充分发挥广州、深圳等中心城市科教资源高度密集优势，鼓励中心城市科研机构与周边城市携手打造新型研发机构。探索共建跨区域创新人才交流合作平台。共同营造良好的区域创新生态环境，建立区域创新政策机制，促进科技成果跨区域转化运用，协同开展知识产权保护运用，强化科技金融区域合作。

四　以体制机制为保障，强化城市群深度融合支撑

粤港澳三地在区域规划协调、交通基础设施建设等方面已经取得突破性进展，但阻碍城市融合发展的体制机制等深层次问题还未得到有效解决。城市深度融合发展离不开体制机制创新。未来粤港澳三地在"'一国两制'、三关税区、四核心城市"的框架下，如何最大限度地突破区域行政区划壁垒、减少地方保护主义带来的恶性竞争、协调各城市的经济政策和利益分配，将是粤港澳大湾区世界级城市群建设的关键问题。在粤港澳大湾区世界级城市群建设过程中，应坚决破除制约城市融合发展的行政壁垒和体制机制障碍，加强粤港澳大湾区城市群融合发展的顶层设计，在区域利益协调机制、政策制定与执行的协同机制、沟通协调机制等方面深化改革创新，以前海深港、珠海横琴、广州南沙3个重大合作平台为重点，积极探索推进城市融合发展的新路径、新方案，推动城市融合发展迈向新高度，为粤港澳大湾区城市群乃至全国城市群融合发展提供更多可复制、可推广的经验。

（一） 构建区域利益协调机制

区域利益协调机制是粤港澳大湾区城市融合发展的重要保障机制，也是当前粤港澳大湾区世界级城市群建设亟待解决的重大命题。考虑到地方政府存在政绩和考核的压力，各城市在涉及地方经济社会发展利益的问题上可能采取"消极合作，积极竞争"的态度，从而妨碍城市合作与融合发展。因此，粤港澳大湾区在世界级城市群建设过程中，应加快构建成本共担、利益共享的区域利益协调机制，完善重大经济指标协调划分的考核制度，建立与完善适合区域合作的政绩评价指标体系，建立区域互利共赢的税收分享机制和征管协调机制，引导城市从竞争走向合作，共建世界级城市群。

（二） 创新政策制定与执行的协同机制

粤港澳大湾区城市融合发展，关键是要完善政策制定及其执行的协同机制，以完善地方政府间协商机制、实行统一的市场准入制度、实施统一的招商引资与招才引智政策、建立地方政府立法和执法工作协同常态化机制、提高政策协同执行与执法联动的实施效率为重点，打破行政区划的利益分割，从城市群整体角度建立、修改和完善政策体系，推动各城市政策融合对接，实现粤港澳大湾区城市群政策体系一体化。

（三） 发挥重大合作平台制度创新优势

更好地发挥前海深港、珠海横琴、广州南沙 3 个重大合作平台改革"试验田"功能，以体制机制创新为核心，加大粤港澳规则衔接、机制对接力度，在推动跨境要素流动便利化、市场标准一体化、产业合作等方面先行先试、率先突破，探索粤港澳合作发展的新机制、新模式，及时总结推广先进模式，前海深港、珠海横琴、广州南沙 3 个重大合作平台应加强对接、互学互鉴，形成一批可复制可推广的跨区域融合发展经验和体制机制改革措施，更好地在粤港澳大湾区世界级城市群建设中发挥示范引领作用。各城市应主动对接、合作支持前海深港、珠海横琴、广州南沙 3 个重大合作平台建设，及时复制推广 3 个重大合作平台改革创新的成功经验。

参考文献

安虎森、汤小银，2021，《新发展格局下实现区域协调发展的路径探析》，《南京社会科学》第 8 期。

白俊红、王钺、蒋伏心、李婧，2017，《研发要素流动、空间知识溢出与经济增长》，《经济研究》第 7 期。

蔡赤萌，2017，《粤港澳大湾区城市群建设的战略意义和现实挑战》，《广东社会科学》第 4 期。

蔡春林、陈雨，2021，《促进粤港澳大湾区深度参与共建一带一路》，《中国社会科学报》11 月 4 日，第 A8 版。

蔡丽茹、谷雨，2020，《"双核联动"背景下的广深高校科研院所创新联系现状、问题与对策》，《广东科技》第 12 期。

蔡跃洲，2018，《数字经济的增加值及贡献度测算：历史沿革、理论基础与方法框架》，《求是学刊》第 5 期。

曹细玉，2018，《粤港澳大湾区城市群协同创新发展机制研究》，《统计与咨询》第 6 期。

曹玉娟，2019，《数字化驱动下区域科技创新的框架变化与范式重构》，《学术论坛》第 1 期。

陈晨、修春亮，2014，《流空间视角的东北地区城市网络研究》，《地域研究与开发》第 4 期。

陈丛波、叶阿忠，2021，《信息通信技术发展水平与城市群内部的创新空间分布》，《科技管理研究》第 22 期。

陈广汉、谭颖，2018，《构建粤港澳大湾区产业科技协调创新体系研究》，

《亚太经济》第 6 期。

陈国亮、陈建军，2012，《产业关联、空间地理与二三产业共同集聚——来自中国 212 个城市的经验考察》，《管理世界》第 4 期。

陈建军、刘月、邹苗苗，2016，《产业协同集聚下的城市生产效率增进——基于融合创新与发展动力转换背景》，《浙江大学学报》（人文社会科学版）第 3 期。

陈明宝，2019，《促进粤港澳大湾区海洋经济合作发展》，《中国海洋报》7 月 23 日，第 2B 版。

陈德宁、郑天祥、邓春英，2010，《粤港澳共建环珠江口"湾区"经济研究》，《经济地理》第 10 期。

陈强，2019，《清远通过实施广清一体化 探索城乡协调发展路》，金羊网，9 月 24 日，http://news.ycwb.com/2019－09/24/content_30344425.htm。

陈世栋，2018，《粤港澳大湾区要素流动空间特征及国际对接路径研究》，《华南师范大学学报》（社会科学版）第 2 期。

陈世栋，2020，《粤港澳大湾区区域合作与空间协同治理》，载赵弘主编《中国区域经济发展报告（2019—2020)》，社会科学文献出版社。

陈伟军，2019，《以岭南文化夯实大湾区人文底蕴》，《人民论坛》第 19 期。

陈伟、刘卫东、柯文前、王女英，2017，《基于公路客流的中国城市网络结构与空间组织模式》，《地理学报》第 2 期。

陈锡强、赵丹晓、练星硕，2020，《粤港澳大湾区科技协同创新发展研究：基于要素协同的视角》，《科技管理研究》第 20 期。

陈晓东，2020，《粤港澳大湾区技术创新协同效应研究》，《产业创新研究》第 18 期。

陈旭、邱斌，2020，《多中心结构、市场整合与经济效率》，《经济学动态》第 8 期。

陈燕、林仲豪，2018，《粤港澳大湾区城市间产业协同的灰色关联分析与协调机制创新》，《广东财经大学学报》第 4 期。

陈勇、陈嵘、艾南山、李后强，1993，《城市规模分布的分形研究》，《经济地理》第 3 期。

陈玉、孙斌栋，2017，《京津冀存在"集聚阴影"吗——大城市的区域经济影响》，《地理研究》第 10 期。

陈钊、徐彤，2011，《走向"为和谐而竞争"：晋升锦标赛下的中央和地方治理模式变迁》，《世界经济》第 9 期。

程广斌、靳瑶，2022，《创新能力提升是否能够增强城市经济韧性?》，《现代经济探讨》第 2 期。

程远州，2022，《粤港澳合作 互联互通正加速》，《人民日报》4 月 20 日，第 10 版。

崔大树，2003，《经济全球化进程中城市群发展的制度创新》，《财经问题研究》第 5 期。

代联、赖玉林，2020，《粤港澳大湾区建设背景下专业人才培养与区域产业协同发展路径探析》，《中国集体经济》第 16 期。

戴欣、张猛、唐杰，2018，《创新驱动与粤港澳大湾区城市群发展》，《开放导报》第 6 期。

邓江年，2020，《粤港澳大湾区产业协作调研报告》，广东省社会科学院。

邓晓兰、刘若鸿、许晏君，2019，《经济分权、地方政府竞争与城市全要素生产率》，《财政研究》第 4 期。

丁俊、王开泳，2018，《珠三角城市群工业生产空间的时空演化及驱动机制》，《地理研究》第 1 期。

丁旭光，2017，《借鉴旧金山湾区创新经验，构建粤港澳大湾区创新共同体》，《探求》第 6 期。

董超、修春亮、魏冶，2014，《基于通信流的吉林省流空间网络格局》，《地理学报》第 4 期。

董成惠，2021，《粤港澳大湾区共享合作协同机制研究》，《经济体制改革》第 4 期。

董春风、何骏，2021，《区域一体化发展提升城市创新能力了吗——来自长三角城市群扩容的经验证据》，《现代经济探讨》第 9 期。

方创琳，2011，《中国城市群形成发育的新格局及新趋向》，《地理科学》第 9 期。

方创琳，2018，《改革开放 40 年来中国城镇化与城市群取得的重要进展与展望》，《经济地理》第 9 期。

方创琳、王振波、马海涛，2018，《中国城市群形成发育规律的理论认知与地理学贡献》，《地理学报》第 4 期。

封小云，2014，《粤港澳经济合作走势的现实思考》，《港澳研究》第 2 期。

冯长春、谢旦杏、马学广等，2014，《基于城际轨道交通流的珠三角城市区域功能多中心研究》，《地理科学》第 6 期。

付玲，2017，《新区域主义视野下我国大都市区协作治理探析》，《现代商贸工业》第 17 期。

傅小龙，2020，《人文湾区视域下高校参与地域文化建设的路径研究》，《特区经济》第 6 期。

傅元略，2020，《数字经济下的产业价值链四维度协同管控》，《财务研究》第 4 期。

高爽、王少剑、王泽宏，2019，《粤港澳大湾区知识网络空间结构演化特征与影响机制》，《热带地理》第 5 期。

耿云，2015，《新区域主义视角下的京津冀都市圈治理结构研究》，《城市发展研究》第 8 期。

龚轶、王峥、高菲，2019，《城市群协同创新系统：内涵、框架与模式》，《改革与战略》第 9 期。

顾朝林，1990，《中国城镇体系等级规模分布模型及其结构预测》，《经济地理》第 3 期。

顾朝林，1999，《新时期中国城市化与城市发展政策的思考》，《城市发展研究》第 5 期。

顾涧清，2009，《珠三角与长三角两大城市群比较研究》，《城市观察》第 1 期。

关洪军、郭宏博，2020，《粤港澳大湾区海洋经济发展形势分析》，载殷克东主编《海洋经济蓝皮书：中国海洋经济发展报告（2019～2020）》，社会科学文献出版社。

关梓祎、张颖，2021，《新区域主义视角下的东南亚经济合作》，《区域与全球发展》第 6 期。

广东省大湾区办，2022，《［新闻发布会］省发展改革委（省大湾区办）主任郑人豪：一张蓝图干到底！广东有力有序推进大湾区建设》，广东省发展和改革委员会网,4 月 20 日,http://drc. gd. gov. cn/zxft5660/content/post_3915164. html。

广东省发展和改革委员会等,2020,《广东省培育半导体及集成电路战略性新兴产业集群行动计划(2021—2025 年)》,9 月 25 日。

广东省工业和信息化厅等,2020a,《广东省培育数字创意战略性新兴产业集群行动计划(2021—2025 年)》,9 月 25 日。

广东省工业和信息化厅等,2020b,《广东省培育智能机器人战略性新兴产业集群行动计划(2021—2025 年)》,9 月 25 日。

广东省计划委员会等,1995,《珠江三角洲经济区规划研究》,广东经济出版社。

广东省建设委员会等,1996,《珠江三角洲经济区城市群规划——协调与持续发展》,中国建筑工业出版社。

广东省科学技术厅等,2020,《广东省发展生物医药与健康战略性支柱产业集群行动计划(2021—2025 年)》,9 月 25 日。

广东省人民政府,2021a,《2021 年 1 月 24 日广东省省长马兴瑞在广东省第十三届人民代表大会第四次会议上作政府工作报告》,1 月 28 日。

广东省人民政府,2021b,《广东省人民政府关于印发〈广东省国民经济和社会发展第十四个五年规划和 2035 年远景目标纲要〉的通知》,4 月 6 日。

广东省政府发展研究中心新基建研究课题组,2020,《"广东抢抓新基建新机遇"专题①以新基建创新驱动广东高质量发展》,《广东经济》第 6 期。

广东医谷,2021,《珠海高新区聚焦主导产业,积极推进深珠合作示范区建设》,腾讯网,11 月 22 日,https://new.qq.com/omn/20211122/20211122A09JEA00. html。

郭跃文、向晓梅,2020,《中国经济特区四十年工业化道路:从比较优势到竞争优势》,社会科学文献出版社。

郭跃文、袁俊、谢许潭、邓江年等,2019,《粤港澳大湾区蓝皮书:粤港澳大湾区建设报告(2019)》,社会科学文献出版社。

郭政、姚士谋、陈爽、吴威、刘玮辰,2020,《长三角城市群城市宜居水平时空演化及影响因素》,《经济地理》第 2 期。

国家发展改革委，2019，《国家发展改革委关于培育发展现代化都市圈的指导意见》，2 月 21 日。

国务院，2022，《广州南沙深化面向世界的粤港澳全面合作总体方案》，6 月 6 日。

国研网宏观经济研究部，2019，《对标世界三大湾区 浅析粤港澳大湾区发展》，月度分析报告。

郝凤霞、张诗葭，2021，《长三角城市群交通基础设施、经济联系和集聚——基于空间视角的分析》，《经济问题探索》第 3 期。

何雄浪、李国平，2007，《专业化产业集聚、空间成本与区域工业化》，《经济学》（季刊）第 4 期。

何志均、刘智标，2018，《粤港澳大湾区城市人文价值链融合与大众认同机制的构建》，《特区经济》第 10 期。

侯杰、张梅青，2020，《城市群功能分工对区域协调发展的影响研究——以京津冀城市群为例》，《经济学家》第 6 期。

侯赟慧、刘洪，2006，《基于社会网络的城市群结构定量化分析——以长江三角洲城市群资金往来关系为例》，《复杂系统与复杂性科学》第 2 期。

胡广伟、赵思雨等，2021，《论我国智慧城市群建设：形态、架构与路径——以江苏智慧城市群为例》，《电子政务》第 4 期。

黄卫挺，2019，《关于粤港澳大湾区建设的三个注解》，《中国发展观察》第 10 期。

黄亚兰，2019，《粤港澳大湾区政府合作困境与突破路径》，《厦门特区党校学报》第 5 期。

黄妍妮、高波、魏守华，2016，《中国城市群空间结构分布与演变特征》，《经济学家》第 9 期。

蹇令香、李辰曦、曹卓久，2020，《粤港澳大湾区科技创新协同发展研究》，《管理现代化》第 1 期。

金祥荣、赵雪娇，2016，《中心城市的溢出效应与城市经济增长——基于中国城市群 2000—2012 年市级面板数据的经验研究》，《浙江大学学报》（人文社会科学版）第 5 期。

金钟范，2016，《中国城市体系跨境网络结构特征——基于世界 500 强企业母子关系分析》，《地域研究与开发》第 6 期。

孔祥彬，2007，《城市经济腹地及其空间范围的界定》，硕士学位论文，西南交通大学。

乐婉华，1987，《略论亚洲新兴工业化国家和地区的技术引进、消化和创新》，《经济与管理研究》第 6 期。

黎文勇、杨上广，2019，《城市群功能分工对全要素生产率的影响研究——基于长三角城市群的经验证据》，《经济问题探索》第 5 期。

黎友焕，2020，《旧金山湾区政产学研协同创新对粤港澳大湾区的启示》，《华南理工大学学报》（社会科学版）第 1 期。

李昊、曹悦、张书华，2021，《京津冀城市群生态宜居宜业协同发展水平的测度》，《统计与决策》第 6 期。

李洪涛、王丽丽，2021，《中心城市科技创新对城市群产业结构的影响》，《科学学研究》第 11 期。

李佳洺、张文忠等，2014，《中国城市群集聚特征与经济绩效》，《地理学报》第 4 期。

李建平，2017，《粤港澳大湾区协作治理机制的演进与展望》，《规划师》第 11 期。

李兰冰、高雪莲、黄玖立，2020，《"十四五"时期中国新型城镇化发展重大问题展望》，《管理世界》第 11 期。

李磊、柯慧敏、马韶君，2020a，《群际互动与区域文化协同发展：基于粤港澳大湾区的案例研究》，《公共行政评论》第 2 期。

李磊、晏志阳、马韶君，2020b，《城市群"互联网＋医疗健康"的内涵解析与路径构建——基于新区域主义视角的分析》，《北京行政学院学报》第 4 期。

李人可，2019，《粤港澳大湾区城市群产业互补性分析及协同路径创新》，《新经济》第 11 期。

李仁贵，1988，《区域经济发展中的增长极理论与政策研究》，《经济研究》第 9 期。

李胜，2021，《基于圈层结构理论视域 攀枝花加快打造川西南滇西北现代化区域中心城市研究》，《攀枝花日报》7 月 1 日，第 3 版。

李涛、曹小曙、杨文越，2016，《珠江三角洲客货运量位序—规模分布特征及其变化》，《地理科学进展》第 1 期。

李铁成、刘力，2021，《粤港澳大湾区协同创新系统的政策体系研究》，《科技管理研究》第 8 期。

李文静，2021，《"十四五"时期中国城市群高质量发展的思路与策略》，《学术研究》第 1 期。

李仙德，2014，《基于上市公司网络的长三角城市网络空间结构研究》，《地理科学进展》第 12 期。

李雅静、陈彦光，2021，《京津冀城镇体系的位序—规模与异速生长标度分析》，《城市发展研究》第 6 期。

李艺铭，2020，《加快推进粤港澳大湾区城市群产业协同发展——基于与东京湾城市群电子信息产业的对比分析》，《宏观经济管理》第 9 期。

李永杰，2021，《打造"人文湾区"发展新机遇》，《中国社会科学报》12 月 13 日，第 2 版。

李泽众、沈开艳，2020，《城市群空间结构对经济高质量发展的影响》，《广东社会科学》第 2 期。

李政道，2018，《粤港澳大湾区海陆经济一体化发展研究》，博士学位论文，辽宁大学。

李志坚、叶茂桂，2019，《粤港澳大湾区推进协同创新发展的问题与对策》，《科技中国》第 10 期。

李子慧，2020，《粤港澳大湾区城市互动关系研究——基于经济发展与创新活动比较视角》，硕士学位论文，暨南大学。

梁宏中、王廷惠，2019，《"一国两制"框架下粤港澳大湾区内差异与互补性经济合作机制》，《产经评论》第 3 期。

梁琦，2004，《产业集聚论》，商务印书馆。

梁琦，2005，《空间经济学：过去、现在与未来——兼评〈空间经济学：城市、区域与国际贸易〉》，《经济学》（季刊）第 4 期。

梁琦、李晓萍、吕大国，2012，《市场一体化、企业异质性与地区补贴——一个解释中国地区差距的新视角》，《中国工业经济》第 2 期。

廖明中、吴燕妮，2019，《国际科技创新中心的六大特征》，《深圳特区报》

7 月 9 日，第 C2 版。

林雄斌、杨家文，2015，《新区域主义下跨市空间规划与多层级治理研究——以珠三角为例》，《中国公共政策评论》第 1 期。

林志豪，2021，《基于点轴理论的广东沿海经济带区域协同发展研究》，《特区经济》第 10 期。

刘秉镰、朱俊丰、周玉龙，2020，《中国区域经济理论演进与未来展望》，《管理世界》第 2 期。

刘华军、彭莹等，2018，《价格信息溢出、空间市场一体化与地区经济差距》，《经济科学》第 3 期。

刘佳、蔡盼心、王方方，2020，《粤港澳大湾区城市群知识创新合作网络结构演化及影响因素研究》，《技术经济》第 5 期。

刘家林，2012，《"前店后厂"经济合作模式对香港物流产业链影响分析》，《管理观察》第 20 期。

刘金山，2019，《新时代"一国两制"制度红利与粤港澳大湾区建设》，《统一战线学研究》第 3 期。

刘锦、田银生，2018，《粤港澳大湾区背景下的珠三角城市群产业—人口—空间交互影响机理》，《地理科学进展》第 12 期。

刘璟，2021，《论粤港澳大湾区产业创新生态体系重构》，《城市观察》第 1 期。

刘静玉、王发曾，2004，《城市群形成发展的动力机制研究》，《开发研究》第 6 期。

刘军，2009，《整体网分析讲义：UCINET 软件实用指南》，格致出版社。

刘树峰、杜德斌等，2018，《中国沿海三大城市群企业创新时空格局与影响因素》，《经济地理》第 12 期。

刘斯奋、谭运长，2007，《岭南文化的独特价值在哪里》，《同舟共进》第 6 期。

刘瑞翔，2019，《区域经济一体化对资源配置效率的影响研究——来自长三角 26 个城市的证据》，《南京社会科学》第 10 期。

刘湘平、刘慧平等，2021，《基于城市联系网络的城市群等级结构对比》，《经济地理》第 2 期。

刘真真、马远，2020，《粤港澳大湾区城市群城市规模分布特征及经济联系》，《城市学刊》第 4 期。

刘振新、安慰，2004，《珠三角城市群的形成与发展》，《同济大学学报》（社会科学版）第 5 期。

卢小丽、周兵、任政亮，2018，《长江三峡库区中心城市的经济辐射效应分析》，《理论月刊》第 11 期。

陆大道，2002，《关于"点一轴"空间结构系统的形成机理分析》，《地理科学》第 1 期。

陆大道、陈明星，2015，《关于"国家新型城镇化规划（2014－2020）"编制大背景的几点认识》，《地理学报》第 2 期。

陆天赞、吴志强、黄亮，2016，《美国东北部城市群创新城市群落的社会网络关系、空间组织特征及演进》，《国际城市规划》第 2 期。

罗杰、姜海雯、赵静等，2016，《香港特区食品安全监管体系及其借鉴》，《食品科学》第 15 期。

罗奎、李广东、劳昕，2020，《京津冀城市群产业空间重构与优化调控》，《地理科学进展》第 2 期。

罗心欲、杨尚昆，2021，《粤港澳大湾区人文融合中的价值对话与互鉴》，《广东开放大学学报》第 1 期。

马超平、林晓云，2020，《世界三大湾区发展演化对粤港澳大湾区融合发展的启示》，《产业与科技论坛》第 24 期。

马国霞、石敏俊、李娜，2007，《中国制造业产业间集聚度及产业间集聚机制》，《管理世界》第 8 期。

马兴瑞，2021，《携手港澳打造国际一流湾区和世界级城市群》，《求是》第 11 期。

马学广、李贵才，2012，《世界城市网络研究方法论》，《地理科学进展》第 2 期。

买慧，2008，《有关城市区域经济结构的文献综述以及对中国的启示》，《经济师》第 12 期。

毛帅，2018，《溯源珠江三角洲的形成历史》，《中国社会科学报》5 月 4 日，第 5 版。

毛艳华，2018，《粤港澳大湾区协调发展的体制机制创新研究》，《南方经济》第 12 期。

毛艳华、信超辉、荣健欣，2021，《粤港澳大湾区中心城市空间结构与集聚扩散特征》，《华南师范大学学报》（社会科学版）第 6 期

毛艳华、杨思维，2019，《粤港澳大湾区建设的理论基础与制度创新》，《中山大学学报》（社会科学版）第 2 期。

倪君、刘瑶、陈耀，2021，《"两链融合"与粤港澳大湾区创新系统优化》，《区域经济评论》第 1 期。

倪外、周诗画、魏祉瑜，2020，《大湾区经济一体化发展研究——基于粤港澳大湾区的解析》，《上海经济研究》第 6 期。

潘明，2019，《立足全局谋划大湾区轨道交通建设 构建粤港澳大湾区城市轨道交通一张网》，民革中央网站，3 月 7 日，http://www.minge.gov.cn/n1/2019/0307/c415702-30962558.html。

裴广一、黄光于，2020，《海南自贸港对接粤港澳大湾区：协调机制创新与实施路径》，《经济体制改革》第 5 期。

彭芳梅，2017，《粤港澳大湾区及周边城市经济空间联系与空间结构——基于改进引力模型与社会网络分析的实证分析》，《经济地理》第 12 期。

齐昕、王立军等，2021，《高铁影响下城市群空间关联形态与经济增长效应研究》，《地理科学》第 3 期。

秦绮蔚，2020，《深圳大力推进全球海洋中心城市建设》，《深圳特区报》9 月 22 日，第 A1 版。

全永波，2012，《基于新区域主义视角的区域合作治理探析》，《中国行政管理》第 4 期。

饶品良，2018，《论岭南文化的民族凝聚力及其精神价值》，《湖北省社会主义学院学报》第 4 期。

任博英，2010，《山东半岛海洋产业集聚与区域经济增长问题研究》，硕士学位论文，中国海洋大学。

任宇飞、方创琳，2017，《京津冀城市群县域尺度生态效率评价及空间格局分析》，《地理科学进展》第 1 期。

尚永珍、陈耀，2019，《功能空间分工与城市群经济增长——基于京津冀和

长三角城市群的对比分析》，《经济问题探索》第 4 期。

申明浩、谢观霞、杨永聪，2019，《新时代粤港澳大湾区协同发展——一个理论分析框架》，《国际经贸探索》第 9 期。

申勇，2017，《湾区经济的形成机理与粤港澳大湾区定位探究》，《特区实践与理论》第 5 期。

深圳市工业和信息化局，2020，《我市再添 11 个国家制造业单项冠军!》，12 月 31 日，http://gxj.sz.gov.cn/xxgk/xxgkml/qt/gzdt/content/post_8387116.html。

深圳市统计局，2018，《科技创新成就"中国硅谷"》，《深圳特区报》12 月 16 日，第 A4 版。

盛斌、毛其淋，2011，《贸易开放、国内市场一体化与中国省际经济增长：1985~2008 年》，《世界经济》第 11 期。

盛彦文、苟倩、宋金平，2020，《城市群创新联系网络结构与创新效率研究——以京津冀、长三角、珠三角城市群为例》，《地理科学》第 11 期。

史育龙、周一星，1996，《戈特曼关于大都市带的学术思想评介》，《经济地理》第 3 期。

世界银行，2009，《2009 年世界发展报告：重塑世界经济地理》，清华大学出版社。

宋玲、王赟，2021，《粤港澳大湾区产业协同集聚的现状分析》，《现代商贸工业》第 32 期。

孙久文、苏玺鉴，2021，《我国城市规模结构的空间特征分析——"一市独大"的空间特征、效率损失及化解思路》，《西安交通大学学报》（社会科学版）第 3 期。

孙一飞，1995，《城镇密集区的界定——以江苏省为例》，《经济地理》第 3 期。

孙毓蔓，2013，《新区域主义理论研究及其启示》，硕士学位论文，中南大学。

孙元元、张建清，2017，《市场一体化与生产率差距：产业集聚与企业异质性互动视角》，《世界经济》第 4 期。

锁箭、汤瑞丰，2020，《粤港澳大湾区高质量创新协同发展研究》，《科技进步与对策》第 24 期。

覃成林、黄龙杰，2020，《粤港澳大湾区城市间协同创新联系及影响因素分析》，《北京工业大学学报》（社会科学版）第 6 期。

覃艳华、曹细玉，2019，《粤港澳大湾区城市群科技协同创新研究》，《华中师范大学学报》（自然科学版）第 2 期。

陶希东，2019，《欧美大都市区治理：从传统区域主义走向新区域主义》，《创新》第 1 期。

陶雅萌、王晓晴、张晓钰、葛潘潘，2020，《基于层次分析法和断裂点模型的行政区划调整对济南城市辐射力的影响》，《生产力研究》第 2 期。

田美玲，2014，《国家中心城市及其竞争力的理论与实践研究》，博士学位论文，华中师范大学。

童玉芬，2019，《粤港澳大湾区海洋经济协同创新研究》，广东经济出版社。

麦婉华，2021，《双区广东现代化建设主引擎！广深联动打造全球影响力"双子城"》，"中国小康网"百家号，3 月 8 日，https://baijiahao.baidu.com/s？id = 1693662525119909150&wfr = spider& for = pc。

万陆，2021，《工业化、全球化与中国城市群空间格局的演化与发展》，《广东财经大学学报》第 4 期。

万陆、翟少轩，2021，《中心城市创新集聚与城市群协调发展》，《学术研究》第 7 期。

汪行东、鲁志国，2017，《粤港澳大湾区城市群空间结构研究：从单中心到多中心》，《岭南学刊》第 5 期。

汪云兴，2018，《粤港澳大湾区协同创新的着力点》，《开放导报》第 2 期。

王成港、宁晓刚、王浩等，2019，《利用夜间灯光数据的城市群格局变化分析》，《测绘科学》第 6 期。

王成、王茂军，2017，《山东省城市关联网络演化特征——基于"中心地"和"流空间"理论的对比》，《地理研究》第 11 期。

王慧艳，2020a，《广东智能机器人战略性支柱产业集群发展现状和对策研究》，广东省统计局工业交通统计处，12 月 22 日。

王慧艳，2020b，《广东新一代电子信息战略性支柱产业集群发展现状和对策研究》，广东省统计局工业交通统计处，12 月 9 日。

王缉慈，2002，《地方产业群战略》，《中国工业经济》第 3 期。

王建，1997，《美日区域经济模式的启示与中国"都市圈"发展战略的构想》，《战略与管理》第 2 期。

王可达、马蓉蓉，2020，《建设粤港澳大湾区科技创新走廊的路径研究》，《探求》第 5 期。

王乾、冯长春，2019，《城市规模的分布及演进特征——基于 18 个国家统计数据的实证研究》，《经济地理》第 9 期。

王圣军、田军华，2012，《粤港澳区域合作创新机制研究》，《经济与管理》第 8 期。

王世福、梁潇汀、赵银涛、邓昭华，2019，《粤港澳大湾区空间发展的制度响应》，《规划师》第 7 期。

王世豪、黄麟等，2022，《特大城市群生态空间及其生态承载状态的时空分异》，《地理学报》第 1 期。

王小鲁，2010，《中国城市化路径与城市规模的经济学分析》，《经济研究》第 10 期。

王玉柱，2020，《发展阶段、技术民族主义与全球化格局调整——兼论大国政治驱动的新区域主义》，《世界经济与政治》第 11 期。

王哲，2020，《中国城市体系的"成熟"——基于近代多源数据的分析》，《中国经济史研究》第 2 期。

魏江、周丹，2010，《生产性服务业与制造业互动机理研究——以乐清低压电器产业链为例》，《科学学研究》第 8 期。

韩文秀，2021，《加快构建新发展格局（深入学习贯彻党的十九届六中全会精神)》，《人民日报》12 月 10 日，第 9 版。

文韵、蔡松锋、肖敬亮，2019，《建设粤港澳大湾区创新产业集群的机遇与挑战》，《宏观经济管理》第 7 期。

吴朋、李玉刚、管程程、肖春晖，2018，《基于 ESDA - GIS 的成渝城市群人居环境质量测度与时空格局分异研究》，《中国软科学》第 10 期。

吴旗韬、陈伟莲、杜志威，2019，《"串珠成链"的粤港澳大湾区发展路径》，《海洋开发与管理》第 8 期。

吴伟萍、林正静、向晓梅，2020，《经济特区竞争优势支撑的持续性产业升级——以深圳高新技术产业为例》，《南方经济》第 11 期。

武前波、宁越敏，2012，《中国城市空间网络分析——基于电子信息企业生产网络视角》，《地理研究》第 2 期。

习近平，2021，《深入实施新时代人才强国战略加快建设世界重要人才中心和创新高地》，《求是》第 24 期。

香港特区政府统计处，2021，《表 220：选定行业的增加价值及就业人数》，11 月 30 日。

向晓梅、吴伟萍，2018，《改革开放 40 年持续性产业升级的动力机制与路径——广东迈向高质量发展之路》，《南方经济》第 7 期。

向晓梅、吴伟萍、何颖珊，2019a，《2018～2019 年粤港澳大湾区海洋经济协同发展报告》，载郭跃文、袁俊主编《粤港澳大湾区蓝皮书：粤港澳大湾区建设报告（2019）》，社会科学文献出版社。

向晓梅、杨娟，2018，《粤港澳大湾区产业协同发展的机制和模式》，《华南师范大学学报》（社会科学版）第 2 期。

向晓梅、张超，2020，《粤港澳大湾区海洋经济高质量协同发展路径研究》，《亚太经济》第 2 期。

向晓梅、张拴虎、胡晓珍，2019b，《海洋经济供给侧结构性改革的动力机制及实现路径——基于海洋经济全要素生产率指数的研究》，《广东社会科学》第 5 期。

谢永琴、武小英、沈蕾，2021，《粤港澳大湾区城市群多中心网络化空间发展研究》，《河北经贸大学学报》第 5 期。

新华社，2021，《中共中央 国务院印发〈横琴粤澳深度合作区建设总体方案〉》，9 月 5 日。

熊励、蔡雪莲，2020，《数字经济对区域创新能力提升的影响效应——基于长三角城市群的实证研究》，《华东经济管理》第 12 期。

熊瑶、黄丽，2019，《粤港澳大湾区城市网络的时空演化——基于企业组织关系视角》，《世界地理研究》第 5 期。

徐磊，2021，《长江经济带城市间专利合作能够提升经济增长质量吗?》，《商业经济》第 3 期。

徐顺、孙颖、陈子康，2019，《基于断裂点理论的徐州中心城市辐射力分析——兼与郑州、济南对比》，《时代金融》第 18 期。

徐晓迪，2022，《全球标杆城市比较视角下的深圳文化辐射力研究》，《特区经济》第 1 期。

徐远通，2018，《充分发挥岭南文化在粤港澳大湾区建设中的作用》，《岭南文史》第 3 期。

许桂灵，2007，《从粤港澳区域文化综合体形成和互动看广州岭南文化中心地位》，载李明华主编《广州：岭南文化中心地》，中国评论学术出版社。

许培源、吴贵华，2019，《粤港澳大湾区知识创新网络的空间演化——兼论深圳科技创新中心地位》，《中国软科学》第 5 期。

闫小培、曹小曙，2004，《大珠江三角洲区域空间结构及其调控机制》，《中国发展》第 3 期。

闫小培、毛蒋兴、普军，2006，《巨型城市区域土地利用变化的人文因素分析——以珠江三角洲地区为例》，《地理学报》第 6 期。

严亮、龚晶、魏金锋、黄玉熹等，2019，《入珠融湾：打破城乡要素流动壁垒》，《南方日报》10 月 28 日，第 A7 版。

颜广文，2007，《古代广东史地考论》，中山大学出版社。

杨爱平，2021，《粤港澳大湾区世界级城市群治理体系创新的路径选择》，《华南师范大学学报》（社会科学版）第 6 期。

杨建坤、曾龙，2020，《地方政府合作与城市群产业结构升级——基于长三角城市经济协调会的准自然实验》，《中南财经政法大学学报》第 6 期。

杨黎静、李宁、王方方，2021，《粤港澳大湾区海洋经济合作特征、趋势与政策建议》，《经济纵横》第 2 期。

杨明、林正静，2021，《用创新生态理论和"四链"融合研究建设粤港澳大湾区国际科技创新中心》，《科技管理研究》第 13 期。

杨晴青、朱媛媛、陈佳、高岩辉、李伯华，2017，《长江中游城市群城市人居环境竞争力格局及优化路径》，《中国人口·资源与环境》第 8 期。

姚常成、李迎成，2021，《中国城市群多中心空间结构的演进：市场驱动与政策引导》，《社会科学战线》第 2 期。

姚常成、宋冬林，2019，《借用规模、网络外部性与城市群集聚经济》，《产业经济研究》第 2 期。

姚士谋，1992，《中国的城市群》，中国科学技术大学出版社。

姚士谋等，2016，《中国城市群新论》，科学出版社。

姚士谋、徐丽婷、郑涛、马丽雅，2020，《中国城市群快速成长的机理与新理念——以长三角城市群为例》，《人文地理》第 1 期。

叶静怡、林佳、姜蕴璐，2016，《知识溢出、距离与创新——基于长三角城市群的实证分析》，《世界经济文汇》第 3 期。

叶林、宋星洲，2019，《粤港澳大湾区区域协同创新系统：基于规划纲要的视角》，《行政论坛》第 3 期。

叶晓宣，2019，《海洋产业对沿海城市发展的影响研究》，硕士学位论文，浙江大学。

叶晓芝，2020，《打造岭南文化高地 塑造湾区人文精神——专家学者探讨"岭南文化与湾区建设"》，《广东经济》第 1 期。

叶艺华，2020，《粤港澳地区城市创新联系网络特征及影响因素研究》，硕士学位论文，暨南大学。

叶玉瑶、张虹鸥，2007，《珠江三角洲城市群空间集聚与扩散》，《经济地理》第 5 期。

韩永辉、麦炜坤、何斑鋆，2021，《新发展格局下粤港澳大湾区如何建设具有国际竞争力的现代产业体系》，《治理现代化研究》第 5 期。

俞路，2011，《中国制造行业共同集聚水平变动趋势与特征研究》，《工业技术经济》第 2 期。

袁茜、吴利华、张平，2019，《长江经济带一体化发展与高技术产业研发效率》，《数量经济技术经济研究》第 4 期。

原峰、李杏筠、鲁亚运，2020，《粤港澳大湾区海洋经济高质量发展探析》，《合作经济与科技》第 15 期。

"粤港澳大湾区城市群发展规划研究"课题组，2018，《创新粤港澳大湾区合作机制 建设世界级城市群》，载中国国际经济交流中心编《中国智库经济观察（2017）》，社会科学文献出版社。

张浩然、衣保中，2012，《城市群空间结构特征与经济绩效——来自中国的经验证据》，《经济评论》第 1 期。

张虎、韩爱华、杨青龙，2017，《中国制造业与生产性服务业协同集聚的空间效应分析》，《数量经济技术经济研究》第 2 期。

张欢、江芬、王永卿、成金华、钱程，2018，《长三角城市群生态宜居宜业水平的时空差异与分布特征》，《中国人口·资源与环境》第 11 期。

张建梅，2021，《2021 年上半年广东规模以上服务业运行情况分析》，8 月 16 日。

张紧跟，2018，《论粤港澳大湾区建设中的区域一体化转型》，《学术研究》第 7 期。

张龙平，2019，《【光明网专论】粤港澳大湾区建设是新时代国家治理的伟大实践》，光明网，2 月 22 日，https://theory.gmw.cn/2019-02/22/content_32549595.htm。

张楠迪扬，2014，《香港食品安全监管体系及对内地的借鉴意义》，《重庆与世界》（学术版）第 1 期。

张秋凤、牟绍波，2021，《新发展格局下中国五大城市群创新发展战略研究》，《区域经济评论》第 2 期。

张胜磊，2018a，《粤港澳大湾区发展路径和建设战略探讨：基于世界三大湾区的对比分析》，《中国发展》第 3 期。

张胜磊，2018b，《粤港澳大湾区建设：理论依据、现存问题及国际经验启示》，《兰州财经大学学报》第 5 期。

张树剑，2020，《粤港澳大湾区公共品供给的协同治理路径》，《深圳特区报》9 月 1 日，第 B2 版。

张树剑、黄卫平，2020，《新区域主义理论下粤港澳大湾区公共品供给的协同治理路径》，《深圳大学学报》（人文社会科学版）第 1 期。

张帅、曹丽娟，2019，《深圳打造"先行示范区"，东莞面临新的机遇与挑战 与"先行者"更好同行》，《东莞日报》9 月 9 日，第 B1 版。

张拴虎、杨娟，2021，《粤港澳大湾区海洋经济高质量协同发展路径与策略》，《新经济》第 11 期。

张伟，2003，《都市圈的概念、特征及其规划探讨》，《城市规划》第 6 期。

张晓红，2021，《奋力推动珠海海洋经济高质量发展》，《珠海特区报》4 月 28 日，第 2 版。

张学良、李培鑫、李丽霞，2017，《政府合作、市场整合与城市群经济绩效——基于长三角城市经济协调会的实证检验》，《经济学》（季刊）第4期。

张学良、陆铭、潘英丽主编，2020，《空间的聚集：中国的城市群与都市圈发展》，格致出版社。

张玉阁，2017，《粤港澳大湾区要素自由流通的制约及改善——以粤港口岸通关为例》，《港澳研究》第4期。

张玉强、李民梁，2021，《粤港澳大湾区空间联系及其优化研究——基于城市流强度和引力模型》，《特区经济》第2期。

张昱、眭文娟、谌俊坤，2018，《世界典型湾区的经济表征与发展模式研究》，《国际经贸探索》第10期。

张跃，2020，《政府合作与城市群全要素生产率——基于长三角城市经济协调会的准自然实验》，《财政研究》第4期。

张宗法、陈雪，2019，《粤港澳大湾区科技创新共同体建设思路与对策研究》，《科技管理研究》第14期。

赵超，2020，《粤港澳大湾区创新协同机制构建探讨》，《岭南学刊》第2期。

赵辰霖、徐菁媛，2020，《粤港澳大湾区一体化下的粤港协同治理——基于三种合作形式的案例比较研究》，《公共行政评论》第2期。

赵璟、党兴华、王修来，2009，《城市群空间结构的演变——来自中国西部地区的经验证据》，《经济评论》第4期。

赵鹏，2018，《一个个"标志地"镌刻广东改革开放印记》，《羊城晚报》7月16日，第1版。

赵祥，2019，《粤港澳大湾区城市群协调发展的战略途径——一个基于文献的评论》，《开发研究》第3期。

赵祥、曹佳斌，2017，《地方政府"两手"供地策略促进产业结构升级了吗——基于105个城市面板数据的实证分析》，《财贸经济》第7期。

赵昕、李慧，2019，《澳门海洋经济高质量发展的路径》，《科技导报》第23期。

赵勇、魏后凯，2015，《政府干预、城市群空间功能分工与地区差距——兼论中国区域政策的有效性》，《管理世界》第 8 期。

浙江省社会科学院课题组，2019，《长三角一体化的历史文化基础》，《浙江日报》10 月 17 日，第 9 版。

甄人，2007，《岭海雄风 气贯长虹——广州"四地"概述》，载李明华主编《广州：岭南文化中心地》，中国评论学术出版社。

郑德高、朱郁郁、陈阳等，2017，《上海大都市圈的圈层结构与功能网络研究》，《城市规划学刊》第 5 期。

郑晴，2020，《从国际湾区发展看香港在粤港澳大湾区发展中的定位》，《现代国际关系》第 7 期。

中共中央、国务院，2019，《粤港澳大湾区发展规划纲要》，人民出版社。

中共中央、国务院，2021a，《横琴粤澳深度合作区建设总体方案》单行本，人民出版社，9 月 18 日。

中共中央、国务院，2021b，《全面深化前海深港现代服务业合作区改革开放方案》，9 月 6 日。

中国金融 40 人论坛课题组，2013，《加快推进新型城镇化：对若干重大体制改革问题的认识与政策建议》，《中国社会科学》第 7 期。

中商产业研究院，2021，《"十四五"珠三角新一代电子信息产业发展规划及前景对比分析》，2 月 18 日。

钟书华，2007，《创新集群与创新型国家建设》，《科学管理研究》第 6 期。

钟韵、陈娟，2021，《粤港澳大湾区中心城市的对外创新联系与影响机制研究》，《科技管理研究》第 9 期。

钟韵、胡晓华，2017，《粤港澳大湾区的构建与制度创新：理论基础与实施机制》，《经济学家》第 12 期。

周灿、曾刚、曹贤忠，2017，《中国城市创新网络结构与创新能力研究》，《地理研究》第 7 期。

周峰，2016，《岭南文化集萃地》，广东人民出版社。

周洁，2020，《粤港澳大湾区"人文湾区"的内涵与建设路径》，《城市观察》第 4 期。

周任重，2017，《论粤港澳大湾区的创新生态系统》，《开放导报》第 3 期。

周一星，1986，《关于明确我国城镇概念和城镇人口统计口径的建议》，《城市规划》第 3 期。

周一星，1995，《城市地理学》，商务印书馆。

朱健齐、孙宾，2022，《依托 RCEP 构建与东盟国家更紧密联系助推粤港澳大湾区"双循环"走在前列》，《羊城晚报》1 月 11 日，第 A06 版。

朱俊凤、王耿明、张金兰、黄铁兰，2013，《珠江三角洲海岸线遥感调查和近期演变分析》，《国土资源遥感》第 3 期。

朱梦琳，2020，《府际合作视角下广清一体化发展优化研究》，硕士学位论文，华南理工大学。

朱政、朱翔、李霜霜，2021，《长江中游城市群空间结构演变历程与特征》，《地理学报》第 4 期。

祝桂峰、康志，2021，《从中国航展看珠海海洋》，《中国自然资源报》10月 11 日。

邹聪，2021，《广东数字经济发展探析》，广东省统计局服务业统计处。

左康华，2018，《岭南优秀传统文化滋养下的广东人文精神——新时期广东人文精神建设研究》，《广东开放大学学报》第 6 期。

Abdel-Rahman, H. M., A. Anas. 2004. "Theories of Systems of Cities." *Handbook of Regional and Urban Economics* 4：2293 – 2339.

Amin, A., P. Cohendet. 2004. *Architectures of Knowledge：Firms, Capabilities, and Communities.* Oxford University Press on Demand.

Audretsch, D., M. R. Feldman. 1996. "Spillovers and the Geography of Innovation and Production." *American Economic Review* 86：630 – 640.

Bade, F. J., et al. 2004. "Urban Specialization in the Internet Age-Empirical Findings for Germany." *Kiel Working Paper*, No. 1215.

Bailey, N., I. Turok. 2001. "Central Scotland as a Polycentric Urban Region：Useful Planning Concept or Chimera?" *Urban Studies* 38：697 – 715.

Beckmann, M. J., J. C. Mcpherson. 2010. "City Size Distribution in a Central Place Hierarchy：An Alternative Approach." *Journal of Regional Science* 10：25 – 33.

Billings, S. B., E. B. Johnson. 2016. "Agglomeration within an Urban Area." *Journal of Urban Economics* 91：13 – 25.

Camagni, R. , R. Capello, A. Caragliu. 2015. "The Rise of Second-Rank Cities: What Role for Agglomeration Economies?" *European Planning Studies* 23: 1069 – 1089.

Camagni, R. , R. Capello, A. Caragliu. 2020. "A Research Programme on Urban Dynamics." *Regeneration of the Built Environment from a Circular Economy Perspective*: 3 – 9.

Camagni, R. , S. Stabilini, L. Diappi. 1994. "City Networks in the Lombardy Region: An Analysis in Terms of Communication Flows." *Flux* 10: 37 – 50.

Caniels, M. C. J. 2000. *Knowledge Spillovers and Economic Growth: Regional Growth Differentials across Europe*. Edward Elgar Publishing.

Capello, R. 2000. "The City Network Paradigm: Measuring Urban Network Externalities." *Urban Studies* 37: 1925 – 1945.

Castells, M. 1996. *The Rise of the Network Society*. Oxford: Blackwell Press.

Cervero, R. 2001. "Efficient Urbanisation: Economic Performance and the Shape of the Metropolis." *Urban Studies* 38: 1651 – 1671.

Cowan, R. , N. Jonard, J. B. Zimmermann. 2004. "Evolving Networks of Inventors." *Research Memorandum* 16.

Davis, D. R. , J. I. Dingel 2019. "A Spatial Knowledge Economy." *American Economic Review* 109: 153 – 170.

Duranton, G. 2015. "Growing Through Cities in Developing Countries." *World Bank Research Observer* 30: 39 – 73.

Duranton, G. , D. Puga. 2004. "Micro-Foundations of Urban Agglomeration Economies." *Handbook of Regional and Urban Economics* 4.

Duranton, G. , D. Puga. 2005. "From Sectoral to Functional Urban Specialisation." *Journal of Urban Economics* 57: 343 – 370.

Ellision, G. , E. L. Glaeser. 1997. "Geographic Concentration in U. S. Manufacturing Industries: A Dartboard Approach." *Journal of Urban Economics* 47: 115 – 135.

Ellision, G. , E. L. Glaeser, W. R. Kerr. 2010. "What Causes Industry Agglomeration? Evidence from Coagglomeration Patterns." *American Economic Review*

3: 1195 - 1213.

Friedmann, J. 1966. *Regional Development Policy: A Case Study of Venezuela.* The WIT Press.

Gabe, T. M. , J. R. Abel. 2013. "Shared Knowledge and the Coagglomeration of Occupations. " *Federal Reserve Bank of New York Working Paper* (612).

Gallagher, R. M. 2013. "Shipping Costs, Information Costs, and the Sources of Industrial Coagglomeration. " *Journal of Regional Science* 2: 304 - 331.

Gottmann, J. 1957. "Megalopolis or the Urbanization of the Northeastern Seaboard. " *Economic Geography* 33: 189 - 200.

Gottmann, J. 1984. *Orbits: The Ancient Mediterranean Tradition of Urban Networks.* UK: Leopard's Head Press.

Gunnar M. 1957. *Rich Lands and Poor: The Road to World Prosperity.* NewYork: Harper and Row.

Hall, P. 1998. *Cities in Civilization.* New York: Pantheon Books.

Hanson, G. H. 1998. "Regional Adjustment to Trade Liberalization. " *Regional Science and Urban Economics* 4: 419 - 444.

Henderson, J. V. 1997. "Externalities and Industrial Development. " *Journal of Urban Economics* 42: 449 - 470.

Henderson, J. V. 2003a. "Marshall's Scale Economies. " *Journal of Urban Economics* 53 (1): 1 - 28.

Henderson, J. V. 2003b. "The Urbanization Process and Economic Growth: The So-What Question. " *Journal of Economic Growth* 8: 47 - 71.

Henderson, J. V. , H. G. Wang. 2007. "Urbanizalion and City Growth: The Role of Institutions. " *Regional Science and Urban Economics* 37: 283 - 313.

Hirschman, A. O. 1958. *The Strategy of Economic Development.* New Haven: Yale University.

Hong, J. J. , S. H. Fu. 2008. "Information and Communication Technologies and Geographic Concentration of Manufacturing Industries: Evidence from China. " *MPRA Paper* (7574).

Howard, E. , C. Newman, F. Tarp. 2012. "Measuring Industry Agglomeration and Identifying the Driving Forces. " *UNU-WIDER Research Paper* (84).

Kolko, J. 2010. "Urbanization, Agglomeration, and Coagglomeration of Service Industries. " *NBER Chapters*: 151 – 180.

Krugman, P. R. 1991. *Geography and Trade*. Cambridge: MIT Press.

Liu, X. , B. Derudder. 2013. "Analyzing Urban Networks Through the Lens of Corporate Networks: A Critical Review. " *Cities* 31: 430 – 437.

Marshall, A. 1920. *Principles of Economics*. New York: Macmillan Press.

Meijers, E. 2005. "Polycentric Urban Regions and the Quest for Synergy: Is a Network of Cities More Than the Sum of the Parts?" *Urban Studies* 42: 765 – 781.

Meijers, E. J. , M. J. Burger. 2010. "Spatial Structure and Productivity in US Metropolitan Areas. " *Environment and Planning A: Economy and Space* 42: 1383 – 1402.

Meijers, E. J. , M. J. Burger. 2017. "Stretching the Concept of 'Borrowed Size'. " *Urban Studies* 54: 269 – 291.

Meijers, E. J. , M. J. Burger, M. M. Hoogerbrugge. 2016. "Borrowing Size in Networks of Cities: City Size, Network Connectivity and Metropolitan Functions in Europe. " *Papers in Regional Science* 95: 181 – 198.

Meijers, E. , M. Hoogerbrugge, R. Cardoso, 2018. "Beyond Polycentricity: Does Stronger Integration Between Cities in Polycentric Urban Regions Improve Performance?" *Tijdschrift Voor Economische en Sociale Geografie* 109: 1 – 21.

Mukim, M. 2015. "Coagglomeration of Formal and Informal Industry: Evidence from India. " *Journal of Economic Geography* 15: 329 – 351.

Myrdal, G. 1957. *Economic Theory and Underdeveloped Regions*. London: Gerald Duckworth and Co.

Nazara, S. , G. J. D. Hewings. 2004. "Spatial Structure and Taxonomy of Decomposition in Shift Share Analysis. " *Growth and Change* 35: 476 – 490.

Parr, J. 2004. "The Polycentric Urban Region: A Closer Inspection. " *Regional Studies* 38: 231 – 240.

Perroux, F. 1950. "Economic Space: Theory and Applications. " *The Quarterly Journal of Economics* 64: 1.

Phelps, N. A. , T. Ozawa. 2003. "Contrasts in Agglomeration: Proto-Industrial, Industrial and Post-Industrial Forms Compared." *Progress in Human Geography* 27: 583 –604.

Saxenian, A. 1994. "High-Tech Dynamics (Book Reviews: Regional Advantage. Culture and Competition in Silicon Valley and Route 128.)." *Science* 264.

Takayasu, H. 1990. *Fractals in the Physical Sciences*. Manchester: Manchester University Press.

Taylor, P. J. , B. Derudder, M. Hoyler, et al. 2014. "City-Dyad Analyses of China's Integration into the World City Network." *Urban Studies* 51: 868 –882.

Taylor, P. J. , M. Hoyler, R. Verbruggen. 2010. "External Urban Relational Process: Introducing Central Flow Theory to Complement Central Place Theory." *Urban Studies* 47: 2803 –2818.

Zhao, M. , X. Liu, B. Derudder, et al. 2015. "Mapping Producer Ser-vices Networks in Mainland Chinese Cities." *Urban Studies* 52: 3018 –3034.

Zipf, G. K. 1949. *Human Behavior and the Principle of Least Effort*. Cambridge (Mass.): Addison-Wesley Press.

后　记

　　建设粤港澳大湾区是习近平总书记亲自谋划、亲自部署、亲自推动的国家重大发展战略。《粤港澳大湾区发展规划纲要》明确提出，要建设世界级城市群。粤港澳大湾区城市群建设对大湾区发展具有重要意义。2022 年，正值习近平总书记提出大湾区建设五周年、《粤港澳大湾区发展规划纲要》颁布三周年。课题组通过分析比较，全面地总结大湾区建设成就、广东贯彻落实总书记讲话精神部署安排，并就城市群综合发展水平、内部城市关系、产业协同、创新协同、人文湾区、港澳合作、海洋合作等进行深入探讨以及前瞻展望，有利于系统掌握粤港澳大湾区城市群建设的全貌，也有利于为深入推进大湾区建设提出思路与建议。

　　广东省社会科学院从 2021 年开始启动《粤港澳大湾区世界级城市群建设》编撰工作，并将其作为院 2021 年重大课题，由党组书记郭跃文、副院长向晓梅牵头，组织以经济研究所、国际问题研究所相关研究人员为主要成员的课题组，对粤港澳大湾区城市群进行了相关系统研究，经过一年半时间完成了此书的写作。本书主体部分共分为十一章，第一章是"粤港澳大湾区城市群建设实践与理论逻辑"，由万陆、曹佳斌、向晓梅负责；第二章是"粤港澳大湾区城市群综合发展水平比较"，由宋宗宏、杨志云、向晓梅负责；第三章是"粤港澳大湾区城市群空间结构特征与演化"，由陈世栋、何颖珊、刘炜、李嘉威负责；第四章是"粤港澳大湾区中心城市辐射带动与都市圈发展"，由吴伟萍、王秀婷、陈世栋、李绪钊负责；第五章是"粤港澳大湾区城市群产业协同机制与路径"，由吴伟萍、林正静、王秀婷、王明睿、张超负责；第六章是"粤港澳大湾区城市群创新特征及演化路径"，由胡晓珍、童玉芬、彭浪、陈舒雯负责；第七章是"粤港澳大湾区海洋经济高质量协同发展路径与策略"，由张拴虎、杨娟负责；第八章是"人文湾区和世界级文化中心建设"，由邓江年、杨海深、谢许谭负责；第九章是"粤港澳大湾区城市群与广东'一核一带一区'区域发展格局建设协同"，由万陆、杨志云、曹佳斌、范西斌负责；第十章是"粤港澳深度合作共建世界级城市群"，由邓江年、谢许谭、杨海深负责；第十一章是"粤港澳大湾区：从国际化大都市到世界级城市群"，由燕雨林、陈小红、郭跃文负责。

　　本书的出版得到社会科学文献出版社的大力支持，感谢人文分社宋月华社长、编辑老师的辛勤劳动。感谢院科研处对本书出版所付出的劳动。

　　粤港澳大湾区城市群建设是个不断发展变化的过程，我们将以此书为契机，继续不断探索研究、深入思考，为大湾区建设贡献智库力量。

课题组

2022 年 8 月 30 日

图书在版编目（CIP）数据

粤港澳大湾区世界级城市群建设／郭跃文等著. --

北京：社会科学文献出版社，2023.5

ISBN 978 - 7 - 5228 - 1058 - 4

Ⅰ.①粤… Ⅱ.①郭… Ⅲ.①城市群 - 城市建设 - 研

究 - 广东、香港、澳门 Ⅳ.①F299.276.5

中国版本图书馆 CIP 数据核字（2022）第 215010 号

粤港澳大湾区世界级城市群建设

著　　者／郭跃文　向晓梅　万　陆 等

出 版 人／王利民
组稿编辑／宋月华
责任编辑／韩莹莹
文稿编辑／陈丽丽
责任印制／王京美

出　　版／社会科学文献出版社·人文分社 （010）59367215
　　　　　 地址：北京市北三环中路甲 29 号院华龙大厦　邮编：100029
　　　　　 网址：www.ssap.com.cn
发　　行／社会科学文献出版社 （010）59367028
印　　装／北京联兴盛业印刷股份有限公司

规　　格／开　本：787mm × 1092mm　1/16
　　　　　 印　张：26.5　字　数：434 千字
版　　次／2023 年 5 月第 1 版　2023 年 5 月第 1 次印刷
书　　号／ISBN 978 - 7 - 5228 - 1058 - 4
定　　价／258.00 元

读者服务电话：4008918866